講義・憲法学

永田秀樹・倉持孝司・長岡 徹
村田尚紀・倉田原志
著

法律文化社

はしがき

　法律文化社から専門的な基本的憲法教科書を作成したいという相談をいただいたとき，2つのことを思い浮かべた。1つは，法律文化社発ということから，先行する浦部法穂・大久保史郎・森英樹『現代憲法講義1［講義編］』（初版1993年，第2版1997年，第3版2002年）のことである。同書の歴史的視点と憲法構造に照らした日本政治・社会の現実分析という視点を基本的コンセプトとして今日的に引き継ぎ発展させることができないかと考えた（なお，同書は，浦部法穂・大久保史郎・森英樹・山口和秀編『現代憲法講義2［演習編］』（1989年）とセットになった，当時として画期的と思われる企画によるものであった）。2つは，関西発ということから共同執筆メンバーのことである。ただちに永田秀樹氏（関西学院大学），長岡徹氏（関西学院大学），村田尚紀氏（関西大学），倉田原志氏（立命館大学）に相談をさせていただいたところ，それぞれ快諾をいただいた。

　こうして，上記基本的コンセプトと執筆メンバーが決まり，専門的な基本的憲法教科書作りが開始された。2016年秋のことである。その時，日本政治は，2015年9月の「安保関連法」強行採決に至る経緯の中で指摘されたように，「立憲主義の危機」に直面し，小選挙区制の下での「一強支配」あるいは「政治の私物化」などの問題を顕在化させていた。そのような状況の中で，憲法学習の必要性・重要性をあらためて痛感することとなった。

　本書の特色は，次のような点にある。

　第1，歴史的視点を保持しつつ日本政治・社会の現実的展開を常に念頭に置きながら，限られた頁数の中に基本事項を可能な限り盛り込んだ上で，最先端の議論も取り込むよう努めた（基本から先端まで）。ただし，簡明な記述となるようにこころがけた。その際，執筆者各人の研究室・教室におけるこれまでの憲法学習・教育の経験（それ自体乏しいものではあるかも知れないけれども）を基に，数度の編集会議での議論を踏まえて執筆作業が進められた。

　第2，基本原理に関して，憲法の概念や規範的性格などの問題が言葉の定義

の問題として片づけられてしまう傾向があるのではないかということから，それらが立憲主義の考え方の基礎をなすきわめて重要な問題であることをあらためて強調することとした。そこで，たとえば，「正当性」，「権力」，「権威」など，一般には詳しい説明が省かれる社会科学の基礎概念についてスタンダードな記述を行うよう努めた。「天皇条項」と「平和条項」について，憲法の「原点」と「現点」との乖離が大きいことから，「現点追認」ではなく「原点再確認」をするよう努めた。人権について，基本的な判決を網羅し，最新の理論状況・論点にも目配りをしつつ，違憲審査を念頭に置いた解釈を提示するよう努めた。また，違憲審査制の意義について，ドイツの理論を踏まえて新しい視点から解説し，ドイツの三段階審査論についても比較法の観点からその有効性と限界について詳述するよう努めた。その他統治機構全般について，近年の憲法政治の現実が統治機構の問題の重要性を再認識させていることから，基本事項を網羅した上で最新の状況に配慮して記述するよう努めた。

　本書の性格上，その都度引用を明示しなかったが，執筆にあたって，多くの先行業績を参照させていただいたことはいうまでもない。感謝するとともに，ご寛恕を請う次第である。

　本書が，専門的な基本的憲法教科書として憲法学習に貢献し，さらには憲法研究のきっかけになるようであれば幸いである。

　法律文化社編集部の舟木和久さんには企画の段階からさまざまなご配慮をいただいたことを記して，感謝を申し上げる次第である。

　2018年3月

　　　　　　　　　　　　　　　　　　　　　　執筆者を代表して
　　　　　　　　　　　　　　　　　　　　　　倉持　孝司

目　　次

はしがき

第1章　憲法総論 ——————————————— 1

第1節　憲法と立憲主義　1
1　憲法の規範的特質（1）　2　憲法の形態（2）　3　立憲主義（3）

第2節　近代憲法の構造　5
1　憲法制定権力（5）　2　国民主権（6）　3　権力分立（7）
4　人権保障（7）　5　平和主義（8）

第3節　現代憲法の歴史的特質　8
1　国民主権—人民主権への傾斜（8）　2　権力分立—行政国家化から議会の復権と違憲審査制の導入へ（10）　3　人権保障—近代的人権保障の修正と現代的人権の登場（11）　4　平和主義—戦争の違法化（13）

第2章　日本国憲法の基本原理と正当性 ——————— 16

第1節　大日本帝国憲法概観　16
1　天皇主権（16）　2　統帥権の独立（17）　3　外見的人権保障（17）

第2節　日本国憲法成立史　19
1　ポツダム宣言受諾（19）　2　自由の指令（21）　3　松本委員会（22）　4　民間憲法草案（23）　5　GHQ草案（25）　6　内閣憲法改正草案要綱（28）　7　帝国議会の審議（28）

第3節　日本国憲法の正当性　30
1　正当性という問題（30）　2　占領下の憲法制定という問題—押しつけ憲法論（31）　3　制定手続の問題—8月革命説（33）

第4節　日本国憲法の基本原理　35
1　国民主権主義（36）　2　平和主義（39）　3　人権尊重主義（41）

第3章　象徴天皇制 ——————————————— 43

第1節　主権原理の転換と「象徴天皇制度」の創設　43
第2節　天皇の地位　44
1　「象徴」としての天皇の地位（44）　2　「象徴」の意味（45）
3　皇位継承（46）
第3節　天皇の権能　48
1　国事行為（48）　2　天皇の「公的」行為（50）
第4節　皇室経費　51

第4章　平和主義 ——————————————— 53

第1節　国際社会の取組みと日本国憲法　53
1　国際社会の取組み（53）　2　日本国憲法における平和主義（53）
第2節　日本国憲法の9条解釈　56
1　再軍備と政府の9条解釈の変遷（56）　2　憲法9条と学説（59）
3　平和的生存権（62）　4　憲法9条に関する裁判所判決（63）
第3節　日米安保条約　67
1　駐留米軍と憲法（67）　2　日米安保条約と憲法（68）
3　裁判所判決（69）
第4節　1990年代以降の展開　71
1　湾岸戦争と自衛隊「海外派遣」（71）　2　「9・11」後の「国際的な安全保障環境の改善」（74）

第5章　基本的人権 ——————————————— 79

第1節　人権総論　79
1　人権とは（79）　2　人権の享有主体（81）　3　基本的人権の適用範囲と限界（87）　4　人権の国際的保障（95）
第2節　包括的人権　96
1　幸福追求権（96）　2　法の下の平等（104）

第3節　精神活動の自由　*111*
　　1　思想・良心の自由（*111*）　2　信教の自由と政教分離（*116*）
　　3　学問の自由（*130*）　4　表現の自由（*133*）

第4節　経済活動の自由　*166*
　　1　職業選択の自由（*166*）　2　居住・移転の自由（*170*）　3　財産権の保障（*172*）

第5節　人身の自由　*177*
　　1　奴隷的拘束・意に反する苦役からの自由（18条）（*177*）　2　適正手続（31条）（*178*）　3　捜査手続と被疑者の権利（*179*）　4　被告人の権利（*181*）　5　事後法と「二重の危険」の禁止（39条）（*183*）
　　6　残虐刑の禁止（36条）（*184*）　7　刑事補償請求権（40条）（*184*）
　　8　憲法31条・35条・38条と行政手続（*185*）

第6節　社　会　権　*185*
　　1　生存権（25条）（*186*）　2　環境権（*189*）　3　教育を受ける権利（26条）（*193*）　4　勤労権（27条）（*195*）　5　労働基本権（28条）（*196*）

第7節　参　政　権　*200*
　　1　選挙権（*200*）　2　被選挙権（*208*）　3　公務就任権（*209*）

第8節　国務請求権　*210*
　　1　請願権（16条）（*210*）　2　国家賠償請求権（17条）（*211*）
　　3　裁判を受ける権利（32条）（*212*）　4　刑事補償請求権（40条）（*214*）

第6章　統　治　機　構 —— *216*

第1節　統治機構の原理　*216*
　　1　統治機構の憲法上の位置と2つの原理（*216*）　2　権力分立の原理と現代的意義（*217*）　3　政党（*219*）

第2節　国　　会　*222*
　　1　国民代表の概念（*222*）　2　選挙制度（*222*）　3　国会（*226*）
　　4　国会の組織と国会議員の地位（*232*）　5　国会の権限と議院の権限（*238*）

第3節 内　　閣　*244*
　　1　行政権と内閣（*244*）　2　内閣の組織と権限（*249*）　3　議院内閣制（*251*）

第4節 裁　判　所　*258*
　　1　司法権の概念（*258*）　2　司法権の限界（*261*）　3　裁判所の組織と権限（*266*）　4　司法権の独立（*273*）

第5節 違憲審査制　*276*
　　1　立憲主義と違憲審査制（*276*）　2　憲法訴訟（*284*）　3　憲法判断の方法（*294*）　4　違憲判決の効力（*302*）

第6節 財　　政　*305*
　　1　概要（*305*）　2　租税法律主義（*306*）　3　国庫支出の議決（*308*）　4　予算（*308*）　5　財政報告と決算審査（*311*）　6　公費支出の制限（*311*）

第7節 地 方 自 治　*312*
　　1　地方自治の本旨（*312*）　2　条例（*317*）

第7章　憲法の変動 ——————————— *322*

第1節 憲 法 保 障　*322*
　　1　抵抗権（*322*）　2　国家緊急権（*325*）

第2節 憲 法 改 正　*332*
　　1　憲法改正手続（*332*）　2　憲法改正の限界（*335*）　3　憲法改正の民主的正当性（*338*）

第3節 改正手続によらない憲法の「変更」　*340*
　　1　憲法変遷（*340*）　2　憲法慣習（*341*）　3　憲法習律（*342*）　4　事実と憲法（*342*）

判例索引

事項索引

凡　例

1　概説書
赤坂正浩『憲法講義（人権）』（信山社，2011年）
芦部信喜（高橋和之補訂）『憲法』（第6版，岩波書店，2015年）
市川正人『基本講義 憲法』（新世社，2014年）
浦部法穂『憲法学教室』（第3版，日本評論社，2016年）
大石眞『憲法講義Ⅰ』（第3版，有斐閣，2014年），『憲法講義Ⅱ』（第2版，有斐閣，2012年）
木下智史・伊藤建『基本憲法Ⅰ』（日本評論社，2017年）
佐藤幸治『日本国憲法論』（成文堂，2011年）
渋谷秀樹『憲法』（第3版，有斐閣，2017年）
渋谷秀樹・赤坂正浩『憲法1（人権）・2（統治）』（第5版，有斐閣，2013年）
初宿正典『憲法1　統治の仕組み（Ⅰ）』（成文堂，2002年），『憲法2　基本権』（第3版，2010年）
高橋和之『立憲主義と日本国憲法』（第4版，有斐閣，2017年）
辻村みよ子『憲法』（第5版，日本評論社，2016年）
戸松秀典『憲法』（弘文堂，2015年）
野中俊彦・中村睦夫・高橋和之・高見勝利『憲法Ⅰ・Ⅱ』（第5版，有斐閣，2012年）
長谷部恭男『憲法』（第6版，新世社，2014年）
樋口陽一『憲法』（第3版，創文社，2007年）
松井茂記『日本国憲法』（第3版，有斐閣，2007年）
毛利透・小泉良幸・淺野博宣・松本哲治『憲法Ⅰ統治，Ⅱ人権』（第2版，有斐閣，2017年）
安西文雄・巻美矢紀・宍戸常寿『憲法学読本』（第2版，有斐閣，2014年）
本秀紀編『憲法講義』（日本評論社，2015年）
渡辺康行・宍戸常寿・松本和彦・工藤達朗『憲法Ⅰ基本権』（日本評論社，2016年）

2　注釈書・コンメンタール
木下智史・只野雅人編『新・コンメンタール憲法』（日本評論社，2015年）
芹沢斉・市川正人・阪口正二郎編『新基本法コンメンタール・憲法』（日本評論社，2011年）
戸松秀典・今井功編『論点体系判例憲法1～3』（第一法規，2013年）
樋口陽一・佐藤幸治・中村睦男・浦部法穂『注釈法律学全集・憲法Ⅰ～Ⅳ』（青林書院，1994～2004年）
長谷部恭男編『注釈日本国憲法（2）』（有斐閣，2017年）
法学協会編『註解日本国憲法（上・下）』（有斐閣，1953～1954年）
宮沢俊義（芦部信喜補訂）『全訂 日本国憲法』（日本評論社，1978年）

3　判例集
上田健介・尾形健・片桐直人『憲法判例50！』（有斐閣，2016年）
憲法判例研究会編『判例プラクティス憲法』（増補版，信山社，2014年）
佐藤幸治・土井真一編『判例講義　憲法Ⅰ（基本的人権）・Ⅱ（基本的人権・統治機構）』（悠々社，2010年）

ジュリスト『重要判例解説』（有斐閣，各年度）
高橋和之編『新・判例ハンドブック 憲法』（第2版，有斐閣，2018年）
戸松秀典・初宿正典編著『憲法判例』（第7版，有斐閣，2014年）
野中俊彦・江橋　崇（渋谷秀樹補訂）『憲法判例集』（第11版，有斐閣，2016年）
長谷部恭男・石川健治・宍戸常寿編『憲法判例百選Ⅰ・Ⅱ』（第6版，有斐閣，2013年）

4　資料集等

浅野一郎・杉原泰雄監修・浅野善治他編『憲法答弁集1947〜1999』（信山社，2003年）
芦部信喜他編著『日本国憲法制定資料全集（1）〜（6）』（信山社，1997〜2009年）
阿部照哉・畑博行編『世界の憲法集』（第4版，有信堂高文社，2009年）
浦田一郎編『政府の憲法九条解釈』（第2版，信山社，2017年）
大須賀明・栗城寿夫・樋口陽一・吉田善明編『三省堂憲法辞典』（三省堂，2001年）
阪田雅裕『政府の憲法解釈』（有斐閣，2013年）
清水伸編著『逐条日本国憲法審議録第1巻』（有斐閣，1962年）
初宿正典・辻村みよ子編『新解説世界憲法集』（第4版，三省堂，2017年）
杉原泰雄編『資料で読む日本国憲法（上・下）』（岩波書店，1994年）
杉原泰雄編集代表『新版体系憲法事典』（新版，青林書院，2008年）
高橋和之編『新版世界憲法集』（第2版，岩波書店，2007年）
高柳賢三・大友一郎・田中英夫編著『日本国憲法制定の過程Ⅰ・Ⅱ』（有斐閣，1972年）
渡辺治編『憲法改正問題資料全2巻』（旬報社，2015年）

5　判例の略記

略記	正式名称
最大判（決）	最高裁判所大法廷判決（決定）
最判（決）	最高裁判所小法廷判決（決定）
高判（決）	高等裁判所判決（決定）
地判（決）	地方裁判所判決（決定）
民集	最高裁判所民事判例集
刑集	最高裁判所刑事判例集
集民	最高裁判所裁判集民事
高民集	高等裁判所民事判例集
高刑集	高等裁判所刑事判例集
下民集	下級裁判所民事判例集
下刑集	下級裁判所刑事判例集
行集	行政事件裁判例集
訟月	訟務月報
判時	判例時報

6　法令の略記

本文中で日本国憲法は基本的に省略した（ただし，「憲法」と略記する場合がある）。大日本帝国憲法は各章初出以外では「帝国憲法」と略記した。本文括弧内での法令条文号数の引用に際しては，憲法は他の法令と併記する場合は「憲」として，その他の法令名については，通例慣用されている方法により略記した。

第1章

憲法総論

第1節　憲法と立憲主義

1　憲法の規範的特質

　憲法を最も抽象的に捉えるならば，それは国家統治の基本を定めた法といえる。この意味での憲法を固有の意味の憲法と呼ぶ。日本国憲法も国家の組織や権限，統治権の及ぶ社会成員の権利に関して定める固有の意味の憲法であることは間違いない。しかし，このようなきわめて抽象的な把握は，日本国憲法の解釈上とくに重要な意味はない。ここでまず確認すべきことは，日本国憲法の個別の条文解釈に際して重要な意味をもち，それゆえ常に念頭に置いておくべき憲法の規範的特質である。

　(1)　**授権規範としての憲法**　　憲法は，国家や地方公共団体の諸機関が活動するための権限を創設し与える法である。この意味で憲法は授権規範といわれる。これらの機関は，憲法によって授権された権限を憲法および必要に応じて制定された憲法に基づく法令に従って行使する。

　(2)　**制限規範としての憲法**　　権限は，権利とは異なる。権利は，法的に正当な範囲内においてとはいえ，その行使が主体の自由意思に委ねられる。これに対して国家や地方公共団体の権限は，憲法および憲法に基づく法令の定める目的の実現のために法定の要件に従って行使しなければならない。権限の主体である機関に固有の意思や利益が認められているわけではない。したがって，憲法が授権規範であるということは，国家や地方公共団体の活動を単に根拠づけるのではなく，それを制限する規範であることを意味するのである。

　(3)　**最高規範としての憲法**　　憲法は，一国の実定法秩序の頂点に位置し，

憲法に授権する規範は存在しない。言い換えれば実定法上，憲法にまさる上位規範はない。これが憲法の形式的意味の最高規範性である。立法権がそのような憲法によって創設された権限であるということは，立法権によって制定される法律が憲法の下位規範であるということを意味する。また行政権が最高規範である憲法によって創設された権限であり，行政が法律に基づいて行われることが憲法上定められていることは，行政機関の命令が法律の下位規範であることを意味する。司法権が最高規範である憲法によって創設された権限であり，裁判が憲法と法律に基づいて行われることが憲法上定められていることは，判決が憲法・法律の下位規範であることを意味する。このように一国の実定法秩序は憲法を頂点とするピラミッドのような段階構造からなる。

　憲法の最高規範性は以上の形式的意味にとどまらない。それには実質的な意味もある。憲法の最高規範性は，憲法のなかにその憲法を有する社会の最も重要な価値が内包されていることをも意味する。これが実質的意味の最高規範性である。ここにいう最も重要な価値とは，具体的にいえば，近代憲法の場合，国民主権・権力分立・人権尊重主義・法の支配等であり，日本国憲法の場合は，それに平和主義等が加わる。当該社会の最も重要な基本的価値は，一時的な政治部門の多数派によって傷つけられたり，安易に変更されることのないよう憲法上保障され，最高規範として国家作用を拘束することになるのである。

　憲法の形式的意味の最高規範性は実質的意味の最高規範性によって裏づけられ，同時に後者は前者によって担保される関係にあるといえる。

2　憲法の形態

　ここでは，形式的な側面に着目して憲法がとりうる形態を確認しておこう。

(1)　**成文憲法と不文憲法**　　成文法とは文書の形式を備えている法のことであり，近代国家では立法府によって制定されるものであることから，制定法ともいう。これに対して不文法とは文書化されていない法のことをいい，慣習に基づいて成立する慣習法や判例法，条理などがそれに当たる。

　成文憲法・不文憲法という言葉は，以上の成文法・不文法とはまったく異なる観点から定義され，憲法が成文化され体系的に整備された1つのまとまった法典の形式をとっているか否かを表す。すなわち成文憲法は，憲法典という特

別な法形式を備える憲法のことをいい，そのような形式を備えていない憲法を不文憲法という。日本国憲法は成文憲法である。これに対して，不文憲法の今日の例としてイギリス憲法が挙げられる。しかし，イギリス憲法は，憲法典という形式を備えてはいないが，1215年のマグナカルタや1689年の権利章典をはじめとする成文法を重要な構成要素としており，これを不文憲法と呼ぶことには紛らわしさが伴う。そこで，成文憲法・不文憲法に代えて，成典憲法・不成典憲法あるいは非成典憲法という用語法もある。

(2) **硬性憲法と軟性憲法**　憲法典が特別な法形式である形式的な所以は，それが法律とは異なる手続によって制定され，その改正の要件が，法律の制定・改廃に比べて加重されている点にある。改正の要件が法律の制定・改廃の要件よりも厳しい憲法のことを硬性憲法という。一般に成文憲法は，硬性憲法である。

硬性憲法に対して軟性憲法とは，改正が通常の立法手続によって行われる憲法のことである。不文憲法は，通常，軟性憲法である。

現在，イギリス憲法などごくわずかの例外を除いて，いずれの憲法も硬性憲法である。ほぼすべての現行憲法が硬性憲法であるのは，それが憲法の最高法規性を担保する最も有効な形態であるからである。

(3) **民定憲法と欽定憲法**　憲法の内容に直接または間接に関わりがある制定手続というもう1つの形式面に着目すると，憲法には大別して民定憲法と欽定憲法がある。人民が制定する憲法が民定憲法である。制定の手続には人民の代表を通じて制定する場合と最終的に人民投票で決定する場合とがある。たとえばフランス第4共和制憲法（1946年）が後者の例であり，日本国憲法は前者の例である。これに対して欽定憲法とは，君主によって制定される憲法である。その制定手続から人民（臣民）は排除される。大日本帝国憲法はこれに当たる。両者の中間に位置づけられるのが，君主と人民の合意により制定される協約憲法である。例えばフランス7月王制期の1830年憲法がこれである。

3　立憲主義

憲法はどのような価値を内包しているのか。内容に着目すると，憲法は，一言でいえば，立憲主義の規範体系である。立憲主義とは，最も抽象的にいえ

ば，憲法に基づきその制限のもとに国家を組織し運営するという原理である。具体的には，歴史的に近代立憲主義，その妥協的ないし堕落的な形態としての外見的立憲主義，発展形態としての現代立憲主義というものに区別される。

(1) **近代立憲主義** 公権力は，個人の自由権の保障を目的として，本質的に制限されるという近代自由主義思想の産物が近代立憲主義である。その思想的淵源は，具体的には，ロック（1632～1704年）・ルソー（1712～1778年）の社会契約説，モンテスキュー（1689～1755年）の権力分立論に求めることができると考えられる。

近代立憲主義に裏づけられた憲法を立憲的意味の憲法と呼ぶこともある。立憲的意味の憲法の具体的内容をよく表わす定式としてしばしば引用される1789年フランス人権宣言16条は「権利の保障が確保されておらず，また権力の分立が定められていない社会はすべて，憲法をもたない」と定めている。ここに示されているように，人権尊重主義と権力分立，そしてその権力が国民に由来するという国民主権，これらの原則を規範化する憲法が立憲的意味の憲法である。これは単に近代憲法とも呼ばれる。

(2) **外見的立憲主義** 前近代的な封建制社会が近代化（資本主義化）するとき，社会を総括する国家が変革される。この国家形態・統治形態の転換が新・旧有産階級の妥協によって進められるとき，生まれる憲法には近代的な側面と前近代的な側面が併存することになる。その具体的なあり様は，妥協の内容次第で多様であるが，総じていえば，国民主権主義・権力分立主義・人権尊重主義が憲法の文言上は宣言されていながら，その実質が伴わないものになっている。国家形態としては君主制（立憲君主制という）で，主権の主体が曖昧にされ国民主権が明文化されていないことがむしろ多い。権力分立も形式的なものにとどまり，とりわけ国民（臣民）を代表する議会の地位が低く，君主と行政権が強い権限を有する。権利の保障は質量ともに不十分で，人の権利の保障というにはほど遠い。このような憲法は，立憲主義を見かけの上だけで規範化するものという意味で，外見的立憲主義的憲法ということができる。

(3) **現代立憲主義** 外見的立憲主義が近代立憲主義を実質的に否定するのに対して，現代立憲主義は近代立憲主義の継承・発展形態ということができる。すなわち，現代立憲主義は，個人を解放する自由主義の肯定的な側面を継

承する一方で，個人を疎外する自由主義の否定的な側面を修正するために，憲法により公権力を制限するとともに弱者保護のための国家の積極的な活動を要請する福祉国家ないし社会国家の理念を併せ持つ立憲主義である。そのような現代立憲主義に裏づけられた憲法は，近代的な立憲的意味の憲法の否定的な側面の反省と20世紀前半のファシズムの反省とをこめて強化された国民主権・権力分立・人権尊重主義を規範化する憲法である。これは単に現代憲法とも呼ばれる。

第2節　近代憲法の構造

　近代憲法とは歴史的近代といわれる18世紀末〜19世紀に生まれた憲法すべてのことではない。近代憲法の例は，アメリカ合衆国憲法やフランス1791年憲法などで，けっして多くはない。ここでは，近代憲法の基本原理を明らかにしておこう。

1　憲法制定権力

　複雑な人間社会はすべて正当性の問題すなわち，社会秩序は何故，どのようにして成員の服従を調達するのかという問題に直面する。正当な社会秩序とは，成員の大多数によって積極的ないし少なくとも消極的に承認されている社会秩序である。正当性とはすなわち多数の成員の承認である。この承認の根拠ないし基準が正当性の根拠である。近代自由主義によれば，国家権力の正当性の根拠は個人の自由にある。個人の自由は，他律を否定する自己決定・自己統治の原則である。したがって，近代自由主義によれば，法は治者自身の意思であってはならず被治者の意思すなわち一般意思＝人民の意思でなければならない。それゆえ近代憲法は民定憲法でなければならない。近代憲法の憲法制定権力は人民に帰属するのである。

　憲法制定権力（制憲権ともいう）とは，既存の国制や憲法と無関係にすなわち新国家を創設するために始原的に実定憲法を制定する権力のことである。始原的な憲法制定行為は，制定された憲法にとっては一度限りの行為である。憲法制定手続は，制定された憲法以前の，それゆえ制定された憲法には定められて

いない手続である。したがって，憲法制定権力の帰属主体は，憲法が制定されたのち，憲法上はもはや憲法制定権力を行使できないことになる。

近代憲法の制定者である人民は，制定憲法上は憲法制定権力を行使することができない。ただ，その自由な意思によって憲法を制定したことが憲法に正当性を付与するにとどまるのである。すなわち憲法上，人民は，憲法の正当性の根拠にとどまり，間接または直接に憲法改正権を行使できるにすぎないのである。

2 国民主権

主権という概念は，「王自らが統治する」という親政の宣言を行ったルイ14世時代に絶頂期を迎えるフランス絶対主義国家の成立過程において確立された。それは，国王に服従する封建諸侯がなお割拠する国内において最高の，そして対外的に独立の国家権力を意味した。

人民の憲法制定権力が生み出した近代憲法は，この主権が国民に帰属することを意味する国民主権（主権在民ともいう）を基本原理の1つとする。

国民主権原理は，消極的には君主主権の否定を意味し，積極的には「人民の，人民による，人民のための政治」を意味する。それを具体化する統治機構である国会は，憲法上，民選の国民代表機関とされる。

君主主権から国民主権への転換に伴い，主権が元来備えていた属性ごとに異なる用法がみられるようになる。すなわち，①主権が国家権力（統治権）そのものを意味する場合，②国家権力の最高独立性を意味する場合，③国家権力の正当性の根拠を意味する場合と，大まかには3通りの主権概念の用法がみられるようになったのである。

国民主権の意味に関して，その主権の意味が①なのか③なのかが問題となる。現実の君主主権から国民主権への転換は，複雑な歴史過程に制約されて多様な姿容を伴って現象した。その転換は，転換を推進する社会勢力とこれを阻止しようとする社会勢力との力関係によって，不徹底に終わることも珍しくなかった。それは，近代立憲主義的憲法における国民主権と外見的立憲主義憲法における外見的国民主権の違いとしてみられるだけでなく，近代立憲主義的憲法における国民主権の多様性としてもみられる。君主即国家（「朕は国家なり」）

を意味した君主主権においては，主権は国家権力（統治権）を意味したが，近代立憲主義的憲法における国民主権は，国民＝国家権力の主体（国民即国家）を意味する場合と，国家法人説を前提に国民＝国家権力の正当性の根拠を意味する場合とがあるのである。

3　権力分立

国王自らが統治するという君主主権原理の否定は，近代憲法上，国民主権を意味するとともに国家権力の集中排除を意味する。

まずもって国家権力（統治権）は，授権規範・制限規範である憲法上の諸権限の総体にすぎない。憲法は，統治の独裁化や暴走に対する歯止めの仕組みとして，自ら創設する国家権力を立法・行政・司法の3権に分割し，それぞれを異なる国家機関に配分し，各国家機関の組織原則ならびに権限行使の要件および効果について定め，3権を一定の緊張関係のなかに置く。

三権分立ないし権力分立原則が国家権力の集中排除と3権相互間の抑制・均衡を意味するとしても，集中排除や抑制・均衡の具体的内容は，憲法の定め方次第であることはいうまでもない。とはいえ，一般に国民主権の下の三権分立は，3権のうち国民代表機関である議会が立法権を有する議会優位型の権力分立であった。行政も司法も法に基づいて行われる法治主義の原則の下では，立法権をもつ議会が行政府や司法府に優越することになるのは当然である。このような国家を立法国家ともいう。

4　人権保障

近代憲法は，絶対主義国家の政治的・経済的支配秩序と封建的な身分制の軛から解放された社会の成員を個人として尊重することを国家に義務づける。

憲法上，個人は，すべて平等とされ，生まれながらにして不可侵・不可譲で時効にかからない権利を保障される。これが人権である。近代憲法が保障する人権は，主として人身の自由，精神的自由，経済的自由等の国家からの自由権である。

5 平和主義

戦争放棄の努力は、近代憲法の歴史とともに始まったといってもよい。フランスの1791年憲法第6編は、「フランス国民は、征服を目的とするいかなる戦争の企ても放棄し、いかなる人民の自由に対してもその武力を行使しない」と定めたのである。

もっとも、フランスの1791年憲法は、ヨーロッパ諸国の憲法に大きな影響を与えたといわれるが、それは人権規定の部分であった。対外的に自国防衛のみならず、海外の権益の確保や植民地の獲得・維持、対内的には内乱等の鎮圧のために軍事力を保有することが当然と考えられていた19世紀、この征服戦争放棄条項は国際的にほとんど影響を与えなかった。

第3節　現代憲法の歴史的特質

1　国民主権—人民主権への傾斜

フランスでは、革命によって絶対王制が打倒され、1789年人権宣言3条が「全主権の根源は本質的に国民に存する」と規定した。ここにフランスの国民主権の憲法上の原理・制度としての歴史が始まる。

国民主権が君主主権を否定することはたしかであった。しかし、そのポジティヴな意味については、すでに革命前夜から思想的な対立があった。

絶対主義国家は封建的生産関係を経済的土台としていたが、その内部においては資本主義的生産関係が展開し、封建的生産関係と絡み合いながらそれを侵食しつつあった。そこには、封建的な収奪を行う特権階級と収奪される農民、封建的生産関係を保護する絶対主義国家から一定の保護を受けつつ政治的に疎外され収奪されるブルジョアジー、そのブルジョアジーによって搾取される労働者・民衆という、経済的利害・政治的利害を異にする社会的カテゴリーが存在した。このような社会的背景のもとに、フランス革命においては、おおまかにいえば2つの政治的対抗関係が生まれていた。1つは、君主主権を法的支柱とする旧体制を護持した封建的特権階級（反革命勢力）と旧体制下において何らかの形で収奪され疎外されていた反特権階級（革命勢力）との対抗関係である。もう1つは、革命勢力内部におけるブルジョアジーと民衆との対抗関係で

ある。

　革命の勝利後，革命勢力内部の対立が次第に顕在化し，君主主権に代わる新しい主権原理をめぐって大要2種類の見解が対立することになる。一方の見解は，国家権力（統治権）を意味する主権が nation（「国民」と訳すことが多いが，「人民」と紛らわしいため，ここでは，ナシオンという）に帰属するといい，他方の見解は，主権が peuple（「人民」と訳すことが多いが，「国民」と紛らわしいため，ここでは，プープルという）に帰属するという。

　ナシオンとは，国籍保持者の総体あるいはいわばマルチ世代的な全国民を意味する抽象的観念的な存在である。そのようなナシオンは，君主を含むこともありうる。ナシオン主権原理は，原則として直接民主制や半直接民主制を排除し，代表制を自らに適合的な制度とする。それは，代表制に必要な選挙を公務と観念する制限選挙制を排除することもない。

　これに対して，プープルは，多様な市民＝有権者の集団として，それ自体自然的な意思決定能力・執行能力を有する具体的な存在である。プープル主権原理は，直接民主制を優先し，代表制を可能ならば半直接民主制的技術によって修正し，次善のものとしてのみ認める。この場合，選挙は権利と観念される。

　ナシオン主権原理は，民衆の急進的な要求と政治参加を嫌うブルジョアジーによって支持され，プープル主権原理は逆に民衆の支持を受ける。

　異なる主権原理の対立は，複雑な政治過程を経て，ひとまずナシオン主権原理の勝利に終わる。しかし，その結果，両者の対立がなくなるわけではない。ナシオン主権の法構造がブルジョアジーの政治支配を担保し，社会的多数者である民衆を主権から疎外するかぎり，そしてまたブルジョアジーの経済的支配が民衆を抑圧するかぎり，それに対抗する民衆の憲法思想が再生産される。

　19世紀から20世紀にかけてのフランスの憲法史は，いわゆる共和制から君主制，帝制までさまざまな国家形態，統治形態を経験する複雑で激しい振幅を伴って展開してきたが，主権原理に着目してみると，ナシオン主権原理が若干の例外的時期を除いて憲法の原理として妥当せしめられてきた。しかし，選挙権の拡大，直接民主制の採否および採用の程度，命令委任の採否を指標に近現代フランス憲法史を通覧するならば，ナシオン主権原理は，プープル主権論の影響にさらされ，その憲法典上および憲法運用上の具体的なあらわれには，

プープル主権への傾斜がみられる。今日のフランス第5共和制憲法3条1項が「ナシオン主権はプープルに帰属する」と規定しているのは象徴的である。

ナシオン主権のプープル主権への傾斜という傾向は、大局的にみると、近代憲法から現代憲法への主権原理の変容として捉えることができる。

2 権力分立──行政国家化から議会の復権と違憲審査制の導入へ

近代憲法の立法国家は、資本主義の展開に伴い国家に期待される役割が変化するにつれて、事実上次第に変容する。

もっぱら資本主義経済市場の自由と安全、秩序の維持を役割とする消極国家（夜警国家）は、その目的のために必要最小限の権限をもつ国家であった。法に基づく行政・司法を意味する法治主義の原則のもと、そのような「小さな」国家の活動を枠づける重要な任務は法律の果たさなければならないことであり、またそのような任務を負う法律の制定は議会のなしうることであった。立法国家は消極国家に適合的であったのである。

19世紀後半からの資本主義の高度化は、経済・社会・国際社会を大きく変貌させ、国家に対して新たな役割を果たすように迫ることになる。

経済的には、消極国家によって維持された自由市場において資本の蓄積と集中が進み、独占資本が形成される。こうして現れた巨大な生産力が競争のなかで必然的に引き起こす過剰生産恐慌は、甚大な経済的損害、生活破壊をもたらす。これを回避するための景気のコントロールは、自由市場には期待できず、国家自身が経済活動を引き受けたり、国家財政を活用した経済政策を行ったりすることによってそれを行うことになる。

社会的には、資本主義の高度化によって深刻な経済格差が生じ、労働運動や農民運動が活発化する。このような運動は、雇用者や土地所有者に対して労働条件や待遇の改善を要求するだけでなく、救貧政策・防貧政策を国家に対しても要求することになる。

国際的には、国内外の競争に曝され続ける資本は、生産のための生産を続けるために資本輸出を行う。独占段階において世界的に展開されるこの競争は、植民地の獲得と拡大という経済先進国による後進国の抑圧、そして世界の植民地分割が完了したのちの再分割競争という帝国主義戦争を招くことになる。

1914年に勃発する第一次世界大戦は，それまでの王朝戦争とは異なる大規模な帝国主義戦争となった。戦争当事国は，戦争の想定外の規模と長期化によって，たちまち軍備の不足と財政難に陥り，それまでにない人的・物的総動員体制を迅速に構築しなければならなくなった。

20世紀前半に国家が新たな役割を課せられることによって，行政機能が多様化し拡大することになる。消極国家は，積極国家，福祉国家に転換する。しかも，これは単なる量的な変化にとどまらない質的な変化であった。経済政策・社会政策・戦争政策のための専門性・即応性・迅速性を要する行政作用を行うには，法律の縛りが妨げになると考えられ，委任立法や計画行政の手法がとられるようになり，法治主義と立法国家が形骸化することになる。憲法上の三権分立原則にもかかわらず，実質的に行政府に権限が集中する行政国家がここに現出するのである。

行政国家は，第一次世界大戦以降各国に現れる。その多くは，三権分立原則，立法国家の維持の下に，運用上みられる現象である。

第二次世界大戦後に登場する多くの現代憲法は，あらためて三権分立を採用するが，行政国家化によって実質的に凋落していた議会の地位をあらためて強化し（立法国家の復権），それとともにとくにナチス政権が選挙によって誕生し，ヒトラーを総統にする全権委任法が国会によって制定されたことを教訓として，裁判所（司法裁判所または憲法裁判所）による違憲審査制を導入した。現代憲法は，行政国家を消極的に評価し，立法国家を復権すると同時に，法律でさえ違憲無効とすることができる裁判所による違憲審査制によって憲法の人権保障をより強固に実質化し，権力分立の自由主義的な抑制・均衡機能を強化しているのである。

3　人権保障─近代的人権保障の修正と現代的人権の登場

近代憲法が保障する平等は，封建制的な身分秩序から解放された抽象的な人間の平等を意味した。それは，社会的経済的関係における個々人の事実上の差異を度外視した法的取扱いの均一という形式的平等を意味した。形式的平等は，ときに人種や性別，社会的身分，門地などの個人の努力ではいかんともしがたい差異による不利益扱いを容認・放置することになる。

また，近代憲法が保障する人権は，主として国家からの自由であった。自由権は，強い個人を解放する一方，弱い個人を疎外する一面がある。とくに問題となるのが経済的自由である。たとえば1789年のフランス人権宣言17条（「所有は神聖かつ不可侵の権利である」）にみられるように，近代憲法は，所有権を神聖不可侵の権利として保障している。これは，単に個人の生活手段の所有を保障するだけでなく，資本による搾取の自由の絶対的保障を意味する。資本主義社会における商品流通過程は，資本が価値実現を目指して熾烈な競争を繰り広げる場である。そこにおける営利活動は，市場の制覇とそのための生産過程における剰余価値生産＝搾取によって動機づけられる。そのように動機づけられた資本は，自由競争を通じて集積と集中を果たす。そこでは，生産手段をもたない労働者にとって，所有権の神聖不可侵は，貧困・劣悪な労働条件・失業への自由を意味した。

　形式的平等と神聖不可侵の所有権の保障は，一方に一握りの富裕層を生み出し，他方に多数の社会的経済的弱者を生み出す。この近代憲法の否定的側面を改めるのが現代憲法の保障する社会権である。その先駆となる1919年制定のドイツのいわゆるワイマール憲法153条1項は，「所有権は，憲法によって保障される」とし，その内容と限界を法律に基づいて明らかにするとした。ワイマール憲法は，このように所有権の神聖不可侵性を否定しつつ，「経済生活の秩序は，すべての人に，人たるに値する生存を保障することを目指す正義の諸原則に適合するものでなければならない。各人の経済的自由は，この限界内においてこれを確保するものとする」（151条1項），「通商および営業の自由は，ライヒ法律の定める基準に従って保障される」とし，人間らしい生存の保障が経済的自由の保障に優先することを認めた。

　第二次世界大戦後，ヨーロッパの法思想界に転換が起きる。18世紀，人間の自然的理性に基づいて構成される普遍的な永久不変の法である自然法の存在を説き，自由や平等はこれによって認められたものと考える自然法思想が，アメリカ独立宣言やフランス人権宣言に大きな影響を与え，近代の諸法典に浸透した。19世紀を通じて，各国に成文憲法が登場し，法律が整備されるが，それとともに，かつて旧体制を揺るがし，国家や法の近代化を促した自然法思想に代わって法実証主義が支配的となった。実証主義とは，経験的事実に基づいて理

論や仮説，命題を検証し，超越的なものの存在を否定しようとする立場であり，法実証主義とは，経験的に検証可能な社会的事実として存在するかぎりでの実定法のみを法学の対象と考える立場である。近代国家における実定法とは，主に法律であり，それを補充するものとして法律が許容する慣習法である。法律が整備され，一国の法体制が安定すると，このような法実証主義が支配的になるのは，自然の成り行きであったといえる。しかし，実定法を超える自然法を否定する法実証主義には，「悪法も法なり」として悪法を正当化する一面があり，これがナチズムの「法」を正当化したことが第二次世界大戦後に深刻に反省された。こうして，20世紀半ばに，自然法思想が復権する。

その影響の下にあらたに制定された現代憲法は，近代憲法の人権保障を継承するとともに，単なる継承にとどまることなく，それが前提とする抽象的人間像を修正し，社会権と実質的平等を保障するようになった。たとえば1946年制定のフランス第4共和制憲法前文は，1789年人権宣言を再確認するとともに，現代にとくに必要なものとして多くの政治的および経済的，社会的原則を宣言し，多くの社会権を保障している。同前文は，あらゆる領域で女性に対して，男性の権利と同等の権利を保障するとしている。またそれは労働者，子ども，母親，高齢者の権利を保障するとしている。そこでは，憲法の保障する権利の主体が多様化し，多様な主体間の社会経済関係における事実上の平等すなわち実質的平等が保障されているのである。

4　平和主義——戦争の違法化

19世紀にはみられなかったフランス1791年憲法の征服戦争放棄条項の国際的影響がようやくあらわれるのが1907年ハーグ国際平和会議において締結された「契約上の債務回収のためにする兵力使用の制限に関する条約」で，これは，自国民の債権を回収する目的で，債務国に対して武力を行使することを禁止した。これによって国際法上，無差別戦争観が克服され，違法な戦争が規定されたのである。しかし，この条約によって禁止されたのはごく限られた範囲の武力行使にすぎず，債務国が仲裁裁判を拒否したり，裁判の結果に従わなかった場合に戦争に訴えることは認められた。

戦争の違法化の次の段階を画したのは国際連盟規約であった。第一次世界大

戦は，開戦当初の予想に反して長期化し世界史上初の総力戦となった。このことが平和を希求する諸国人民の闘争の高揚を導き，革命運動の発展をもたらした。1917年のロシア10月革命の成功も，革命勢力が戦争からの離脱による平和の実現を最重要かつ緊急の要求の1つとし，それが人口の多数を占める農民の共感を得たことによるところが大きかった。このような状況のなかで，世界各国政府は，それまでのように戦争を各国の自助による紛争解決手段として主権によって保障された合法的なものとして維持することが困難になった。

　そこに生まれた国際連盟は，国際平和と安全の維持を主目的とした歴史上はじめての国際組織であった。国際連盟規約は，戦争に手続の枠をはめ，手続を無視する戦争を違法としたが，国際紛争解決手段としての戦争そのものを一般的に禁止したものではなかった。

　また，国際連盟規約は，規約違反の戦争を起こした国に対して集団的制裁措置をとることを定めていたが（16条），制裁を発動するか否かは各加盟国が認定することになっていて，制裁措置への参加は義務ではないとされていたため，制裁措置の実効性は乏しかった。

　1928年の不戦条約は，文面上戦争を一般的に禁止した。しかし，この条約では，紛争の平和的処理手続には触れられず，違反に対する制裁措置がいっさい規定されていなかった。また，アメリカその他の多くの国が自衛権について留保して，自衛権に基づく武力行使は不戦条約による禁止の対象ではないと一般に了解された。このため，不戦条約は，国際紛争解決手段としての戦争をいっさい放棄すると規定する一方で，実際には侵略戦争の放棄にとどまっていたことになる。このような問題を孕んでいたとはいえ，この条約の下では，たとえ自衛戦争を行う場合でも，それが不戦条約に反しない自衛権の行使であることを立証する責任を果さなければならないことになったのは重要な変化であった。

　第一次大戦後の以上のような国際法上の戦争違法化の動向は，一部の憲法にもあらわれた。たとえば，1931年制定のスペイン第2共和制憲法は，国際連盟の仲裁に期待して，不戦条約を憲法のなかに織り込んだものとして注目される。

　第二次世界大戦では，侵略戦争が「自衛」の名において行われた。たとえば，太平洋戦争の開戦の詔書では「帝国の自存自衛のため」といわれていた。

また，国際法上の戦争ではない武力行使＝事実上の戦争が大規模に行われた。「満州事変」や「支那事変」は，国際法上の戦争ではないこととされた。その戦争の惨禍は，第一次世界大戦をさらにしのぐ甚大なものとなった。

　第二次世界大戦の経験は，国際社会を戦争放棄に向けて大きく前進させた。国際的な反ファシズム連合が日独伊侵略ブロックを打ち破った戦後，戦争の防止・平和の維持に向けた効果的な国際的制度の必要性を国際社会は痛感した。国際連合憲章は国際連盟規約を発展させ，実効的な平和措置を国連に授権した。国際紛争の平和的解決を基本原則とし（1条・2条・33条），国際法上の戦争のみならず，武力による威嚇，武力の行使も禁止している。これに違反した場合の制裁措置として経済制裁その他の非軍事的措置（41条），平和的手段による解決が望めないときの軍事的措置（42条）がある。ただし，軍事的措置に関しては，特別協定を要し，加盟国を一律に義務づけるものではない。

　さらに国連憲章は，各国の個別的自衛権そのものを否定しないが，各国が独自に「自衛」と称して戦争を行う余地を大きく残していた不戦条約の反省を踏まえ，その明確化と限定を行っている。個別的自衛権の行使は「武力攻撃が発生した場合」に限定され，自衛措置をとった場合の安保理への報告が義務づけられ，安保理が必要措置をとるに至った場合には自衛措置は停止しなければならない（51条）。自衛措置そのものについても，緊急性や必要性，相当性などの要件を満たさなければならないと了解されている。

　国連憲章には，平和の破壊に対して国連が集団的措置をとるという基本原則に反する集団的自衛権を認める矛盾もあるが，以上のように，かつては国家主権の最たる発動形態であった戦争＝武力行使が，今日，原則として違法とされ，例外的に容認される個別的自衛権の行使にも厳格な要件が課せられているのである。

　第二次世界大戦は，第一次世界大戦以上に強い影響を憲法に与えた。戦後あらたに制定された諸国の憲法が侵略戦争の放棄を定めているのである。敗戦国のドイツ・イタリア・日本だけでなく，戦勝国であるフランスも，1946年制定の第4共和制憲法で，侵略戦争を放棄するとともに，個別的自衛権を制限しているのである。

第2章
日本国憲法の基本原理と正当性

第1節　大日本帝国憲法概観

　日本国憲法は，大日本帝国憲法（以下，帝国憲法という）の歴史的総括のうえに制定された。したがって，日本国憲法の基本原理と正当性についてみるには，あらかじめ帝国憲法の基本構造を概観しておく必要がある。

1　天皇主権
　主権原理は憲法の基本的性格にかかわる一要素である。主権の帰属主体如何によって国家権力の民主的性格あるいは権威主義的性格やその程度が決定的に左右され，憲法の立憲的性格も規定されるのである。
　この点に関して，そもそも帝国憲法は主権という文言を使用していないが，1条「大日本帝国ハ万世一系ノ天皇之ヲ統治ス」および4条「天皇ハ国ノ元首ニシテ統治権ヲ総攬シ此ノ憲法ノ条規ニ依リ之ヲ行フ」により，天皇に主権が帰属していたといえる。
　天皇主権は，権力の集中を必然化する。統治権は機能的に分割されるにとどまり，権力分立は外見的な水準にとどまる。すなわち立法権は，「帝国議会ノ協賛ヲ以テ」天皇が行うことになっており（帝国憲法5条），行政権という概念は帝国憲法上存在せず，「国務各大臣ハ天皇ヲ輔弼シ其ノ責ニ任ス」ることとされ（同55条1項），司法権は「天皇ノ名ニ於テ法律ニ依リ裁判所之ヲ行フ」（同57条1項）こととされていたのである。
　帝国議会は，およそ臣民の代表機関ではなかった。帝国議会を構成する二院のうち貴族院は皇族・華族・勅任議員からなった（帝国憲法34条）。衆議院は選

挙された議員で構成されることになっていたが（同35条），選挙の原則は帝国憲法上定めがなかった。このため，制限選挙制が長期間おこなわれ，1925年になってようやく男子普通選挙制が行われることになるが，女性の参政権は遂に敗戦まで実現されなかったのである。

帝国議会を召集・開会・閉会する権限，衆議院解散権は天皇に帰属していた（帝国憲法7条）。

帝国議会は，予算に関して協賛する権限があるにすぎず（同64条1項），条約に関しては締結権が天皇大権であるため（同13条），議会は無権限であった。

帝国議会には，強制力をもった調査権がなく，政府に対する質問権と説明請求権が議院法上与えられているにすぎなかった。

2　統帥権の独立

1889年に制定された帝国憲法は，正当な戦争と不当な戦争の区別をしない無差別戦争観が支配した時代の産物であるというだけでなく，富国強兵政策を国是として強権的に促進する後発資本主義国の憲法として，立憲的統制がまったく効かないといってよい天皇の軍隊の組織・権限に関する規定をもっていた。帝国憲法上，天皇は陸海軍の統帥権を有していた（帝国憲法11条）。統帥権とは軍の最高指揮権で，帝国議会の関与を必要としない大権であったが，そのうえ国務大臣の補弼の外に置かれていたため，政府も関与できないとされていた（統帥権の独立）。そのほか，天皇には陸海軍編制権（同12条），宣戦布告権（同13条）があり，戦時に必要とされる戒厳大権（同14条），非常大権（同31条）も備わっていた。他方，臣民には兵役の義務があった（同20条）。

3　外見的人権保障

帝国憲法にも自由という文言はみられるが，それは近代的な人権とは似て非なるものであった。

第1に，帝国憲法が保障する権利は，「臣民」の権利（第2章）であって，人の権利ではなかった。すなわち，それは，臣民という身分に対して国家から付与される「権利」という名の分際にすぎなかったといえる。

第2に，帝国憲法が保障する権利のカタログはきわめて貧弱であった。第2

章「臣民権利義務」のうち，権利保障規定といえるのは，22条〜30条の9カ条にすぎなかった。

　第3に，帝国憲法上，臣民の権利＝分際という性格から必然的に，ほとんどすべての権利が法律に留保されていた。帝国憲法上，唯一信教の自由（帝国憲法28条）は例外的に法律に留保されていない。しかし，それは，信教の自由が，「安寧秩序」の保持や「臣民タルノ義務」を理由として，法律によらずとも制約できるということを意味した。

　第4に，法律の留保については，法律の形式的性格にも注意する必要がある。帝国憲法上，臣民の権利の内容を決定する法律を定める権限は天皇に帰属し，帝国議会は単なるその協賛機関にすぎなかった。二院のうちの衆議院のみが選挙されるにすぎず，選挙権は当初納税額によって制限され，普通選挙制になっても女性には選挙権が認められなかった。しかも政治活動や言論活動は厳しく制限されていた。したがって，法律は臣民の意思あるいは臣民の代表の意思というにはほど遠く，そのため，法律による権利保障は貧弱にならざるをえなかった。

　第5に，臣民の権利が法律に留保されているということは，法律によらなければそれを制限することができないということを意味し，場合によっては法律が臣民の権利の楯になる可能性があることを意味するが，帝国憲法はそれに重大な例外を設けていた。緊急命令（帝国憲法8条）・独立命令（同9条）・戒厳大権（同14条）・非常大権（同31条）からなる緊急事態法制がそれである。緊急命令とは，帝国議会閉会中に「公共ノ安全ヲ保持シ又ハ其ノ災厄ヲ避クル為緊急ノ必要」があるとき「法律ニ代ルヘキ勅令」のことである。独立命令とは，「公共ノ安寧秩序ヲ保持シ及臣民ノ幸福ヲ増進スル為ニ必要」な場合に法律の根拠なく発することができる命令のことである。非常大権とは，「戦時又ハ国家事変ノ場合」に帝国憲法第2章の権利を制限することができる大権である。

　第6に，権利侵害に対する救済制度にも注意する必要がある。帝国憲法上，国家による臣民の権利侵害に対する救済制度はきわめて不充分であった。国家無答責の原則の下，臣民に国家賠償請求権はなく，司法権は天皇の名において行われた（帝国憲法57条）。司法権は，通常の民事事件，刑事事件を管轄とし，行政官庁の違法処分によって権利を侵害された場合の訴訟は，行政裁判所が排

他的に担当した（同61条）。行政裁判所は，その職務に関しては他の行政機関からの指揮・命令を受けず，評定官の身分保障が行われていたという点において，通常の行政機関と異なり，通常の裁判所に類似していた。しかし，それは，裁判所という名称にもかかわらず，組織法的にはむしろ行政機関に属する機関であった。たとえば行政裁判所を構成する長官と評定官（行政裁判2条1項）は，内閣総理大臣の上奏によって任命されることになっており（同3条1項），司法裁判所はいっさいこの人事にかかわらなかった。また，行政裁判所は一般の司法行政権にもいっさい服さない独自の機関であった。

行政裁判所は，全国で唯一，東京に置かれていただけであった（行政裁判1条）。これは一審にして終審で，上訴の機会はなかった。

さらに出訴事項はわずか5項目に限定され（行政裁判15条，行政庁ノ違法処分ニ関スル行政裁判ノ件），それに該当しない事項については，提訴することができなかった。

第7に，同じく権利救済制度の問題として，違憲審査制が注目される。帝国憲法上は，「重要ノ国務ヲ審議ス」とされる枢密院が違憲審査機関に相当したが，この審議は「天皇ノ諮詢」に答えて行われるもので（帝国憲法56条），これは憲法秩序保障機関というべきで権利救済機関ではなかった。司法裁判所も行政裁判所も法令の違憲審査を行う権限がなかった。したがって，いずれも法律を公正に適用して裁判を行う機関にすぎなかった。すなわち，臣民の自由は立法権を制約するものではなかった。

第2節　日本国憲法成立史

1　ポツダム宣言受諾

1945年8月14日大日本帝国はポツダム宣言を受諾して，連合国に無条件降伏した。8月10日同宣言が「天皇ノ国家統治ノ大権ヲ変更スルノ要求ヲ包含シ居ラザルコトノ了解ノ下ニ受諾ス」と日本政府が申し入れた（「ポツダム」宣言受諾ニ関スル8月10日付日本政府申入）のに対して11日に連合国が行った回答は，「降伏ノ時ヨリ天皇及日本政府ノ国家統治ノ権限ハ降伏条項ノ実施ノ為其ノ必要ト認ムル措置ヲ執ル連合国最高司令官ノ制限ノ下ニ置カルルモノトス」とい

うものであった。日本の主権は、ポツダム宣言受諾によって対外的にも対内的にも制限されることになったのである。

　ポツダム宣言は、戦後の対日政策の基本方針を定めた連合国の共同綱領として、連合国軍＝アメリカ占領軍を通じて日本政府を拘束することになる。同宣言は、多くの条文で、日本軍国主義の武装解除と平和主義への転換のための措置を占領政策の柱として位置づけている。

　すなわち、それは、6項で「日本国民を欺瞞し之をして世界征服の挙に出づるの過誤を犯さしめたる者の権力及勢力は、永久に除去せられざるべからず」とし、7項で「日本国の戦争遂行能力が破砕せられ」るべきことを述べ、9項で「日本国軍隊は、完全に武装を解除せられる」べきことを述べている。いずれの条項も、完全実施するには、日本軍国主義の法的根拠となった帝国憲法の根本的変革が必要になるはずであった。

　また、ポツダム宣言は、民主化政策を占領政策のもう1つの柱としている。すなわち、10項は「日本政府は、国民の間における民主主義的傾向の復活強化に対する一切の障碍を除去すべし。言論、宗教及思想の自由並に基本的人権の尊重は、確立せらるべし」としている。この実施は人権を保障していなかった帝国憲法に触れないわけにはいかなかった。基本的人権の保障は、それに適合的な統治機構が存在してはじめて実現する。すなわち、人権保障は民主的な権力がなければありえない。そこで統治機構の民主化に関連して、ポツダム宣言は次のように定めていた。「前記諸目的〔平和的秩序の確立と人権保障の確立〕が達成せられ且日本国民の自由に表明せる意思に従ひ平和的傾向を有し且責任ある政府が樹立せらるるに於いては、連合国の占領軍は、直に日本国より撤収せらるべし」（12項）。国民の自由意思による政府の樹立は、帝国憲法上二重の意味で不可能だった。第1に国民（帝国憲法上は臣民）は自由な意思の表明ができなかったからであり、第2に政府の任命権は天皇にあったからである。またここでいう「責任ある政府」とは、国民に対して責任を負う政府のことであるが、帝国憲法では政府はもっぱら天皇に対して責任を負うことになっていたから、かかる政府の樹立は帝国憲法上はできないことであった。

　受諾されたポツダム宣言は、1945年9月20日の「『ポツダム』宣言ノ受諾ニ伴ヒ発スル命令ニ関スル件」（勅令542号）によって、日本政府による実現過程

に入ることになる。それまでは，帝国憲法が妥当していたのである。たとえば，横浜事件（旅先の旅館で撮影された何でもない集合写真が，特別高等警察によって，そこに映っていた雑誌編集者等による共産党の再建会議の証拠とされ，言論出版関係者が治安維持法違反容疑で次々と逮捕検挙された1942年から1945年にかけて起きたえん罪事件）の裁判は，8月下旬から9月上旬にかけて大急ぎで行われている。罪名は治安維持法違反である。

　さらに，勅令542号ののちも，9月22日にポツダム宣言をいっそう具体化した「降伏後ニ於ケル米国ノ初期対日方針」が発表されたにもかかわらず，あいかわらず日本政府はポツダム宣言実施には消極的であった。間接統治方式をとっていた占領軍は，治安維持法違反の被疑者を仮釈放中にかくまったことを理由に検事拘留処分を受けて豊多摩刑務所に置かれていた哲学者三木清の獄中死のニュース，天皇とマッカーサーとが並んで写った写真を掲載した新聞の発禁処分を知って，日本政府のサボタージュに気づき，10月4日に「政治的市民的宗教的自由ノ制限除去ニ関スル覚書」（いわゆる自由の指令）を発表した。これを転機として帝国憲法体制は実質的に解体されてゆき，反対にポツダム宣言が形式的なものから実質的なものへ転化してゆく。

2　自由の指令

　1945年10月に入っても，日本政府＝東久邇宮内閣の内務大臣や司法大臣は，政治犯の拘禁と天皇制廃止論者に対する治安維持法の適用とをやめようとしなかった。そこで，GHQの出した自由の指令は，「政治的，公民的，宗教的自由に対する制限並に種族，国籍，信教乃至政見を理由とする差別を除去する」ことを目的として，「天皇，国体及日本帝国政府に関する無制限なる討議を含む」「思想，宗教，集会及言論の自由に対する制限を設定し又は之を維持せんとする」いっさいの法令とその適用を廃止すること等を日本政府に命じるものであった。

　このような自由の指令の内容に衝撃を受けた東久邇宮内閣は10月5日に辞職し，10月9日これに代わった幣原内閣が指令を実行に移した。こうして，ようやくポツダム宣言が実質化する。獄中に置かれていた政治犯が解放され，公共空間が開放され，そこにおいて戦後の新しい社会・国家のあり方をめぐる議論

が活発に展開されることになる。その最も重要なテーマの1つが憲法であったことはいうまでもない。

3　松本委員会

　1945年10月4日，マッカーサーは，東久邇宮内閣の無任所大臣で事実上の副首相であった近衛文麿に対して憲法改正の必要を示唆した。これを受けて近衛は11日に内大臣府御用掛となり，京都帝国大学教授佐々木惣一を顧問として，改憲の準備を始めた。これは，すでに発足していた幣原内閣も帝国議会も承知しないことであった。13日，政府は，内大臣府に対抗して，松本烝治国務大臣を委員長とする憲法問題調査委員会（通称，松本委員会）の設置を閣議決定した。

　このように，10月中旬，内大臣府と内閣とが競い合うように憲法改正に乗り出した。帝国憲法改正をめぐって生じた国家機構内部のラインの乱れは，内閣側の巻き返しによって収拾される。11月1日夜，GHQは，声明で，10月4日時点で首相代理だった近衛は，内閣の交代によってもはやその立場にないとし，幣原新首相に対し憲法改正に関する総司令部の命令を伝えたことを明らかにした。

　近衛は，活動の正当性を失うことになりながらも，11月22日自らの改憲案を天皇に上奏し，また近衛と考えを異にする佐々木も24日，独自の案を天皇に進講した。内大臣府は，この11月24日に廃止される。近衛は，12月6日戦犯容疑者となり，16日服毒自殺した。

　松本委員会の作業は，12月8日衆議院予算委員会で初めて披露されたいわゆる松本4原則に従って進められていた。同4原則とは，すなわち，第1に「天皇が統治権を総攬せられるという基本原則には，なんらの変更を加えないこと」，第2に「議会の議決を要する事項の範囲を拡充すること」と「大権事項をある程度削減すること」，第3に「国務大臣の責任を国務の全般にわたるものたらしめ」ることと「国務大臣は議会に対して責任を負うものたらしめること」，第4に「人民の自由および権利の保護を拡大すること」，その「侵害に対する救済方法を完全なものとすること」，以上の4ヵ条である。

　松本4原則はきわめて簡単なものであるが，そこから明らかになるかぎりで

も，委員会が帝国憲法の微温的な「改正」しか考えていなかったことは，はっきりしていた。

4 民間憲法草案

1945年10月4日以降，徐々に政党や民間の研究会が憲法問題に取り組みはじめ，次々と新憲法構想を明らかにする。1946年1月までに発表されたそれらを概観してみよう。

(1) **日本共産党「新憲法の骨子」**　1945年11月11日，日本共産党が「新憲法の骨子」を発表する。骨子は，まず「主権は人民に在り」とし，次に「民主議会は主権を管理す」，「政府は民主議会に責任を負ふ」として，天皇が統治権の総攬者である天皇主権の体制を完全に否定している。

さらに民主議会とそれに責任を負う政府の統治構造に不可欠の国民の諸権利についても「人民は政治的，……自由であり且つ議会及び政府を監視し批判する自由を確保する」と骨子は述べる。

その他の人権について，骨子は，人民の「経済的，社会的」自由，「生活権，労働権，教育される権利」の具体的設備を伴った保障，「階級的並びに民族的差別の根本的廃止」を謳っている。

以上は文字どおりの骨子にとどまるが，これが帝国憲法を全面的に否定する現代的な憲法を構想するものであることは明らかである。

(2) **憲法研究会「憲法草案要綱」**　12月27日，高野岩三郎・鈴木安蔵・室伏高信・森戸辰男・岩淵辰雄らの憲法研究会が「憲法草案要綱」を発表する。要綱は，統治権の「根本原則」として，まず「日本国ノ統治権ハ日本国民ヨリ発ス」とするが，天皇制は維持するものとする。要綱によれば，存続する天皇は「国政ヲ親カラセス」ものとされ，「国政ノ一切ノ最高責任者ハ内閣トス」ることになる。天皇の行うことは「国民ノ委任ニヨリ専ラ国家的儀礼ヲ司ル」こととなり，その即位には「議会ノ承認ヲ経ル」ことが必要とされている。民主的政治過程に不可欠の国民の権利に関して，要綱は，「国民ノ言論……ノ自由ヲ妨ケル如何ナル法令ヲモ発布スルヲ得ス」，「国民ハ国民請願国民発案及国民表決ノ権利ヲ有ス」と述べている。

その他の人権に関して，要綱は，法の下の平等（「国民ハ法律ノ前ニ平等ニシテ

出生又ハ身分ニ基ク一切ノ差別ハ之ヲ廃ス」），男女平等（「男女ハ公的並私的ニ完全ニ平等ノ権利ヲ享有ス」），民族人種差別の禁止，学問の自由・芸術の自由・信教の自由（「学術芸術宗教ノ自由ヲ妨ケル如何ナル法令ヲモ発布スルヲ得ス」），拷問の禁止，労働権（「労働ニ従事シ其ノ労働ニ対シテ報酬ヲ受クルノ権利」），生存権（「健康ニシテ文化的水準ノ生活ヲ営ム権利」），社会保障権（「国民ハ老年疾病其ノ他ノ事情ニヨリ労働不能ニ陥リタル場合生活保障サル権利ヲ有ス」）等の保障を構想していた。

主権主体が明示されていないが，天皇の政治的実権は否定されているから，要綱の国家構想は，日本国憲法の国民主権・象徴天皇制に近いといえる。人権保障の面では，近代的自由権とともに生存権はじめ現代的な人権の保障が詳細に構想されている。

(3) **高野岩三郎「改正憲法私案要綱」**　12月28日，憲法研究会のメンバーだった高野岩三郎が「改正憲法私案要綱」を公表する。高野私案は，人権保障の面では，憲法研究会要綱と大きく異なる点はなく，近代的自由権とともに現代的な人権保障を構想しているが，国家形態に関しては，憲法研究会要綱と異なって，「天皇制ニ代ヘテ大統領ヲ元首トスル共和制ノ採用」を根本原則とし，主権の主体に関しても「日本国ノ主権ハ日本国民ニ属スル」と明確に国民を主権者としている。

高野私案は，共産党骨子と同様に明確に天皇制廃止を構想しているのである。

(4) **日本自由党「憲法改正要綱」**　1946年1月21日，日本自由党「憲法改正要綱」が発表される。この要綱によれば，帝国憲法の官制大権・緊急命令・独立命令・戒厳大権・非常大権・統帥大権等は廃止されるが，なお天皇は「統治権ノ総覧者」とされ，「国務大臣ノ輔弼」を要するとはいえ，「法律ノ裁可」や「外交」等の重要な権限を有し，それに関して「法律上及政治上ノ責任ナシ」とされる。主権の所在に関しては，天皇でも国民でもなく，「統治権ノ主体ハ日本国家ナリ」として，曖昧にされている。

「国民ノ権利」に関して，要綱は，「思想，言論，信教，学問，芸術ノ自由ハ法律ヲ以テスルモ猥リニ之ヲ制限スルコトヲ得ズ」，「営業及勤労ノ自由ハ法律ヲ以テスルニ非ザレバ，之ヲ制限スルコトヲ得ズ」，「私有財産及正当ナル生活ノ安定ヲ確保ス」と述べるにとどまる。帝国憲法による自由の保障が法律の範

囲内の保障にすぎなかった点の反省がわずかにみられるだけであり，平等原則や社会権への言及はない。

自由党要綱は，帝国憲法の温存に固執し，共産党骨子，憲法研究会要綱，高野私案とは明確に一線を画していた。

5　GHQ草案

松本委員会は，1946年1月に改正草案を作り上げる。この通称松本草案が，2月1日毎日新聞によってスクープされる。こうして明らかになった松本草案は，スクープした毎日新聞の1面見出しに「天皇の統治権不変」と書かれていたことに示されるように，民間憲法草案のなかの最も保守的な自由党案よりもさらに保守的で，そこには委員長の松本が憲法改正作業を「国体守護」の任務と考えていたことがよく表れている。

スクープに接したGHQは，日本政府（幣原内閣）がポツダム宣言に従って憲法を改める能力をまったくもっていないと判断し，自ら憲法草案を用意することを決断した。3日，マッカーサーは，憲法改正に盛り込むべき必須の3項目をホイットニー民政局長に示し，GHQ草案の作成を指示した。いわゆるマッカーサー＝ノートに記された3原則は，第1に，天皇は国家元首であるが，「天皇の義務および権能は，憲法に基き行使され，憲法の定めるところにより，人民の基本的意思に対し責任を負う」こと，第2に，「国家の主権的権利としての戦争を廃棄する」こと，それは「紛争解決のための手段としての戦争，および自己の安全を保持するための手段としてのそれ」の放棄をも意味すること，そのために「いかなる日本陸海空軍も決して許されないし，いかなる交戦者の権利も日本軍には決して與えられない」こと，第3に，「日本の封建制度は，廃止される」こと，である。

2月8日，日本政府からGHQに提出された「憲法改正要綱」（松本草案）は，自由党の要綱と比べてもはるかに保守的なものであった。

GHQ憲法草案は2月10日に完成した。GHQ草案は，まず前文1項に「我等日本国人民ハ，……此ノ憲法ヲ制定確立ス」とあるように，人民を憲法制定権者としている。草案は，帝国憲法の改正案ではないのである。マッカーサー＝ノート示された3原則に従って作成されたこの案は，帝国憲法を根底から覆す

内容を多く含んでいた。

　主権は「人民ノ意思」にあるとされ（前文1項・1条），天皇（皇帝）は「国家ノ象徴ニシテ又人民ノ統一ノ象徴」（1条）として「政治上ノ権限ヲ有セス又之ヲ把握シ又ハ賦与セラルルコト無カルヘシ」とされた（3条2項）。人民は，「国民議会ニ於ケル正当ニ選挙セラレタル我等ノ代表者ヲ通シテ行動」するものとされ（前文1項），「公務員ヲ選定及罷免スル不可譲ノ権利」の主体とされた（14条）。主権者である人民が選挙する一院制（41条）の国会は「国家ノ権力ノ最高ノ機関ニシテ国家ノ唯一ノ法律制定機関」とされた（40条）。国会の召集・解散は天皇の機能とされているが，天皇は「内閣ノ輔弼及協賛ニ依リテノミ行動」し「人民ニ代リテ」その機能を行うこととされていた。

　行政権は内閣に帰属するとされ（60条），司法権は「最高法院及国会ノ随時設置スル下級裁判所ニ帰属」するものとされその独立性が保障された（68条）。三権分立が保障されているのである。

　平和の問題に関して，GHQ草案前文1項は，「諸国民トノ平和的協力」を確保する日本国人民の決心と「政府ノ行為ニ依リ再ヒ戦争ノ恐威ニ訪レラレサル」べき日本国人民の決意を宣言し，同じく第2項は万国民の「平和ノ裏ニ生存スル権利」を承認する。これを受けてGHQ草案本文には，次のような8条からなる「戦争ノ廃棄」と題する第2章が置かれた。

　　「国民ノ一主権トシテノ戦争ハ之ヲ廃止ス他ノ国民トノ紛争解決ノ手段トシテノ武力ノ威嚇又ハ使用ハ永久ニ之ヲ廃棄ス
　　　陸軍，海軍，空軍又ハ其ノ他ノ戦力ハ決シテ許諾セラルルコト無カルヘク又交戦状態ノ権利ハ決シテ国家ニ授与セラルルコト無カルヘシ」

　当然のことながら，これによって，帝国憲法にあった戦争・軍事に関する条項がいっさいなくなっている。

　権利保障に関しては，GHQ草案前文1項は，日本国人民の「国全土ニ及フ自由ノ祝福ノ成果ヲ確保」する決心を宣言し，これを受けて，9条ないし39条からなる第3章「人民ノ権利及義務」が置かれていた。9条は，日本国人民の「何等ノ干渉ヲ受クルコト無ク一切ノ基本的人権ヲ享有スル権利」を保障し，

12条は，国民が「個人トシテ尊敬セラルヘシ」とする。個人として尊敬される「一切ノ自然人ハ法律上平等」とされた（13条）。帝国憲法の臣民の権利ではなく，人権が保障されるのである。

GHQ草案は，近代的自由権に加えて社会権も保障している。注目されるのは，人身の自由や精神的自由が留保なく保障されているのに対して，財産権は「公共ノ福祉ニ従ヒ法律ニ依リ定義セラルヘシ」とされていることである。また，生存権を想起させる24条（「有ラユル生活範囲ニ於テ法律ハ社会的福祉，自由，正義及ビ民主主義ノ向上発展ノ為ニ立案セラルヘシ」）も注目される。

帝国憲法上の兵役の義務は，GHQ草案上，当然みられない。第3章に規定される人民の義務は，自由を濫用しない義務（11条）と財産権に伴う義務（29条）だけである。

帝国憲法上数多くあった緊急事態条項は，GHQ草案には，まったく置かれていない。

権利救済制度に関してみると，GHQ草案15条が「損害ノ救済……ニ関シ平穏ニ請願ヲ為ス権利」を保障し，帝国憲法下の国家無答責の原則を排除している。裁判を受ける権利は，当然のことながら，帝国憲法24条で法律に留保されていたそれとは異なり，憲法上の権利として保障されることになっている。

裁判は，全司法権が帰属する「最高法院」および下級裁判所（GHQ草案68条1項）によって行われる。特別裁判所は禁止され，行政機関による終審裁判は禁じられる（同2項）。帝国憲法上の行政裁判所は禁じられ，行政事件を含めてあらゆる法的事件が裁判所による裁判の対象となることになっている。裁判官は，「良心ノ行使」の独立が保障され，「憲法及其レニ基キ制定セラルル法律ニノミ拘束」される（同3項）。これにより，人の支配が排除され法の支配が確保されることになる。

さらにGHQ草案73条1項は，「法律，命令，規則又ハ官憲ノ行為ノ憲法上合法ナリヤ否ヤノ決定カ問題ト為リタルトキハ憲法第三章ニ基ク又ハ関聯スル有ラユル場合ニ於テハ最高法院ノ判決ヲ以テ最終トス」と定める。法令の違憲審査権が「人民ノ権利ノ堡塁」たる司法府（GHQ草案68条1項）に与えられ，法律による人権侵害の救済が可能となっているのである。

2月13日，GHQは，日本政府から提出された要綱が「自由と民主主義の文

書として最高司令官が受け容れることのまったく不可能なもの」としてそれに関する討議を抑え，GHQ草案を日本政府に手交した。

6　内閣憲法改正草案要綱

日本政府は，GHQ草案の予想外の内容に衝撃を受け当初抵抗するが，天皇制の存続のためにやむを得ないと判断して，これを受け容れることにする。その後GHQとの折衝を経て，3月6日日本政府は，同草案を反映した「内閣憲法改正草案要綱」（内閣草案要綱）を公表した。

7　帝国議会の審議

GHQと日本政府との間の新憲法制定ないし憲法改正をめぐる交渉は，いっさい秘密裏に進められていた。そこには，1946年2月下旬に第1回会合が開かれる予定になっていた対日占領政策の最高決定機関である極東委員会でアメリカと異なる方針を構想する諸国を交えて日本の憲法問題が論議されるのに先んじて日本自身の手で憲法問題が処理されたことにしようとするマッカーサーの思惑が反映していた。

その間，民間では，1946年2月14日に日本進歩党「憲法改正問題」，2月24日に日本社会党「新憲法要綱」，3月5日に憲法懇談会「日本国憲法草案」が発表されている。それぞれに特色はあったが，いずれも帝国憲法の根本的変革を指向するものとはいえないものであった。

ところが，内閣憲法改正草案要綱が発表され，マッカーサーがただちにこれに対する支持を表明すると，各党は，「『今日の政府案はわが党の主張するところと概ね同一である（！）から大体においてこれを支持するに吝かでない』などといふ趣旨の声明を発した」。「『概ね同一』といへるかどうかは大いに問題」（宮沢俊義「八月革命と国民主権主義」世界文化1巻4号64頁）であるが，ここに至って，政府の手には，新憲法制定過程における強い主導権が入ったのである。

政府は，帝国憲法73条の改正手続に従って新憲法を制定すべく，最後の帝国議会衆議院選挙を実施する。女性も参加して行われた4月10日の選挙結果は，自由党141議席，進歩党94議席，社会党93議席，協同党14議席，共産党5議

席，諸会派119議席である。

　憲法改正草案は，ようやく6月20日に始まった第90帝国議会に提出された。そこでの憲法論議のなかで最も注目を集めた問題の1つが，いわゆる国体問題であった。そもそも国体という概念は，江戸時代後期の国学者が西欧列強の東アジア進出に脅威を覚えるなかで，日本の民族的優位性を示すものとして用い始めた。それは，建国以来万世一系の皇統による統治なるフィクションを日本国家の最も重要な特質として称揚する歴史的・倫理的観念であった。国体という言葉を憲法学に導入したのは穂積八束・上杉慎吉ら神権学派であるが，この学派においては，国体は主権の所在を示し，君主国体・共和国体などに分類され，主権の行使形態は政体という言葉で表わされ，立憲政体・専制政体に分類された。これに対して，立憲学派の美濃部達吉は，国体を歴史的・倫理的な概念として憲法学をはじめいっさいの法律学にこれを持ち込むことに反対し，憲法学上は国家の最高機関が何者かによって規定される国家の組織形態を意味する政体が問題となると主張した。このような美濃部の見解は，1930年代半ば，軍部・在郷軍人会・右翼による国体明徴運動の攻撃の的となり，禁止された。法令上は，治安維持法に「国体」という文言があったが，この意味について，大審院は「我帝國ハ萬世一系ノ天皇君臨シ統治權ヲ總攬シ給フコトヲ以テ其ノ國體トナシ治安維持法（大正十四年法律第四十六號昭和三年勅令第百二十九號）第一條ニ所謂國體ノ意義亦之レニ外ナラサル」としている（大判1929（昭4）・5・31刑集8巻317頁）。これは，神権学派の国体概念に従っている。

　戦前人口に膾炙していた国体概念は倫理的観念としての国体であり，法令上の国体という文言は神権学派のいう国体概念を表したが，憲法学の世界では大正デモクラシー期に法的概念としての国体を否定する立憲学派が主流となっていた時期もあった。

　憲法改正草案は前文で「ここに国民の総意が至高なものであることを宣言し」と述べるにとどまり，GHQ草案と違って主権の所在を明確にしていなかったことから，これが国体を変更するものであるか否かが争点となった。この点に関連して，政府は，立憲学派の見解を前提に，国体概念を倫理的な観念として説明し，それには変更がないことを主張した。しかし，これが主権の所在如何という問題に対する答弁になっていないことは明らかであった。野坂参

三（共産党）らの追及とGHQの働きかけによって，政府は，「至高」という言葉を主権に改めることになる。これは単なる言葉の言い換えではない。至高という文言は，たとえば枢密院官制8条「枢密院ハ行政及立法ノ事ニ關シ天皇ノ至高ノ顧問タリト雖モ施政ニ干與スルコトナシ」とあるように単に「最高」という意味しかなく，統治権や権限を意味する文言ではないからである。

　帝国議会での4カ月の審議の結果，以上のように前文で主権の所在を明記するなどの若干の重要な修正が施されたのち，11月3日新憲法公布，1947年5月3日施行へと至るのである。

第3節　日本国憲法の正当性

1　正当性という問題

　複雑な人間社会はすべて正当性の問題すなわち，社会秩序は何故，どのようにして個人の服従を調達するのかという問題に直面する。この問題は，国家が暴力装置を独占する近代社会においておそらく最も重大で回避できない問題となる。

　正当な社会秩序とは，成員の大多数によって積極的ないし少なくとも消極的に承認されている社会秩序である。すなわち正当性とは多数の成員の承認である。ではその承認はいかにして調達されるのか。教育や指導，最終的には不承認に対する制裁を伴う強制が承認調達の手段であることはたしかである。とりわけ，非和解的な利害対立が拡大再生産される構造をもつ社会においては，秩序に対する成員の大多数の承認を得ることが難しく，得られてもその維持が困難であるから，強力な暴力装置が必要となる。しかしながら，暴力装置もまた社会秩序の構成部分であり，それに対する承認なしに恒常的に機能することは困難である。そこで暴力装置を含む社会秩序に対する承認の根拠ないし基準すなわち正当性の根拠が問われることになる。

　社会秩序の正当性の根拠は，いうまでもなく歴史的に異なる。身分制の軛から個人が解放された社会諸関係を総括する国家は，個人の自由意思に基づく承認を調達しなければならなくなる。そのような国家権力の正当性の根拠は，個人の自由である。個人の自由は，他の人格による支配を拒否する。すなわち人

の支配を拒否し，それにに代わる法の支配を要請する。さらにそれだけではない。個人の自由は，自己の意思による自己の規律すなわち自己統治の原則を意味するから，治者と被治者の同一性を要請し，したがって法は治者の命令ではなく一般意思＝人民の意思であることを要請する。国家と個人との関係の憲法による規制は，このような要請を満たさなければ正当とはいえない。それと同時に，憲法の成り立ちそのものの正当性の根拠も個人の自由，自己統治でなければならない。すなわち，問われるべき憲法の正当性とは，その内容と成り立ちにおける民主性，一口にいえば，民主的正当性なのである。

2　占領下の憲法制定という問題——押しつけ憲法論

　日本国憲法の正当性を否定し，全面的な改憲を主張する議論として押しつけ憲法論なる議論がある。

　押しつけ憲法論の一種として，日本国憲法が占領下に制定されたことを理由に日本国憲法が無効であると主張する説がある。この説はハーグ陸戦条約を援用する。しかし同条約附属書「陸戦ノ法規慣例ニ関スル規則」43条は，「国ノ権力カ事実上占領者ノ手ニ移リタル上ハ，占領者ハ，絶対的ノ支障ナキ限，占領地ノ現行法律ヲ尊重シテ，成ルヘク公共ノ秩序及生活ヲ回復確保スル為施シ得ヘキ一切ノ手段ヲ尽スヘシ」と定めている。これは，占領地の現行法規を絶対的支障がないことを条件に尊重すべきものとしている。つまり，占領下の憲法制定を一般的に禁止している訳でない。帝国憲法はポツダム宣言と絶対に両立しない。このポツダム宣言を日本は受諾し占領を受け入れているので，その実施に絶対的に差し支える帝国憲法に代わるべき新憲法の制定を GHQ が求めることは，何らハーグ陸戦条約に反しないのである。

　以上のような国際法違反という主張とは別に，端的に日本国憲法が日本人の意に反して押しつけられたと主張するいわば社会学的な押しつけ憲法論もある。このような主張をする以上は，「押しつける」という行為には主体と客体があるから，誰が誰に日本国憲法を押しつけたのかを明らかにしなければならない。押しつけ憲法論は，この点を明確にしない。しかし，押しつけた主体を探すとすれば，GHQ 以外にない。ところが実際には，1946年3月に提示された，マッカーサーが賛成する内閣憲法改正草案要綱に反対する政党は存在しな

かった。政府の憲法改正草案には，二院制のような日本政府の構想になる規定も入っている。制憲議会では，貴族院で沢田牛麿が，枢密院本会議で憲法改正草案に反対した美濃部達吉の名を挙げて改正慎重論を唱えるのみならず，政府の憲法改正草案を「急造粗製」の「変梃子なもの」と難じる一方で帝国憲法を「理想的に立派な憲法」と評価する発言を行っているくらいであるから，反対が不可能だったわけではない。同じく制憲議会では，国民主権が明記されるなどの政府憲法改正草案に重要な変更も行われている。また，1946年5月27日の毎日新聞が報じる2000人の有識者アンケート結果によれば，大多数がGHQ案をもとに作成された政府の憲法改正草案を支持している。こうしてみると，政府・議会の主体性が保障されていなかったとすることはできないし，多数の日本国民にとって，日本国憲法は意に反して押しつけられたものであったともいえない。日本国憲法を押しつけられたと考えたのは，1950年代になって押しつけ憲法論を主張し始めた勢力であるといえる。

そもそも，GHQ案作成の際には，1945年10月の自由の指令以降，民間で検討され公にもされた憲法草案が参考にされている。GHQにも渡された憲法研究会「憲法草案要綱」には，象徴天皇制に近い構想や日本国憲法25条（生存権）の原型になる案（「国民ハ健康ニシテ文化的水準ノ生活ヲ営ム権利ヲ有ス」）が含まれていた。

占領下の制定という現象の表面だけを捉えて，憲法の全面的改定を目指す自らの主観的意欲をそこに投影し，制定過程全体の実際をみないのが押しつけ憲法論の特徴である。

もちろん，占領下という状況はいわば掛け値なしの平時とは違う。しかし，憲法制定自体がそもそもきわめて非日常的な行為である。アメリカ合衆国憲法は独立戦争の産物であり，フランス1791年憲法は革命の産物である。ドイツのワイマール憲法は，第一次大戦敗戦とその後の革命の産物である。そのような「生まれ」だけを問題にするなら，世界の多くの国の憲法が問題になりうる。しかし，制憲手続に問題があることだけを理由に憲法を変えるべきだという議論は容易には成り立たない。何故なら，憲法自体の評価と憲法の生まれの評価とは次元が異なる問題だからである。一方の評価をもって他方の評価に代えることはできない。押しつけ憲法論は，日本国憲法自体の評価を憲法の生まれの

問題にすり替える議論であるともいえる。

3　制定手続の問題——8月革命説

通説的な日本国憲法生誕の法理が8月革命説である。日本国憲法は，帝国憲法73条の改正手続によって制定されながら，その内容はいわゆる3大原理のいずれも帝国憲法の基本原則と相容れないものとなっている。この点は，日本国憲法の上諭「朕は，……帝国憲法第73条による帝国議会の議決を経た帝国憲法の改正を裁可し，ここにこれを公布せしめる」と前文1項1段「日本国民は，……主権が国民に存することを宣言し，この憲法を確定する」との矛盾という解釈上の問題として現れている。8月革命説は，この問題に答える最も適切な学説とみられている。

戦前戦後を通じて通説となっている憲法改正限界論を前提とする8月革命説は，帝国憲法の改正によって日本国憲法を生み出すことが法的には不可能であることを承認する。しかし，8月革命説によれば，ポツダム宣言は国民主権主義をとることを要求しているので，ポツダム宣言を受諾した段階で，帝国憲法の天皇主権は否定されるとともに国民主権が成立し，日本の政治体制の根本原理となったと解さなければならない。つまりポツダム宣言の受諾によって法的に一種の革命があったとみることができるというのである。この法的革命の結果，憲法の条文はそのままでも，その意味は，新しい建前に抵触する限り重要な変革をこうむったと解さなければならないことになる。それゆえ，日本国憲法は，実質的には，帝国憲法の改正としてではなく，あらたに成立した国民主権主義に基づいて，国民が制定した民定憲法であるということになるのである。帝国憲法73条による改正という手続をとったのは，2つの憲法の間に形式的な継続性をもたせる便宜上の理由からであったとされる。

以上の8月革命説は，日本国憲法上諭と前文との矛盾を解消しようとする解釈学説のようである。したがって，これに対して1945年8月15日以降の社会的現実に合わず，革命など起きていないと主張する批判には，これを的外れとする反論が可能なようにも思われる。しかし，以上の8月革命説の主張自体にも，ポツダム宣言受諾によって国民主権が「日本の政治体制の根本原理となったと解さなければならない」といいつつ，ポツダム宣言受諾によって「法的

一種の革命があったとみることができる」というなど，解釈と認識が混在しているようにみえる。

そもそも，8月革命説が問題を上諭と前文との矛盾にかかわる解釈問題と把握することに問題がないとはいえない。この場合の解釈の対象は，規範命題ではないからである。規範命題の解釈とは，規範の文言と規範の価値や目的に即した価値判断である。しかし，上諭や前文の問題箇所は，社会現象の記述である。そうすると，その記述内容が客観的認識として正しいか否かが問題にならざるをえない。

事実認識の問題として，日本国憲法の制定が帝国憲法73条の手続を踏んでいることに関しては疑問の余地がない。それに対して，国民による憲法制定という記述に関しては，疑問の余地がないとはいえない。そこで生じる解釈問題とは，規範命題の解釈とは違って，憲法制定過程の諸事実の意味づけという解釈問題である。すなわち国民による憲法制定という客観的事実の存否とその評価という問題である。事実が与える枠を超える評価＝解釈は妥当性を欠く解釈として排斥されなければならないであろう。

形態上は上諭と前文との矛盾をどう解消するかという憲法テクストの解釈問題として現れている問題が実は憲法の民主的正当性の評価という問題であるとすれば，これを，憲法の存立を前提にする憲法テクストの解釈だけで処理することはできない。いうまでもなく，民主的正当性という問題は，憲法の存立そのものにかかわる問題だからである。

日本国憲法制定過程の民主的正当性の評価は，帝国憲法の改正手続に則った国民による憲法制定という法的手続と実際のプロセスとの矛盾が実質的に後者によって統一されているといえるかにかかる。

たしかにポツダム宣言受諾をもって法的な革命が起きたということには相当の無理がある。法的な建前が天皇主権から国民主権へ変わったとしても，統治機構とその担い手の根本的な民主的変革が現実に伴わなければ，国民主権は画餅に帰す。その意味では，8月革命が法的な革命にすぎず社会学的意味ないし政治学的意味の革命ではないといえば済むことではない。1945年8月，国民主権原理の担い手はいなかった。ポツダム宣言を受諾した政府がしばらくその実施をサボタージュしたこと，そしてその政府を批判する対自的な国民＝民衆が

当初不在だったことからすれば，ポツダム宣言受諾即法的革命の成立という8月革命説の所説は虚偽といっても間違いとはいえない。

　しかしながら，そもそも革命は，一朝一夕に成就する事業ではない。それは多かれ少なかれ漸次的に進行する。それゆえ，ポツダム宣言受諾の瞬間はともかく，敗戦後革命は起きなかったと簡単にいうこともできない。1945年8月15日〜1946年11月3日（日本国憲法公布）の間を概観すると，GHQの指導と日本政府の抵抗，主権主体＝国民の成熟途上という事情の下でも，自由の指令（1945年10月4日），婦人解放・労働組合の結成奨励・学校教育民主化・秘密審問司法制度の撤廃・経済機構の民主化を内容とする5大改革指令（10月11日），財閥解体開始（11月6日），戦犯逮捕（12月2日等），神道指令（12月15日），第1次農地改革開始（12月29日），天皇人間宣言（1946年1月1日），軍国主義者の公職追放（1月4日），財閥解体本格化（4月20日），第2次農地改革開始（10月21日）と，重要な国家＝社会改革が行われている。これらは，神権的天皇・不在地主・財閥という戦前の支配層のためではなく，国民のための社会諸関係の近代化という革命的な措置である。

　日本国憲法制定過程もまた，成立史の概観と押しつけ憲法論の検討からも明らかなように，民主的な変革の過程として正当性があるといえなくはない。自由の指令以降の民間の憲法草案の簇生，それがGHQに与えたインパクト，女性が参加した制憲議会選挙，制憲議会での自由な審議等は，制憲過程が，帝国憲法73条の手続によりながら，実質は国民による憲法制定過程であると評価しうる事実といえる。そのかぎりでは，8月革命説には実態的な根拠があるといってよい。

第4節　日本国憲法の基本原理

　日本国憲法の国民主権主義・平和主義・人権尊重主義は，その三大基本原理といわれる。帝国憲法の諸原理との比較を交えつつ，それらの意義と構造を明らかにしよう。

1 国民主権主義

　帝国憲法が天皇主権を基本原理としていたのに対して，日本国憲法は，前文1項1段が「主権が国民に存する」ことを宣言し，1条が「主権の存する日本国民」としているように，国民を主権者としている。

　この主権在民または国民主権という原理の意味をめぐる解釈上の議論がある。学説は，主権の意味，国民の意味をめぐり対立する。それぞれの解釈いかんによって，国民主権原理の意味に相違が生じることになる。

　(1) **主権の意味**　近代憲法以降，主権概念には3通りの用法がみられる（→参照，第1章第2節2）。日本国憲法にも，異なる主権の用法がみられる。前文3項の「自国の主権を維持し」にいう主権は，国家権力の最高独立性，すなわち国家権力が国内においていかなる権力にも優越し，対外的には他国から干渉されない独立のものであることを意味する主権である。また，国家権力そのもの（立法権・行政権・司法権等の総体としての統治権）を意味する主権の用法としては，ポツダム宣言8項の「日本の主権は本州，九州及び四国並びに吾等の決定する諸小島に極限せらるべし」にみられるほか，憲法9条1項の「国権の発動たる戦争」および41条の「国権の最高機関」にみられる「国権」もこの場合の主権と同義である。さらに，主権が国家の最高権力すなわち国の政治のあり方を最終的に決定する力ないし権威，あるいはまた国家権力の正当性（正統性）の根拠を意味すると考えられる場合があり，多くの説は，憲法前文1項の「ここに主権が国民に存する」および1条の「主権の存する日本国民」にいう主権がこれに当たるという（以下，権威説という）。

　権威説は，国民主権にいう主権が国家権力の正当性の根拠を意味するということをとくに理由を挙げないで説いているが，これは他の2つの用例のように自明のことではない（→第1章第2節2）。つまり，この場合の主権については，これをどう解釈するかという問題がある。そうである以上，国民主権に関連する憲法の条文の合理的解釈としてその結論を実質的理由とともに示す必要があるはずである。国民主権にいう主権が国家権力そのものすなわち統治権を意味すると考える有力説（以下，統治権説という）は，伝統的にこの場合の主権が統治権を意味すること，権威説の理解が，国家を統治権の所有者とする国家法人説に陥り，国民を統治の客体にとどめるものであることを批判的に指摘す

る。

(2) **国民の意味**　主権者としての国民の意味をめぐっては，これが国籍保持者の総体あるいはいわば過去から未来にわたるマルチ世代的な全国民を意味する抽象的観念的な存在というフランス憲法にいうナシオンを意味する（ナシオン説）のか，それともそれ自体自然的な意思決定能力・執行能力を有する具体的な存在である有権者の集団というフランス憲法にいうプープルを意味する（プープル説）のかという議論がある（→第1章第3節1）。

この争点は，主権の意味をめぐる議論と絡み合い，有権者が公的事項にどこまで参加・意思決定することができるのかという問題となる。

(3) **国民主権の意味**　国民主権にいう主権および国民それぞれをめぐり2通りの解釈が考えられることから，日本国憲法の国民主権の意味として，論理的には，ナシオンに権威が帰属するとするナシオン権威説，ナシオンに統治権が帰属するとするナシオン統治権説，プープルに権威が帰属するとするプープル権威説，プープルに統治権が帰属するとするプープル統治権説がありうる。

このうち，ナシオン権威説は，現実には存在しない。というのは，そもそも権威もまた1つの力であるが，威嚇や武力によって強制的に同意・服従させる能力である権力と区別される権威とは，自発的に同意・服従を促すような人的な優越性のことであり，それがナシオンに帰属するということは，実在する有権者＝プープルを法的に徹底的に無力化して国政から排除することになり，国民主権原理の意味をきわめて空疎なものにするからである。帝国憲法の天皇主権を否定するはずの国民主権の解釈として，これは到底とりえないと考えられてきたようである。もっとも同様の問題は，ナシオン統治権説，プープル権威説も抱えている。

ナシオン統治権説によれば，国民＝ナシオンには固有の意思がないから，意思決定を行う代表機関が不可欠である。しかし，有権者＝プープルは，統治権の所有者ではないから，せいぜい代表機関を選挙する地位にとどまることになる。プープル権威説にしても，プープルが統治権の所有者でないことにより，代表機関を選挙する地位にとどまることにかわりはない。このようなプープル＝有権者は，ルソーの表現を借りるならば，「議会の構成員を選挙する期間中だけ」自由で，「選挙が終わってしまえばたちまち奴隷の身となり，なきに等

しい存在となる」(『社会契約論』井上幸治訳，中公文庫，126頁)のである。
　有力説は，「国民主権の原理には，二つの要素が含まれている」とし，次のように述べる。「一つは，国の政治のあり方を最終的に決定する権力を国民自身が行使するという権力的契機であり，他の一つは，国家の権力行使を正当づける究極的な権威は国民に存するという正当性の契機である」(芦部・41頁)。ここにいう権力を自ら行使する国民とは実在する有権者のことを指し，究極的な権威が存する国民とは，有権者に限られない「全国民」を指す。したがって，この説は，プープル統治権説とナシオン権威説を折衷した見解にみえる。このような折衷的な解釈が許されるのかという一般的な問題はともかくとしても，ここでいう権力とは，憲法改正権のことにすぎない。このため，この有力説も，プープルを統治権の所有者としない説と同様の問題を抱えることになる。
　プープル統治権説は，誰が統治権を所有し，行使するのかという問の答を曖昧にしない。この点で，プープルを大なり小なり国政から疎外する他の説と異なる。この説によれば，プープルが統治権の所有者であるから，自己統治すなわち直接民主制が原理的に要請されることになる。もっとも，統治権の所有者が必ずしも常に統治権を直接行使しなければならないわけではない。ただ，プープルが間接的に統治権を行使する場合に，直接民主制に擬することができるような行使が要請されることになる。この場合の統治権とは，いわゆる万能の主権ではなく，憲法上の統治権であるから，解釈学説としてのプープル統治権説は，以上のような原理的要請を前提に，あくまで憲法の定めの枠内で，展開されることになる。そのため，個別の条文解釈においては，他の説と結論的に隔たりがないこともある。
　日本国憲法の主権原理は，前近代的な外見的立憲主義的憲法である帝国憲法の天皇主権主義から大きく飛躍した国民主権主義である。これは，近代憲法の国民主権主義を超えて人民（プープル）主権主義に傾斜した現代憲法の特徴を備えている。たとえば，15条は，単に選挙権だけでなく公務員を罷免することも国民固有の権利としている。また両議院の議員には免責特権が保障されているが（51条），フランス第5共和制憲法27条1項のように命令委任を禁止する明文はなく，政治責任まで免責する効果はないと学説上一般に解されている。したがって，国会議員のリコール制を法律で導入することが憲法上可能である

と解することもできる。国会は唯一の立法機関とされているが（41条），これが諮問的な国民投票を排除するものではないことについてとくに争いはない。憲法上の直接民主制的な手続としては，地方特別法の住民投票（95条），憲法改正国民投票（96条1項）がある。国民が刑事司法に直接参加する裁判員制度は，憲法上これを直接認める明文はないが，学説とともに判例（最大判2011（平23）・11・16）も，この制度が「国民主権の理念に沿って司法の国民的基盤の強化を図るものである」とみているように，国民主権を具体化する制度とされている。ここにいう「国民主権」はプープル統治権説的に理解するしかない。さらに，最高裁は，東京都が管理職試験の受験資格に国籍要件を設けていることが争われた事件で「国民主権の原理に基づき，国及び普通地方公共団体による統治の在り方については日本国の統治者としての国民が最終的な責任を負うべきものであること（憲法1条・15条1項参照）に照らし」（最大判2005（平17）・1・26）と説示しているように，国民を「統治者」としているのである。

　以上のような憲法の構造やそれに対する一定の学説，判例の解釈からは，プープル統治権説が解釈学説として容易に排除できるものではないといえる。

2　平 和 主 義

　明治維新以後，日本は，数々の戦争（日清戦争：1894〜95年，義和団事件：1900年，日露戦争：1904〜05年，第一次世界大戦：1914〜18年，太平洋戦争：1941〜45年）や事変などと呼ばれる武力行使＝事実上の戦争（台湾出兵：1874年，シベリア出兵：1918〜22年，山東出兵：1927〜28年，満州事変：1931〜32年，第1次上海事変：1932年，日中戦争：1937〜45年（当時は支那事変と呼ばれた），ノモンハン事件：1939年，武力による威嚇（対華21カ条要求：1915年））を行ってきた。

　天皇とその軍隊が帝国議会や政府の上に立って戦争を行う国家体制は帝国憲法上整備されていたものである。数々の戦争や武力行使，武力による威嚇のうち台湾出兵を除くすべてがこの帝国憲法の下で行われたのである。

　1931年の満州事変以後のいわゆる15年戦争は，これを侵略戦争と認めることを一貫して拒否し犠牲者数をなるべく過小に見積もる日本政府の統計によっても310万人に達する日本人犠牲者（戦死者，民間人の国外での死亡者，空襲等による死者）を出した。また，この戦争は，各国政府の公表した数字などに基づく

と，アジア・太平洋各国に2000万人を超える死者を含む史上最大の惨害をもたらした。

　日本国憲法の平和主義は，「政府の行為によって再び戦争の惨禍が起ることのないやうにする」(前文1項1段)という過去の残虐な侵略行為の反省を単に戦争政策の反省にとどめず，帝国憲法そのものの反省にまで推し進めている。

　このような反省は，第二次世界大戦の敗戦国だけでなく，戦勝国の新しい憲法にも表れている。しかし，戦争違法化の世界的潮流のなかで，日本国憲法の平和主義には他に類をみない特徴がある。9条1項は，国権の発動たる戦争等を「国際紛争を解決する手段として」放棄する。この規定を戦争違法化の歴史のなかに位置づけるならば，「締約國ハ國際紛爭解決ノ爲戰爭ニ訴フルコトヲ非トシ」とする不戦条約1条の文言との類似性が指摘できる。しかしながら，日本国憲法の平和主義は，そこにとどまらない。帝国憲法とはまったく異なって，日本国憲法には，軍隊の存在を積極的に認める規定もなければ，その存在を前提にした規定もない。9条2項が戦力不保持と交戦権否認を定めるのである。これが不戦条約の水準にとどまらない平和主義を意味することは明白であろう。9条全体によって規定される日本国憲法の平和主義は，非武装平和主義であり，戦争違法化の潮流の先端に位置づけられることになる。

　さらに注目されるのが平和的生存権である。日本国憲法前文2項3段には，「われらは，全世界の国民が，ひとしく恐怖と欠乏から免かれ，平和のうちに生存する権利を有することを確認する」とある。これは，「『ナチ』ノ暴虐ノ最終的破壊ノ後……一切ノ國ノ一切ノ人類カ恐怖及欠乏ヨリ解放セラレ其ノ生ヲ全ウスルヲ得ルコトヲ確實ナラシムヘキ平和カ確立セラルルコトヲ希望ス」と規定する1941年の大西洋憲章6項に由来するとみられる。ここにいう恐怖と欠乏からの解放が自由権と社会権の保障を意味することはたしかであったが，平和裡の生の確保の法的性格は明確とはいえなかった。この点で，日本国憲法は，平和のうちの生存（平和的生存）を単に国の政策によって与えられる反射的利益とは異なる権利としており，大西洋憲章とは明確に異なる。平和的生存が権利として保障されることによって，平和は政治部門の政策的判断に委ねられるものではなく，国民の管理するところになると考えられる。臣民に兵役を義務づける帝国憲法上，このような権利が保障されていなかったことはいうま

でもない。さらに平和的生存権が日本国民のみならず全世界の国民の権利とされているのは，諸外国に対して武力行使しないことを誓約するものである。諸外国の憲法のなかにこのような平和的権利を保障するものはみられない。9条とともに平和的生存権は日本国憲法の平和主義を戦争違法化の潮流の先端に据える。

3　人権尊重主義

帝国憲法による権利保障と日本国憲法の人権保障とは，根本的に異なる。

第1に，日本国憲法が保障する権利は，13条が「すべて国民は，個人として尊重される」としているように，帝国憲法上の臣民の権利とは異なり，個人の永久不可侵の「基本的人権」（11条）である。すなわち，それは人が生まれながらにして有する権利として尊重されるべきものとされているのである。

第2に，日本国憲法は全部で29ヵ条の人権条項を有しており，帝国憲法との数のうえでの差は歴然としている。また日本国憲法は，自由権のみならず社会権も保障している。この点でも，社会権条項をもたなかった帝国憲法と明確に異なる。平和的生存権の存否も日本国憲法と帝国憲法の違いであることはすでに指摘したとおりである。日本国憲法に刑事手続上の保障に関する条文が多い点も，帝国憲法との顕著な違いである。これは，戦前の野蛮きわまりなかった刑事手続の反省のあらわれである。

第3に，たとえば帝国憲法29条が「日本臣民ハ法律ノ範囲内ニ於テ言論著作印行集会及結社ノ自由ヲ有ス」と規定するのと対照的に，日本国憲法21条1項がとくに留保なく表現の自由を保障していることにみられるように，日本国憲法の人権は，文言上いっさいの留保なく，その意味で絶対的に保障されている。人権それ自体にも内在的な限界はあるが，その限界は法律によって恣意的に決定されるのではなく，法律によって確認されるべきものとなっているのである。財産権や社会権，それ自体人権というのが困難な憲法上の権利である参政権や国家賠償請求権などには，それぞれ固有の問題があるにせよ，いずれも憲法が保障する権利であって，法律に留保された権利ではない。

第4に，帝国憲法上立法権は天皇の権限であり，帝国議会がその協賛機関にすぎず，しかも臣民の意思を代表する機関とはいえなかったのに対し，日本国

憲法では，国会が立法権を独占する（41条）。国会を構成する両院（42条）は「全国民を代表する選挙された議員」で構成される（43条1項）。また憲法上は政治活動・言論活動の自由が保障されている。したがって，法律が主権者国民の意思となり人権保障を豊富に実質化する可能性が憲法上保障されているのである。

第5に，帝国憲法上の法律の留保には緊急事態法制という重大な例外的制度が備えられていたのに対して，日本国憲法は，法律から独立して発せられる独立命令を禁じており（41条），緊急事態条項をいっさい設けていない。徹底した法治主義が人権尊重主義を担保しているのである。

第6に，帝国憲法上，国家による権利侵害に関して臣民にとって救済の途がきわめて限られていたのに対して，日本国憲法は，事後的な権利救済制度を整備している。すなわち，「何人」にも国家賠償請求権（17条）と刑事補償請求権（40条），裁判を受ける権利（32条）を保障している。帝国憲法も，裁判官の裁判を受ける権利を臣民に保障していたが（帝国憲法24条），これも法律に留保され，不充分なものであった。その点は，行政裁判の場合によく現れていた。日本国憲法32条は，近代的な裁判制度を前提として，そこで裁判を受けることを憲法上の権利として保障したものである。戦前の行政裁判所のような特別裁判所は禁じられ（76条2項），行政事件を含めて法律上の争訟はすべて裁判所の裁定を受ける。憲法上，裁判官には独立（76条3項）と身分（78条）が保障され，それによって裁判の政治化が防止され，その公正が担保されることになっている。行政事件に関しては，国家賠償法や行政事件訴訟法など特別法があるにせよ，日本国憲法上，帝国憲法とはまったく異なって，司法的救済の途が広く国民に開かれているのである。

第7に，帝国憲法上，裁判所には違憲の法律の適用を排除する違憲審査権がなかったのに対して，日本国憲法上，裁判所には単に司法権が与えられているだけではなく，違憲審査権が与えられている（81条）。これによって，裁判では，違法性だけでなく，法律の違憲性を争うこともでき，人権は立法権をも制約しうるわけである。

以上のように，日本国憲法上の種々の権利保障は，憲法自身が保障する民主的な立法と公正な裁判によって担保されることになっているのである。

第3章

象徴天皇制

第1節　主権原理の転換と「象徴天皇制度」の創設

　大日本帝国憲法（以下，帝国憲法という）は，「憲法発布勅語」によると，天皇が「祖宗ニ承クルノ大権ニ依リ」「不磨ノ大典」として「宣布」したものである。その帝国憲法における天皇の地位は，「皇祖　天照大神（あまてらすおおみかみ）が，皇孫（瓊瓊杵尊（ににぎのみこと））を日本国に降臨せしめた際に賜ったと『日本書紀』の伝える勅語」つまり「神勅」に基づくものとされた（芦部信喜）。そして，帝国憲法は，「大日本帝国ハ万世一系ノ天皇之ヲ統治ス」（帝国憲法1条）として天皇主権の原理を明示し（→第2章第1節），天皇は神の子孫として神格を有するとされ（現御神（あきつみかみ）），「天皇ハ神聖ニシテ侵スヘカラス」（同2条）とし，さらに，「天皇ハ国ノ元首ニシテ統治権ヲ総攬」するものとした（同4条）。

　ポツダム宣言は，日本の降伏の条件をさまざまに定めたものであるが，その12項は，「日本国国民の自由に表明せる意思に従ひ平和的傾向を有し且責任ある政府」の樹立を求めていた。これは国民主権原理の採用を要求すると解すべきであり，他方，「天皇に主権が存することを根本原理とする国家体制」を「国体」と呼ぶならば，ポツダム宣言受諾と当時の政府が固執した「国体」護持とは相容れないことになる。

　ポツダム宣言受諾から日本国憲法制定に至る過程はすでにみたが（→第2章第2節），日本国憲法は国民主権原理を採用しつつ，天皇制それ自体はGHQの意向もあり憲法上存続することとされた。日本の新しい憲法の草案作りに関与することとなったGHQ民生局幹部に対して示されたいわゆる「マッカーサー3原則」の1つは，「天皇は，国の最上位にある〔at the head of the state〕。

皇位の継承は世襲による。天皇の職務執行および権能行使は，憲法にのっとり，かつ憲法に規定された国民の基本的意思に応えるものとする」としていた（歴史学研究会編『日本史資料(5)現代』岩波書店，1997年，176頁の訳による）。結果，日本国憲法は，前文において，「日本国民は，……主権が国民に存することを宣言し，この憲法を確定する」としたうえで，天皇の地位について，「日本国の象徴であり日本国民統合の象徴」（1条）であるとし，天皇の権能について，「国政に関する権能」を有さず「この憲法の定める国事に関する行為」のみを行うものとした（4条1項）。そして，このような天皇の地位の根拠は，「主権の存する日本国民の総意」（1条）にあるとした。このことから，憲法改正によって「天皇」を廃止することも可能となった。

こうして，帝国憲法における天皇主権から日本国憲法における国民主権への原理的転換が行われるとともに，日本国憲法の下で新たな「象徴天皇制度」が創設されたと解される（下記，創設規定説）。

第2節　天皇の地位

1　「象徴」としての天皇の地位

明治維新を担った当時の支配層が「近代日本の強権的統合作用を『天皇』の地位にある者にあてがった」「支配システム」を「天皇制」と呼ぶならば，国民主権原理に基づく日本国憲法の下で創設された「象徴天皇」（1条）は，「大日本帝国憲法とは原理的に異質な，したがって本質的にはまったく新しい国家制度」としての「天皇制度」(森英樹)だと解される。このように，主権原理の転換を重視し，「象徴天皇制度」は日本国憲法によって創設された新たな制度であるとする理解は，創設規定説と呼ばれる。これに対して，日本国憲法における「象徴天皇」条項は，歴史的存在たる「天皇」の地位・権能につき，主権原理の転換にもかかわらず，帝国憲法における「天皇」の統治権の総攬者たる地位は否定されたが「象徴」たる地位は継続していることを宣言したものだとする宣言的規定説が対置される。日本国憲法における「天皇」という制度について，帝国憲法における「天皇」とは原理的にまったく異なる新たに創設されたものと解するか，それとも帝国憲法における「天皇」と連続したものと解す

るかは日本国憲法「第1章　天皇」全体の理解に関係する。

2　「象徴」の意味

「象徴」とは，抽象的・無形的なものをあらわす具体的・有形的なものをいうなどとされる。この意味では，抽象的・無形的な「日本国」「日本国民統合」というものが具体的・有形的な存在である「天皇」によってあらわされているということになる。しかし．それは，「天皇を象徴と思え」と命じているわけではない。「象徴」をどう思うかは，各人の内心の自由の問題だからである。

天皇を「象徴」（1条）と規定したことの法的意味は，「国政に関する権能」を有しない（4条）天皇は「象徴でしかない」という消極的なものと解される。したがって，「日本国民統合の象徴」であることを根拠にして天皇に「統合」のための憲法に規定のない役割を求めることはできない。国家制度である「天皇」は，日本国憲法の定める国事行為（4条）を行っているかぎりで「日本国の象徴」なのであって，国事行為という権能行使と離れて「天皇」職に就いた個人に四六時中「象徴」であることを要求しているわけではないと解される。

「象徴天皇」は，刑事責任を追及されないが（そのことから，摂政は，「在任中」は訴追されないとされ（皇室典範21条），国事行為の臨時代行については，「委任がされている間」は訴追されないとされている（国事行為の臨時代行に関する法律6条）），民事責任が免責される理由はないと解される。民事裁判権について，最高裁は，「天皇は日本国の象徴であり日本国民統合の象徴であることにかんがみ，天皇には民事裁判権が及ばない」とした（最判1989（平1）・11・20）。しかし，「象徴」自体に積極的な法的意味はないことからすると，この判示は疑問である。

「天皇」は，君主であるか，元首であるかが問題とされることがあるが，これは，「君主」「元首」それぞれをどのような概念として理解するかに依る。たとえば，「元首」の場合，そのとくに重要な要件とされる外国に対して国家を代表する権能（条約締結権を含む外交問題処理の権能）に関連して，日本国憲法の下で天皇は，国事行為として「大使及び公使の信任状」の「認証」（7条5号），「批准書」の「認証」（7条8号）あるいは「外国の大使及び公使」の「接受」（7条9号）を行うこととされている。加えて，来日する外国の大使・公使

の信任状の宛先は天皇であり，天皇が受理するのが慣行となっていることなどからすると，天皇は「元首」として扱われているかのようにみえる。政府見解も，ごく一部の「外交関係において国を代表する面を持って（いる）」という考え方に基づき元首と言って「差し支えない」としている（1988年10月11日内閣法制局）。しかし，天皇は，外交問題処理の権能を有さず，後述のように，国事行為は形式的・儀礼的な行為でしかないことからすれば，天皇は「元首」ではない。「象徴でしかない」天皇を「元首」であるかのように扱う慣行に依って天皇を「元首」と解することはできない。また，「君主」とは，統治権の重要な部分，少なくとも行政権を現実に行使する機関のことだとしたら，天皇は「君主」ではない。

3　皇位継承

　日本国憲法は，天皇の地位の継承について世襲制を採用している（憲2条）。日本国憲法の下で，「主権の存する日本国民の総意」は，世襲制によってその発現が制限された形になっている。世襲制は，民主主義の理念および平等原則と相容れないものであり，国民主権原理と「象徴天皇制」との間に矛盾が存することは否定できない。日本国憲法は天皇・皇族（皇族の範囲は，皇室典範5条）から成る「皇室」制度を予定しており（憲8条），皇位の継承を定める「国会の議決した皇室典範」（憲2条）は，「天皇及び皇族は，養子をすることができない」（皇室典範9条）とし，皇位継承を「皇統に属する男系の男子」（同1条）に限定して自然の血統に依るとし，皇位を継承する「皇族」の順序を定めている（同2条）。1889年旧皇室典範も，「大日本国皇位ハ祖宗ノ皇統ニシテ男系ノ男子之ヲ継承ス」（旧皇室典範1条）としていた。この旧皇室典範は，帝国憲法と並ぶ法的地位にあり，旧皇室典範の改正に帝国議会は関与できないとされており（帝国憲法74条1項），政務法の頂点にある帝国憲法と宮務法の頂点にある旧皇室典範という二元的な法体系が成立していた。これに対して，現行皇室典範は，日本国憲法の下での法律の一形式にすぎない（とすると，「国会の議決した皇室典範」（憲2条）という名称の特定は適当ではない）。

　世襲制について「男系男子」主義を採用する現行皇室典範の下で，「女子」や「女系」の皇族は天皇となることができないため，これが性別による差別で

はないかが問題とされ，また，「長系長子主義は，旧来の家制度下の家督相続方式を踏襲するもので，憲法24条が定めた家族をめぐる憲法原則に抵触する」（辻村みよ子）とされることがある。これについては，身分制国家の原理を継承して民主主義・平等原則と相容れない「世襲」制を採用している以上，「男系男子」主義の採用も許される（ただし，皇室典範を改正して女性皇族にも天皇となることを認めることは可能である）との反論がある。「象徴天皇制度」を創設した日本国憲法は，皇位継承につき「世襲」であることだけ定め，詳細は皇室典範に委ねている。この皇室典範が特別な存在でないとしたら，その憲法適合性が問われることは否定できないと解される（たとえば，婚姻の自由の制約（皇室典範10条）、皇室会議の構成員（同28条）など）。

また，旧皇室典範は，「天皇崩スルトキハ皇嗣即チ践祚シ祖宗ノ神器ヲ承ク」（旧皇室典範10条），「践祚ノ後元号ヲ建テ一世ノ間ニ再ヒ改メサルコト明治元号ノ定制ニ従フ」（同12条）としていた。現行皇室典範は，「天皇が崩じたときは，皇嗣が，直ちに即位する」（同4条）としているが，退位についての規定はない。憲法が名称まで特定する皇室典範を改正して，退位の規定を設けることは可能であろう（実際は，2017年天皇の退位等に関する皇室典範特例法が制定され，皇室典範4条の「特例として」天皇の退位が認められた）。なお，皇室典範は，「皇位の継承があつたとき」は，「即位の礼」を行うこととし（皇室典範24条），「天皇が崩じたとき」は，「大喪の礼」を行うとしている（同25条）。1989年1月に当時の天皇が死去した際には，これらに加えて皇室典範に定めのない「剣璽等継承の儀」および「即位後朝見の儀」が帝国憲法の下での旧登極令の定める「剣璽渡御ノ儀」および「践祚後朝見ノ儀」に則った形で国事行為として行われ，国民主権（場合によって，政教分離）との関係で憲法問題を引き起こした。生前退位がこれらの問題を引き起こすおそれもある。なお，現行皇室典範は，旧皇室典範と異なって元号については規定していない。元号については，それまで法的根拠がなかったが，激論を経て1979年元号法が制定され，「元号は，皇位の継承があつた場合に限り改める」と規定した。天皇一代をもって1つの元号とする「一世一元制」は，天皇主権と結びつくものであり，それを原理的に否定した日本国憲法の下での「象徴天皇制度」と適合しない（「神器」については，皇室経済法において，皇位に伴う「由緒ある物」として規定（7条））。

第3節　天皇の権能

1　国事行為

　天皇は，「国政に関する権能」を有さず，「憲法の定める国事に関する行為」（国事行為）のみを行うが（4条1項），国事行為を行う場合には内閣の「助言と承認」が必要であり，その政治的責任は内閣が負うこととされている（3条）。憲法は，国事行為について，内閣総理大臣および最高裁判所長官の任命（6条）の2個の行為，憲法改正，法律，政令および条約の公布以下計10個の行為（7条）に加えて国事行為の委任（4条2項）の合計13個を列挙するが，これらは限定列挙である。

　「国政に関する権能」を有しない天皇が行う国事行為とは，「政治（統治）に関係のない形式的・儀礼的行為」をいう。というのは，憲法は，第1，ある行為が権限ある機関によってなされたことを公に証明する形式的行為（認証される行為の効力要件ではない）である「認証」（7条5号・6号・8号），第2，外国の大使・公使に儀礼的に接見するに過ぎない行為である「接受」（7条9号），および自ら主宰する「儀式」を行うこと（7条10号）のようにそれ自体形式的・儀礼的な国事行為を定めるとともに，第3，他の国事行為については原則としてその実質的決定権の所在を次のように別途定めているからである。憲法は，①内閣総理大臣については，「国会議員の中から国会の議決で，これを指名」し（67条1項），天皇はこの「国会の指名に基いて」任命するとして（6条1項），実質的決定は「国会の議決」によって行われることを明記している。②最高裁判所長官については，「内閣の指名に基づいて」天皇が任命するとしている（6条2項）。天皇が公布する（7条1号）③憲法改正については，最終的に国民投票によって承認され（96条），④法律については，両議院の可決によるとされ（59条1項），⑤政令の制定については，内閣の職務とされ（73条6号），⑥条約の締結については，内閣と国会とによるとされている（73条3号）。

　このように天皇の国事行為は，形式的・儀礼的なものでしかないが，後述の国事行為の委任（4条2項）を含めて天皇の国事行為の「すべて」について合議体としての内閣の「助言と承認」が必要である。ここで，「助言と承認」に

関して，第1，国事行為について内閣が天皇に提議する「助言」と天皇の提議を内閣が受け入れる「承認」とを区別しいずれかがあればよいとする説，第2，合議体としての内閣の「助言と承認」は1つの行為であり事前に要求されるとする説があるが，第3，内閣による「助言」→天皇の国事行為→内閣による「承認」ということから「助言」と「承認」の双方が要求されると解される。後述の苫米地事件の下級審判決は，この最後の立場をとった（東京地判1953（昭28）・10・19，東京高判1954（昭29）・9・22）。

ただし，憲法が定める天皇の国事行為には実質的決定権の所在が明確でないものが含まれているため，内閣の「助言と承認」と国事行為の実質的決定権との関係が大きな問題となる場合がある。①国会の召集（7条2号）については，要求があった場合以外は決定権者の裁量に委ねられる部分の多い臨時会の召集は内閣が決定することが明記されているが（53条），憲法が召集につき具体的に規定する常会（52条）および特別会（54条）についても内閣が召集を実質的に決定できると解される。②国会議員「総選挙」（「衆議院議員の総選挙」（公選31条）だけでなく「参議院議員の通常選挙」（公選32条）も含む）施行の「公示」（憲7条4号）については，憲法・法律の所定の期間内で（憲54条，公選31条，32条）適当な選挙期日を決定する権限は，「法律を誠実に執行」する（憲73条1号）内閣に属すると解される。③「栄典」の「授与」（憲7条7号）については，伝統的に君主の権能であり，その後は行政権によって行われるのが通例であることから，憲法65条および73条（「一般行政事務」）を根拠に内閣が実質的決定権を有すると解される。争いがあるのは，衆議院の解散（7条3号）の場合である（→第6章第2節4(5)）。

憲法は，衆議院の解散権については，内閣総辞職あるいは衆議院議員の総選挙との関係で触れているが（54条・69条），解散権の所在について明記した規定を置いていない。そこで，第1の見解は，憲法が規定する天皇の国事行為としての衆議院の解散（7条3号）は形式的・儀礼的行為にすぎず，そのような形式的・儀礼的行為を行うことに対する内閣の「助言と承認」に実質的決定権は含まれないと解する。この説によると，衆議院の解散権の所在を憲法7条3号以外の条文によって説明しなくてはならないことになる。第2の見解は，内閣の「助言と承認」に実質的決定権を含む場合もあると解する。この見解は，天

皇の国事行為には実質的な権限を含むものもあるが，内閣が「助言と承認」を行う際に実質的決定が行われる結果，天皇の実質的権限が失われ国事行為は形式的・儀礼的なものになるとする論理構造をもっている（これは，同様の論理構造をもった大臣助言制の理解に依っている）。この説によると，憲法7条3号から内閣の解散権が導かれることになる。しかし，「国政に関する権能」を否定されている天皇が，衆議院解散権という政治的権力を有することを前提とする論理構造には問題がある。実務上は，1952年8月28日第2回解散以降，任期満了あるいは内閣不信任決議による場合以外，「7条により解散」されている。「抜き打ち解散」によって衆議院議員の地位を失った者が，本件解散は違憲であり，衆議院議員としての地位は失われていないとして，任期満了に至るまでの歳費の支払いを求めて争った苫米地事件において，最大判1960（昭35）・6・8は，「衆議院の解散は，極めて政治性の高い国家統治の基本に関する行為」であり「その法律上の有効無効を審査することは司法裁判所の権限の外にあ（る）」と解すべきだとした（統治行為論と呼ばれる（→第6章第4節2））。

なお，天皇は，内閣の「助言と承認」に基づき国事行為として，国事行為の一部または全部を皇族に委任して臨時に代行させることができるが，それは，「精神若しくは身体の疾患又は事故があるとき」で，「摂政を置くべき場合を除（いて）」であると法律によって定められている（憲4条2項，国事行為の臨時代行に関する法律2条）。摂政を置くほどのことではない長期にわたる天皇の病気の場合の他，「事故」には天皇の海外旅行などが含まれる。これと異なって，皇室典範の定める事由が生じたとき（「天皇が成年に達しないとき」（天皇の成年は，18歳である（皇室典範22条）），または，「天皇が，精神若しくは身体の重患又は重大な事故により」国事行為を自ら行うことができないとき）は摂政を置き，摂政が天皇の名で国事行為を行うこととされている（憲5条，皇室典範16条以下）。

2　天皇の「公的」行為

人としての「天皇」と憲法上の国家制度としての「天皇」とを区別することからすると，天皇の行為は，私人として行う私的な行為と国家制度としての「天皇」が行う公的な行為とに二分されると解される（二行為説）。ここでいう「公的な行為」とは，「天皇は，この憲法の定める国事に関する行為のみを行

(う)」(4条1項)とされている，国事行為のことである。

　しかし，天皇は，実際には，国事行為ではないが，私的な行為とはいえない一連の行為を行っている。よく引かれる一例が，国会の開会式に出席して「おことば」を述べる行為である（このほかに，国内巡行，国民体育大会や植樹祭などへの出席，園遊会の開催，正月の一般参賀，外国の国家儀式への参列，外国元首の接受・接待など多数の例がある）。

　上記の二行為説によれば，「天皇」が憲法に規定された国事行為以外の公的な行為を行うことは違憲である。これに対して，天皇の国事行為以外の行為をあらためて「公的行為」と呼んで，天皇の象徴としての地位に基づく行為（国事行為に準じて内閣のコントロールが必要）であるとする象徴行為説，天皇の公人としての地位に基づく社交的・儀礼的な行為であるとする公人行為説などの三行為説がある。しかし，憲法に定められた国事行為のみを行うのが「日本国の象徴」である「天皇」の役割であり，「象徴」に積極的な意味を与えそれを根拠に国事行為以外の「公的行為」を正当化することはできないし，「公的行為」の範囲も明確でないことから象徴行為説が成り立つか疑問であり，また，憲法が限定列挙する天皇の国事行為にはそれ自体社交的・儀礼的な行為も含まれており，それ以外にも「公的行為」を認め社交的・儀礼的行為を拡大する公人行為説が成り立つかも疑問である。このため，二行為説に立ちつつ，国事行為と密接に関連する行為は国事行為に準ずるものとして認められるとする準国事行為説などもある（これによれば，国会開会式での「おことば」は，国事行為として定められた「国会を召集すること」（7条2号）に密接に関連した行為として認められることになる）。しかし，この説のいう「密接に関連する」の意味が明確であるわけではなく，他のすべての「公的行為」を説明することもできない。憲法が天皇の権能として限定列挙する国事行為以外の「公的行為」の拡大が天皇の多忙化をもたらすことにもなる。

第4節　皇室経費

　帝国憲法の下で，皇室の経費について「増額ヲ要スル場合ヲ除ク外帝国議会ノ協賛ヲ要セス」とされ，議会がコントロールできる範囲は限られていたほか

（帝国憲法66条），皇室は膨大な私的財産を有しており，それには議会のコントロールは及ばなかった。

これに対し，日本国憲法は，「すべて皇室財産は，国に属する」(88条前段)とし（その一部が国有財産である皇室用財産として皇室の用に供せられている（皇居，赤坂御用地，御用邸，御料牧場，鴨場，京都御所，桂離宮，修学院離宮，正倉院，陵墓など，2017年3月31日の時点で，土地約1906万平方メートル，建物約20万平方メートル）），「皇室に財産を譲り渡し，又は皇室が，財産を譲り受け，若しくは賜与することは，国会の議決に基かなければならない」（8条）とする。また，「すべて皇室の費用は，予算に計上して国会の議決を経なければならない」(88条後段）。予算に計上される皇室の費用は，内廷費，宮廷費および皇族費に区別される（皇室経済3条）。

内廷費とは，「天皇並びに皇后，太皇太后，皇太后，皇太子，皇太子妃，皇太孫，皇太孫妃及び内廷にあるその他の皇族の日常の費用その他内廷諸費に充てるもの」であり，「御手元金となるもの」であり，宮内庁の経理に属する公金ではない（同4条。法律により定額が定められ，2017年度は3億2400万円である）。

宮廷費とは，「内廷諸費以外の宮廷諸費に充てるもの」であり，宮内庁の経理に属する公金である（同5条。儀式，国賓・公賓等の接遇，行幸啓，外国訪問など皇室の「公的」活動等に必要な経費，皇室用財産の管理に必要な経費，皇居施設整備に必要な経費などで，2017年度は56億7292万円である）。

皇族費とは，「皇族としての品位保持の資に充てるために，年額により毎年支出するもの及び皇族が初めて独立の生計を営む際に一時金額により支出するもの」，「皇族であつた者としての品位保持の資に充てるために，皇族が皇室典範の定めるところによりその身分を離れる際に一時金額により支出するもの」（同6条）をいい，宮内庁の経理に属する公金ではない（皇族費の基礎となる定額は法律により定められ，2017年度の皇族費の総額は2億1472万円である）。

第4章

平和主義

第1節　国際社会の取組みと日本国憲法

1　国際社会の取組み

　国際社会は，二度の世界大戦を経験したが，戦争の廃絶，戦争違法化へ向けた努力を積み重ねてきた。日本国憲法前文は，「平和を維持し，専制と隷従，圧迫と偏狭を地上から永遠に除去しようと努めてゐる国際社会」と述べている。諸国の憲法において，戦争違法化へ向けた努力の先駆をなすものとして，フランス1791年憲法が挙げられるが，その第6篇「フランス国民と他の諸国民との関係」のなかで，「フランス国民は，征服の目的でいかなる戦争を企てることも放棄し，いかなる人民の自由に対してもその武力を決して行使しない」（1条）と規定した。また，国際社会において，1919年国際連盟の組織化につづく1928年戦争抛棄ニ関スル条約（不戦条約）は，「締約国ハ国際紛争解決ノ為戦争ニ訴フルコトヲ非トシ且其ノ相互関係ニ於テ国家ノ政策ノ手段トシテノ戦争ヲ抛棄スルコトヲ其ノ各自ノ人民ノ名ニ於テ厳粛ニ宣言ス」（1条）とした。また，第二次世界大戦後，国際社会は国際連合を組織するが，諸国の憲法においても戦争放棄の規定が設けられた（フランス1946年憲法，1947年イタリア共和国憲法など）。ただし，以上でいう戦争の放棄とは，侵略戦争の放棄のことであった。

2　日本国憲法における平和主義

　第二次世界大戦後に制定された日本国憲法も，国際社会の戦争の廃絶，戦争違法化の努力の具体化と位置づけられ，9条1項で「国権の発動たる戦争」

（事実上の戦争である「武力の行使」だけでなく「武力による威嚇」を含む）を放棄するとともに，同2項で「戦力」の不保持および「交戦権」の否認を謳っている。それまでの国際社会において，「戦力」の不保持までを謳った憲法はなく，この9条2項に日本国憲法の独自性・先駆性を見出すことができる（憲法改正の限界→第7章第2節2）。このように「軍事」をいっさい否定した日本国憲法の考え方は，「非軍事平和主義」と呼ぶことができる。また，憲法前文が，「恐怖と欠乏から免かれ，平和のうちに生存する権利」（平和的生存権と呼ばれる）を「全世界の国民」が有することを確認するという形で，平和の問題を人権の問題と理解しようとしている点にも日本国憲法の独自性・先駆性を見出すことができる（→第2章第4節）。

　日本国憲法は，それが「改正」した大日本帝国憲法（以下，帝国憲法という）の編成に倣って「第1章　天皇」を置いたのちに，帝国憲法にはなかった「第2章　戦争の放棄」の章を設けている。このことは，帝国憲法の下で「天皇制」と「戦争」とが結びついていたことを反映している。つまり，帝国憲法を原理的に否定して成立した日本国憲法は，当時の政治力学の作用の結果，「天皇制度」を採用することとしたが，同時に，それが再び「戦争」と結びつくようなことをなくすために「戦争の放棄」を謳ったということになる（これは，対外的には，侵略戦争の加害者となったことを反省して，主権者となった日本国民が，「政府の行為によつて再び戦争の惨禍が起ることのないやうにする」（日本国憲法前文）といういわば国際公約を行ったという意味をもつ）。こうして，日本国憲法の第1章と第2章は，「『主権』の対内的側面と対外的側面」をそれぞれ定めており，「第1章では主権が，国内では国民（people）にあり，天皇制度はその国民の総意に基づいて設置されることが，第2章では，そのようにして国民を主権者に形成される日本国の意思の対外的実現を，戦争及び武力行使・威嚇という方法で行わないこと，そのために一切の戦力を保持しないことが，それぞれ定められている」（森英樹）と解される。

　なお，第二次世界大戦後，日本国憲法制定に先立って1945年10月24日発効した国際連合憲章は，「国際の平和及び安全」の維持を目的とし（1条），国際紛争の解決は「平和的手段」に依ることとして，「武力による威嚇又は武力の行使」を原則として禁止している（2条3項・4項）。そして，「第6章　紛争の

平和的解決」において，当事者に対して「平和的手段による解決」を求めた上で（33条），つづいて，「第7章　平和に対する脅威，平和の破壊及び侵略行為に対する行動」において，安全保障理事会による対応を定め（39条・40条），まず非軍事的措置（「兵力の使用を伴わない……措置」）が採られることを定めている（41条）。しかし，安全保障理事会が非軍事的措置では十分でないと認めるときは，軍事的措置（「国際の平和及び安全の維持又は回復に必要な空軍，海軍又は陸軍の行動」）をとることができるとしている（42条）。いわゆる国連軍は，国連憲章第7章に規定される正規のものをいうが，国連憲章に定めはないが国連の慣行を通じて行われてきた国連平和維持活動（Peacekeeping Operations：PKO）を実施するもの（平和維持軍（PKF）と停戦監視団）を含む場合もある。

　また，国連憲章は加盟国の「個別的又は集団的自衛の固有の権利」の行使を容認しているが，国連加盟国に対して「武力攻撃が発生した場合」に限定するとともに，「安全保障理事会が国際の平和及び安全の維持に必要な措置をとるまでの間」という限定を付して暫定的・一時的なものに制限し，「自衛権の行使に当つて加盟国がとつた措置は，直ちに安全保障理事会に報告しなければならない」としている（51条）。このように，1945年国連憲章は，平和的手段，非軍事的措置を優先しているが，最終的に軍事的措置をとることを予定しているなどの点は1946年制定の日本国憲法の徹底した「非軍事平和主義」の考え方とは異なっている。

　しかし，国連は，多くの分野で活動しており，たとえば，一方で，各種国際人権条約を採択し，他方で，最近では，2017年核兵器禁止条約を採択した。これは，「核兵器やその他の核爆発装置の開発，実験，生産，製造，取得，保有または備蓄」のほか，これらの兵器を使用したり，使用の脅しをかけたりすることを含め，核兵器関連の活動を禁じるものである。これら国連の活動に対する日本国政府の取り組みが問われる。

　なお，国連憲章が国際平和実現へ向けて採用した仕組みは，「集団的安全保障」の考え方に依ったものである。「集団的安全保障」は，すべての関係国が紛争を戦争に依らずに平和的に解決することを約束し，それに違反した国があればそれに対して他の関係国が協力して防止，鎮圧，制裁に当たる仕組みであり，いわゆる「仮想敵」をもたない（これに対して，国連憲章が定める「集団的自

衛権」は，「仮想敵」を前提として，自国と密接な関係にある他国が攻撃された場合に，それを自国への攻撃でもあるとみなして反撃するものである。それは，米国が必要に応じ海外権益保護のための軍事介入を可能とするために新たに国連憲章に取り入れたものである)。

第 2 節　日本国憲法の 9 条解釈

　日本国憲法に付された「前文」は，日本国憲法の依って立つ基本的考え方を述べている。その1項では，「日本国民は……政府の行為によつて再び戦争の惨禍が起ることのないやうにすることを決意する」とし，2項では，「日本国民は，……崇高な理想を深く自覚（し）……平和を愛する諸国民の公正と信義に信頼して，われらの安全と生存を保持しようと決意した」と述べ，「全世界の国民が，ひとしく恐怖と欠乏から免かれ，平和のうちに生存する権利」（平和的生存権）を有することを確認している。あわせて，国際社会について，前述のように「平和を維持し，専制と隷従，圧迫と偏狭を地上から永遠に除去しようと努めて」きたものと位置づけ，その国際社会において「名誉ある地位を占めたい」と述べている。

　国際社会の現実・現段階がなお「平和を維持」するものとなっていないとしたら，憲法前文が述べていることは理想主義的すぎるということになるかもしれない。しかし，憲法前文が述べる理想を現実化・具体化するために「第2章　戦争の放棄」を設け，9条を置いて「非軍事平和主義」を徹底しようとしたところに日本国憲法の独自性・先駆性が見出せる。

1　再軍備と政府の 9 条解釈の変遷

　第二次世界大戦敗戦後，実質的には，あらたな憲法制定のための，はじめての普通選挙に基づく「憲法制定議会」（形式的には，帝国憲法の改正案を審議する第90回帝国議会）における9条をめぐる政府の説明は，「戦争抛棄に関する本条の規定は，直接には自衛権を否定しては居りませぬが，第9条第2項に於て一切の軍備と国の交戦権を認めない結果，自衛権の発動としての戦争も，又交戦権も抛棄したものであります」としていた（1946年6月26日衆議院本会議，吉田首

相）。

　日本国憲法制定時，日本は武装解除され連合国軍の占領下に置かれていたが，その後，米国の対日占領政策の転換とともに，政府は，日本国憲法の下で，早くも1950年代に再軍備に着手した。以後，政府は，再軍備の過程で行う「政府の行為」が憲法違反ではないということを説明し続けなくてはならない。

　(1)　**警察予備隊と憲法9条**　　1950年朝鮮戦争の際，日本に占領軍として駐留していた米軍が投入されたのを機に，連合国軍総司令官マッカーサーは吉田茂首相に書簡を送り「人員75000名からなる国家警察予備隊」の設立を求めた。政府はこれに応じて警察予備隊を設置したが，その際，「わが国の平和と秩序を維持し，……警察力を補うため」のものだとした（警察予備隊令1条）。

　ここでは，のちにみる憲法学説と同様に，憲法9条2項が保持を禁止する「戦力」とは警察力を超える実力部隊を意味するという解釈が前提とされていた。

　しかし，「警察予備隊は，その設立当初より米軍から供与されたカービン銃などをもつて武装し，その教育も米軍の指示のもとにおこなわれた」（長沼ナイキ基地訴訟第一審：札幌地判1973（昭48）・9・7）実力部隊であり，実質的な軍事組織であった。

　(2)　**保安隊・警備隊と憲法9条**　　1952年，警察予備隊は，保安隊（陸上を担当）・警備隊（海上を担当）に改組された（保安庁法）。保安隊・警備隊は，「わが国の平和と秩序を維持し，人命及び財産を保護するため，特別の必要がある場合において行動する部隊」（保安庁4条）であり，警察力であると説明することはできないはずである。

　政府見解は，憲法9条2項は，①「侵略の目的たると自衛の目的たるとを問わず『戦力』の保持を禁止している」としつつ，②この「戦力」について，独特の考え方に依って，「近代戦争遂行に役立つ程度の装備，編成を具えるものをいう」とし（いわゆる近代戦争遂行能力論），③「『陸海空軍』とは，戦争目的のために装備編成された組織体」であり，「その他の戦力」とは，「本来は戦争目的を有せずとも実質的にはこれに役立ち得る実力を備えたもの」としたうえで，⑤保安隊・警備隊について，「その本質は警察上の組織」であり，「戦争を目的として組織されたものではないから，軍隊でないことは明らかである。ま

た客観的にこれを見ても保安隊等の装備編成は決して近代戦を有効に遂行し得る程度のものではないから，憲法の『戦力』には該当しない」，と説明した（「戦力に関する統一見解」朝日新聞1952年11月26日付。この「統一見解」は国会において示されていないが，国会において政府見解として扱われているとされる）。

　ここでは，憲法9条2項が保持を禁止する「戦力」には至らない実力部隊というものがありうるとする考え方がとられていることになる。

　(3) **自衛隊と憲法9条**　1952年，日本はサンフランシスコ平和条約により独立するが，他方で，同条約に基づき（5条，6条）米国との間で「日本国とアメリカ合衆国との間の安全保障条約」（旧日米安保条約）を締結し「直接及び間接の侵略に対する自国の防衛のため漸増的に自ら責任を負う」ことを約束し，つづいて，1954年「日本国とアメリカ合衆国との間の相互防衛援助協定」（MSA協定）を締結し，「自国の防衛能力の増強に必要となることがあるすべての合理的な措置を執（る）」（8条）ことを法的義務として受け入れた。これを受けて1954年防衛庁設置法・自衛隊法（いわゆる防衛二法）が制定され，防衛庁・自衛隊が発足した。防衛庁設置法は，「わが国の平和と独立を守り，国の安全を保つことを目的とし，これがため，陸上自衛隊，海上自衛隊及び航空自衛隊……を管理し，及び運営し，並びにこれに関する事務を行うこと」を防衛庁の任務とし（4条），自衛隊法は，自衛隊について「わが国の平和と独立を守り，国の安全を保つため，直接侵略及び間接侵略に対しわが国を防衛することを主たる任務とし，必要に応じ，公共の秩序の維持に当るものとする」と規定した（3条1項）。

　こうして設置された自衛隊は，「わが国を防衛すること」を「主たる任務」とする軍事組織であることから，先の「近代戦争遂行能力論」は変更を余儀なくされる。自衛隊を合憲だとする政府見解は，結局，次のようである。

　「日本国憲法は，第9条に戦争放棄，戦力不保持，交戦権の否認に関する規定を置いている」が，①「わが国が独立国である以上，この規定は，主権国家としての固有の自衛権を否定するものではない」，②「自衛権が否定されない以上，その行使を裏づける自衛のための必要最小限度の実力を保持することは，憲法上認められる」，と。

　このように，政府見解は，憲法に直接規定のない「主権国家固有の自衛権」

論に依って，自衛隊は，憲法が保持を禁止している「戦力」ではなく「自衛のための必要最小限度の実力」（いわゆる自衛力論）にすぎないから合憲であると説明した。しかし，「戦力」と「自衛のための必要最小限度の実力」との境界線は，明確ではない。これについて政府見解は，「戦力」とは，「自衛のための必要最小限度の実力」を超えるものであり，「自衛力の具体的な限度については，その時々の国際情勢，軍事技術の水準その他の諸条件により変わり得る相対的な面を有する」などとした。ただし実際には，政府見解は，①保持できる自衛力については，「いわゆる攻撃的兵器」（大陸間弾道ミサイル（ICBM），長距離戦力爆撃機，攻撃型空母）は保有できないという制限があり，②自衛権の発動については，ａ）日本に対する緊急不正の侵害があること，ｂ）ほかに適当な排除手段がないこと，ｃ）必要最小限度の実力行使にとどまるべきことという三要件が課されるという制限があり，③自衛権を行使しうる地理的範囲については，武力行使の目的をもって武装した部隊を他国の領土，領海，領空に派遣する海外派遣は許されないという制限があること（1954年，参議院は，自衛隊創設に際し，「自衛隊の海外出動を為さざることに関する決議」を行った），あるいは，⑤「集団的自衛権」については，国際法上，主権国家として有してはいるが，憲法9条の下でその行使は許されないという制限があることなどを説明してきた。これらの制限は，政府が自衛隊を「戦力」ではなく「自衛力」だと説明したことに由来する自己制約であると同時に，自衛隊を憲法違反だとするあるいは「非軍事平和主義」を擁護しようとする国民の運動によって課された制約でもある。これら制約を含めて憲法9条に関するいわば「政府見解の体系」が形成されてきたといえる。

2 憲法9条と学説

(1) **憲法9条** 憲法9条解釈に関する主要な論点は，9条1項の「戦争」の放棄と同2項の「戦力」の不保持それぞれをどう解するかである。なお，憲法9条1項により放棄された，「戦争」とは，宣戦布告または最後通牒によって始められる国際法上の戦争のことであり，「武力の行使」とは，国際法上の戦争という形式をとらない事実上の戦争のことであり（満州事変，日中戦争など），また，「武力による威嚇」とは，武力行使の可能性を示し自国の主張を相

手方に強要することである。

憲法9条1項は，以上すべてを放棄しているが（通常は，「戦争」「武力の行使」「武力による威嚇」を一体的に捉え，「戦争の放棄」と呼んでいる），そこには「国際紛争を解決する手段としては」との留保が付されている。

第1，「限定放棄説」は，この「国際紛争を解決する手段としては」という文言を重視して，9条1項により放棄された「国際紛争を解決する手段」としての「戦争」は侵略戦争に限られ，自衛戦争は含まれないと解する。これに対して，第2，「全面放棄説」は，すべて「戦争」は「国際紛争」を前提に行われるのであり，「戦争」を自衛のためのものか侵略のためのものか区別することは実際上困難であることからも侵略・自衛を問わずいっさいの「戦争」を放棄したと解する。

次に，憲法9条2項は，「戦力」を保持しないとしているが，「前項の目的を達成するため」としている（当時，衆議院憲法改正特別委員会委員長であった芦田均の発案により挿入された文言であることから「芦田修正」と呼ばれる）。

第1，「限定不保持説」は，9条1項につき「限定放棄説」をとり，「前項の目的」は侵略戦争放棄という目的だとして，同条2項は侵略のための「戦力」を保持しないことを定めたものであり，したがって，自衛のための「戦力」の保持は禁止されていないと解する。この説に依れば，自衛隊は合憲となる。第2，「全面不保持説」は，「前項の目的」を9条1項の「日本国民は，正義と秩序を基調とする国際平和を誠実に希求し」あるいは同条1項全体を指すとして，同条2項はいっさいの「戦力」の不保持を規定したものと解する。9条1項についての「全面放棄説」はもとより「限定放棄説」が9条2項についての「全面不保持説」と結びつくと，自衛隊は違憲となる。

「戦争」を侵略戦争と自衛戦争に区別することは実際上困難であろうし，「戦力」を侵略のためのものと「自衛」のためのものに区別することは不可能である。また，日本国憲法は，前文に示された平和についての考え方を9条によって具体化することで「非軍事平和主義」を徹底し，「戦力」の組織・運用に関する規定をいっさい有していないことからしても，9条1項「全面放棄説」＝同条2項「全面不保持説」がふさわしい。

ところで，憲法9条2項が保持を禁止する「戦力」とは，「軍隊および有事

の際にそれに転化しうる程度の実力部隊」のことである。すなわち、「軍隊」とは、国内の治安の維持・確保を目的とする「警察力」とは異なって、外国に対して国土を防衛することを目的とするものであり、外敵の攻撃に対して対抗しうる実力を有する人的・物的手段の組織体を意味する。したがって、「自衛隊」は、その組織体としての名称にかかわらず、人員・編成方法・装備・訓練等の実態から判断して「軍隊」であり、憲法が保持を禁止する「戦力」に該当することになる。これと異なって、政府の自衛隊合憲論は、すでにみたように「自衛力」論であって、「戦力」とそれに至らざる「自衛力」とを区別している。

憲法9条2項が全面的に否認する「交戦権」については、第1、戦争を行う権利と解する説、第2、交戦状態に入った場合に交戦国に国際法上認められる権利（たとえば、敵国兵力の殺傷、船舶の臨検・拿捕、占領地の行政等）と解する説、および、第3、両者を含むと解する説があるが、9条1項「全面放棄説」＝同条2項「全面不保持説」をとれば実質上差はない。

政府見解は、第2説と同様に解した上で、日本防衛のための「必要最小限度の実力」の行使として「相手国兵力の殺傷及び破壊等を行うこと」は、「交戦権の行使として相手国兵力の殺傷及び破壊等を行うこと」とは「別の観念のものである」とした（1985年9月27日答弁書、対森清議員（衆））。

(2) **自衛権**　　自衛隊を合憲だと説明する政府見解は、みたように憲法に直接規定のない「主権国家固有の自衛権」に依っていた。

学説では、「自衛権」を「外国からの違法な侵害に対し、自国を防衛するため緊急の必要がある場合、それを反撃するために武力を行使しうる権利」などと定義し、「独立国家であれば当然有する権利」であるとしたうえで、「自衛権は、外交交渉による侵害の未然回避、警察力による侵害の排除、民衆が武器をもって抵抗する群民蜂起、などによって行使されるものにとどまる」とする説（「武力なき自衛権」論と呼ばれる）が通説とされる。伝統的に「自衛権」は武力行使と結びついた概念であるとすると、「武力なき自衛権」論は「平和的手段による自衛権」という新たな「自衛権」概念に依っていることになる。「固有の」権利を主張しうるのは「個人」のみであり、「国家」は「憲法によって明示的に与えられた」権利をもつにすぎないとすれば、日本国憲法は、武力行使を禁止しており、端的に伝統的な「自衛権」を放棄したと解する説が明快であ

る。日本国憲法は，自衛権はもとより「国の安全」について触れることはない。また，自衛権の根拠として憲法13条を援用することは，戦争体験をふまえて個人の尊重（13条）を確保するために9条をおいて「戦力」不保持を規定した日本国憲法によって否定されていると解される。

なお，ここで問題となっている「自衛権」は，「個別的自衛権」であり，今日，自衛隊をめぐる憲法9条論の焦点は「集団的自衛権」である。

3 平和的生存権

憲法前文2項は，すでにみたように「平和的生存権」を保障している。これによって，「恐怖から免れ自由に，欠乏から免れ豊かに，平和のうちに生きる権利」を日本の人びとだけでなく全世界の人びとが有することを確認している。このようなことから，「平和的生存権」は，「恐怖からの自由」「欠乏からの自由」を含む「平和のうちに生活する権利」という複合的な性格をもつものと解される。

「平和的生存権」については，憲法前文に述べられていることもあって，具体的権利性・裁判規範性を有するかどうかが問題とされる。一般に，主体，内容あるいは性質などの点での不明確性あるいは理念的性格などを指摘して，「裁判で争うことのできる具体的な法的権利性を認めることは難しい」とされる。これに対して，具体的権利性を肯定する説も有力である。次のように，「平和的生存権」の具体的権利性・裁判規範性が認められた裁判例もある。

長沼ナイキ基地訴訟（後述）において，「平和的生存権」は，基地付近の住民が基地撤廃を求める際に「訴えの利益」を根拠づけるために主張された。

札幌地判1973（昭48）・9・7は，森林法の各規定は，「憲法の基本原理である民主主義，基本的人権尊重主義，平和主義の実現のために地域住民の『平和のうちに生存する権利』（憲法前文）すなわち平和的生存権を保護しようとしているものと解するのが正当である」，「（国の）森林法上の処分によりその地域住民の……平和的生存権が侵害され，また侵害される危険がある限り，その地域住民にはその処分の瑕疵を争う法律上の利益がある」とし，本件基地は，「一朝有事の際にはまず相手国の攻撃の第一目標になるものと認められるから，原告らの平和的生存権は侵害される危険」があり，この点からも「原告ら

には本件保安林指定の解除処分の瑕疵を争い，その取消しを求める法律上の利益がある」として，「平和的生存権」を「訴えの利益」の1つの根拠として認めた。

また，自衛隊イラク派遣違憲訴訟（後述）において，名古屋高判2008（平20）・4・17は，自衛隊派遣差止請求等の根拠とされた平和的生存権について，「極めて多様で幅の広い権利」としつつ，「現代において憲法の保障する基本的人権が平和の基盤なしには存立し得ないことからして，全ての基本的人権の基礎にあってその享有を可能ならしめる基底的権利」であり，「この平和的生存権は，局面に応じて自由権的，社会権的又は参政権的な態様をもつて表れる複合的な権利ということができ，裁判所に対してその保護・救済を求め法的強制措置の発動を請求し得るという意味における具体的権利性が肯定される場合があるということができる」としたうえで，「例えば，憲法9条に違反する国の行為，すなわち戦争の遂行，武力の行使等や，戦争の準備行為等によって，個人の生命，自由が侵害され又は侵害の危機にさらされ，あるいは，現実的な戦争等による被害や恐怖にさらされるような場合，また，憲法9条に違反する戦争の遂行等への加担・協力を強制されるような場合には，平和的生存権の主として自由権的な態様の表れとして，裁判所に対し当該違憲行為の差止請求や損害賠償請求等の方法により救済を求めることができる場合があると解することができ，その限りでは平和的生存権に具体的権利性がある」として，「平和的生存権」の具体的権利性を認めた。

4 憲法9条に関する裁判所判決

(1) **警察予備隊違憲訴訟** 1950年代，みたように政府は，マッカーサー書簡を受けて警察予備隊を設置することで再軍備に着手した。これに対して，当時，日本社会党の代表者が，政府による警察予備隊の設置ならびに維持に関するいっさいの行為は違憲無効であることの確認を求める訴えを直接最高裁判所に提起した。

最大判1952（昭27）・10・8は，「わが現行の制度の下においては，特定の者の具体的な法律関係につき紛争の存する場合においてのみ裁判所にその判断を求めることができるのであり，裁判所がかような具体的事件を離れて抽象的に

法律命令等の合憲性を判断する権限を有するとの見解には，憲法上及び法令上何等の根拠も存しない」として，本件原告の主張は具体的な法律関係についての紛争に関するものでないことは明白であるので，本訴訟は不適法であるとして却下した（→第6章第4節4(3)）。

(2) **恵庭事件**　北海道千歳郡恵庭町（現在の恵庭市）の陸上自衛隊島松演習場付近で酪農業を営んでいた兄弟は，爆音等による乳牛の被害にあい，1962年演習の事前連絡などの約束も守られなかったことに抗議して，自衛隊の通信線を数か所切断したところ，刑法ではなく，陸上自衛隊の使用する「その他の防衛の用に供する物」を損壊したとして自衛隊法121条違反（自衛隊器物損壊罪）で起訴された。

弁護人らは，被告人らの行為が自衛隊法121条の構成要件に当たらないと主張するとともに，同条およびこれを含む自衛隊法全般の違憲無効を主張したことから本格的な自衛隊裁判となった。

札幌地判1967（昭42）・3・29は，本件通信線が自衛隊法121条の「武器，弾薬，航空機」という「例示物件との類似性の有無に関して実質的な疑問をさしはさむ理由があるばあいには，罪刑法定主義の原則にもとづき，これを消極に解し，『その他の防衛の用に供する物』に該当しないものというのが相当である」として，被告人を無罪とした。

本件は，上述のように本格的な自衛隊裁判であったが，同札幌地裁判決は自衛隊の合憲性にはいっさい触れずに，被告人無罪判決を下したが，その際，違憲審査のあり方について次のように述べた。すなわち，「弁護人らは，本件審理の当初から，……自衛隊法121条を含む自衛隊法全般ないし自衛隊等の違法性を強く主張しているが，およそ，裁判所が一定の立法なりその他の国家行為について違憲審査権を行使しうるのは，具体的な法律上の争訟の裁判においてのみであるとともに，具体的争訟の裁判に必要な限度にかぎられることはいうまでもない」，したがって，被告人の行為について，「自衛隊法121条の構成要件に該当しないとの結論に達した以上，もはや，弁護人らの指摘の憲法問題に関し，なんらの判断をおこなう必要がないのみならず，これをおこなうべきでもないのである」，と（これは，「憲法判断回避」と呼ばれる）（→第6章第5節3）。

(3) **長沼ナイキ基地訴訟**　国は，1967年第3次防衛力整備計画に基づく防

衛力強化のために，「水源のかん養」を目的として保安林として指定されていた北海道夕張郡長沼町の国有林の一部につき指定解除処分を行い航空自衛隊第三高射群施設（いわゆるナイキ基地）建設を行うこととした。その際，国（農林大臣）は，森林法が「公益上の理由により必要が生じたとき」保安林の指定を解除することができる旨を定めていたことに依った。これに対して，地元住民が解除処分の執行停止と取消しを求める訴訟を提起し，そのなかで自衛隊の違憲性が争われることとなった。

　札幌地判1973（昭48）・9・7は，憲法9条1項につき，「国際紛争を解決する手段として放棄される戦争とは，不法な戦争，つまり侵略戦争を意味する」，9条2項で「いっさいの『戦力』を保持しないとされる以上，軍隊，その他の戦力による自衛戦争，制裁戦争も，事実上おこなうことが不可能となった」，「『交戦権』は，国際法上の概念として，交戦国が国家としてもつ権利」である，憲法が「その前文および第9条において，いっさいの戦力および軍備をもつことを禁止したとしても，このことは，わが国が，独立の主権国として，その固有の自衛権自体までも放棄したものと解すべきでない」，「しかし，自衛権を保有し，これを行使することは，ただちに軍事力による自衛に直結しなければならないものではない」，とする。そのうえで，「自衛隊の編成，規模，装備，能力からすると，自衛隊は明らかに『外敵に対する実力的な戦闘行動を目的とする人的，物的手段としての組織体』と認められるので，軍隊であり，それゆえに陸，海，空各自衛隊は，憲法第9条第2項項によってその保持を禁ぜられている『陸海空軍』という『戦力』に該当するものといわなければならない。そしてこのような各自衛隊の組織，編成，装備，行動などを規定している防衛庁設置法……，自衛隊法……その他これに関連する法規は，いずれも同様に，憲法の右条項に違反し，憲法第98条によりその効力を有しえない」，とした。

　これに対して，最判1982（昭57）・9・9は，「訴えの利益」の消滅を理由に上告を棄却した。

　(4)　**百里基地訴訟**　茨城県小川町にある航空自衛隊百里基地の予定地内に本件土地を所有していた原告は，1958年5月19日，基地建設反対派の住民との間で本件土地につき売買契約を結んだが，支払い期日が過ぎても支払いが完了

しなかった。そこで，原告は，債務不履行を理由に売買契約を解除し，国・防衛庁に売却した。原告および国は，反対派住民に対して，所有権確認等の訴えを提起したところ，契約解除の効力および国への売り渡しの効力を否定し所有権確認等を求める反訴が提起された。

　最判1989（平1）・6・20は，憲法98条1項にいう「国務に関するその他の行為」とは，「公権力を行使して法規範を定立する国の行為」を意味し，「本件売買契約は，国が行つた行為ではあるが，私人と対等の立場で行つた私法上の行為」であり，「法規範の定立を伴わないことが明らかであるから，憲法98条1項にいう『国務に関するその他の行為』には該当しない」，とした。そして，「憲法9条は，その憲法規範として有する性格上，私法上の行為の効力を直接規律することを目的とした規定ではなく，人権規定と同様，私法上の行為に対しては直接適用されるものではない」とし，「本件売買行為は，私的自治の原則に則って成立した純粋な財産上の取引」であり，「憲法9条が直接適用される余地はない」とした。そのうえで，問題は，「国が自衛隊基地の建設を目的ないし動機として締結した」本件売買契約が「公序良俗違反として無効となるか否か」であるとし，当時，本件売買契約が「社会的に許容されない反社会的な行為であるとの認識が，社会の一般的な観念として確立していたということはできない」として，「本件売買契約が，その私法上の契約としての効力を否定されるような行為であつたとはいえない」と結論した。

　(5)　**自衛隊のイラク派遣違憲訴訟**　原告は，政府がイラク特措法を制定しそれに基づいてイラクおよびその周辺地域に自衛隊を派遣したことは違憲であるとして，本件派遣によって平和的生存権ないしその一内容としての「戦争や武力行使をしない日本に生存する権利」等を侵害されたとして，国家賠償法1条1項に基づいて損害賠償を請求するとともに，本件派遣の差止めおよび本件派遣が憲法9条に反し違憲であることの確認を求めて争った。本件は，従来の自衛隊裁判が自衛隊自体の違憲性を争ったものであるのに対して，自衛隊の存在は前提として，その活動の違憲性を争ったものである点に大きな特徴がある。

　名古屋高判2008（平20）・4・17は，第1，「現在のイラクにおいては，多国籍軍と，その実質に即して国に準ずる組織と認められる武装勢力との間で一国

国内の治安問題にとどまらない武力を用いた争いが行われており，国際的な武力紛争が行われている」，とりわけ，首都バグダッドは，アメリカ軍と武装勢力との間で「国際的な武力紛争の一環として行われる人を殺傷し又は物を破壊する行為が現に行われている地域」であり，イラク特措法にいう「戦闘地域」に該当するとした。第2，航空自衛隊の空輸活動について，「多国籍軍の戦闘行為にとって必要不可欠な軍事上の後方支援を行っているものということができる」としたうえで，「航空自衛隊の空輸活動のうち，少なくとも多国籍軍の武装兵員をバグダッドへ空輸するものについては，……平成9年2月13日の大森内閣法制局長官の答弁に照らし，他国による武力行使と一体化した行動であって，自らも武力の行使を行ったと評価を受けざるを得ない行動であるということができる」として，「現在イラクにおいて行われている航空自衛隊の空輸活動は，政府と同じ憲法解釈に立ち，イラク特措法を合憲とした場合であっても，武力行使を禁止したイラク特措法2条2項，活動地域を非戦闘地域に限定した同条3項に違反し，かつ，憲法9条1項に違反する活動を含んでいることが認められる」と結論した。

第3節　日米安保条約

1　駐留米軍と憲法

　政府は，1952年，サンフランシスコ平和条約締結につづいて，米国との間で「日本国とアメリカ合衆国との間の安全保障条約」（旧日米安保条約）を締結し，米国が日本に米軍を駐留させる権利を受け入れた。その結果，占領下では占領軍として日本に駐留していた米軍は，「独立」以後は，日米安保条約に基づき日本に駐留し続けることとなった。この旧日米安保条約は，一方的な米軍への基地提供条約という片務的な性格のものであったため，その改定が目指された。1960年，政府は，国民的反対運動が展開されるなか，安保条約改定を強行し，「日本国とアメリカ合衆国との間の相互協力及び安全保障条約」（新（現行）日米安保条約）を締結した。

　こうして，憲法9条との関係で，自衛隊の違憲性に加えて，日米安保条約に基づき日本に基地を置く駐留米軍の違憲性が問題となる。

考え方として，第1，日米安保条約締結という「政府の行為」によって日本に駐留する米軍は，憲法9条2項が保持を禁止する「戦力」に当たるとするものと，第2，保持が禁止される「戦力」とは日本がその主体となり指揮権・管理権を行使しうるものであり，日米安保条約に基づく駐留米軍はこの意味での「戦力」ではないとするものがある。

政府解釈は，旧日米安保条約との関係で，憲法9条2項にいう「保持」とは「わが国が保持の主体たることを示す」，「米国駐留軍は，わが国を守るために米国の保持する軍隊であるから憲法9条の関するところではない」とした（前出「戦力に関する統一見解」）。

2　日米安保条約と憲法

新（現行）日米安保条約は，「政府の行為」による米軍への基地提供条約であることに変わりはないが，この場合の米国の基地使用の目的は，「日本国の安全に寄与」するとともに，「極東における国際の平和及び安全の維持に寄与」（極東条項と呼ばれる）することであるとされ（日米安保6条），米軍の日本駐留の目的が米国の対極東戦略上の必要性を反映していることが示されている。なお，基地使用および米軍の地位の詳細は日米地位協定によって規律されるとしているが（同6条），たとえば米軍の地位はきわめて「特権的な」ものである（日本の法体系の現実は，日本国憲法－法律－命令から成る憲法体系と日米安保条約－日米地位協定－特別法から成る安保法体系とが対抗的に並存していると認識する（そして，憲法体系実現のために日米安保条約の廃棄を課題として提示する。ちなみに，同条約の「終了」は可能である（同10条））説は，「二つの法体系論」と呼ばれる）。加えて，新（現行）日米安保条約は，日米両国は，「日本国の施政の下にある領域における，いずれか一方に対する武力攻撃が，自国の平和及び安全を危うくするものであることを認め」た場合，「共通の危険」に対して対処行動を行うことを規定しており（同5条），「軍事同盟条約」の性格を有するものとなっている。

以上のことから，第1に，在日駐留米軍が日本の基地を利用して武力攻撃に出た場合，在日米軍基地の提供は米軍の武力攻撃への関与であり，「集団的自衛権」の行使とみなされること，第2に，在日駐留米軍に対する武力攻撃に対して日本が対処行動を行うことは「集団的自衛権」の行使にほかならないこと

などの問題が指摘される。

これに対する政府見解は，第1につき，単なる基地提供は「集団的自衛権」の行使には当たらないとし，第2につき，日米安保条約の規定の「日本国の施政の下にある領域における」（同5条）という文言を強調して，在日駐留米軍に対する武力攻撃は日本の施政下にある領土が他国から攻撃を受けた場合に当たり，それを排除するための実力行使は自衛権の発動（「個別的自衛権」の発動）にほかならないと説明した。しかし，在日駐留米軍が日本の基地を利用してX国に対して武力攻撃を行った場合，X国にとっては出撃基地である在日米軍基地は攻撃目標となる。その場合，X国の米軍基地攻撃に対して日本が対処行動を行うということは「集団的自衛権」の構造になる。

3 裁判所判決

1957年，在日駐留米軍使用の立川基地拡張のための測量に反対する集団が基地境界柵外に集合し，一部の者が破壊された境界柵から基地内に正当な理由なしに立入ったとして旧日米安保条約3条に基づく行政協定に伴う刑事特別法（2条）違反で起訴された。これは砂川事件と呼ばれ，刑事特別法の根拠となった旧日米安保条約に基づく駐留米軍の合憲性が争点となった。

東京地判1959（昭34）・3・30は，在日駐留米軍は，「ただ単にわが国に加えられる武力攻撃に対する防禦若しくは内乱等の鎮圧の援助にのみ使用されるものではなく，合衆国が極東における国際の平和と安全の維持のために事態が武力攻撃に発展する場合であるとして，戦略上必要と判断した際にも当然日本区域外にその軍隊を出動し得るのであつて，その際にはわが国が提供した国内の施設，区域は勿論この合衆国軍隊の軍事行動のために使用されるわけであり，わが国が自国と直接関係のない武力紛争の渦中に巻き込まれ，戦争の惨禍がわが国に及ぶ虞は必ずしも絶無ではなく，従つて日米安全保障条約によつてかかる危険をもたらす可能性を包蔵する合衆国軍隊の駐留を許容したわが国政府の行為は，『政府の行為によつて再び戦争の惨禍が起きないようにすることを決意』した日本国憲法の精神に悖るのではないかとする疑念も生ずる」として，米軍駐留は，「わが国政府の要請と，合衆国政府の承諾という意思の合致があつたからで，従つて合衆国軍隊の駐留は一面わが国政府の行為によるものとい

うことを妨げない。蓋し合衆国軍隊の駐留は，わが国の要請とそれに対する施設，区域の提供，費用の分担その他の協力があつて始めて可能となるものであるからである。かようなことを実質的に考察するとき，わが国が外部からの武力攻撃に対する自衛に使用する目的で合衆国軍隊の駐留を許容していることは，指揮権の有無，合衆国軍隊の出動義務の有無に拘らず，日本国憲法第9条第2項前段によつて禁止されている陸海空軍その他の戦力の保持に該当するものといわざるを得ず，結局わが国内に駐留する合衆国軍隊は憲法上その存在を許すべからざるものといわざるを得ない」，とした。

　これに対して，検察側は最高裁に跳躍上告したが，最大判1959（昭34）・12・16は，憲法9条について，「憲法9条は，わが国がその平和と安全を維持するために他国に安全保障を求めることを，何ら禁ずるものではない」，9条2項が「いわゆる自衛のための戦力の保持をも禁じたものであるか否かは別として，同条項がその保持を禁止した戦力とは，わが国がその主体となつてこれに指揮権，管理権を行使し得る戦力をいうものであり，結局わが国自体の戦力を指し，外国の軍隊は，たとえそれがわが国に駐留するとしても，ここにいう戦力には該当しないと解すべき」だとした。

　そのうえで，日米安保条約について，「主権国としてのわが国の存立の基礎に極めて重大な関係をもつ高度の政治性を有するものというべきであつて，その内容が違憲なりや否やの法的判断は，その条約を締結した内閣およびこれを承認した国会の高度の政治的ないし自由裁量的判断と表裏をなす点がすくなくない。それ故，右違憲なりや否やの法的判断は，純司法的機能をその使命とする司法裁判所の審査には，原則としてなじまない性質のものであり，従つて，一見極めて明白に違憲無効であると認められない限りは，裁判所の司法審査権の範囲外のものであつて，それは第一次的には，右条約の締結権を有する内閣およびこれに対して承認権を有する国会の判断に従うべく，終局的には，主権を有する国民の政治的批判に委ねられるべきものであると解するを相当とする」と述べた（変則的統治行為論などと呼ばれる）（→第6章第4節2）。そして，米軍駐留につき，「憲法9条，98条2項および前文の趣旨に適合こそすれ，これらの条章に反して違憲無効であることが一見極めて明白であるとは，到底認められない」，とした。

なお，近年の「安全保障法制」整備の過程で，この砂川事件最高裁判決が「集団的自衛権」を容認する根拠として引き合いに出された。しかし，砂川事件最高裁判決は，日本が，「自国の平和と安全を維持しその存立を全うするために必要な自衛のための措置をとりうることは，国家固有の権能の行使として当然のこと」であって，「憲法9条は，わが国がその平和と安全を維持するために他国に安全保障を求めることを，何ら禁ずるものではない」として，駐留米軍の合憲性を説明しようとしたものであり，「集団的自衛権」は問題にすらなっていなかった。しかも，憲法9条2項が「いわゆる自衛のための戦力の保持をも禁じたものであるか否かは別として」として，自衛のための「戦力」保持の合憲性についてすら明確な判断を示さなかった。

第4節　1990年代以降の展開

　1980年代まで，「東西冷戦」期の日本の安全保障にとって，仮想敵国からの日本防衛が中心的課題であり，「西側」の一員として，日本国憲法の下で，自衛隊と「日米安保体制」（具体的には日米安保条約に基づく駐留米軍）とによってその課題に対処しようとした（1957年「国防の基本方針」，長らく，1976年「防衛計画の大綱」で導入された「基盤的防衛力構想」に依ったが，それは，「わが国に対する軍事的脅威に直接対抗するよりも，自らが力の空白となってわが国周辺地域における不安定要因とならないよう，独立国としての必要最小限の基盤的な防衛力を保持」するという考え方であった）。なお，米国は，国力に翳りが見え始めた1970年代，日本に対して軍事協力の実行を具体的に要求するようになり，それは1978年「日米防衛協力のための指針」（旧「ガイドライン」）の合意として具体化された。しかし，そこでもなお「日本に対する武力攻撃」（「日本有事」）に際しての「日米防衛協力」のあり方が第1の柱であり，それを超えて第2の柱とされた「日本以外の極東における事態で日本の安全に重要な影響を与える場合」（「極東有事」）の日米協力については「随時協議する」とされるにとどまった。

1　湾岸戦争と自衛隊「海外派遣」

　日本にとって，「東西冷戦」の終結は，「東西冷戦」を前提にした「日米安保

体制」および自衛隊の存在根拠を問い直すはずのものであったが，その時期，湾岸戦争が勃発し，議論の焦点は，自衛隊の合・違憲から「(人的) 国際貢献」すなわち自衛隊の海外派遣の合・違憲へと移った。

(1) **国連PKOと自衛隊**　自衛隊の海外派遣の途は，1990年代前半には，国連協力という形で追求された。従来の政府見解は，「武力行使の目的をもって武装した部隊を他国の領土，領海，領空に派遣する」いわゆる海外派兵は，「一般に自衛のための必要最小限度を超えるものであって，憲法上許されない」，「国連軍」の目的・任務が武力行使を伴うものであれば，自衛隊がこれに参加することは憲法上許されないとしてきた（1980年10月28日政府答弁書）。

その後，「参加」と「協力」とを区別し，「参加」に至らない「協力」については「当該『国連軍』の武力行使と一体化とならないようなものは憲法上許される」とした（1990年10月26日答弁，衆・国連特委）。

ここで，「武力行使との一体化」論とは，政府の説明によると，「みずからは直接武力の行使をしていないとしても，他の者が行う武力の行使への関与の密接性等から，我が国も武力の行使をしているとの評価を受ける場合を対象とするもの」である。他国による「武力行使との一体化」の有無は，①戦闘活動が行われているか，または行われようとしている地点と当該行動がなされる場所との地理的関係，②当該行動の具体的内容，③他国の武力行使の任に当たる者との関係の密接性，④協力しようとする相手の活動の現況等の諸般の事情を総合的に勘案して，個々的に判断されるとした（1997年2月13日内閣法制局長官）。

激論を経て1992年PKO等協力法が制定された。同法は，自衛隊の「海外派遣」が憲法が禁じる「武力の行使」に当らないように「PKO 5原則」（①紛争当事国間での停戦合意の成立，②紛争当事国による日本の参加への同意，③PKFの中立的立場，④①から③のいずれかが満たされない状況になったときの日本の部隊の撤収，⑤武器使用の限定）という形で制約を課し，武装解除あるいは放棄された武器の収集・処分などのPKF本体業務への参加は「凍結」した（「9・11」に対処する多国籍軍支援のためのテロ対策特措法制定後の2001年12月「解除」された）。

PKO等協力法との関係で，大きな問題となったのは武器使用をめぐってであった。PKO等協力法では，自衛官は，「自己又は自己と共に現場に所在する他の自衛隊員若しくは隊員の生命又は身体を防衛するためやむを得ない必要が

あると認める相当の理由がある場合」に「武器を使用することができる」としていた（24条（成立時））。この武器使用が，その相手方が「国又は国に準ずる組織」であった場合，武力行使に当たるのではないかが問題となった。政府の説明は，憲法9条1項の「武力の行使」は「武器の使用」を含むが，「『武器の使用』が，すべて同項の禁止する『武力の行使』に当たるとはいえない」，「自己又は自己と共に現場に所在する我が国要員の生命又は身体を防衛することは，いわば自己保存のための自然的権利」であり，そのために「必要な最小限の『武器の使用』」は，憲法9条1項が禁止する「武力の行使」には当たらないとした（1991年9月27日「政府統一見解」）。その後，PKO等協力法は，1998年改正を経て，2001年改正によって，第1，自衛隊の部隊等が行うPKF本体業務の「凍結」が「解除」され，派遣先国における自衛官について，第2，武器を使用しての防護対象として「自己又は自己と共に現場に所在する……その職務を行うに伴い自己の管理の下に入った者」を加え，他国の要員等の警護のための武器使用を可能とし，第3，武器等防護のための武器使用権限を規定した自衛隊法95条の適用除外規定を削除し，自衛隊の武器等防護のための武器使用を可能とした（さらに，2015年安保法制整備の一環として武器使用の場面は拡大された）。

(2) 「安保再定義」と自衛隊　1990年代後半には，自衛隊海外派遣の途は「安保再定義」と呼ばれる日米間での作業との関連で追求された。東アジアで緊急事態が発生した際に日米安保条約の下で十分な日米軍事協力ができない現状が問題となり，日米間で「冷戦」終結後における日米安保体制の強化と拡大が合意されたのを受けて，1996年「日米安保共同宣言―21世紀へ向けての同盟―」が発表された。そこでは，第1に，日米の「堅固な同盟関係」を確認し，それを日米安保条約が定める「極東」を超えた「アジア太平洋地域の平和と安全の確保」に役立つものとし，第2に，二国間協力の分野の1つとして，1978年旧「ガイドライン」の「見直し」に合意したとして，「日本周辺地域において発生しうる事態で日本の平和と安全に重要な影響を与える場合」への対処を挙げた。これを受けて，日米間で1997年新「ガイドライン」が合意され，「日本有事」とならんで「周辺事態」における「日米防衛協力」のあり方が述べられたのに基づき，「周辺事態」に際して活動する米軍に対する「後方地域支援」等を実行するための国内法整備として1999年周辺事態法等（新「ガイドライン」

実施法と呼ばれる）が制定された。

　この周辺事態法は，「周辺事態」を「そのまま放置すれば我が国に対する直接の武力攻撃に至るおそれのある事態等我が国周辺の地域における我が国の平和及び安全に重要な影響を与える事態」（1条）としている。周辺事態法は，日本に対して武力攻撃が発生しているわけではない「周辺事態」において軍事行動を行う米軍に対する後方支援を実施するための法律であることから，政府見解が憲法違反だとする「集団的自衛権」の行使および「武力行使との一体化」に該当すると批判された。これに対して，周辺事態法は，「周辺事態」をなおも「我が国の平和及び安全」との関係で定義したうえで，米軍に対する支援措置を「後方地域支援」と呼び，戦闘行為が行われている領域とは概念上区別された「後方地域」（いわゆる「非戦闘地域」）において実施するので「武力行使の一体化」という問題は生じないとし，「後方地域支援」等は「武力による威嚇又は武力の行使に当たるものであってはならない」と法律に明記することでその批判を回避しようとした。

2　「9・11」後の「国際的な安全保障環境の改善」

　「9・11」（2001年9月11日アメリカ各地で同時多発テロ事件が発生）およびそれに対する米国による「対テロ戦争」は，周辺事態法の想定をはるかに超えたいわばグローバルなレベルでの安全保障問題を提起した。

　「9・11」を受けて，政府は，2001年テロ対策特措法を急ぎ成立させ，はじめて戦闘継続中の地域へ自衛隊を「海外派遣」した。さらに，政府は，米・英軍による対イラク戦争支援のため2003年イラク特措法を成立させ，「非戦闘地域」における「人道復興支援活動」または「安全確保支援活動」を行うことができるようにして自衛隊をイラクに「海外派遣」した。これらテロ対策特措法およびイラク特措法は，「我が国の平和及び安全の確保に資すること」を目的に掲げた周辺事態法と異なって，「我が国を含む国際社会の平和及び安全の確保に資すること」を目的とし，それに応じて自衛隊の活動領域・役割を拡大した（ただし，これらはいずれも時限立法である）。なお，自衛隊の活動領域・役割の拡大との関係では，2006年自衛隊法改正により，従来からの「主たる任務」である日本防衛に加え，①「周辺事態」に対応して行う日本の平和および安全

の確保に資する活動および②国連を中心とした国際平和のための取組みへの寄与その他の国際協力の推進を通じて日本を含む国際社会の平和および安全の維持に資する活動が自衛隊の本来任務とされた（自衛隊3条。なお，後述の2015年安保法制整備によって，自衛隊の任務はさらに拡大された。その際，同3条1項から「直接侵略及び間接侵略に対し」という文言を削除し，日本防衛の対象の限定を外し，「集団的自衛権」行使を裏付けるものとなった）。また，2009年海賊対処法が制定されたことが注目される。というのは，ソマリア沖での海賊行為への対処は，日本の艦船の重要な航路ということもあって，自衛隊の海外活動の道を大きく開くものとなったからである。同法は，地理的限定もなく自衛隊の海外活動を可能にし，海賊行為の制止に従わず当該海賊行為を継続しようとする場合，自衛隊は「武器を使用することができる」とするものになっている（海賊対処6条・8条2項）。また，日本有事に対処するための2003年武力攻撃事態法，「武力攻撃事態」における国民の避難・保護のあり方を定める2004年国民保護法等の成立によって「有事法制」が整備された。

　以下，「防衛計画の大綱」により「安全保障」・自衛隊の位置づけの変化を概観すると，「9・11」以後見直された2004年「防衛計画の大綱」は，大量破壊兵器，弾道ミサイルの拡散，国際テロ組織等による「新たな脅威や多様な事態」への対応が課題となる安全保障環境のなかで，「我が国の安全保障の基本方針」として，日本防衛とならんで「国際的な安全保障環境の改善」を掲げた。

　つづいて，2010年「防衛計画の大綱」は，「今後の防衛力のあり方」について，前述の「基盤的防衛力構想」には依らないとして，「各種事態に対し，より実効的な抑止と対処を可能とし，アジア太平洋地域の安全保障環境の一層の安定化とグローバルな安全保障環境の改善のための活動を能動的に行い得る動的なものとしていくことが必要」だとして，「即応性，機動性，柔軟性，持続性及び多目的性を備え，軍事技術水準の動向を踏まえた高度な技術力と情報能力に支えられた動的防衛力を構築する」とした。

　2013年12月4日に国家安全保障会議が設置され，1957年「国防の基本方針」に代えて「国家安全保障戦略」およびそれを上位文書として2013年「防衛計画の大綱」がそれぞれ国家安全保障会議および閣議において決定された。この

2013年「防衛計画の大綱」は，日本を取り巻く「安全保障環境は，一層厳しさを増している」（とくに北朝鮮脅威論や中国脅威論），「グレーゾーンの事態」（「純然たる平時でも戦時でもない事態」）が増加しているなどとして，2010年「防衛計画の大綱」の「動的防衛力」に代えて「統合機動防衛力」（「幅広い後方支援基盤の確立に配慮しつつ，高度な技術力と情報・指揮通信能力に支えられ，ハード及びソフト両面における即応性，持続性，強靱性及び連接性」を重視）を構築する，新「ガイドライン」の「見直し」を進め「日米同盟」を強化していくなどとした。

　こうして今日，自衛隊の地位・役割は「日米同盟の深化」の過程において拡大してきており，それに応じて政府による憲法論の重点は「個別的自衛権」から「集団的自衛権」へと移動した。「日米同盟の深化」・日本の海外権益保護のためには「集団的自衛権」行使を可能にすることが必要だからである。従来の政府見解は，「集団的自衛権」とは，自国と密接な関係にある外国に対する武力攻撃を，自国が直接攻撃されていないにもかかわらず，実力をもって阻止することができる権利であり，日本が国際法上集団的自衛権を有していることは，主権国家である以上，当然であるとしたうえで，①日本は自衛の措置をとることはできるが，無制限ではなく，「急迫，不正の事態……を排除するためとられるべき必要最小限度の範囲にとどまるべき」である，そうだとすれば，②日本国憲法の下で武力行使を行うことが許されるのは，日本に対する「急迫，不正の侵害に対処する場合に限られる」，したがって，③「他国に加えられた武力攻撃を阻止することをその内容とするいわゆる集団的自衛権の行使は，憲法上許されないといわざるを得ない」と説明してきた（1972年10月14日，参・決算委，1981年5月29日，答弁32号，対稲葉誠一議員（衆））。このため，対米軍事協力には「集団的自衛権」との関係で憲法上の制約が働いてきたといえる。「日米同盟の深化」のためには，この制約を解除することが求められた。そこで，上記のような従来の政府見解は，2014年7月1日閣議決定（「国の存立を全うし，国民を守るための切れ目のない安全保障法制の整備について」）によって大きく変更され，「現在の安全保障環境に照らして慎重に検討した結果，我が国に対する武力攻撃が発生した場合のみならず，我が国と密接な関係にある他国に対する武力攻撃が発生し，これにより我が国の存立が脅かされ，国民の生命，自由及び幸福追求の権利が根底から覆される明白な危険がある場合において，こ

れを排除し，我が国の存立を全うし，国民を守るために他に適当な手段がないときに，必要最小限度の実力を行使することは，従来の政府見解の基本的な論理に基づく自衛のための措置として，憲法上許容されると考えるべきであると判断するに至った」と述べられた。この閣議決定は，前提となる「安全保障環境」の変化について不明確なまま，自衛隊創設以来政府が積み重ねてきた前述の「政府見解の体系」を覆してしまうものである。その後，2015年新・新「ガイドライン」の合意（合意は，日米安全保障協議委員会（「2＋2」）による）を経て，それを具体化するために「安全保障法制」の整備が行われた。

　それは，「平和安全法制整備法」（「我が国及び国際社会の平和及び安全の確保に資するための自衛隊法等の一部を改正する法律」（「一部改正を束ねたもの」）と新規制定の「国際平和支援法」（「国際平和共同対処事態に際して我が国が実施する諸外国の軍隊等に対する協力支援活動等に関する法律」）とから成り，前者の改正には次のものが含まれる。①自衛隊法，②PKO等協力法，③周辺事態法（→重要影響事態安全確保法に変更），④船舶検査活動法，⑤武力攻撃事態法，⑥米軍行動関連措置法（→米軍等行動関連措置法に変更），⑦特定公共施設利用法，⑧海上輸送規制法，⑨捕虜取扱い法，⑩国家安全保障会議設置法である。このうち，たとえば，①につき，従来は，武器等防護のための武器使用は，自衛隊だけに関するものであったが（自衛隊95条），今回の改正によって，米軍・「その他の外国の軍隊その他これに類する組織……の部隊」の武器等の防護にも認められることとされた（同95条の2）。これを他国軍隊のための「武力の行使」ではなく，武器使用に過ぎないとはいえない。②は，PKO等に従事する自衛隊に対して「いわゆる駆け付け警護」等の新たな任務を与えるとともに（PKO3条5号ラ），任務遂行のための武器使用を認めるものである（同26条2項）。すなわち，「いわゆる駆け付け警護」（これは，法令上の用語ではない）と呼ばれている任務は，海外で活動する自衛隊がPKO等に従事する者またはこれを支援する者（「活動関係者」）が襲われ，「生命又は身体に対する不測の侵害又は危難が生じ，又は生ずるおそれがある場合」に，緊急の要請を受けて自己の所在地から「駆け付け」て武器を用いて防護することであるが，その任務遂行のための武器の使用が認められた。これは，従来，「自己保存のための自然的権利」の範囲を超えるものであり「武力の行使」に当たるおそれのあるものとされてきたものであ

る。③は，従来の「周辺事態」の定義から「我が国周辺の地域における」という限定を外し，「重要影響事態」(「そのまま放置すれば我が国に対する直接の武力攻撃に至るおそれのある事態等我が国の平和及び安全に重要な影響を与える事態」)としたうえで，従来の米軍に対する「後方地域支援」を修正・拡大し，米軍等に対する「後方支援活動等」を行うと明記することによって（重要影響事態安全確保1条），グローバルな規模での自衛隊による米軍等に対する「後方支援」を可能にした。また，⑤は，「存立危機事態」(「我が国と密接な関係にある他国に対する武力攻撃が発生し，これにより我が国の存立が脅かされ，国民の生命，自由及び幸福追求の権利が根底から覆される明白な危険がある事態」)を新設し（武力攻撃事態2条4号），「存立危機武力攻撃」を排除するために必要な自衛隊が実施する武力の行使，部隊等の展開その他の行動を可能にするものである（同2条8号ハ）。

このように，2015年の安保法制整備は，「集団的自衛権」行使への道をひらくことを中心にして，戦後日本の安全保障のあり方を根本的に変更するものとなった。

前述の「二つの法体系」論が提起する安保法体系の矛盾は，沖縄に集中している。国土面積の0.6%にすぎない沖縄に，米軍基地・施設の約74%が集中しており，基地周辺地域では航空機の騒音被害のほか訓練等によって日常生活が脅かされ，米軍，米軍人・軍属等による事故・事件は後を絶たず，原因究明，犯罪の捜査・捜索，裁判には日米地位協定の壁が立ちはだかる。こうした問題は放置されたまま安全保障のあり方が変更されている。

第5章

基本的人権

第1節 人権総論

1 人権とは

(1) **人権の基礎づけ・性質**　人権とは，人間が人間らしく生きるための，生まれながらにしてもつ権利のことである。これはそもそも人間が自律的な個人として尊厳（人間の尊厳）をもった存在であることのゆえであり，自然権あるいは道徳的権利とされるものを憲法が実定的な法的権利として確認しているのである。日本国憲法は，11条と97条において，「国民はすべての基本的人権の享有を妨げられ」ず，「現在及び将来の国民」がもつ「侵すことのできない永久の権利」であるとその性質を定めている。ここには人間であればそれだけでもつこと（固有性），性別などには無関係であること（普遍性），原則として国家や地方自治体から侵害されないこと（不可侵性），が示されているといわれている。ただ，「自由とは他人を害しないことに存する」（1789年フランス人権宣言4条）という言葉に表されるように人権はすべての人が平等にもつものであるから，どのような場合でも必ず保障されるというわけではないことに注意しなければならない。たとえば，他の人の人権と衝突することがあり，そのときにはその衝突を調整するために，どちらかの人権が一定程度制約されることはありうる。このことは，日本国憲法のなかでは「公共の福祉」（12条・13条・22条・29条）という言葉が意味するものである。

なお，基本的人権と憲法上の権利（「この憲法が国民に保障する自由及び権利」憲法12条）とを区別する見解，また，憲法上の権利を「切り札」としての権利（公共の福祉，つまり社会全体の公益を理由とする政府の立法や施策に対抗し，覆すこ

とを可能とするための「切り札」として機能する権利）と「公共の福祉」に基づく権利（「公共の福祉」を実現する手段の一環として意味をもつ権利）に区別する見解がある。

(2) **人権の内容・分類**　人権という考え方は、社会契約論や自然権論、それらを背景とした18世紀末の近代市民革命と密接な関係がある。この近代市民革命は領主や土地にしばりつけられていた人々を自由とし平等を確立しようとするものであった。人権の保障は、日本国憲法97条もいうように、まさしく、「人類の多年にわたる努力の成果」である。

このように永年にわたって保障が拡大してきた人権であるが、その内容・性質に応じて、自由権、社会権、参政権という3つに分類されるのが一般的である。

まず、自由権は、公権力による侵害からの防御をする権利であり、国家に侵害しない義務を課すものである。そこで「国家からの自由」と呼ばれる。

社会権は、人間らしい生活を営めるために国家が積極的な行動をとるように求めることができる権利である。「国家による自由」と呼ばれることもある。この社会権は、近代的な人権ではなく、20世紀的な人権といわれる。

参政権は、政治に参加する権利である。これには、選挙権と被選挙権があり、広い意味では、公務員になる権利（公務就任権）も含まれる。

以上が、基本的な分類であるが、さらに日本国憲法の保障する権利に即していえば、これに幸福追求権（13条）、平等（14条）、国務請求権（受益権ともいう。16条・17条・32条・40条）が加わる。なお、政治的意思決定能力者すなわち主権者である市民を主体とする「市民の権利」（参政権）と「人の権利」（自由権等）を区別する見解がある。

ただ、自由権に分類される21条の表現の自由から「知る権利」が導かれるが、この権利は、情報の公開を請求するという請求権の性格をも併せ持ち、また、社会権も自由権的側面をもつことが承認されているので、この分類は絶対的なものとはいえない。また、営利的言論の自由のように、表現の自由という精神的自由であると同時に経済的自由ともいえる自由もある。

さらに、人権保障の規定が、個人の権利・自由を保障するだけではなく、その権利・自由と関係する「制度」の保障を含む場合がある。その憲法が想定す

る制度を創設・維持すべき義務が議会に課され，その制度の核心・本質的部分は法律によっても侵害されないことを保障するもので，制度的保障といわれる。この場合には，この制度の保障が個人の人権の保障に役立つことが期待されている。日本国憲法のもとでは，一般に，信教の自由（20条）が政教分離原則，学問の自由（23条）が大学の自治，財産権（29条）が私有財産制度という制度の保障を含むとされるが，制度の核心・本質的部分が不明確であること，また，制度が当該自由の保障を弱めることもありうることから，制度的保障という考え方を認めない見解も有力になっている。

2 人権の享有主体

すでに述べたように，人権は人間であれば，もつのできる権利であるが，享有できる人権の範囲について，あるいはその保障の程度について争いがある人々もいる。胎児，死者，未成年者，天皇・皇族，外国人，団体（法人）などにつき議論がなされてきた。

(1) 胎児　胎児は，とくにその生命に対する権利が，妊娠中絶との関係で，問題とされうる。どの段階で人間といえるのかについても議論があり，将来は人間として誕生する存在であることから享有主体性を認める見解と，人格的に自律する存在とはいえないことから消極的に解する見解がある。

(2) 死者　死者については，その名誉権や人格権（13条）の保障が問題となる。肯定説と否定説があり，人格的自律の観点からすると認められないことになるが，端的に人権享有主体ではないとしても，個別的利益主体として憲法的に扱うべきであるとする見解がある。

(3) 未成年者　未成年者とは，一般には20歳未満の者（民3条）であるが，青少年保護育成条例による「青少年」は18歳未満の未婚者，児童の権利条約にいう「児童」は18歳未満の者であるなど，法律等によって異なる場合もある。

未成年については，憲法上の制限としては，選挙権の制限（憲15条3項，それに基づいて公選9条・10条）があり，法律上の制限としては，婚姻の自由（民731条），民法上の行為能力の制限（民5条・6条），有害図書の入手の制限（青少年保護育成条例）などがある。これらは，精神的・肉体的未成熟さを理由とする

もので，これらを制限することが未成年の保護になるという考え方が背景にある（パターナリズム）。しかし，未成年者といっても，年齢や発達段階はさまざまであり，人権の制限は，制約される人権も考慮し，未成年の保護のための必要最小限度のものでなければならない。

　(4) **天皇・皇族**　天皇や皇族も，人間であり，日本国民であり，人権の保障を受けるが，参政権，表現の自由，婚姻の自由，財産権につき，一定の制約がなされている。具体的には，選挙権・被選挙権をもたず，政治的表現の自由など政治と密接に関連するものは制限されると考えられている。婚姻については，皇室会議の議を経ることが必要とされ，一定の財産の授受には国会の議決が必要とされている。

　これらは，一般に，皇位の世襲と職務の特殊性に基づく必要最小限度の制限として許されると考えられている。この立場からすると，皇室典範によれば，女性は天皇となれないことは，憲法14条との関係で議論の余地はあるが，それは皇位の世襲と職務の特殊性に基づく必要最小限度の制限として正当化されるかによることになる。

　ただ，皇族は，憲法上特別の地位は明示されておらず，天皇とともにその地位が世襲とされることに伴い，法律上特別の扱いをすることが予定されていると考えられ，天皇とまったく同じ制約に服するとはいえないと考えられている。

　しかし，憲法が平等理念とは異質の世襲の天皇制を定めている以上，天皇制は基本的人権という観念の例外であり，天皇・皇族が憲法第3章の定める権利の享有主体であることを否定する見解も有力である。この立場からすると，女性が天皇になれないことは，憲法14条の問題とはならないこととなる。

　(5) **外国人**　外国人とは，日本国籍をもたない人のことである。国籍は特定の国家に所属することを表す資格である。憲法10条が，「日本国民たる要件は，法律でこれを定める。」とするが，この「国民たる要件」は国籍を指し，その定め方を法律に委任しており，国籍法が日本国籍の付与の方法を定めている。現在は，父母両系血統主義を原則としているが，帰化などの出生によらない国籍取得の方法も認められている。また，外国人といっても，一時的滞留者，定住外国人，難民というように，その法的地位はさまざまであるので，外

国人についての人権保障を考えるときには，これらの法的地位の違いを考慮しなければならない。

そもそも外国人に人権が保障されるかについては，否定説と肯定説がある。否定説は，憲法第3章のタイトルが「国民の権利及び義務」となっていることを重視するが，人権が自然権的なものであること，また，日本国憲法が国際協調主義の立場をとっていること（98条），国際人権規約等にみられるように人権の国際化の傾向がみられることを考慮して，外国人の人権享有主体性を肯定するのが通説となっている。その際，憲法の文言に着目して，たとえば「何人も」とされる権利は外国人に保障され，「国民は」とされる権利は日本国民だけに保障されるという文言説もあったが，この考え方は，憲法22条2項の国籍離脱の自由につき貫徹できない。そこで，権利の性質を考えて，外国人に保障されるかを判定し（権利性質説），その場合も，外国人に人権享有能力が認められる趣旨からいって性質の許すかぎり広く人権が保障されると考えられる。最高裁は，一般論としては，マクリーン事件判決（最大判1978（昭53）・10・4）において，「憲法第3章の諸規定による基本的人権の保障は，権利の性質上日本国民のみをその対象としていると解せられるものを除き，わが国に在留する外国人に対しても等しく及ぶものと解すべきで」るとし，権利性質説を採用している。

この権利性質説に立てば，権利ごとに考察することが必要となり，従来は，入国の自由，参政権，社会権の保障がないと考えられてきた。

　a　参政権は，そもそも国民が自国の政治に参加する権利であることから，外国人には認められないというのが従来の通説である。しかし，定住外国人（日本国籍はもたないが，日本に生活の本拠があり，永住資格等をもつ外国人）は，税金を納める義務を負い，日本の政治の影響を日本人と同様に受けるので，国会議員の選挙権は，最高裁では国民主権の原理からして認められないとされるものの，地方参政権については，地方自治体は住民の生活に最も密着したものであるので，法律で保障することは憲法に違反するものではないという見解が有力になっている（国政禁止・地方許容説）。最高裁も，この立場といえる（最判1995（平7）・2・28）。ただ，国民主権の原理の根底にあるのは，一国の政治のあり方はそれに関心をもたざるをえないすべての人の意思に基づいて決定され

るべきという考え方であるから，日本に生活の本拠を置く定住外国人については，憲法は参政権を付与することを要請しているとする学説もある。

広い意味での参政権に含まれる，公務員に就任する権利については，政府は，公務員制度から当然のこととして公権力の行使または国家意思の形成へ参画する公務員については国籍が必要としている（当然の法理）。この当然の法理に対しては，「公権力の行使」「国家意思の形成へ参画」といった概念が漠然・不明確であるという批判が学説からはなされている。東京都の管理職たる公務員に定住外国人が就任することができるかが争われた事件において，最高裁は，都が採用している管理職の任用制度においては，「公権力行使等地方公務員」とそうでない公務員が含まれ，「公権力行使等地方公務員」には外国人が任用されることは想定されておらず，これらを一体として任用することも許されるとした（最大判2005（平17）・1・26）。そもそも，外国人を任用できる制度の検討がなされず，現行の制度を人権に優先させる判断であるという批判がある。また，この制度は「合理的な理由に基づいて日本国民である職員と在留外国人である職員とを区別するものであ」り，国籍による差別的取扱いを禁止する労働基準法3条にも，また憲法14条にも違反するものではないとしたことは，その審査基準の緩やかさも含め，疑問がある。

b　社会権も，自国によって保障されるべき人権であるが，参政権と異なり，原理的に認められないというものではない。被用者保険についてはもともと国籍条項はなく，年金・児童扶養手当等については1981年の難民条約の批准に伴って，国籍条項は撤廃され，現在ではほとんど保障されるに至っている。ただ，生活保護は，運用上，外国人も受給できるが，生活保護法1条は「生活に困窮するすべての国民に対し」その最低限度の生活を保障すると規定し，「国民」という言葉が使われており，最高裁は，生活保護受給権は，権利として保障されたものではないという判断を示している（最判2014（平26）・7・18）が，実態にあわせて法改正の必要も指摘されている。また，最高裁は，障害年金が問題となった事例である塩見訴訟判決（最判1989（平1）・3・2）において，財政上の理由から，自国民の優先は許されるとしているが，立法裁量を広く認めすぎているという批判がある。

c　入国の自由については，国際慣習法上外国人の入国を許すかどうかは主

権国家の裁量権の範囲内と考えられていることから，外国人は権利として入国の自由をもたないというのが一般的な見解である。再入国の自由（海外旅行の自由）が保障されるかについては，最高裁は，森川キャサリーン事件判決（最判1992（平4）・11・16）において，入国の自由と在留の自由がないことから再入国の自由も認められないとした。しかし，学説では，再入国は，在留地である「外国」への入国とはいえるが，まったくの新規とは異なり，最小限度の規制だけが許されるとする見解が有力になっている。

　これら以外の人権については，基本的に保障されるが，経済的自由や政治的表現などについて国籍保有者とは異なる制約がなされる場合もある。外国人が，安保条約反対のデモなどに参加したことを理由として在留期間の延長を拒否されたことを争ったマクリーン事件において，最高裁は，政治活動について，わが国の政治的意思決定に影響を及ぼす活動などは認められないが，認められるものであっても，在留制度の枠内の保障にすぎないのであって，延長拒否の理由となしうるとした（前掲・最大判1978（昭53）・10・4）。この判決に対しては，権利が保障されているのであれば，その権利行使によって不利益に扱われないはずであるという批判が学説からなされている。また，かつての外国人登録にあたっての指紋押捺制度がプライバシーの権利を侵害しないかについて争われたが，最高裁は，「指紋の押なつを強制されない自由」は憲法13条によって保護される「個人の私生活上の自由の一つ」としたものの，当該指紋押捺制度は立法目的には十分な合理性があり，必要性も肯定でき，手段も相当なものであったとした（最判1995（平7）・12・15）。しかし，審査基準が緩すぎるという批判があった（なお，1992年・1999年の法改正で指紋押捺の制度は廃止された）。なお，国家賠償請求権については，相互保障主義（国賠6条）が採用されている。

　(6)　**団体（法人）**　　憲法21条は結社の自由を保障しているので，団体をつくる権利は憲法で保障されているが，人権は，人の権利，つまり自然人たる個人の権利であるので，そもそも団体（法人）が人権を享有するのか，享有するとすればどの人権につき，どの程度かも議論となってきており，否定説と肯定説がある。

　否定説は，日本における依然として強い集団主義的傾向を憂慮し，近代立憲

主義・人権思想の原点に立ち返り，集団からの自由こそ重視すべきとして「法人の人権」を否定するものである。この否定説に立てば，集団の行為を個人の権利に分解・還元することになる。たとえば，企業の経済的自由は株主の経済的自由に，放送局の報道の自由は，記者など放送局構成員の報道の自由に分解される。

しかし，団体の活動の効果がそれを構成する自然人に帰属すること自体は否定されないものの，人的基礎に結びつけることが困難な経済団体の場合など，集団的行為を個別的行為に分解・還元できない場合も少なくないことが指摘され，経済社会の発展に伴い団体の活動の重要性が増し，団体が自然人とならんで活動する実体であることも理由として，肯定説が通説となっている。しかし，団体には，自然人にのみ保障される権利は保障されず，権利の性質上可能な限り，団体にも保障されるとされている。最高裁も，同様の立場である（最大判1970（昭45）・6・24）。学説では，さらに，その程度は自然人と同じとはいえず，とくに，経済的自由や政治的行為の自由は，大きな経済力をもつ団体（法人）の場合は，制限されることが正義にかなうとされ，団体の行動が自然人の基本的人権を不当に制限するものであってはならないという基本的限界が存し，具体的には，団体（法人）とその構成員である個人との関係も問題となる。これは結社の自由を根拠とする，結社内部での私人間の人権の衝突の問題であり，そこでは，その結社の目的や性格，制約される人権の性質などを考慮することが必要となる。

最高裁は，八幡製鉄所事件判決（最大判1970（昭45）・6・24）において，会社が政党に政治献金をすることは，会社が自然人と同様にもつ政治活動の自由の一環として許されるとした。他方，公益法人であり強制加入団体である税理士会が，政治団体に政治献金をすることは，政治献金が投票の自由と表裏をなすものとして構成員にまかされるべきことであり，許されないとした（最判1996（平8）・3・19）。政治献金が投票の自由と表裏をなすとするならば，八幡製鉄所事件で問題とされた会社の政治献金も許されないということになるのではないかとも思われ，また，八幡製鉄所事件最高裁判決に対しては，企業による政治献金が政治過程を歪めることになるという点からも学説からは批判がなされている。強制加入団体である司法書士会による復興支援のための寄付について

は，最高裁は，司法書士会の目的の範囲内であるとした（最判2002（平14）・4・25）。また，最高裁は，国労広島地本事件判決（最判1975（昭50）・11・28）において，労働組合が組合員に政治活動のための資金の支払いを求めることは許されないとして組合の統制権の範囲を限定した。

3 基本的人権の適用範囲と限界

(1) 公共の福祉　　日本国憲法のなかには，12条・13条・22条・29条に「公共の福祉」という言葉があり，これは人権を制約する理由として明記されている。ただ，これを一般的な人権制限の根拠と考える（一元的外在制約説）と，大日本帝国憲法（以下，帝国憲法という）下における「法律の留保」（自由・権利は法律の範囲内において保障されるにすぎず，法律に基づけば，自由・権利のどのような制限も可能にするものとして理解された）と変わらないことになる。そこで，12条・13条は「公共の福祉」という文言を含むが，訓示的・倫理的な規定であり，一般的な人権制限の根拠とはならず，「公共の福祉」によって制約が認められる人権は，明文で定められている経済的自由（22条・29条）と国家の積極的施策によって実現される社会権（25～28条）に限られ，それ以外は権利が社会的なものであることに内在する制約に服するにとどまるという見解も出された（内在・外在二元的制約説）。しかし，この説では，新しい人権を根拠づける役割を果たす幸福追求権を定める13条が法的規定ではなく，訓示的・倫理的規定とされ新しい人権を根拠づけられないこと，また，社会権と自由権の区別を前提とすることは妥当かといった問題点が指摘された。

そこで，現在では，「公共の福祉」とは，人権という観念それ自体に内在する限界であり（一元的内在的制約説），自由権を各人に公平に保障するための制約を根拠づける場合には必要最小限度の規制のみを認め（自由国家的公共の福祉），社会権を実質的に保障するために自由権の規制を根拠づける場合には必要な限度の規制を認める（社会国家的公共の福祉）見解が支配的となっている。ここで内在的制約は，他人の生命・健康・人間の尊厳を傷つけてはならず，ある人の人権と他人の人権が衝突した場合に，調整されることがありうることを意味し，権利の性質などに応じて具体的にその調整をはかることが求められている。その際，特に「公共の福祉」が条文の中に出てくる22条・29条の経済的

自由については，さらに，経済的・社会的弱者を保護するための政策的観点からする制約も認められうるとされる。

さらに，このような枠組みのもとで，現在は，人権制約をどのような判断基準で審査するかが重要となっている。最高裁は，当初は，公共の福祉の内容を説明することなく，三段論法により，多くの人権制約を合憲としてきたが，1960年代後半から比較衡量論を用いるようになってきた（全逓東京中郵事件：最大判1966（昭41）・10・26）。これは，人権を制限することによってもたらされる利益とそれを制限しない場合に維持される利益とを比較して，前者の価値が高いと判断される場合には，人権を制限することができるというものである。しかし，個人の利益と国家の利益が衡量されれば，国家の利益が優先される可能性が高いことが指摘されており，学説では他の審査基準が提唱されてきた。

そこで，学説で主張されたのが，アメリカの判例理論を参考にした二重の基準論であり，精神的自由は民主主義にとって不可欠であり，経済的自由に比べて優越的地位を占めるとして，基本的には経済的自由は合理性の基準，精神的自由は，より厳格な基準によって審査されなければならないとする基準である。判例においても一部で取り入れられているが，これまで経済的自由を規制する法律を違憲とする判決はあるものの，精神的自由を制限する法律がこの理論に基づいて違憲とされた例はない。

さらに，最近では，ドイツの判例理論を参考にした，比例原則に依拠した三段階審査の枠組みも提唱されている。この三段階審査とは，①当該人権規定がどのような行為を保障しているか（保護領域）を画定し，②問題とされている公権力の行為が，この保護領域にある権利を制限しているか（制限の有無），③この制限は憲法上正当化されるか（憲法上の正当化）という3つに分けて審査を行うものである。その際，③憲法上の正当化の審査には比例原則が用いられる。これは，国家の追求する目的がそれ自体許されるものであることと国家の講じる手段が許されることを前提として，①国家の講じる手段が目的達成のために適合的であること（手段が目的を促進すること），②国家の講じる手段が目的達成のために不可欠なものであること（より制限的でない手段が存在しないこと），③手段は追求される目的と均衡していること（なお，③は不要であるとする見解もある），という要件を満たせば，国家による制限が正当化されるとするも

のである（→第6章第5節2(2)c）。

(2) **特別な法律関係における人権の保障**　　公務員，国公立学校学生，刑事施設収容者，法定伝染病の罹患者などの場合は，公権力と特別な関係にあることが理由とされ，一定の人権制限が正当化されるかが問題とされてきた。これは帝国憲法下では，特別権力関係論で正当化された。この理論は，特別の公法上の原因によって成立する公権力と国民の特別の法律関係を「特別権力関係」とし，①公権力は包括的な支配権を有し，法律の根拠なしで特別権力関係にある私人を包括的に支配できること（法治主義の排除），②公権力は人権を法律の根拠なしで制限することができること（人権の制限），③公権力の行為は原則として司法審査に服さないこと（司法審査の排除）を基本的内容とする。

しかし，法の支配・基本的人権の尊重を原理とする日本国憲法のもとでは，これらは認められず，特別権力関係の存在を否定はしないが修正する見解が出され，さらに進んでこの特別権力関係論を否定する見解が有力になってきており，それが支持されるべきである。しかし，公権力と特別な法律関係にあることから，一定の人権について制約されうること自体は完全には否定されず，それぞれの法律関係において，いかなる人権が，いかなる根拠から，どの程度制約されるかが具体的に検討されることが必要である。これまで議論されてきたものとして，公務員関係，刑事施設収容関係などがある。

a　公務員関係

公務員関係においては，政治活動の自由の制限と労働基本権の制限が問題となってきたが，制限根拠としては，公務員の全体の奉仕者性，職務の特殊性，憲法が公務員関係の存在と自律性を憲法秩序の構成要素として認めていることなどが主張されている。

(i)　政治活動の自由

政治活動は表現の一種なので，表現の自由を保障する憲法21条によって保障されている。さらに，民主主義にとっては，国民一人ひとりが，自分の政治的意見を自由に表明することができることが，きわめて重要なものといえる。しかし，国家公務員法102条1項は，「職員は，政党又は政治的目的のために，寄附金その他の利益を求め，若しくは受領し，又は何らかの方法を以てするを問わず，これらの行為に関与し，あるいは選挙権の行使を除く外，人事院規則で

定める政治的行為をしてはならない」とし，この規定の委任を受けて制定されている人事院規則14－7は，政治的行為を17種類にわたって定義しているが，あらゆる政治的行為を網羅しており，したがって全面的に公務員の政治活動を禁止しているといえる。さらに，国家公務員法110条1項19号は，禁止された政治活動をした場合は，刑事罰として3年以下の懲役または100万円以下の罰金とすることを定めている（なお，地方公務員については，地方公務員法36条が，政治活動の制限を定めているが，罰則はない）。

政治活動の自由の制限につき，最高裁は，1960年代の半ばまでは，「公共の福祉」や憲法15条2項が「すべて公務員は全体の奉仕者であつて，一部の奉仕者ではない」と定めることを根拠に説明を加えることなく，この制限はやむを得ないとしていた。

しかし，学説からの批判は強かった。

その後，最高裁は，郵便局の職員が勤務時間外にある衆議院議員候補者の選挙用ポスターを掲示したこと，他の人に掲示を依頼して配布したことが，人事院規則14－7の6項13号に該当する行為として，国家公務員法違反で起訴された猿払事件判決では，行政の中立的運営とこれに対する国民の信頼確保が，公務員の政治活動の制限の目的であるとし，①この目的は正当なものであり，②この目的のために政治的行為を禁止することは，目的との間に合理的関連性がある（たとえこの禁止が，公務員の種類，職務権限，勤務時間の内外，国の施設の利用の有無等を区別することなく，あるいは行政の中立的運営を直接・具体的に損なう行為のみに限定されていなくても），また，③禁止によって得られる利益（国民全体の利益）と失われる利益（公務員の表現行為の一部であり，この制約は弊害防止のための公務員の表現活動の間接的・付随的制約とする）との均衡がとれているとして合憲とした（最大判1974（昭49）・11・6）。この審査基準は，経済的自由の合憲性審査の際に用いられる明白の原則と実質的に異ならないものといわれている。学説上は，より制限的でない他の選びうる手段の基準（LRAの基準）が用いられるべきであり，この目的は認められるとしても，この目的達成のために，公務員に対して一律・全面的に政治活動を禁止する必要はなく，職務の内容に応じて政治活動の制限の必要性を具体的に審査すべきであるという批判が強い。さらに，この制限は内容規制であるからもっとも厳格な審査がなされるべきで

あるとする見解もある。なお，同様に公務員の政治活動が問題となった堀越事件・世田谷事件判決では（最判2012（平24）・12・7），最高裁は，「政治的行為」とは，「公務員の職務の遂行の政治的中立性を損なうおそれが実質的に認められるものを指」すという限定解釈を加えた。その際，猿払事件判決の基準によらず，「よど号」新聞記事抹消事件判決（最大判1983（昭58）・6・22）の比較衡量の枠組みに依拠した。

また，一般職の公務員ではないので，国家公務員法による制限ではないが，裁判官の政治的行為については，裁判所法52条1号が「積極的に政治運動」をすることを禁止していることの合憲性が争われたことがある。最高裁は，寺西判事補戒告事件決定（最大決1989（平1）・12・1）で，積極的政治運動とは，「組織的，計画的または継続的な政治上の活動を能動的に行う行為で，裁判官の独立と中立・公正を害するおそれがあるもの」であるとし，猿払事件最高裁判決の判断枠組みに従い，この禁止は「合理的で必要やむを得ない限度にとどまる」ので憲法の許容するところであると述べ，当該裁判官の行為は，これに当たると判断した。しかし，5人の裁判官が積極的な政治運動には当たらないとする反対意見を書いており，それを支持する学説も有力である。

　(ⅱ) 労働基本権

憲法28条の保障する団結権，団体交渉権，団体行動権という労働基本権は公務員について制限されている（これについては，→第6節5(3)）。

　b 刑事施設関係

刑事施設収容者，つまり拘置所や刑務所に収容されている人にも，人権の保障は及ぶ。ただし，憲法18条からすると「犯罪による処罰の場合」には，「意に反する苦役」が科されてもよいこと，また，31条からすると，「法律の定める手続」に基づいて，「生命若しくは自由を奪はれ，又はその他の刑罰」を科されることは許される。つまり，刑罰としては，人身の自由が制約されること自体は憲法が認めているのである。しかし，人身の自由以外にも，法律等で制限がなされ，その合憲性が争われてきた。その判断にあたっては，刑事施設収容関係の性質，および，どのような権利が侵害されているかに応じて，具体的に審査されなければならない。なお，刑事施設収容者といっても，逮捕後，勾留されているが，まだ判決が確定せず身柄が拘置所に拘束される場合と，判決

が確定後の刑罰の執行として，刑務所に懲役・禁固・拘留などで拘束される場合がある。前者の場合の収容の目的は，裁判の遂行に支障がでないように，逃亡と罪証隠滅の防止であり，後者の場合は，逃亡の防止と受刑者の矯正教化が目的である。さらに，拘置所も刑務所も多くの人を外部から隔離して収容することから，その内部での生活が円滑になされ，また，暴行事件などが生じないように規律を維持することも必要となる。これらの刑事施設への収容目的の達成のための必要最小限度の制約だけが許されると考えるべきである。前者の場合は，無罪の推定が働き，一般的には後者より自由度が高くなるといえる。

　これまで問題となった制限としては以下のものがある。

　まず，旧監獄法施行規則によって，在監者には喫煙が禁止されていたことを，ある未決拘留者が，憲法13条により保障される喫煙の自由を侵害するので違憲であると争った事件がある。喫煙の自由が，憲法13条によって保障されるかについて争いがあるが，最高裁は，喫煙の自由は「憲法13条の保障する基本的人権の一に含まれるとしても，あらゆる時，所において保障されなければならないものではなく」，監獄内においては，喫煙に伴い，火災発生，通謀，罪証隠滅，火災発生の際の逃走のおそれがあり，煙草が生活必需品ではなく嗜好品であることも考えると，この制限は必要かつ合理的なものであり合憲であるとした（最大判1970（昭45）・9・16）。しかし，学説からは，全面禁止の必要があるかについて疑問が出されている。

　次に，未決拘禁者が自費で定期購読していた新聞に掲載された，「よど号」ハイ・ジャック事件に関する記事が，拘置所長により墨で塗りつぶされた上，配布されたことが，憲法21条によって保障される新聞閲読の自由を侵害するとして争われた事件がある。最高裁は，新聞閲読の自由は，憲法19条の規定や21条の趣旨・目的から派生原理として当然導かれ，この自由の制限は監獄内の規律および秩序の維持という在監目的を達成するために「真に必要と認められる限度にとどめられるべき」であり，閲読を許すことによって，監獄内の規律および秩序の維持にとって障害が生ずる「相当の蓋然性」があることが必要であるとしたが，その蓋然性があるかどうかは拘置所長の裁量的判断にまかされ，この場合の拘置所長の判断には合理性が認められるとして，この記事の抹消処分は適法であるとした（「よど号」新聞記事抹消事件：最大判1983（昭58）・6・22）。

学説からは，この「相当の蓋然性」という基準はかなり厳格なものであり，妥当であるとしても，拘置所長の裁量を広く認めすぎていないかという問題点が指摘されている。

さらに，旧監獄法50条および同法施行規則130条は，在監者の「信書ノ検閲」を定めていたので，これが憲法21条2項に反するとして争われたことがある。最高裁（最判1994（平6）・10・27）は，上述の「よど号」新聞記事抹消事件判決の趣旨に照らして合憲であり，札幌税関検査事件合憲判決（最大判1984（昭59）・12・12）と北方ジャーナル事件判決（最大判1986（昭61）・6・11）の趣旨に徴して検閲にも当たらないとしたが，具体的な理由の説明はない。また，死刑確定者が，死刑制度の是非を問う投書を新聞にしようとしたところ，この手紙が，拘置所長によって，旧監獄法46条1項に基づいて不許可処分とされたので，そのことが争われた事件もある。最高裁は，死刑確定者の信書の発送の許否は，死刑確定者の心情の安定のため，また，拘置所内の規律・秩序の維持のために必要かつ合理的であるかを判断すべきであり，その具体的な判断は拘置所長の裁量に委ねられるが，本件においてはこの裁量の範囲を逸脱したものではないとした（最判1999（平11）・2・26）。この判決には，死刑確定者の通信は，具体的な障害が生じる相当の蓋然性がある場合にのみ制限されるべきであるとする裁判官の反対意見がつけられており，学説上はそれを支持するものが有力といえる。

なお，旧監獄法は2006年に廃止され，現在は「刑事収容施設及び被収容者等の処遇に関する法律」が制定されている。

(3) **私人間における人権の保障と適用範囲**　憲法は上述のとおり，国家権力の行為を制限するものとされてきたから，私人による人権侵害に対して憲法の人権規定は効力を有するのかが問題とされてきた。これに関する議論が人権の私人間効力論といわれてきたものである。

最高裁は，労働者の思想・信条を理由とする本採用拒否が問題となった三菱樹脂事件（最大判1973（昭48）・12・12）において，この問題を扱い，それがリーディングケースとされてきた。最高裁は，この判決において，人権規定が私人相互の関係を直接規律することを一般的に否定し，さらに，私人間に対等性が欠ける関係において適用および類推適用を認めるべきとする見解も否定した。

さらに，立法や，民法の一般条項を通じて，過度な制約がある場合には，解決できるということを示唆した。

　学説では，伝統的には無効力（適用）説・直接効力（適用）説・間接効力（適用）説があるとされてきた。無効力説は，人権は国家機関を拘束するものであるから，私人間には効力はないとする見解であるが，ほとんど支持者がないとされてきたものである。直接効力説は，それと対照的に私人間にも対国家権力と同様に，人権規定が適用されるとする説である。間接効力説は，人権規定が民法の一般条項などの内容となることによって，私人間にも効力が及ぼされるとする説であり，国家とは異なり，人権を侵害している私人も人権享有主体であり，また，私的自治を尊重する理論構成として，通説的な立場を占めてきたものである。三菱樹脂事件最高裁判決も，この立場をとったものと理解されてきた。最高裁のその他の判決では，女性の若年定年制に関する日産自動車事件最高裁判決（最判1981（昭56）・3・24），私立大学の学生が政治的な署名活動をしたことなどを理由とする退学処分をめぐる昭和女子大事件判決（最判1974（昭49）・7・19）も，間接効力説に立ったものとされている。この立場からすると，個々の使用者の行為は，法律行為であれば公序良俗違反かどうか，事実行為であれば不法行為に当たるかどうかということが判断されることになる。なお，間接効力説をとる憲法学説の多くは，憲法のなかには，規定の趣旨・目的ないし法文から直接効力をもつ人権規定があることを承認し，たとえば，憲法15条4項・18条・28条を挙げる。

　ただ，近年の学説は，百家争鳴の情勢といわれる状況であり，間接効力説をドイツ流の保護義務で説明しようとする立場，保護義務論を退けるものの国民相互間にも妥当性をもつことから出発し，対公権力との関係と私人相互の関係とで憲法の妥当性の違いはあるとしつつ，実質的には直接効力説に傾斜する立場，無効力説への回帰をみせるもの，最高法規性によって説明しようとするものなどがある。また，裁判所が国家機関であることに着目すれば，裁判所に私人相互間の民事紛争が持ち込まれた場合，裁判所は対立する私人双方の憲法上の権利をできる限り尊重する義務を負うと構成すれば，私人間紛争に憲法上の人権規定の効力を及ぼすことは可能とするものもある。また，間接効力説に立ったうえで，事実行為による人権侵害の場合には，国家と特別の関係にある

私人については国家と同視することにより人権規定を適用するステート・アクションの理論によるべきという主張もある。

　これらのうち，無効力説への回帰をみせるものとされる，新無効力（適用）説と呼ばれる見解は，人権はそもそも自然権として存在したものを実定法のなかに取り込んでいるのであり，憲法に取り込まれたときには憲法が公権力を名宛人とするという特質により拘束されて，公権力を名宛人とする権利になり，民法に取り込まれた人権は，民法が私人間を規整する法律であるという特質により拘束されて私人間で実現されるべき権利となるとし，「憲法上の人権」は，直接であれ間接であれ私人間に適用されることはありえないとする。このことから，人権の私人間適用とは，私人間を規律する法律を超実定法的人権に適合的に解釈することにすぎないとする（なお，この立場からは，三菱樹脂事件最高裁判決は，無効力説の立場に立っているとされる）が，人権が私人間に効力を有することを結果としては承認するものであると思われる。

　ただ，私人間効力があるかどうかは，いわば入り口の議論であり，具体的問題の解決にあたっては，当該私法関係の性質（対等か事実上の不平等が存在するか，団体と個人の関係では，団体の性格や権限がどのようなものか）と，いかなる性質の人権が保障され，いかなる性質の人権が制約を受けるかの検討が必要になるという見解がより具体的な枠組みを提供するものといえる。したがって，憲法は最高法規であり，全法秩序を規律し，すべての国家機関を拘束するものであるから，直接効力をもつことから出発し，憲法上の要請としての私的自治に当該私法関係の性質に応じて配慮していくことが妥当と考えられる。なお，私人間に憲法上の権利条項を適用することによって，逆にその自由の侵害が懸念される「私人」が会社や組合のような「法人」であるとき，その権利を個人の権利と同様に保障すべきことが自明ではないということも考慮されるべきである。

4　人権の国際的保障

　第二次世界大戦後は，悲惨な世界的規模での戦争と人権抑圧に鑑みて，人権を，憲法に明記することによって国内だけで保障するだけではなく，条約などの国際的なレベルでも保障するようになっている。たとえば，世界人権宣言・国際人権規約（社会権規約・自由権規約）・女性差別撤廃条約・児童の権利条約

などによる保障が挙げられる。ヨーロッパ人権条約などの地域的な人権保障制度も展開してきている。

ただ，国際的な人権の保障が，ただちに，国内法的保障へとつながるわけではなく，条約の内容が憲法と抵触する場合もありえ，また，政府が加入しようとしない場合もある。また，加入しても国会が国内法的整備をしなかったり，法的整備をしても不十分・不適切な場合もある。このような国会の不作為・不十分な対応の場合には，憲法の人権条項の解釈を通じて裁判所によって救済が図られることがありうる。アイヌ民族にとって重要な土地がダム建設用地とされたことが問題となった二風谷事件に関する札幌地裁判決（札幌地判1997（平9）・3・27）は，国際人権（自由権）規約27条が保障する少数民族としての文化享有権は，憲法98条2項の規定に照らしてこれを誠実に遵守する義務があるとし，憲法13条に言及して民族固有の文化を享有する権利は，自己の人格的生存に必要な権利ともいいうる重要なものであり，国にはこの権利を不当に侵害しないように十分に配慮すべき責任が課されているとした。また，条約による人権保障が憲法の保障を上回る場合には，司法的救済がなされるためには，一般には，人権条約が自動執行性を有するものであることが必要とされる。

第2節　包括的人権

1　幸福追求権

(1)　**13条の法的性格**　憲法13条は前段で「すべて国民は，個人として尊重される」と規定し，後段で「生命，自由及び幸福追求に対する国民の権利については，公共の福祉に反しない限り，立法その他の国政の上で，最大の尊重を必要とする」と規定する。

13条の法的性格をめぐっては，かつては，本条は法的な権利を保障した規定ではなく，国家の心構えを表明した倫理的ないし訓示的規定だとする説が有力に説かれていた。「生命，自由，幸福追求に対する権利」（以下，幸福追求権という。）の内容が抽象的であったこと，憲法上の権利に対する「公共の福祉」による制約を回避しようとしたことが，その理由である。

しかし，1960年代以降の社会・経済の大きな変化につれて，憲法の明文には

列挙されていないが，個人が自律的に生きるために必要な権利が生じてくることは必然的だと考えられるようになり，そのような「新しい人権」の受け皿として本条の意義が見直されるようになった。前段の「個人の尊重」に権利の根拠を求める説もあるが，今日支配的な見解は，前段の「個人の尊重」の原理的保障を受けて，後段の幸福追求権が基本的人権を包括する具体的法的権利を保障していると理解している（包括的権利説）。幸福追求権は，社会において尊厳をもって自律的に生きてゆくために必要な自由・権利を包括的に保障する権利であり，14条以下に明文で保障された個別的人権とはいわば一般法と特別法の関係に立ち，個別的人権規定によって保障されていない部分について13条が直接適用されることになるのである（補充的保障説）。

最高裁は，憲法13条が「個人の私生活上の自由の一つとして」，「その承諾なしに，みだりにその容ぼう・姿態を撮影されない自由」を保障すると判示し，13条が裁判上救済を受けることのできる具体的権利の根拠となることを肯定している（京都府学連事件：最大判1969（昭44）・12・24）。

(2) **「個人の尊重」**　13条前段のいう「個人として尊重される」とは，一人ひとりの人間が人格的自律の主体として承認され，固有の存在意義をもつ尊厳ある存在として等しく配慮されることを意味する。ここで，「人格」とは，自己の生の意味や目的について自らの価値基準に基づいて判断して行動する個人のことを意味し，「人格的自律の主体」とは，この社会のすべての人が「人格」であることを尊重して自らの行為を律することのできる個人を意味している。このような「個人の尊重」原理は，個人主義原理とも呼ばれ，13条前段は個人主義原理が憲法と国政の基本原理であることを宣言している。憲法は，「個人の尊重」の観点から基本的人権を保障しているのである。

「個人の尊重」原理は，基本原理であるとともに，国家の行為を拘束する客観的な法規範である。したがって，およそ公的判断は個人の人格を適正に配慮するものでなければならず，そのような適正な公的判断を確保するために適正な手続を要請する。行政手続の適正については，31条以下の条文に根拠を求める説もあるが，基本的には13条の要請と考えることができる。また，個人の人格は「最大の尊重を必要とする」から，個人の自律的判断に対する国家による制約は最小限度にとどめなければならない。いわゆる比例原則（権利・自由の

規制は社会公共の障害を除去するために必要な最小限度にとどまらなければならないとする原則）の根拠が憲法上必要だとすれば，ここに求められることになろう。

(3) **幸福追求権の意義**　13条後段の保障する幸福追求権は，前段の規定を受けて保障されるものであるから，個人の人格的生存に不可欠な権利・自由，あるいは，人格的自律の存在として自己を主張し，そのような存在であり続けるうえで重要な権利・自由を包摂する包括的権利であると理解するのが通説である（人格的利益説ないし人格的自律権説）。

ただし，この説に対しては，人格的自律権の範囲が不明確である，憲法上の保護を受ける自由を限定しすぎ，憲法上保護されない行為に対しては何の保護も及ばないことになるなどの批判が向けられている。そこで，個人の自由は広く保護されなければならないという観点から，たとえば服装，喫煙，登山，バイクの運転など，人の生活領域全般にわたって成立する一般的行為の自由と捉える立場も有力に主張されている（一般的自由説）。

しかし，基本的人権とは何かについて考えるとき，些末な行為や欲望の所産にすぎない行為の自由まで基本的人権と考えることには賛同できない。また，幸福追求権が明文で保障された個別の権利を包括する権利であるならば，個別的人権と同等の質と内容を有している必要がある。したがって，人格的自律権説に立つべきである。

もっとも，一般的自由説の要諦は，人の自然の自由の制約は実質的法治国家の諸原則，とりわけ比例原則に適合していなければならないことを確保すること，不合理ないし不必要な自由の制限を憲法上争う道筋を確保することにあると考えることもできる。この点，人格的自律権説は，憲法上保護されるとはいえない行為や自由の制限についても，国家は客観的法規範としての「個人の尊厳」原理に拘束されるから，平等原則や比例原則とのかかわりで憲法上問題となりうるとし，また，憲法上の権利の保障を全うするために政策的・手段的に憲法上の保護を及ぼすことがありうるとしている。

最高裁は，喫煙を禁止していた旧監獄法施行規則の合憲性が争われた訴訟で，喫煙の自由が「憲法13条の保障する基本的人権の一に含まれるとしても」，「拘禁の目的と制限される基本的人権の内容，制限の必要性などの関係を総合考察」し，この程度の自由の制限は「必要かつ合理的なもの」で13条に違

反しないと判示している（最大判1970（昭45）・9・16）。また、ストーカー規制法の合憲性を判断した判決では、ストーカー行為が13条の保護の対象となるかについてはまったく触れることなく、「規制法の目的の正当性、規制の内容の合理性、相当性にかんがみ」、憲法13条に違反しないと判断している（最判2003（平15）・12・11）。これらの判決は、一般的自由を憲法上の自由だとしなくても、恣意的な制限や、不合理な規制からの保護を図ることは可能であることを示唆している。

(4) **幸福追求権の内容**　包括的人権としての幸福追求権の内容は、当然多岐にわたる。①生命・身体の自由、②精神活動の自由、③経済活動の自由、④人格価値そのものにまつわる権利、⑤自己決定権、⑥適正な手続的処遇を受ける権利、⑦参政権的権利、⑧社会権的権利などである。しかし、14条以下の個別的人権で保障されているものについては、13条が補充的に保障機能を果たすことはない。以下では、これまで学説・判例で論じられてきた④のうちの名誉権および氏名権、プライバシーの権利、⑤の自己決定権について論じる。

a　名誉権・氏名権

名誉が個人の人格価値と不可分であることは疑いなく、従来から、民法および刑法により保護の対象とされてきた。名誉権が13条によって保障されることは、学説も一般に認めており、最高裁も「人格権としての個人の名誉の保護（憲13条）」（北方ジャーナル事件：最大判1986（昭61）・6・11）と述べている。名誉権は表現の自由との調整に関する多数の問題を抱えている。詳しくは表現の自由の項で論じる。（→本章第3節4(1)d(ii)）

人の氏名は、「人が個人として尊重される基礎であり、その個人の人格の象徴」である（NHK日本語読み事件：最判1988（昭63）・2・16）。判例は氏名権を私法上の人格権の一内容を構成するものとして承認してきている。憲法上の氏名権について、最高裁は夫婦同姓違憲訴訟において、「具体的な法制度を離れて、氏が変更されること自体を捉えて直ちに人格権を侵害し、違憲であるか否かを論ずることは相当ではない」と述べたうえで、現行の婚姻制度の下における氏の性質に鑑みて、婚姻の際に「氏の変更を強制されない自由」が憲法上の権利として保障される人格権の一内容であるとはいえない、と判示している（最大判2015（平27）・12・16）。

b　プライバシーの権利
　（ⅰ）　自己情報コントロール権としてのプライバシーの権利
　プライバシーの権利は，当初はアメリカにおける大衆ジャーナリズムの暴露記事に対抗する権利，「一人でいさせてもらう権利」として登場した。日本においても，マスメディア等によって「私生活をみだりに公表されないという法的保障ないし権利」（「宴のあと」事件：東京地判1964（昭39）・9・28）として，私法上の権利・利益の問題として論じられてきた。しかし，高度情報化社会の進展に伴い，個人に関するさまざまな情報が国家・地方公共団体や民間企業等によって収集・集積され，利用・流通されるようになった。こうした状況を背景に，プライバシー権を「自己に関する情報の流れをコントロールする権利」（自己情報コントロール権ないし情報プライバシー権）と捉える見解が，通説的地位を占めるようになっている。自己情報コントロール権は，自己に関する情報を，いつ，どのように，どの程度まで，他者に伝達するかを自ら決定することのできる権利を意味する。したがって，伝統的な「私生活をみだりに探られたり公表されたりしない権利」を中心に置きながら，個人情報の取得・収集，管理・利用，開示・提供のすべてにつき，本人の意思に反してはならないことを原則とする。
　自己に関するどのような情報を誰に対して開示するかは，誰とどのような人間関係を形成して生きてゆくかにかかわることであり，また，情報化社会において他者の目にさらされない私的生活領域を確保することでもある。この意味で，自己情報コントロール権としてのプライバシー権は，現代社会における人格的自律に不可欠な権利なのである。憲法は，すでに21条2項後段（通信の秘密）や35条（住居等の不可侵）などによってプライバシーの権利を部分的に保障しており，これらの条項が妥当しない場合に13条が補充的に適用されることになる。
　（ⅱ）　裁判例の展開
　最高裁は，13条が保障する「国民の私生活上の自由」として，「その承諾なしに，みだりにその容ぼう・姿態を撮影されない自由」（京都府学連事件：最大判1969（昭44）・12・24），「みだりに指紋の押なつを強制されない自由」（外国人指紋押捺拒否事件：最判1995（平7）・12・15），「個人に関する情報をみだりに第

三者に開示又は公表されない自由」（住基ネット訴訟：最判2008（平20）・3・6）を，認めてきた。ここでいう「私生活上の自由」がプライバシーの権利だと考えてよかろう。

　また，最高裁は，13条に言及しないものの，前科や犯罪経歴の情報につき，それらは「人の名誉，信用に直接にかかわる事項であり，前科等のある者もこれをみだりに公開されないという法律上の保護に値する利益を有する」（前科照会事件：最判1981（昭56）・4・14）と判示し，さらに，捜査対象車両に警察が秘かにGPS発信器を取り付けて行うGPS捜査は，「個人の行動を継続的，網羅的に把握することを必然的に伴うから，個人のプライバシーを侵害し得るもの」であり，「個人の意思を制圧して憲法の保障する重要な法的利益を侵害するものとして，刑訴法上，特別の根拠規定がなければ許容されない強制の処分に当たる」と判断している（GPS捜査事件：最大判2017（平29）・3・15）。

　以上の判決は，個人の私的生活領域の保障の観点からプライバシーの権利を把握するものとみることもできるが，さらに進んで，国家による個人情報の取得・収集，利用，開示・提供が適正になされるべきことを要求する趣旨と考えることもできる。だとすれば自己情報コントロール権説に近い理解を示しているといえる。

　私人間における情報の公表・開示の事例においても，最高裁は，「個人のプライバシーに属する事実をみだりに公表されない利益は，法的保護の対象となる」（グーグル検索削除申立事件：最決2017（平29）・1・31，「逆転」事件：最判1994（平6）・2・8等参照）と判示している。私人間でプライバシー侵害を争う事例の多くは，表現の自由との調整を含んでおり，その点は表現の自由を論じる際に扱う（→本章第3節 4(1)d(ⅲ)）。ここでは，自己が欲しない他者に個人情報をみだりに開示されない法的利益を認めた次の判決を挙げておく。

　早稲田大学が中国国家主席を招いて講演会を開催するに際し，出席を希望した学生の学籍番号，氏名，住所および電話番号の記された名簿を警備のために警視庁に提出した事案につき，最高裁は，本件個人情報は秘匿されるべき必要性が必ずしも高いものではないが，「このような個人情報についても，本人が，自己が欲しない他者にはみだりにこれを開示されたくないと考えることは自然なことであり，そのことへの期待は保護されるべきものであるから，本件

個人情報は，上告人らのプライバシーに係る情報として法的保護の対象となる」としたうえで，本人の同意を得る手続をとることなく無断で本件個人情報を警察に開示した同大学の行為は，プライバシーを侵害するものとして不法行為を構成する，と判断した（早稲田大学江沢民講演会事件：最判2003（平15)・9・12)。

(iii) 個人情報保護法制

自己情報コントロール権は，自己に関する情報の取得・収集，管理・利用，開示・提供について，本人のコントロールを及ぼそうとするものであり，自己情報にアクセスし，点検し，不当不正確な自己情報の訂正・削除を要求し，利用関係を統制することを求めている。したがって，それは単なる自由権としての性格だけでなく，積極的な請求権としての性格も有する。ただし，具体的な請求権であるためには，裏付けとなる法令が必要である。

1990（平成2）年に神奈川県が個人情報保護条例を制定して以来，各自治体で条例が制定されてきた。国レベルの個人情報保護法制の整備は諸外国に比しても遅れていたが，2003（平成15）年「個人情報の保護に関する法律」および「行政機関の保有する個人情報の保護に関する法律」が制定され，保有個人情報の開示請求，訂正請求，利用停止請求等について整備が図られた。

c 自己決定権

自己決定権とは，一定の個人的事柄について，公権力から干渉を受けることなく，自ら決定することができる権利を意味する。幸福追求権の意義について一般的自由説をとる場合には，明らかに反社会的な事項でない限り，すべての私的事柄についての自己決定が権利の対象となる。他方，人格的自律権説をとる場合には，自己決定権の対象は，個人の人格的生存にとって不可欠の事柄に限定されることになる。とはいえその範囲は相当に広く，①自己の生命，身体の処分にかかわる事柄，②家族の形成・維持にかかわる事柄，③リプロダクションにかかわる事柄などに及ぶ。

まず，①については，尊厳死・安楽死・脳死の選択，インフォームド・コンセントと治療行為の選択などが問題となってきた。「エホバの証人」輸血拒否事件判決（最判2000（平12)・2・29）は，宗教上の信念からいかなる場合にも輸血を拒否する固い意思をもち，輸血を拒否する旨を医師に明確に伝えていた患

者に対して，医師が，他に救命手段がない事態に至った場合には輸血を行うという方針の下で手術を行い，結果，出血量が多量にのぼり救命のため必要と判断して輸血を行った事例である。判決は，「患者が，輸血を受けることは自己の宗教上の信念に反するとして，輸血を伴う医療行為を拒否するとの明確な意思を有している場合，このような意思決定をする権利は，人格権の一内容として尊重されなければならない」とした上で，医師が説明を怠ったことにより，「輸血を伴う可能性のあった本件手術を受けるか否かについて意思決定をする権利」を奪ったものと判断している。

②については，結婚，離婚，子供の養育，家族構成の決定などの問題が関係してくる。家族生活と個人の尊厳については，憲法24条が規定している（24条が婚姻の自由を保障していることについて，再婚禁止期間違憲判決：最大判2015（平27)・12・16）が，家族の多様化の現実を踏まえれば，家族の形成・維持にかかわる事柄が人格的自律の問題であることは確認しておいてよいであろう。③については，避妊，妊娠中絶，生殖医療のあり方，代理母などが問題となる。

その他，服装，髪型，喫煙，個人的な飲酒のための酒造，バイク乗車などが問題とされてきた。これらをライフスタイルの自己決定権として論じる学説もあるが，人格的自律権説からは，端的に自己決定権の対象と認めることは困難であろう。ただし，個人の人格的自律を全うさせるために手段的に一定の保護が認められる場合があり，また，著しく不合理な規制は13条前段の「個人の尊重」原理や14条の平等原則に反する場合があることは先述した。

最高裁は，髪型の自由（丸刈り訴訟：最判1996（平8)・2・22)，バイク乗車の自由（「バイク三ない原則」事件：最判1991（平3)・9・3)，自己消費目的での酒造の自由（どぶろく事件：最判1989（平1)・12・14）などいずれについても，主張された自由が幸福追求権によって保障されているかに触れることなく，13条違反の主張を退けている。未決拘禁者の喫煙禁止に関し，「喫煙の自由は，憲法13条の保障する基本的人権の一に含まれるとしても」，13条に違反するとはいえないと判示した（最大判1970（昭45)・9・16）が，これも喫煙の自由が端的に13条によって保障されることを認めているわけではない。

2 法の下の平等

(1) 平等の観念 憲法は，14条1項で「すべて国民は，法の下に平等であって，人種，信条，性別，社会的身分又は門地により，政治的，経済的又は社会的関係において，差別されない」と定めて，法の下の平等を一般的に保障するとともに，貴族制度の廃止（14条2項），栄典に伴う特権の禁止（14条3項），選挙における平等（15条3項・44条但書），家庭生活における両性の平等（24条2項），教育の機会均等（26条1項）など，平等原則を具体化する規定を設けている。アメリカ独立宣言（1776年。「すべての人は平等に造られ，造物主によって一定の奪うことのできない権利を与えられている」）やフランス人権宣言（1789年。1条「人は，自由かつ権利において平等なものとして出生し，かつ生存する」）などから明らかなように，平等の理念は自由の理念とともに，身分制社会を打破し近代立憲主義を生み出す原動力であった。現代においても，自由と平等が密接に関連しあう原理であることに変わりはない。

しかし，19世紀から20世紀にかけて，すべての人を法的に均等に扱いその自由な活動を保障するという形式的平等（機会の平等）のもとで，富の集中と反面としての窮乏化が生じ，社会的政治的な緊張が生み出された。形式的な自由と平等の保障が，事実上の不自由と不平等を生み出したのである。そこで，20世紀の社会国家・福祉国家においては，社会経済的な弱者に対して国家が保護を与え，それによって自由と自律を保障することが要請されるようなった。事実上の差異を認め，劣位にあるものに保護を与えて結果の平等を目指す実質的平等が重視されるようになったのである。労働基本権や生存権の保障は，この文脈で理解される。

もっとも，平等の実質化は個人の自由や個性を否定しかねない。日本国憲法はすべての個人の自由で自律的な生を保障することを基本とするのであって，個人の自由を過度に制限しないかぎりで，実質的平等の実現を図ろうとするのである。その意味で，14条1項の保障する「平等」は形式的平等であると理解され，国家が事実上の差異を認めて行う配慮や保護が憲法上許されるかどうかを判断する際に，実質的平等を実現しようとする趣旨が最大限考慮されることになる。したがって，実質的平等を実現するための形式的不平等が，合理的区別として合憲とされることがある。

近年，社会に根強く残る性差別や少数民族差別などを解消する目的で，実質的平等を積極的に実現するための優先処遇（affirmative action とか positive action，積極的差別是正措置などと呼ばれる）が主張されることがある。これらの措置は，行きすぎると「逆差別」の問題を生じ平等原則違反となる場合があるが，社会経済的条件によって特定の者の人格的生存が著しく制約されており，結果の平等の要請が強く働く場合には，目的・手段が合理的な範囲に限って認められると考えてよかろう。

　(2)　**法の下の平等の意味**　　14条1項前段の「法の下の平等」は，①法律を執行し適用する行政権・司法権がすべての国民を同等に取り扱わなければならないという，法適用の平等の意味であるのか，②立法権自体も平等原則に拘束され，法律の内容も国民を平等に取り扱わなければならない，という，法内容の平等を含むのか，学説上の争いがあった。①の法適用の平等説（立法者非拘束説）は，いかなる場合にも各人を絶対的に等しく扱うという絶対的平等を憲法は要求しているという前提に立つ。②の法内容の平等説（立法者拘束説）は，各人の事実上の差異に応じて異なった法的取り扱いを認める相対的平等を憲法の要求する「平等」と捉え，「合理的理由」に基づく別異取扱いは許されるとする（「合理的区別」論）。日本国憲法は人権保障のために違憲立法審査制を採用しており，平等原則は立法権をも当然に拘束すると考えるべきであるから，立法者拘束説＝法内容の平等説が通説・判例の立場となった。ただし，法内容の平等説に立つと，相対的平等を前提とすることとなり，別異取扱いを許す「合理的理由」をどのように判断するかという問題が生じることになる。

　そこで，14条1項後段の「人種，信条，性別，社会的身分又は門地」による差別の禁止の意義をどのように捉えるかが問題となる。前記の絶対的平等説は，後段列挙事由を制限列挙と捉え，これらの事由による差別禁止は立法者をも拘束すると主張していた。それに対し，通説の相対的平等説では，合理的根拠のある区別かどうかが重要なのであって，後段の列挙事由は単なる例示にすぎない，と解されてきた（例示説）。

　しかし，近年，1項後段はとくに差別が許されない事由を列挙したものだとする学説が有力である。すなわち，後段に列挙された事由は，人の出生によって決定されて，本人の努力によってはどうにもならない事柄や，民主制の存立

の根幹にかかわるような事柄であり，経験的に差別の根拠とされてきた事柄である（「差別の疑わしい範疇」ともいう）から，憲法はとくに差別を警戒し，きわめて重要な目的を実現するために他に手段がなくどうしても必要だという特別の事情のないかぎり「差別」に当たり禁止する趣旨と理解される（厳格な違憲審査基準）。それに対して，他の事由による区別については，緩やかな違憲審査基準による審査で足り，区別が正当な目的と合理的に関連していればよいとされる（合理性の基準）。

　もっとも，後段列挙事由による区別の場合に常に厳格審査が必要なのか，他の事由による区別が常に合理性審査で足りるのかを問題にし，厳格な合理性の基準（区別が重要な目的に実質的に関連していなければならない）ないし中間段階の審査基準が必要だとする学説も有力である。また，区別される権利・利益に着目し，精神的自由ないしはそれと関連する問題（選挙権など）について平等原則違反が争われる場合にも，二重の基準の考え方に基づいて，原則として厳格な審査基準が妥当すると主張する説もある。

　単なる例示説によらないかぎり，後段列挙事由の意味が問題となる。人種（人の人類学的種別，民族を含む），信条（宗教的，政治的，哲学的信念），性別，門地（人の出生によって決定される社会的地位）についてはあまり問題はないが，社会的身分の意味がとくに問題となる。まず「人が社会において占める継続的な地位」（最大判1964（昭39）・5・27）と広義に捉える説があるが，富者・貧者，職業，学生の身分なども含まれることになり，原則として差別が禁止される事項とはいえず妥当でない。次に，「人の生まれによって決定される社会的地位ないし身分」と最狭義に定義する説があるが，これであれば「門地」とほぼ同義となる。そこで，中間説は，「人が社会において一時的ではなく占める地位であって，本人の力ではそれから容易に脱却できず，一定の社会的評価の伴っているもの」，あるいは「人が後天的に占める社会的地位であって，本人の意思ではどうにもならないような，固定的な社会的差別感を伴っているもの」と解しており，この見解が妥当であろう。

　(3) **合憲性判定の基準と方法**　判例は，14条1項は「国民に対し絶対的な平等を保障したものではなく，差別すべき合理的な理由なくして差別することを禁止している趣旨」であり，「事柄の性質に即応して合理的と認められる差

別的取扱をすることは，なんら右各法条の否定するところではない」と，相対的平等＝合理的区分論を明確にし，かつ，1項後段列挙事由について「右各法条に列挙された事由は例示的なもの」と例示説に立つことを明確にしている（待命処分事件：最大判1964（昭39）・5・27，尊属殺違憲判決：最大判1973（昭48）・4・4も参照）。

　区別が「事柄の性質に即応した合理的根拠」に基づくものといえるか，という判断基準は，それだけではあまりにも抽象的な基準で，説得力を欠く。そこで最高裁は，「立法目的が合理的で正当なものか否か」および「立法目的と区別（手段）の間に合理的関連性があるか」を審査する「合理的関連性のテスト」を用いて，説得力をもたせようとしてきた（前掲，尊属殺違憲判決：最大判1973（昭48）・4・4）。ただし，2点の留保が必要である。

　最高裁は，「合理的関連性のテスト」を用いずに「合理的根拠」を判断する場合がある。定員を超過する職員を整理するにあたり年齢を1つの基準としたことを合憲と判断した待命処分事件判決（最大判1964（昭39）・5・27）や，公権力の行使に当たる行為を行うことなどを職務とする公務員の職（日本国民であることを要する職）とこれに昇任するのに必要な職務経験を積むために経るべき職（必ずしも日本国民であることを要しない職）とを包含する一体的な管理職任用制度を構築した上で，日本国民である職員に限って管理職となることができるとする措置をとることを，合理的理由に基づいて日本国民である職員と在留外国人である職員とを区別するものであると判断した東京都管理職選考事件判決（最大判2005（平17）・1・26）などがその例である。「目的」と「区別」が一体化しており，あえて分説する意味のない事例と理解することができよう。その他，社会保障にかかわる区別でも「合理的根拠」のみに基づく判断がみられるが，後述する。

　次に，「目的」と「区別」のどの程度の「合理的関連性」を求めるかについて，「著しく不合理なものでない限り合憲」と判断するもの（婚外子法定相続分差別事件決定：最大決1995（平7）・7・5）と，「合理的関連性が認められない場合に違憲」と判断するもの（国籍法違憲判決：最大判2008（平20）・6・4）がある。前者は，立法府の裁量を尊重し，不合理であることが明白でないかぎり合憲とするもので，学説のいう「合理性の基準」に相当する。後者は，立法者の

判断に合理的な根拠があるかどうかを，立法事実に照らして裁判所が実質的に審査するとするもので，違憲審査の基準が高められていることを示している。

前掲国籍法違憲判決（最大判2008（平20）・6・4）は，①日本国籍が「我が国の構成員としての資格であるとともに，我が国において基本的人権の保障，公的資格の付与，公的給付等を受ける上で意味を持つ重要な法的地位でもある」こと，②「父母の婚姻により嫡出子たる身分を取得するか否かということは，子にとっては自らの意思や努力によっては変えることのできない父母の身分行為に係る事柄である」ことを理由に，「区別を生じさせることに合理的な理由があるか否かについては，慎重に検討することが必要である」とした。区別の事由や区別される権利・利益の性質によって審査基準の厳格度を高めるべきだという学説の考え方を反映したものである。

(4) **具体的事例**

a 尊属加重罪

刑法は，一定の犯罪について自己または配偶者の尊属に対するものを重く処罰する規定を設けていた（殺人，傷害致死，遺棄，逮捕監禁）。尊属殺人罪（刑200条）は，法定刑として死刑ないし無期懲役のみを定めていたが，最高裁は同規定を14条1項に違反し違憲と判示した（尊属殺重罰規定違憲判決：最大判1973（昭48）・4・4）。最高裁は，尊属に対する尊重報恩は社会生活上の基本的道義であり，刑法上の保護に値するから，尊属殺という特別の罪を設けその刑を加重すること自体は許されるとしつつ，法定刑が死刑または無期懲役に限られている点において刑の加重の程度が極端で，普通殺の法定刑に比し著しく不合理な差別的取扱いをするものだ，として違憲と判示した。立法目的は合理的であるが，目的達成手段が著しく不合理だというのである。

しかし，尊属を刑法上特別に保護するという目的自体に問題があるというべきである。同判決に付された6名の裁判官の少数意見の指摘するように，尊属がただ尊属であるというだけで特別の保護を受けるべきであるとか，本人のみならず配偶者の直系尊属に対する犯罪もとくに強い道徳的非難に値するとかの理由で尊属殺の規定を設けることは，「身分制道徳の見地に立つもの」で，「個人の尊厳と人格価値の平等を基本的な立脚点とする民主主義の理念と抵触するもの」であり，尊属殺という特別の犯罪類型を設けること自体が14条1項に違

反する，と考えるべきであろう。

　最高裁は，その後も多数意見の考え方に従って，尊属傷害致死重罰規定を合憲と判断した（最判1974（昭49）・9・26）。しかし，刑法が歴史的仮名遣いから現代仮名遣いに変更された1995年の刑法改正によって，刑法200条を含め尊属加重罪はすべて削除された。

　b　婚外子法定相続分差別規定

　民法は，婚外子の法定相続分を婚内子のそれの半分とする規定を置いていた（民900条4号ただし書）。当初，最高裁は，この規定は民法が法律婚主義を採用しているもとで，婚内子の立場を尊重するとともに婚外子の立場にも配慮して，法律婚の尊重と婚外子の保護の調整を図った規定であり，立法理由には合理的根拠があり，かつ，婚外子の法定相続分を婚内子の2分の1としたことが，右立法理由との関連において著しく不合理であるとはいえない，したがって合憲であると判断していた（最大決1995（平7）・7・5）。

　しかし，婚外子であることは本人に何の責任もなく，かつ本人の努力によっては如何ともしがたいことであって，社会的身分に当たる可能性がある。だとすればこのような事由による区別は，その必要性・相当性について厳密に検討すべきであり，1995年決定のように「著しく不合理」かどうかという緩やかな基準による審査では，説得力がないというべきである。

　その後，最高裁は当該規定を14条1項違反であると判断するに至った（婚外子法定相続分差別規定違憲訴訟：最大決2013（平25）・9・4）。この決定は，婚姻・家族の形態の多様化，国民意識の変化，諸外国の法制度の趨勢などの事情を指摘し，「父母が婚姻関係になかったという，子にとっては自ら選択ないし修正する余地のない事柄を理由としてその子に不利益を及ぼすことは許されず，子を個人として尊重し，その権利を保障すべきであるという考えが確立されてきている」として，法定相続分に差異を設けることの合理性は失われていると判断したのである。

　c　国籍法準正子国籍付与規定

　1950年に公布・施行された国籍法は，出生による国籍の取得につき父系優先血統主義を定めており，女性差別との批判があったところ，1984年には父母両系血統主義への改正がなされた。その際，血統主義を補完するものとして，父

母の婚姻及びその認知により嫡出子たる身分を取得した子（準正子）で20歳未満の者に届出により国籍取得を認める規定（3条1項）が設けられた。この規定を14条1項違反と判断したものが，先にも引用した国籍法違憲判決（最大判2008（平20）・6・4）である。

最高裁は，前述した理由により「慎重な検討」を行い，国籍法3条1項は血統主義を基調としつつ，日本国民との法律上の親子関係の存在に加えわが国との密接な結びつきを国籍取得の要件としたものであって，立法目的自体には合理的根拠があるという。しかし，わが国を取り巻く国内的・国際的な社会的環境等の変化に照らしてみると，出生後父から認知を受けた子につき準正を届出による国籍取得の要件としておくことは，立法目的との間に合理的関連性を見出すことがもはや難しい，と判断したのである。

d　女性の再婚禁止期間

民法733条1項は，「女は，前婚の解消又は取消しの日から六箇月を経過した後でなければ，再婚をすることができない。」と規定し，女性にのみ再婚禁止期間を定めていた。この規定の合憲性は，学説上長らく争われてきたが，最高裁は2015年に違憲とする判断を下した（再婚禁止期間違憲判決：最大判2015（平27）・12・16）。

最高裁は，まず，本件規定が女性に対してのみ婚姻に対する直接的な制約を課していることから，規定の合理的根拠については「事柄の性質を十分考慮に入れた上で」検討することが必要であるとして，「合理的関連性が認められない場合に違憲」との基準により実質的な審査を行うことを明らかにした。そして，本件規定の立法目的は，女性の再婚後に生まれた子につき父性の推定の重複を回避することにあるとして，立法目的の合理性を認めた上で，民法772条の父性の推定の規定を前提とすれば，100日の再婚禁止期間を設ければ父性の推定の重複を回避することができるから，本件再婚禁止期間のうち100日を超える部分については立法目的との関連において合理性を欠く，と判示した。

e　社会保障法上の区別

児童扶養手当法が他の公的年金や手当との併給を禁止する規定の合憲性が争われた堀木訴訟で，最高裁はまず，社会保障給付の全般的公平を図るため公的年金相互間における併給調整を行うかどうかは立法府の裁量の範囲に属する事

柄であり，本件併給禁止規定は憲法25条に違反するものではないとしたうえで，障害福祉年金を受給しているか否かで児童扶養手当の受給に関して差別が生じることになるとしても，右差別は「何ら合理的理由のない不当なものであるとはいえない」とした原審の判断を，正当として是認している（堀木訴訟：最大判1982（昭57）・7・7）。また，いわゆる学生無年金訴訟において，最高裁は，社会保障上の制度として具体的にどのような立法措置を講じるかの選択決定は，立法府の広い裁量に委ねられており，それが著しく合理性を欠き明らかに裁量の逸脱，濫用とみざるをえないような場合を除き，裁判所が審査判断するのに適しないと述べて，25条違反の論点と14条違反の論点を同時に扱って合憲の判断を下している（学生無年金訴訟：最判2007（平19）・9・28）。

もっとも，社会保障上の制度であっても，受給権者の範囲，支給要件等につき何ら合理的理由のない不当な差別的取扱いをするときは，14条違反の問題が生じることは否定できない。労働者災害補償保険法に基づく傷害補償給付の決定基準として，「外ぼうの醜状障害」の等級について男性が女性よりも5等級も低いという大きな差が設けられていた事案につき，京都地裁は，男女間で差異を設けること自体に根拠がないとはいえないが，差異の程度が著しく不合理であるとして，14条違反と判断した（外貌醜状障害労災補償事件：京都地判2010（平22）・5・27（確定））。翌年，障害等級認定基準が改正されている。

職員たる夫が死亡した場合には妻は遺族補償年金を受給できるが，職員たる妻が死亡した場合には60歳未満の夫には遺族補償年金の受給資格はないと規定する地方公務員災害補償法の規定の合憲性が争われた事案では，一審が違憲の判断を下し注目された（大阪地判2013（平25）・11・25）が，最高裁は，遺族補償年金制度が25条の趣旨を実現するために設けられた社会保障の性格を有する制度であるとして，本件区別は合理的理由を欠くものではないと判示した（遺族補償年金事件：最判2017（平29）・3・21）。

第3節　精神活動の自由

1　思想・良心の自由

(1) 思想・良心の自由の位置　　憲法19条は「思想及び良心の自由は，これ

を侵してはならない。」と定める。思想・良心の自由は，精神活動の自由の中でも最も根本的かつ総則的な自由である。思想・良心が外部に表明されれば表現の自由の問題となり，宗教的な内容であれば信教の自由，論理的・体系的知識であれば学問の自由の問題となる。比較憲法的にみて，思想・良心の自由を表現の自由や信教の自由とは別に明文で保障する例は多くないのは，逆にそのゆえである。とくに，欧米で「良心（conscience）」といえば，宗教的良心・信仰を意味することがあり，宗教的迫害からの良心の自由の保障こそが，近代的自由の体系を生み出したといわれる。

　日本においては，戦前，絶対主義的天皇制のもとで，宗教的迫害と同時に，むしろそれ以上に，個人の思想や内心そのものを理由とした過酷な迫害があった。戦後の日本において天皇制原理から個人を解放し，精神の自由を確立するためには，なによりも思想・良心の自由の保障が必要であったのである。

　(2) 思想・良心の意義　　「思想」と「良心」を，人間精神の「論理的側面」と「倫理的側面」として区別する説もあるが，その区別は困難であり，かつ実益がない。したがって，「思想」と「良心」は一体として捉えるべきであり，「内心の自由」として理解されている。

　問題は，内心のうちどこまでが19条によって保障されるのかにある。この点，事物の是非や善悪の弁別の判断を含め広く内心の作用一般を指すという内心説と，世界観・人生観・主義・主張などの個人の人格形成にかかわる内面的精神作用と限定的に捉える信条説（人格核心説）が説かれてきた。たしかに内心説に立てば，人の内心の領域を広く保障することができよう。しかし，後述する「沈黙の自由」の保障の絶対性を維持することは困難になるであろうし，また，思想・良心に反する外的行為を強制されない自由を主張する根拠も薄弱となりかねない。それゆえ，信条説をもって妥当とすべきである。信条説に対しては，信条と非信条を区別することは不可能だとの批判があるが，思想・良心の自由は個人の人格形成の自由として捉えるべきであるから，その保障範囲は自己の思想・良心を形成してゆく過程をも含めて考えるべきである。

　(3) 思想・良心の自由の保障の「絶対性」　　19条は，思想・良心の自由は「侵してはならない」と規定し，通説は，内心の自由は，内心にとどまるかぎり，絶対的に保障されるという。その場合，事実の問題として，人の内心領域

は権力の介入が不可能な領域であるから、と説く見解、規範の問題として、内心にとどまるかぎり誰の利益も侵害することはないから「公共の福祉」による制約はもちろん「内在的制約」も観念する余地はない、と説く見解がある。これらの見解は、内心領域と外部世界の断絶を前提とするが、外部的行為に顕現しない信条や信条形成に与からない外部世界があるわけではない。また、権力が人の内心領域に介入し、内心の操作を行おうとするものであることは経験の教えるところである。結局、内心の自由の絶対性の根拠は、人の心は文字どおりその人の固有のものであり、権力的介入は許されない、との近代立憲主義ないし個人主義的民主主義の基本原理にある、と理解すべきである。

(4) 思想・良心の自由の保障内容

a 思想の強制ないし思想に基づく不利益取扱いの禁止

何人もいかなる思想・良心を有しようとも、それが内心にとどまっているかぎり、絶対的に自由であるから、国家が特定の思想・良心をもつことを強制したり、禁止したりすることが許されないことはいうまでもない。また、国家が、個人の思想・良心を理由として差別したり、不利益を課したりすることも禁止される。

したがって、大日本帝国憲法（以下、帝国憲法という）時代にあった思想犯の観念は、現憲法下ではありえない。戦後の占領下で、総司令部の指令によっていわゆるレッドパージが行われ、共産主義者やその同調者とみなされた人々が公職や民間の職場から排除され、多くの訴訟が裁判所に係属した。最高裁は、連合国最高司令官の指示に基づいてなされた解雇であるから、憲法の保障が及ばず有効と判断したが（共同通信事件：最判1952（昭27）・4・2、中外製薬事件：最判1960（昭35）・4・18）、思想を理由とした排除が今日において許されないことはいうまでもない。

b 思想・良心の告白の強制や推知の禁止

国家が、個人に対してその有する思想・良心の内容を告白するよう要求したり、推知したりすることは許されない。19条による「沈黙の自由」の保障は絶対的である。国家が個人の信条を調査したり、密告を受理したりすることも19条に違反する。

「沈黙の自由」は21条の表現の自由により「表現しない自由」（いいたくない

ことをいわない自由）としても保障されるが，21条による「沈黙の自由」は刑事訴訟法や民事訴訟法により証言義務を課されることで制限されることがある。

「沈黙の自由」との関連で問題となったのが，謝罪広告の強制である。民法723条は，他人の名誉を毀損した者に対して，「名誉を回復するに適当な処分」を命じることができると定め，しばしば謝罪広告の掲載が命じられている。謝罪の意思のない者に謝罪広告の掲載を強制することが良心の自由を侵害しないかが争われた事案で，最高裁は，「単に事態の真相を告白し陳謝の意を表明するに止まる程度」の謝罪広告を新聞紙に掲載すべきことを命じることは，良心の自由を侵害するものではないと判示した（最大判1956（昭31）・7・4）。内心説に立つ学説は判決に批判的であるが，信条説に立つ場合でも，「事態の真相の告白」を超えて「陳謝の意」の表明を強制することは良心の自由の侵害だと批判する立場がある。

個人の思想・信条の調査をその者の外部的行動の調査と区別することができるかについて，私人間の事例であるが三菱樹脂事件で問題となった。企業が労働者の雇い入れに際し，その者の大学在学中の団体加入や学生運動参加の事実有無について申告を求めたことは，「その者の従業員としての適格性の判断資料となるべき過去の行動に関する事実を知るためのものであつて，直接その思想，信条そのものの開示を求めるものではない」けれども，「その事実がその者の思想，信条と全く関係のないものであるとすることは相当でない」という。「元来，人の思想，信条とその者の外部的行動との間には密接な関係」があるからである。とはいえ，本件は私人間の事例で，憲法が直接適用されるものではないこと，および，企業者には雇入れの自由があり，思想，信条を理由として雇入れを拒んでも違法とはいえないことから，本件思想調査を法律上禁止された行為とすべき理由はない，と判断した（最大判1973（昭48）・12・12）。

公立中学校長が作成する内申書の「行動及び性格の記録」欄に生徒の全共闘活動への参加やビラ配布などの活動を記載したことが，生徒の思想・信条の自由や表現の自由を侵害したとして争われた麹町中内申書事件では，最高裁は，「右のいずれの記載も，上告人の思想，信条そのものを記載したものでないことは明らかであり，右の記載に係る外部的行為によっては上告人の思想，信条を了知し得るものではない」として19条違反の主張を退けている（最判1988

（昭63）・7・15）。しかし，「人の思想・信条とその者の外部的行為との間には密接な関係」があることは三菱樹脂事件判決のいうところであり，かつ，当時の社会状況の下では上記の記載から思想・信条を推知することは一般に可能であったと考えられ，判決の説くところは説得力に欠けている。

　　c　思想・良心に反する外的行為の強制の禁止
　内心における思想や信条に反する義務の履行を拒否することができるか，あるいは義務の免除を憲法上要求することができるか。これを一般的に肯定すると，政治社会は成り立たないかもしれない。しかしながら，諸外国にみられる「良心的兵役拒否」の制度のように，真剣な対応が求められる場合がある。

　国旗・国歌の取扱いに関して問題が生じてきた。国旗・国歌への敬意の表明を強制することは，一般的には違憲と考えてよいであろう。国旗・国歌によって象徴される国家ないし現体制に個人としてどのようにかかわるかは，その人の思想や生き方の琴線に触れる可能性があるからである。とくに，日本においては，この問題は思想問題，社会問題として争われてきたことは周知のことである。

　公立学校の教師が入学式，卒業式での国歌斉唱の際に起立斉唱を拒否したことが問題となった「君が代」起立拒否事件（最判2011（平23）・5・30，最判2011（平23）・6・6，最判2011（平23）・6・14，等）で，最高裁は，一般的・客観的にみれば，君が代斉唱に際して起立を求めることは，特定の思想を否定したり，思想の告白を求めたりするものではなく，思想の自由を直接侵害するものではない，という。しかし，他方で，自己が否定的に評価するものに対し敬意の表明を含む行為を強制されることは，思想の自由に対す間接的制約になることを認め，その制約が必要かつ合理的かを審査・検討している。これらの事件は，卒業式を厳格かつ円滑に行うための職務命令に違反した公立学校教員に対する戒告処分の合法性が争われた事例であり，最高裁はそのかぎりで処分の合法性を認めた。5月から6月にかけての半月ほどの間に，すべての小法廷がこの問題についてほぼ同文の判決を下している。しかし，14名の裁判官（欠員1名）のうち7人が補足意見，2人が反対意見を書いており，補足意見はいずれも，教育現場での国旗・国歌の扱いについては慎重な配慮が必要だとし，関係者に再考を求めている。「間接的制約」の「必要性」「合理性」が相当程度に疑わし

第3節　精神活動の自由

いことを示唆している（なお，参照，「君が代」ピアノ伴奏拒否事件：最判2007（平19)・2・27)。より根本的な問題は，敬意の表明を含む行為の強制が，敬意を表明すべきでないという信条に対して，なぜ「間接的」制約といえるのかにある。この問題の社会的背景を勘案すれば，「日の丸」・「君が代」を帝国憲法下の天皇制絶対主義のシンボルだとして批判的に考える信条に対する「直接的制約」であった，というべきであろう。

　d　思想教育・思想宣伝の禁止

　国家権力が特定の思想・良心を禁止したり，教化・奨励したりすることは，禁止される。とりわけ，学校教育の場などで「囚われの聴衆」を対象とする思想教育や思想宣伝は，個人の権利侵害という問題を生じさせる可能性がある。

　今日国家は，さまざまな行政領域で積極的に種々の広報活動を行っている（「政府言論」とも呼ばれる）。これは国民の知る権利の要請に応える活動であるが，反面で，圧倒的な量で特定のものの見方や考え方を流すことによって国民の「思想・良心」を一定の方向に誘導する危険をはらんでいることに注意する必要がある。

2　信教の自由と政教分離

(1)　信教の自由

　a　信教の自由の位置

　憲法20条1項は前段で，「信教の自由は，何人に対してもこれを保障する」とし，2項で「何人も，宗教上の行為，祝典，儀式又は行事に参加することを強制されない」と定めて，信教の自由を保障している。また，1項後段は「いかなる宗教団体も，国から特権を受け，又は政治上の権力を行使してはならない」とし，3項は「国及びその機関は，宗教教育その他いかなる宗教的活動もしてはならない」と規定して，国家と宗教の分離（政教分離）を定めている。政教分離に関しては，さらに89条が「公金その他の公の財産は，宗教上の組織若しくは団体の使用，便益若しくは維持のため，……これを支出し，又はその利用に供してはならない」と規定している。

　宗教改革後の中世ヨーロッパにおいて，血なまぐさい宗教的迫害や戦争が繰り返されるなかで，宗教の自由の確立と，国家と教会の一定の分離が強く求め

られるようになった。信教の自由は，自己の宗教的良心に従った生き方の自由として，すべての精神的自由を確立する母体となったものであり，近代的自由確立の原動力であった。したがって，近代憲法はほとんど例外なく，信教の自由を保障している。

日本においては，帝国憲法も28条で信教の自由を保障していたが，それは「安寧秩序ヲ妨ケス及臣民タルノ義務ニ背カサル限リニ於テ」という限定のもとに置かれており，かつ他の自由権と異なり「法律の留保」が規定されていないために，勅令によっても制限可能とされていた。実際，帝国憲法の根本義とされた神権天皇制のもとで，神社神道が事実上国教として扱われ（国家神道），一般国民にも神社参拝が強制された。とりわけ昭和期には，神社神道は国家主義や軍国主義の精神的支柱とされ，他方で，キリスト教や大本教のように弾圧された宗教も少なくない。

このような状況を前提に，ポツダム宣言は日本に対し「宗教の自由」の確立を求めた。そして，連合国総司令部は1945年12月15日に，いわゆる「神道指令」を発して，神道の国家からの分離と，神道教義からの軍国主義的ないし過激な国家主義的思想の除去を命じた。日本国憲法は，以上の沿革を踏まえて，信教の自由を厚く保障するとともに，国家と宗教の分離を明確に規定したのである。

　b　宗教の定義

信教の自由が保障対象とする宗教とは何か。宗教の定義はきわめて多様であるが，ある下級審判決は，宗教を「超自然的，超人間的本質（すなわち絶対者，造物主，至高の存在等，なかんずく神，仏，霊等）の存在を確信し，畏敬崇拝する心情と行為」と広く定義している（津地鎮祭訴訟控訴審判決：名古屋高判1971（昭46）・5・14）。自由の保障の文脈では，他者の宗教を否定することのないように，宗教の定義は広く捉えておく必要があろう。

これに対して，政教分離の文脈においては，宗教を広く捉えすぎると厳格な分離を維持することは不可能になる。したがって，国家からの分離を求められる宗教とは，何らかの固有の教義体系を備えた組織的背景を持つもの，と限定して理解する必要がある。

第3節　精神活動の自由

c　信教の自由の保障内容と限界
　(i)　内心における信仰の自由
　信教の自由は，まず，内心における信仰の自由，すなわち信仰をもつ自由（もたない自由），および信仰告白の自由（告白をしない自由）を保障する。これは，内心の自由として絶対的保障の対象となる。
　(ii)　宗教的行為の自由
　信教の自由は，次に，宗教上の式典，儀式，行事等を行う自由（行わない自由），布教を行う自由（行わない自由）を保障する。20条2項は，とくに，宗教的行為への参加を強制されない自由を明記している。宗教的行為は外部的行為を伴うため，一般的な法規制の下に置かれることがある。精神障害平癒を祈願して暴行を伴う加持祈祷を行い，結果相手方を死に至らしめた事案で，最高裁は，当該行為は「信教の自由の保障の限界を逸脱した」「著しく反社会的なものである」として，致死罪の成立を認めた（加持祈祷事件：最大判1963（昭38）・5・15）。
　しかし自然犯に触れる上述のような場合は別として，宗教的行為は，多くの場合内面的信仰や宗教的信条と深くかかわるゆえに，その規制には慎重な配慮を要する。したがって，規制の実質的目的が信仰の抑圧にあると判断される場合には，厳格な審査基準が妥当する。問題は，宗教に対しては中立的で，それ自体としては宗教行為を規制対象とするものとはいえない正当な一般的規制が，宗教行為に適用される場合である。この場合にも，規制が実質的な公共的利益を実現するために必要だとはいえない場合や，宗教行為者に対する負担が社会観念上著しく妥当性を欠くと判断される場合には，規制や負担が必要最小限度にとどまるものかを慎重に検討するべきである。
　この点で，牧会活動事件判決（神戸簡裁1975（昭50）・2・20）が重要である。教会牧師が，凶器準備集合罪等の容疑で追及されている高校生を教会内にかくまったとして犯人蔵匿罪に問われた事件で，裁判所は，牧師が個人の「魂への配慮」として行う牧会活動は，信教の自由のうちの礼拝の自由の1つとして保障された行為であるから，「具体的事情に照らし，目的において相当な範囲にとどまり，手段方法において相当であるかぎり，正当な業務行為として違法性を阻却すると解すべきものである」とし，信教の自由を保障した憲法の趣旨，

捜査の支障の程度，本件牧会活動の効果を比較衡量して，正当な業務行為として罪とならないと判断した。宗教的行為が，形式的に犯罪に当たる行為であっても，違法性が阻却される場合があることを認めているのである。

「エホバの証人」剣道実技拒否事件（最判1996（平8）・3・8）は，体育の授業として剣道を必修としていた市立工業高等専門学校において，「エホバの証人」の信者である学生が，宗教教義上，格技を学ぶことは禁止されているとして，学校側に代替措置を求めたところ，学校側は学生の要求を拒否して，体育の単位を認めず，その結果退学処分となった事例である。最高裁は，①高等専門学校において剣道実技の履修が必須のものとまではいい難いこと，②剣道受講を拒否する理由が学生の信仰の核心部分と密接に関連する真摯なものであり，③学生が退学という重大な不利益を避けるには自己の信仰上の教義に反する行動を余儀なくさせることが明白であったことを指摘し，代替措置について何ら検討することもなく行った退学処分は「社会観念上著しく妥当を欠く」もので違法と判断した。この判決は，宗教的少数者が宗教上の義務に反する行為を拒否することができる場合があることを示した点で重要である。

それに対して，キリスト教の礼拝のために日曜日に行われた参観授業に欠席した児童と牧師たる親が，欠席扱いにすることは信教の自由に違反するとして，欠席処分の取消し等を求めた日曜授業参観事件（東京地判1986（昭61）・3・20）では，原告の請求は棄却された。欠席処分のもたらす不利益の僅少さが，判断の分かれ目となったものと理解される。

 (iii) 宗教的結社の自由

信教の自由は，宗教団体を結成し（結成せず），加入する（加入しない）自由を保障する。また，宗教団体が団体として意思を形成し，その意思を実現するための活動を行う自由の保障が含まれる。ここで宗教団体とは，特定の宗教を信仰する者による，当該宗教目的を達成するための組織体を意味する。

宗教団体に法人格を与えることを目的とする宗教法人法は，同法上の「宗教団体」を，「宗教の教義をひろめ，儀式行事を行い，及び信者を教化育成することを主たる目的とする」団体であって，「礼拝の施設を備える神社，寺院，教会，修道院その他これらに類する団体」およびその団体を「包括する教派，宗派，教団，教会，修道会，司教区その他これらに類する団体」と定義する

（2条）。この定義は，憲法上の宗教団体の定義よりも狭い。もちろん，宗教団体は法人格をもたずとも宗教活動を行うことはできる。しかし，宗教法人として認められると財産管理上の便宜を享受し，また税制上の優遇を受けることもできるが，法人格の付与を求める権利が信教の自由によって保障されているわけではない。

　宗教法人法は，「法令に違反して，著しく公共の福祉を害すると明らかに認められる行為をしたこと」，「宗教団体の目的を著しく逸脱した行為をしたこと」などを理由に，裁判所がその宗教法人の解散を命じることができると規定している（81条）。宗教法人オウム真理教が，大量殺人を目的としてサリンを大量に生成することを計画した上，多数の信者を動員し，その物的施設を利用し，その資金を投入して，計画的，組織的にサリンを生成したために解散命令を受けた事案で，最高裁は，本件解散命令は，宗教団体であるオウム真理教やその信者らの精神的・宗教的側面に及ぼす影響を考慮しても，抗告人の行為に対処するのに必要でやむを得ない法的規制であり，憲法20条1項に違背するものではない，と判断した。解散命令によって宗教団体であるオウム真理教やその信者らが行う宗教上の行為に何らかの支障を生ずることが避けられないとしても，その支障は，解散命令に伴う間接的で事実上のものであるにとどまる，というのである（オウム真理教解散命令事件：最決1996（平8）・1・30）。

　(iv)　宗教的人格権

　殉職自衛官合祀拒否訴訟は，自衛隊のOB組織である隊友会が，自衛隊地方連絡部の協力を得て，殉職自衛官を県護国神社に合祀する申請を行ったことに対し，キリスト教徒である元妻が「宗教的人格権」侵害を主張して争った事件である。原告は，その意に反して亡夫が護国神社に祭神として祀られ，鎮座祭への参拝を希望され，事実に反して原告の篤志により神楽料が奉納されたとの通知を受け，永代にわたって命日祭を斎行されるという事態により，「静謐な宗教的環境の下で信仰生活を送るべき利益」としての「宗教的人格権」が侵害されたと主張した。

　最高裁（最大判1988（昭63）・6・1）は，原告の主張する「宗教的人格権」はただちに法的利益として認めることはできないとし，「信教の自由の保障は，何人も自己の信仰と相容れない信仰を持つ者の信仰に基づく行為に対して，そ

れが強制や不利益の付与を伴うことにより自己の信教の自由を妨害するものでない限り寛容であることを要請している」と説いた。判決は，原告の「不快の感情」は「心情として当然である」が，「強制や不利益の付与」による自由の侵害がない限り，感情の問題にとどまり，法的保護に値しないというのである。しかし，最高裁の宗教的寛容論は，強制や妨害のない限り宗教的少数者に受忍を迫るものであるとの批判がある。また，原告はその意思に反して亡夫を神社神道の祭神として祀られただけでなく，合祀が原告にも関係あるものとして神社から参列を促す通知等を再三にわたり受け取っているのであって，そのたびに夫の死の意味をキリスト教信仰の立場から深めようとする原告の静謐な信仰生活は害されている。こうした事情を勘案すれば，人格権侵害を認めた下級審判決（山口地判1979（昭54）・3・22，広島高判1982（昭57）・6・1）に説得力があるというべきであろう。

　宗教的人格権の主張は，首相の靖国参拝の合憲性を問う訴訟においても主張されることがある。しかし，「人が神社に参拝する行為自体は，他人の信仰生活等に対して圧迫，干渉を加えるような性質のものではないから，他人が特定の神社に参拝することによって，自己の心情ないし宗教上の感情が害されたとし，不快の念を抱いたとしても，これを被侵害利益として，直ちに損害賠償を求めることはできない」と，裁判例は消極的である（最判2006（平18）・6・23等）。

(2) **政教分離原則**

a 政教分離の意義

　信教の自由の確立には，国家の非宗教性ないし宗教的中立性の確保，総じて国家の世俗化が必須の前提であった。国家と教会の分離は，西欧型民主政の諸国家にとって普遍的な課題である。もっとも，分離のありようはそれぞれの国の歴史的背景や宗教事情を反映して，多様である。大別して次の3つのタイプがある。

①国教承認型：国教の存在を承認しつつも，他の宗教に対する宗教的寛容や信教の自由を確立している制度で，イギリスやデンマークなどの例がある。②政教同格型：国教の存在を認めず，国家と教会は独立して存在するが，両者は一定の協力関係を保ち，競合する問題については政教協約（コンコルダート）を締

結して解決する制度で，ドイツやイタリアがその例である。③厳格分離型：国教の存在を認めず，国家と教会を完全に分離し，相互の干渉および協働を禁止する制度で，アメリカやフランスがこの例である。

b 政教分離原則の目的

政教分離原則は，およそ宗教や信仰の問題は，政治の次元を超えた個人の内心にかかわる事柄であるから，世俗的権力である国家はこれを公権力のかなたにおき，宗教そのものに干渉すべきではないとするものである。国家が特定の宗教・宗派と結びつくとき，異なる宗教・宗派に対する迫害が生じることは歴史の示すところであり，政教分離原則は，信教の自由を手厚く保障することをその目的としている。加えて，宗教が政治に過度に干渉すると国家が宗教的な激しい対立に巻き込まれて，政治社会が分断されることになりかねないこと，逆に宗教の側からみると，国家と癒着することにより宗教としての純粋性を失い腐敗・堕落することが，政教分離原則の存在理由として語られている。

日本国憲法は先述したような歴史的背景のもとに厳格分離型の政教分離を規定しているが，これは，戦前不十分であった信教の自由の確立を目的としたものであると同時に，国家主義や軍国主義の精神的支柱となった国家神道の解体を目的とした規定であって，その意味で，民主主義の確立や平和主義の維持と密接な関連を有していることに注意が必要である。

c 政教分離規定の法的性質

日本国憲法における政教分離規定は，「信教の自由そのものを直接保障するものではなく，国家と宗教との分離を制度として保障することにより，間接的に信教の自由の保障を確保しようとする」（津地鎮祭訴訟：最大判1977（昭52）・7・13），いわゆる「制度的保障」の規定であると解するのが一般的である。

ただし，「制度的保障」という考え方は，元来，制度の本質的内容を害しない限度で制度の内容は法律により具体的に定められるとする理論であって，制度の存在を憲法上禁止する政教分離原則に関し用いることは適切ではない。また，信教の自由の保障という目的に対する手段と捉えると，目的を妨げることがなければ国家と宗教の結合も許されるとの解釈を生みやすく，加えて，先述したように，政教分離の目的は，信教の自由の保障に限定されるわけではない。したがって，「制度的保障」という概念によるべきではなく，国家と宗教

との分離を要求する客観的な法規範として直接公権力を拘束するものであると解すべきである。

これに対し，政教分離規定を人権保障条項と解する見解も主張されている（人権説）。たしかに人権説のいうように，日本国憲法は信教の自由に対する直接的な強制・弾圧を排除するとともに，政教分離を定めることによって間接的な圧迫をも排除し，信教の自由の完全な保障を図っている。しかし，個人の権利としての「間接的な圧迫からの自由」の規範内容が明確でなく，また後述するような信教の自由と政教分離の相克の問題は人権説からは説明困難であることなどが指摘され，少数説にとどまっている。

d　政教分離と目的効果基準

国家と宗教の分離といっても，両者のかかわりをいっさい禁止することは実際上不可能に近い。そこで，どの程度のかかわり合いが憲法上許されるのかが問題となる。この点最高裁は，津地鎮祭訴訟判決（最大判1977（昭52）・7・13）以来ほぼ一貫していわゆる目的効果基準を用いて判断してきた。すなわち，政教分離原則は，国家が宗教的に中立であることを要求するものではあるが，国家が宗教とのかかわり合いをもつことをまったく許さないとするものではなく，宗教とのかかわり合いをもたらす行為の目的及び効果にかんがみ，そのかかわり合いがわが国の文化的・社会的諸条件に照らし相当とされる限度を超えるものと認められる場合にこれを許さないとするものである，という。そして，20条3項が禁止する国およびその機関による「宗教的活動」とは，「当該行為の目的が宗教的意義をもち，その効果が宗教に対する援助，助長，促進又は圧迫，干渉等になるような行為」であるとした上で，ある行為が禁止された宗教的行為に当たるかどうかを判断するにあたっては，当該行為の主宰者が宗教家であるかどうか，その順序作法（式次第）が宗教の定める方式に則ったものであるかどうかなど，当該行為の外形的側面のみならず，当該行為の行われる場所，当該行為に対する一般人の宗教的評価，当該行為者が当該行為を行うについての意図，目的および宗教的意識の有無，程度，当該行為の一般人に与える効果，影響等，諸般の事情を考慮し，社会通念に従って，客観的に判断しなければならない，としている。

最高裁の目的効果基準は，国家と宗教のかかわり合いを容認することから出

発して，かかわり合いが相当とされる限度を超える場合のみ違憲となるという考え方に立っている点や，考慮要素が種々列挙されているがそれらをどのように考慮するのかが示されておらず，最終的には「社会通念に従って，客観的に判断」するとされており，合憲性判定基準たりえないのではないかという点などに批判が向けられている。

そこで学説では，①政教分離が原則であり，政府が宗教にかかわりをもつ場合にはそうせざるをえない特段の事情（憲法上の要請がある場合など）が必要であるとして，目的効果基準を用いるべきでないとする見解，②国が主体となって行う宗教的な行為は，その目的，効果を問うまでもなく禁止され，目的効果基準が適用されるとすれば，国が補助や助成などの福祉国家的な財政的援助を通してかかわる場合に限られるとする見解，③宗教の教義体系に直接かかわる行為ないし教義の象徴としての行為を公権力が行うことは憲法上禁止されており，目的効果基準が意味をもちうるのは，一般習俗化するなどして特定宗教性が希薄化している類の行為にかかわる場合に限られるとする見解，④目的効果基準を用いるとしても，アメリカの判例法上のテスト（レモン・テストおよびエンドースメント・テスト）を参考にして，基準を厳格に適用すべきであるとする見解などが主張されている。④の見解は，目的，効果および過度のかかわり合いをそれぞれ個別に判断すべきこと，目的の判断にあたっては，行為者の宗教意識などの主観的要件ではなく，客観的意味を重視すること，効果の認定にあたっては，国の行為が宗教に特定の権威を付与することになるか，国家と宗教の象徴的結びつきをもたらすか，などを厳密に検討すべきだとする。

e 政教分離原則の内容

(i) 特権付与の禁止

20条1項後段は，いかなる宗教団体も，国から「特権」を受けてはならない，と規定している。規定の書きぶりは宗教団体の行為を規制しているかの如くであるが，憲法の規定であるので，国が宗教団体に「特権」を付与することを禁止する趣旨である。ここで「特権」とは，いっさいの優遇的地位・利益を指し，特定の宗教団体にのみ「特権」を付与することだけでなく，他の団体から区別して宗教団体にのみ「特権」を付与することも禁止される。国教制度や公認宗教制度は，これにより禁止される。

宗教団体を有利に扱うことが目的ではなく，一般的な利益供与が結果として宗教団体に及ぶ場合は，ここでいう「特権」の付与に当たらない。文化財保護のための補助金が文化財を有する宗教団体に支給される場合がその例である。宗教法人は税制上，法人税が原則として非課税とされるなどの優遇措置を受けているが，これは，公益法人全般に対する優遇措置が宗教法人に及んでいるもので，「特権」に当たらない。

　(ⅱ)　宗教団体による「政治上の権力」行使の禁止

20条1項後段はまた，宗教団体が「政治上の権力」を行使してはならないと規定している。この規定も，国は宗教団体に「政治上の権力」を行使させてはならないとの趣旨である。

　ここでいう「政治上の権力」とは何か。これを①「政治的権威の機能」と広く捉える説は，戦前の国家神道が，軍国主義の宗教的基礎づけの機能を果たしたことにかんがみて唱えられた。しかし，禁止の内容が不明確である。②「積極的な政治活動によって政治に強い影響を与えること」と定義する説は，宗教団体を基礎とする政党を否定する趣旨で唱えられた。しかし，憲法が宗教団体による政治活動を禁止する趣旨とは考えられない。③そこで通説は，立法権や課税権，裁判権などの国に独占されている統治的権力を指すと解している。ただし，今日宗教団体がこのような統治権を行使することは通常予想されず，本条は沿革的意味しかもたないことになるとの批判がある。

　(ⅲ)　宗教的活動の禁止

20条3項は，「国及びその機関」に対し，「宗教教育その他いかなる宗教的活動」もしてはならないと規定する。「宗教教育」とは，宗教を宣伝し広めることまたは宗教を排斥することを目的として行われる教育のことである。

「宗教的活動」については，先述のように，最高裁は目的効果基準を用いて宗教的活動該当性を判断している。先述の津地鎮祭訴訟では，市が体育館の起工式として神道式の地鎮祭を行ったことが，20条3項の禁止する「宗教的活動」に当たるかが問題になった。最高裁は，地鎮祭として行われた本件起工式は，宗教とかかわり合いをもつものであることを否定しえないが，その目的は建築着工に際し土地の平安堅固，工事の無事安全を願い，社会の一般的慣習に従った儀礼を行うというもっぱら世俗的なものと認められ，その効果は神道を

援助，助長，促進しまたは他の宗教に圧迫，干渉を加えるものとは認められないのであるから，20条3項の禁止する宗教的活動に当たらないと判断した。最高裁の判断は，神道式の地鎮祭が宗教的起源をもつものだとしても，今日においては，もはや宗教的意義がほとんど認められなくなった建築上の儀礼と化し，慣習化した社会的儀礼としての世俗的行事と一般に評価されている，という認識を基礎にしている。しかし，神社の神職が宗教儀式として行った地鎮祭である以上，目的の宗教性は否定できず，また，工事の無事安全は土地の神に祈るものだというメッセージを発する効果を有していると考えることができる。目的効果基準を用いるとしても，本判決は，その基準を緩やかに適用しすぎている。

　この他，県隊友会が護国神社に対して行った殉職自衛官の合祀申請に自衛隊地方連絡部職員が積極的に関与した行為（殉職自衛官合祀拒否訴訟：最大判1988（昭63）・6・1），小学校用地の拡張のため忠魂碑を市の費用で移設し，土地を無償で貸与する行為（箕面忠魂碑・慰霊祭訴訟：最判1993（平5）・2・16），忠魂碑の前で遺族会が神式ないし仏式で行う慰霊祭に市職員が協力するとともに市教育長が出席した行為（同前），宗教的性格の強い大嘗祭に知事らが参列し拝礼した行為（大嘗祭訴訟：最判2002（平14）・7・11），神社鎮座二千百年式年大祭奉賛会発会式に市長が出席し，祝辞を述べた行為（白山比咩神社訴訟：最判2010（平22）・7・22）などが，目的効果基準のもとで合憲と判断されている。

　それに対し，県知事が靖国神社および県護国神社の例大祭等に際し，玉串料・献灯料の名目で公金を支出した行為について，最高裁は，目的効果基準を厳密に適用して20条3項および89条に反し違憲であると判断した（愛媛玉串料訴訟：最大判1997（平9）・4・2）。最高裁は，「県が特定の宗教団体の挙行する重要な宗教上の祭祀にかかわり合いを持ったということが明らかである」ことを前提に，「神社自体がその境内において挙行する恒例の重要な祭祀に際して玉串料等を奉納することは，……慣習化した社会的儀礼にすぎないものになっているとまでは到底いうことができず」，「玉串料等の奉納者においても，それが宗教的意義を有するものであるという意識を大なり小なり持たざるを得ない」ことなどを指摘するとともに，地方公共団体が特定の宗教団体に対してのみ本件のような形で特別のかかわり合いをもつことは「一般人に対して，県が

当該特定の宗教団体を特別に支援しており，それらの宗教団体とは異なる特別のものであるとの印象を与え，特定の宗教への関心を呼び起こすものといわざるを得ない」，と判断している。宗教上の教義を象徴する行為に公権力がかかわっている事例であり，目的効果基準を適用するまでもなく違憲の判断が可能な事例であろうが，目的効果基準の適用に際しても，目的の認定につき，行為者の主観的意図・目的ではなく，行為の客観的目的を認定し，効果の評価に当たっては，行為が一般人に対して発するメッセージを重視している点で，注目すべきである。

内閣総理大臣の靖国神社への参拝が，この文脈でしばしば問題となってきた。首相の参拝行為を裁判上争うことは現行法上困難である（最判2006（平18）・6・23参照）が，首相が国家を代表する資格で靖国神社に参拝することは，靖国神社が国家にとって特別な神社であるとのメッセージを発することになる。したがって，いわゆる公式参拝は，客観的には憲法違反である。

(iv) 公金支出の禁止

憲法89条は，「公金その他の公の財産は，宗教上の組織若しくは団体の使用，便益若しくは維持のため」これを支出し，またはその利用に供してはならない，と規定し，政教分離原則を財政の面から定めている。

ここで「宗教上の組織若しくは団体」とは，「宗教上の事業若しくは活動を行う共通の目的をもって組織された団体」と広く解する説と，「特定の信仰を有する者による，当該宗教目的を達成するための組織体」と限定的に解する説がある。箕面忠魂碑・慰霊祭訴訟で問題となった遺族会は，広義説をとれば「宗教団体」といえるが，狭義説に立てば「宗教団体」に該当しないことになる。89条を宗教に対する財政的支援を禁止する趣旨と解した上で，広義説が有力である。

この点最高裁は，89条にいう「宗教上の組織若しくは団体」とは，宗教と何らかのかかわり合いのある行為を行っている組織ないし団体のすべてを意味するものではなく，「国家が当該組織ないし団体に対し特権を付与したり，また，当該組織ないし団体の使用，便益若しくは維持のため，公金その他の公の財産を支出し又はその利用に供したりすることが，特定の宗教に対する援助，助長，促進又は圧迫，干渉等になり，憲法上の政教分離原則に反すると解され

るものをいう」と目的効果基準に言及しながら，「特定の宗教の信仰，礼拝又は普及等の宗教的活動を行うことを本来の目的とする組織ないし団体を指す」と狭義説を採用する（前掲，箕面忠魂碑・慰霊祭訴訟・最判1993（平5）・2・16）。目的効果基準に従って定義しているのであるから，この定義に該当する宗教団体の使用，便益もしくは維持のための公金の支出は，あらためてその目的，効果を論じるまでもなく89条違反となるはずである。この定義に該当しない団体の行う宗教的活動への公金支出の合憲性は，20条3項の「宗教的活動」該当性とともに，目的効果基準に従って判断されることになろう。

　先に触れた愛媛玉串料訴訟最高裁判決は，靖国神社および護国神社が89条のいう宗教上の組織・団体に当たることは明らかであるとしながら，玉串料等の奉納が目的効果基準に照らし相当とされる限度を超えるものであると解されるから違憲だと判示している。明らかな宗教団体に対する公金支出であっても，支出の目的，効果を審査するかのようであり問題である。同判決に付された園部逸夫裁判官の意見は，宗教団体の宗教上の使用のために公金を支出することは89条に違反するのであって，本件において目的効果基準を適用する必要はない，と述べている。

　f　信教の自由と政教分離の相克

　政教分離を厳格に貫くと，個人の信教の自由を損なうおそれのある場合がある。先述した「エホバの証人」剣道実技拒否事件や日曜授業参観事件では，学校側は，個人の信教の自由の主張を認めて代替措置を採ることは政教分離原則に違反すると主張していた。

　市が連合町内会に対し市有地を無償で神社施設の敷地としての利用に供している行為が憲法89条および20条1項後段（特権付与の禁止）に違反すると判示した空知太神社訴訟最高裁判決（最大判2010（平22）・1・20）は，目的効果基準に言及しなかった点で注目される。すなわち，89条は「公の財産の利用提供等における宗教とのかかわり合いが，我が国の社会的，文化的諸条件に照らし，信教の自由の保障の確保という制度の根本目的との関係で相当とされる限度を超えるものと認められる場合に，これを許さないとするものと解される」としたうえで，「当該宗教的施設の性格，当該土地が無償で当該施設の敷地としての用に供されるに至った経緯，当該無償提供の態様，これらに対する一般人の評

価等，諸般の事情を考慮し，社会通念に照らして総合的に判断すべき」だとだとして，違憲判断に至っている。

本件で合憲性が問われたのは，「取り立てて宗教外の意義を持つものではない純粋の神道施設につき，地方公共団体が公有地を単純にその敷地として提供しているという事実」（藤田宙靖裁判官の補足意見）である。したがって目的効果基準を適用するまでもなく，89条に違反する状態が生じていると判断することができる。問題はその先の，違憲状態を解消する手段である。単純に神社施設を市有地から除却すると，長年にわたり神社を管理し，宗教的行事を行ってきた氏子集団の信教の自由を損なうことになりかねない。

判決は，1947（昭和22）年公布の「社寺等に無償で貸し付けてある国有財産の処分に関する法律」に言及している。明治初年来，一定の寺社領を官有地に編入するなどして，公有地が無償で社寺等の敷地として提供される事例が多数生じていたところ，新憲法の制定に伴い，政教分離のためにそれらの事例を整理する必要があり，国有地である寺院等の境内地等を寺院等に譲与ないし廉価で売却することとしたのである。最高裁は，同法は「新憲法施行に先立って，明治初年に寺院等から無償で取上げて国有とした財産を，その寺院等に返還する処置を講じたものであつて，かかる沿革上の理由に基く国有財産関係の整理は，憲法89条の趣旨に反するものとはいえない」と判断していた（国有境内地処分法事件：最大判1958（昭33）・12・24）。

空知太神社訴訟判決と同日に下された富平神社訴訟判決（最大判2010（平22）・1・20）は，神社の敷地となっていた市有地を町内会に無償で譲与した市の行為を，20条3項，89条に違反するものではないと判断した。神社敷地が市有地となった明治期以来の経緯を検討し，本件譲与が憲法違反の状態を是正解消するために行われたことを認めて合憲の結論に至っている。

政教分離原則に反する事実を是正解消する際には，「信教の自由の保障の確保という制度の根本目的」との関係を考慮せざるをえない場合があり，是正解消手段の合憲性は，「宗教的施設の性格，当該土地が無償で当該施設の敷地としての用に供されるに至った経緯，当該無償提供の態様，これらに対する一般人の評価等，諸般の事情を考慮し，社会通念に照らして総合的に判断すべき」だということを，空知太神社訴訟判決は示しているように思われる。なお，差

戻し後の再上告審判決は，市が神社施設の一部を撤去させたうえで，市有地の一部を氏子総代長に適正な賃料で賃貸することが，89条，20条1項に違反しないと判示している（最判2012（平24）・2・16）。

3　学問の自由

(1)　**学問の自由の意義**　憲法23条は「学問の自由は，これを保障する」と規定する。学問の自由は，19世紀中葉以降のドイツ憲法において，大学における学問と教授の自由（大学の自由）として展開されてきた。日本では，帝国憲法には「学問の自由」を保障する規定はなく，京大事件（1933（昭和8）年，京都帝大法学部の滝川幸辰教授の刑法学説があまりにも自由主義的だという理由で著書を発禁処分にしたうえ，文部大臣が滝川を休職処分としたことに対し，京大法学部の教官全員が辞表を提出して抵抗した事件）や天皇機関説事件（1935（昭和10）年，東京帝大名誉教授・貴族院議員であった美濃部達吉の憲法学説（天皇機関説）が国体に反するとされ，著書を発禁処分とし，美濃部を公職から追放したうえ，全国の大学での憲法の講義で天皇機関説を説くことを禁止した事件）など，学問に対する弾圧が行われていた。本条は，以上のような歴史的経験を踏まえ，権力による干渉や弾圧を受けやすい学問の自律的発展を保障することを目的としている。

(2)　**学問の自由の主体**　学問の自由が「大学の自由」として展開してきた沿革を重視して，大学等の高等研究教育機関における研究者の研究・教育の自由を保障するもの，と限定して捉える見解がある。しかし，憲法の人権規定として保障された自由を大学研究者の特権とすることは，人権思想に反する。したがって，次項で述べる「教授の自由」を除き，学問の自由はすべての人に保障される。もっとも，大学が学術研究の中心機関であることから，大学における学問の自由の保障にはとくに配慮する必要があり，学問の自由の保障が「大学の自治」の保障を含むとされるのはそのためである。

最高裁も，東大ポポロ事件判決において，学問の自由の保障は「一面において，広くすべての国民に対してそれらの自由を保障するとともに，他面において，大学が学術の中心として深く真理を探究することを本質とすることにかんがみて，特に大学におけるそれらの自由を保障することを趣旨としたものである」としている（最大判1963（昭38）・5・22）。

(3) **学問の自由の内容と限界**　学問の自由は、①学問研究の自由、②学問研究成果の発表の自由、③学問研究成果の教授の自由を保障する。①の学問研究の自由は、思想・良心の自由の一部を構成すると説かれることもあるが、今日の科学技術研究は内面的な精神活動にとどまらず、各種の調査や実験を伴う外面的活動として行われているから、内心の自由として絶対的に保障されるとは言い難い。研究の手段・方法が他人の権利、利益を侵害することのないように、必要最小限度の制約が許される。さらに、今日の先端科学技術研究は、遺伝子組換えやクローン技術、放射性物質を扱う研究のように、大きな可能性に満ちている一方で、人間の生命や人類の生存そのものに重大な危険を及ぼすおそれのあるものもある。先端科学技術研究に伴うリスクは未知のものも多く、想定される害悪に応じた予防的規制が許される場合があろう。

　②の研究成果発表の自由は、外面的な精神活動として、表現の自由の保障の一部として考えることができる。

　③の学問研究成果の教授の自由が、大学等の高等教育機関での教育に関して保障されることは疑いなく、講義の方法や内容について、刑罰法規に触れることが明白な場合や研究教育者に当然要求される基準に違反する場合を除いて、公権力や大学管理者、社会的権力等の干渉・介入は許されない。問題は、初等中等教育機関の教師にも、教授の自由が保障されるのかである。これを積極に解する説は、教育とは児童生徒の心身の発達に応じて適切な教育的配慮のもとで行われる学問的実践であり、学問と教育は本質的に不可分であると主張する。しかし、初等中等教育機関における教師に認められる教育の自由は、学問研究の成果を教授する自由ではない。それは何よりも、児童生徒の学習権を実現するために教師に委ねられる自由である（→本章第6節3(4)参照）。目的や性質の違いを明確にするためにも、教育の自由は23条によって保障されるのではなく、26条から導き出されるものであると解すべきである。

(4) **大学の自治**　学問の自由の保障は、大学の自治を保障するものと解されている。学問の自律的発展のためには、学術研究の中心たる大学における研究と教育の自主性・独立性を確保する必要があるからである。大学は、公権力等の外部の権力や権威から独立して、自主的に運営されなければならない。

　大学の自治の内容としては、従来、①教員・学長等の人事に関する自治、②

施設管理に関する自治，③学生管理に関する自治，が語られてきた。近年ではこれらに加えて，④研究・教育の内容および方法に関する自治，⑤財政管理の自治，を含める学説が有力である。

　大学の自治の主要な担い手は，大学で研究教育に従事する者，すなわち大学教員である。しかし，職員・学生も大学に不可欠な構成員であり，それぞれの立場で研究教育に従事しているのであるから，自治の担い手であると考えるべきである。とくに学生は，学問の共同体である大学において，教員とともに大学における学問の自由を直接享受しており，大学の自主性・独立性の維持に責任を有している。

　大学の自治は警察権の行使との関係で問題となることがあった。東大ポポロ事件は，1952（昭和27）年2月，東大内の教室で大学公認団体のポポロ劇団が，大学の許可を得て演劇を上演していたところ，学生が観客の中に私服警官4名が潜入していることを発見し，3名の身柄を拘束して警察手帳を取り上げる等の行為を行ったが，その際に暴行があったとして，暴力行為等処罰に関する法律1条違反で学生2名が起訴された事件である。最高裁は，本件演劇発表会がいわゆる反植民地闘争デーの一環として行われたこと，演劇の内容も当時冤罪事件として広く支援活動が行われていた松川事件を題材としたものであったことなどを根拠に，「本件集会は，真に学問的な研究と発表のためのものでなく，実社会の政治的社会的活動であり，かつ公開の集会またはこれに準じるものであつて，大学の学問の自由と自治は，これを享有しない」と断じ，「したがつて，本件の集会に警察官が立ち入ったことは，大学の学問の自由と自治を犯すものではない」として，被告人を無罪としていた下級審判決を破棄して差し戻した。

　しかし，この最高裁判決には批判が強い。第1に，警察手帳には，警察官が長期にわたり大学内で警備情報収集活動（講義内容のチェックも含む）を行っていたことが記載されており，本件立ち入りもその一環として行われたものであるのに，最高裁はそれをまったく考慮に入れていない。大学が警察権力の絶えざる監視のもとにあることを容認すれば，学問の自由は危殆に瀕する。第2に，学問的な活動か政治的社会的活動かの区別は極めて困難であり，学生の活動を許可した大学の判断を尊重することが大学の自治の帰結であるというべき

である。

　2003（平成15）年の国立大学法人法の制定，2014（平成26）年の学校教育法の改正などにより，大学の自治をめぐる法制度環境が大きく変化しつつある。大学経営の「効率化」や決定の「迅速性」の名のもとに，教員集団（教授会）による自治の伝統は軽視され，学長および経営陣の権限が強化されて，トップダウン型の大学経営が進みつつある。しかし，大学の自治が学問の自由のための制度であるならば，研究教育者集団の自律による大学運営が基本である。その観点から近年の大学の自治の変容を注視してゆく必要がある。

4　表現の自由
(1)　表現の自由
a　表現の自由の価値

　憲法21条1項は「集会，結社及び言論，出版その他一切の表現の自由は，これを保障する」と定め，さらに2項前段で「検閲は，これをしてはならない」と規定する。表現の自由は，西欧型民主政を採用する諸国家において，普遍的に保障される自由である。民主的な政治過程の維持保全にとって，表現の自由の保障は不可欠と考えられているからである（自己統治の価値）。また，表現の自由は個人の人格的生存や自己実現にとって不可欠でもある。多様な情報やものの考え方に接し，それを摂取し，自己の意見を自由に表明することを通じて，個人は人間として成長し，自律的生を営むことができるからである（自己実現の価値）。表現の自由は，このような価値ないし機能を有しているがゆえに，最大限に尊重されなければならず，他の憲法上の権利，特に経済的自由との関係で「優越的地位」にあるとされる（表現の自由の「優越的地位」の理論）。その結果，表現の自由をはじめとする精神的自由を制約する立法の合憲性は，経済的自由を制約する立法の合憲性を審査する際に用いられる審査密度の緩やかな「合理性の基準」では足りず，審査密度を高めた厳格な審査基準によって審査される必要がある，とするいわゆる二重の基準論（→第6章第5節2(2)）が広く支持されている。

　二重の基準論を根拠づける議論として，次の2つの考え方も注目される。1つは，「思想の自由市場」論である。思想の自由な競争を通じてわれわれは真

理に到達することができるのであるから，思想の自由市場を維持するために表現の自由の保障が必要だとする議論である。しかし，思想の自由市場が存在するのか，存在するとして真理が勝ち残る保証があるのか等の疑問が提起されている。

次に表現の自由が傷つきやすい自由であることを指摘する議論がある。権力は，権力やその拠って立つ既成秩序を脅かしそうな言論を抑圧しようとするから，表現の自由はとりわけ不当な制約を受けやすく，また，表現する者としても，社会的・政治的な問題についての発言は自己利益と直結しないから，規制によって不利益を受けるおそれがあれば，本来許されるはずの表現行為を自粛してしまう可能性が高い（萎縮効果（chilling effect））。このような表現の自由の傷つきやすさゆえに，規制の合憲性は厳密に審査すべきだというのである。

b 表現の自由の内容
(i)「一切の表現の自由」の意義

21条は，「一切の表現の自由」を保障する。表現とは，内心における精神作用の表出であって，その形態を問わない。表現の方法は多様であって，口頭や文章によるもののみならず，絵画，映画，演劇，SNSやネットを用いた表現，集会やビラまきのように行動を伴った表現，芸術的表現やいわゆる「象徴的表現」も保障の対象である。思想・信条・意見の表明に限らず，事実の伝達（報道の自由）も含んでいる。すなわち表現の自由は，情報の伝達の自由を保障しているのである。

情報伝達の自由として表現の自由は，まず，情報提供の自由を保障している。しかし，情報の伝達は情報を受け取る行為があってはじめて意味があるから，情報受領の自由が保障されなければならない。さらに，情報を提供しようとすると，受け身で情報を受け取るだけでなく，積極的に情報を収集する活動が必要となり，情報収集の自由が保障される必要がある。

最高裁は，情報受領の自由や情報収集の自由に関し，表現の自由の一内容として直接保障されるとの立場には立っていないが，「さまざまな意見，知識，情報に接し，これを摂取する」「自由」は，憲法21条1項の規定の「趣旨，目的から，いわばその派生原理として当然に導かれるところである」として，憲法上保護されることを認めている（「よど号」新聞記事抹消事件：最大判1983（昭

58)・6・22,法廷メモ訴訟（レペタ事件）：最大判1989（平1）・3・8）。

(ii) 「知る権利」と報道の自由・取材の自由

現代社会においては，情報が政府や一部マスメディアに集中し，それらのメディアが情報の「送り手」の地位を独占し，個人は情報の「受け手」の地位に固定されかねない状況が生じている。そこで，情報を受け取り，収集する側から自由や権利を再構成する概念として，「知る権利」が提唱されてきた。

もっとも，「知る権利」は多義的な概念で，マスメディアの報道の自由や取材の自由を根拠づける概念として用いられることもあれば，政府に情報の公開を求める具体的権利として主張されることもある。博多駅テレビフィルム提出命令事件決定で最高裁判所が，「報道機関の報道は，民主主義社会において，国民が国政に関与するにつき，重要な判断の資料を提供し，国民の『知る権利』に奉仕するものである」と述べるのが，前者の例である（最大決1969（昭44）・11・26）。同決定はこのように述べて，事実の報道の自由が21条の保障の下にあることを確認し，さらに「報道機関の報道が正しい内容をもつためには，報道の自由とともに，報道のための取材の自由も，憲法21条の精神に照らし，十分尊重に値する」とした。取材の自由は21条によって直接保障されるものではないにしても，報道の自由の保障を十全にするために，必要なかぎりで憲法上の保護の対象となる，とするものである。

国家秘密と取材の自由の関係が厳しく争われた事例が，沖縄密約電報事件である。沖縄返還に関わる日米間の密約電報を，外務省の女性事務官から入手した新聞記者の行為が，国家公務員法の禁止する「秘密漏示のそそのかし」（国公111条）に当たるとして起訴された。最高裁は，「報道機関が取材の目的で公務員に対し秘密を漏示するようにそそのかしたからといつて，そのことだけで，直ちに当該行為の違法性が推定されるものと解するのは相当ではなく」，「それが真に報道の目的からでたものであり，その手段・方法が法秩序全体の精神に照らし相当なものとして社会観念上是認されるもの」であれば「実質的に違法性を欠き正当な業務行為」に当たり，違法性が阻却されるという。ただし，取材の手段・方法が「贈賄，脅迫，強要等の一般の刑罰法令に触れる行為を伴う場合」はもちろん，一般の刑罰法令に触れないものであつても，「取材対象者の個人としての人格の尊厳を著しく蹂躙する等法秩序全体の精神に照ら

し社会観念上是認することのできない態様のものである場合」にも，正当な取材活動の範囲を逸脱し違法性を帯びることになるとして，男女の関係を利用した本件取材行為は正当な取材活動の範囲を逸脱し，違法だと断じた（最決1978（昭53）・5・31）。しかし，「法秩序全体の精神」という曖昧な根拠で，報道目的での取材活動に対する制限を容認している点は問題である。

　なお，国家秘密との関係では，2013（平成25）年に制定された「特定秘密の保護に関する法律」（特定秘密保護法）が問題となる。同法は，防衛に関する事項や外交に関する事項など，日本の安全保障に関する情報のうちとくに秘匿を必要とするものを所轄行政機関の長が「特定秘密」に指定し，その漏えいと取得，およびそれらの共謀，教唆，煽動を重く処罰する。「特定秘密」の範囲や指定期間が明確か，取材の自由を萎縮させないか，国民の「知る権利」を不当に制限しないかなどが懸念されている。

　報道機関にとって，取材源の秘匿は，報道の自由を維持する上での核心的モラルである。取材の自由の保障は，将来における取材活動を著しく困難にする措置を受けない保障を含んでいる。まず，裁判所に証人として喚問された報道機関の記者が，取材源の開示を求められる場合がある。取材源の秘匿を条件に取材に応じる者も多いことから，記者に取材源秘匿権を認めないと，取材対象者と記者との信頼関係が崩壊し将来の取材活動が著しく困難になる。最高裁は，刑事訴訟においては記者の取材源秘匿は認められないと判示した（石井記者事件：最大判1952（昭27）・8・6）が，民事訴訟については，記者の取材源は「職業の秘密に関する事項」（民訴197条1項3号）に当たるとした（NHK記者取材源開示拒否事件：最決2006（平18）・10・3）。そして，「当該報道が公共の利益に関するものであって，その取材の手段，方法が一般の刑罰法令に触れるとか，取材源となった者が取材源の秘密の開示を承諾しているなどの事情がなく，しかも，当該民事事件が社会的意義や影響のある重大な民事事件であるため，当該取材源の秘密の社会的価値を考慮してもなお公正な裁判を実現すべき必要性が高く，そのために当該証言を得ることが必要不可欠であるといった事情が認められない場合には，当該取材源の秘密は保護に値する」と判示して，取材源に関する証言拒絶を認めている。

　取材のための撮影は，報道のためにのみ用いられるとの前提があるから，他

者から妨害を受けることなく行うことができる。撮影したビデオやフィルムなどの取材資料が，犯罪資料や刑事裁判に使用されることとなれば，このような前提が崩れ，取材活動は著しく困難になるおそれがある。特別公務員暴行陵虐罪等で付審判請求がなされた事件で，被疑者らの罪責の有無を判定するために，裁判所が放送各局に対し，事件現場を撮影したテレビフィルムの提出を求めた事件（博多駅テレビフィルム提出命令事件：最大決1969（昭44）・11・26）で，最高裁は，「公正な刑事裁判の実現を保障するために，報道機関の取材活動によって得られたものが，証拠として必要と認められるような場合には，取材の自由がある程度の制約を蒙ることとなってもやむを得ない」という。そして，提出命令が許されるか否かは，「審判の対象とされている犯罪の性質，態様，軽重および取材したものの証拠としての価値，ひいては，公正な刑事裁判を実現するにあたっての必要性の有無」および「取材したものを証拠として提出させられることによって報道機関の取材の自由が妨げられる程度およびこれが報道の自由に及ぼす影響の度合その他諸般の事情」を比較衡量して決せられるべきであるとして，本件提出命令は21条に違反するものでも，その趣旨に反するものでもないと判断した。

　その後，最高裁は，捜査機関がテレビ局の取材テープを，捜索差押令状を得て押収した事例で，前記比較衡量を行いながら，「公正な刑事裁判を実現するためには，適正迅速な捜査が不可欠の前提」だとして，押収の合憲性を認めている（日本テレビ事件：最決1989（平1）・1・30，TBS事件・最決1990（平2）・7・9）。裁判所は，公正な刑事裁判の実現は「国家の基本的要請」と評価しており，他方，報道機関の受ける不利益は「将来の取材が妨げられるおそれがある」にとどまる，というのであるから，比較衡量の結果は初めから明らかである。このことは，比較衡量という合憲性判定手法が有効に機能しないことを示している。そこで，きわめて重要な目的を実現するのに必要不可欠な場合にのみ取材資料の提出を強制しうる，といった枠組みで判断すべきだとの主張に説得力がある。

　(iii)　「知る権利」と情報公開請求権

　国民は主権者として，政府の保有する情報を「知る権利」がある。もっとも，政府情報開示請求権としての「知る権利」を実現するためには，それを具

体化する法制度が必要である。情報公開制度は条例が先行していたが，1999（平成11）年，国のレベルでの行政機関の保有する情報の公開に関する法律（情報公開法）が制定された。同法は，「何人も」行政文書の開示を求できるものとし（同3条），開示を原則として不開示情報を限定列挙しており（同5条），不開示決定に対する救済についての定めをおいている。もっとも，同法には国民の「知る権利」への言及がないという問題点も指摘されている。

　情報公開を真に意味のあるものにするためには，行政文書が適切に作成され，保存されていなければならない。2009（平成21）年に公文書等の管理に関する法律（公文書管理法）が制定され，この点に関する整備が進められている。

　　(iv)　放送・インターネットにおける自由の特性

　放送については，放送局の開設に総務大臣の免許を受けることが必要とされ（電波4条），さらに放送法が番組編集基準（①公安および善良な風俗を害しないこと，②政治的公平，③真実報道，④論争点の多角的解明，このうち②と④を「公平原則」と呼ぶ）を定めている（同条1項）。放送は，プリントメディアとは違う特別な規制のもとに置かれているが，その正当化根拠としては，従来，電波周波数の有限・希少性，放送の持つ強い社会的影響力が挙げられてきた。しかし，近年の放送技術の発展，インターネットの普及に伴い，このような正当化根拠には疑問が投げかけられてきており，「公平原則」は21条に違反するとの見解も主張されている。そこで，新聞の自由を維持しつつ，放送のみに一定の規制をかけることで，マスメディア全体としてみれば多様な情報の流通が期待できるとする見解（部分規制論）も強力に主張されている。

　インターネットは，今日，生活の一部となっている。放送と異なり電波の希少性という問題もなく，誰でも世界に向けて情報を発信できるようになった。情報の送り手と受け手の固定化という問題は，ある程度解消されるといえるかもしれない。しかし結果として，あらゆる情報がネット上に氾濫するようになり，国境を越えて流入するわいせつ表現や，匿名性を隠れ蓑に拡散する名誉毀損表現やプライバシー侵害表現など，従来の手法では規制困難な問題が生じている。

c 表現の自由の規制の合憲性判定基準
(i) 事前抑制の原則的禁止の法理

　事前抑制とは，表現行為がなされるに先立ち，公権力が何らかの方法で抑制すること，および実質的にこれと同視できるような影響を表現行為に及ぼす規制方法をいう。この方法は，①情報が「市場」に出る前にそれを抑止するものであり，事後規制とは抑止効果が質的に異なること，②表現行為に先立ち迅速になされるので手続上の保障が十分でなく，公権力の恣意的判断がなされるおそれがあることから，表現の自由に対する事前抑制は原則的に禁止される。

　21条2項は「検閲は，これをしてはならない」として検閲を禁止しているが，検閲と事前抑制の関係が問題となる。広義説（一元説）は，2項が禁止する「検閲」は公権力による表現内容の事前審査一般を指すと理解する。表現規制の機能に着目して検閲概念を捉えることができ，2項の適用範囲が拡大するという利点をもつが，他方，たとえば裁判所が名誉やプライバシーを侵害する表現を事前に差し止めることを，検閲禁止の例外として認めることになり，検閲禁止は相対化される。狭義説（二元説）は，事前抑制の原則的禁止は21条1項の表現の自由の保障の帰結であるとしたうえで，2項は，事前抑制の典型としての検閲を絶対的に禁止するものだと理解する。この説は検閲を「行政権が表現行為に先立ちその内容を事前に審査し，不適当と認める場合にその表現行為を禁止すること」と定義している。検閲の定義次第では2項の意味がなくなるなどと批判されるが，憲法がとくに検閲を明文で禁止した趣旨，伝統的な検閲制度と事前抑制一般とは規制の態様や効果を異にするとみることができることから，検閲禁止の絶対性を貫く狭義説が妥当である。

　判例は，狭義説に立ち，2項による検閲禁止は公共の福祉による例外を許容しない絶対的禁止だと解したうえで，検閲を「行政権が主体となって，思想内容等の表現物を対象とし，その全部又は一部の発表の禁止を目的として，対象とされる一定の表現物につき網羅的一般的に，発表前にその内容を審査した上，不適当と認めるものの発表を禁止することを，その特質として備えるもの」と定義する（札幌税関検査訴訟：最大判1984（昭59）・12・12）。しかし，最高裁の検閲概念に対しては，①輸入が禁止される書籍・図画は海外で発表済みのものであるとするなど「発表」の概念が形式的にすぎて，狭すぎる，②「網羅

的一般的」という要件があまりにも不明確で，検閲の範囲を著しく狭める，③「発表の禁止を目的」とすると，戦前の内閲の慣行（出版物の発売・頒布を禁止する権限を有していた内務当局に，出版物をあらかじめ提出して非公式に検閲してもらう習慣）も検閲に該当しないことになるなど，検閲概念が著しく狭く不当だとの批判が強い。

とまれ最高裁は，上記定義に拠って，税関での輸入書籍・図画の検査のほか，教科書検定（第1次家永教科書検定訴訟：最判1993（平5）・3・16），青少年保護育成条例に基づく有害図書の指定（岐阜県青少年保護育成条例事件：最判1989（平1）・9・19），名誉棄損・プライバシー侵害を理由とした裁判所による出版の事前差し止め（北方ジャーナル事件：最大判1986（昭61）・6・11）などの検閲該当性を否定している。

検閲に当たらないとしても，違憲の事前抑制に当たらないか，別途検討が必要である。どのような場合に例外として事前抑制が認められるかは，定説はないが，一般的には，①事後規制では達成できない公共の利益が存在すること，たとえば，公表されれば取り返しのつかない害悪が発生する場合や重大な害悪の発生が異例なほど明白な場合であって，②規制の基準が明確であり，手続が公正であること，③迅速かつ適正な司法審査が保障されること，を挙げることができよう。

名誉権に基づき出版の差止めの仮処分を求めた北方ジャーナル事件で，最高裁は，裁判所による出版の事前差止めが2項の検閲に当たらないとしても事前抑制として1項に違反しないかを検討している（北方ジャーナル事件：最大判1986（昭61）・6・11）。そして，公務員または公職選挙の候補者に対する評価，批評等の表現行為の事前差止めは，原則として許されないとした上で，①その表現内容が真実でなく，または②もっぱら公益を図るものでないことが明白であって，かつ，③被害者が重大にして著しく回復困難な損害を被る虞があるときには，事前差止めの必要性が肯定されるとし，さらに，①から③の実体的要件に加え，手続的要件として，④口頭弁論または債務者の審尋を行い，表現内容の真実性等の主張立証の機会を与えることが必要だと判示している。

その後，最高裁は，モデル小説による私人の名誉，プライバシー侵害を根拠とした出版の差止めに関して，差止めの許否は「侵害行為の対象となった人物

の社会的地位や侵害行為の性質に留意しつつ，予想される侵害行為によって受ける被害者側の不利益と侵害行為を差止めることによって受ける侵害者側の不利益とを比較衡量して」決すべきだとした原審の判断を簡単に認めている（「石に泳ぐ魚」事件：最判2002（平14）・9・24，東京高判2001（平13）・2・15）。北方ジャーナル判決の要件より相当程度緩やかな個別的比較衡量の要件が示されているが，公務員や公職の候補者にかかる事実か，まったくの私人にかかる事実かの相違を反映したものであろう。

　(ⅱ)　明確性の法理（漠然性ゆえに無効の法理）

　一般に基本的人権を制約する立法は明確に規定されていることを要し，刑罰法規については，罪刑法定主義（31条）の要請として構成要件の明確性が求められる。表現の自由を制約する立法については，規制方法が刑罰によるものでなくても，不明確な規制が表現行為を萎縮させる効果（chilling effect）をもつことにかんがみ，何が禁止される表現行為であるのか明確に示されていなければならない（明確性の法理）。文面上漠然不明確な規制立法は，21条1項に反し無効である（漠然不明確ゆえに無効の法理）。

　最高裁は，札幌税関検査訴訟判決（最大判1984（昭59）・12・12）において，「表現の自由を規制するについては，基準の広汎，不明確の故に当該規制が本来憲法上許容されるべき表現にまで及ぼされて表現の自由が不当に制限されるという結果を招くことがないように配慮する必要」があると，明確性の法理を一応承認する。したがって，表現の自由を規制する法律を限定解釈する場合には限界があり，限定解釈が許されるのは，①「その解釈により，規制の対象となるものとそうでないものとが明確に区別され，かつ，合憲的に規制し得るもののみが規制の対象となることが明らかにされる場合」であって，②「一般国民の理解において，具体的場合に当該表現物が規制の対象となるかどうかの判断を可能ならしめるような基準をその規定から読みとることができる」場合に限られると判示した。ただし，同判決は，輸入が禁止される「風俗を害すべき書籍」とはわいせつな書籍に限られる，とのかなり強引な限定解釈を行っている（→合憲限定解釈の限界については，第6章第5節3(1)b参照）。

　(ⅲ)　過度の広汎性ゆえに無効の法理

　基本的人権の制約は必要最小限度にとどめるべきことは，憲法13条の要請す

るところであるが，表現の自由を制約する立法については，規制手段の必要最小限度性はとくに問われ，法の定める規制手段より制限的でない他の選択しうる手段が存在する場合（LRA（less restrictive alternative）の法理）や，法の定める規制手段があまりにも広汎にすぎる場合（過度の広汎性ゆえに無効の法理）には，21条1項に違反するとされる。

　このうち，過度の広汎性の法理は，本来許されるべき表現行為が規制の対象とされていることによる萎縮効果が立法の文面上明らかであることを根拠とするもので，過度に広範な規制は文面上無効となる。漠然性の法理と類似したところがあり，概念的には区別可能だが，実際は両者がともに主張されることが多い。漠然性の場合には，禁止の核心に当たる事例の場合には主張できないのに対し，過度の広汎性の場合には，そのような限定がないと説かれることもある。しかし，日本の裁判では，文面審査は普通に行われるので，この点の優位はないといえる。

　国家公務員の政治的活動の自由をほぼ全面的に禁止している国家公務員法102条と人事院規則14-1を，過度に広汎な規制の例として挙げることができる。その他，裁判例としては広島市暴走族追放条例事件判決（最判2007（平19）・9・18）が，規制が過度に広汎かどうかを検討している。暴走族対策を目的とする本件条例は，暴走族の定義において社会通念上の暴走族以外の集団が含まれる文言となっていること，禁止行為の対象も「何人も」とされ，暴走族以外の者の行為にも及ぶ文言となっていることから，「本条例がその文言どおりに適用されることになると，規制の対象が広範囲に及び，憲法21条1項及び31条との関係で問題がある」と最高裁は認める。ただし，判決は，条例が規制の対象としている「暴走族」は，「本件条例2条7号の定義にもかかわらず」，本来的意味における暴走族と社会通念上これと同視することができる集団に限られる，と強引な限定解釈を付して，条例を合憲と判断している。しかし，小法廷の5名の裁判官のうち2名が，上記限定解釈は解釈の限界を超えるとして条例を違憲・無効と判断し，合憲と判断した3名のうち1名は広島市に対し「早期かつ適切な改正等の自発的な措置」を促している（2017年9月現在で，条例は何ら改正されていない）。

(iv) 表現内容規制と内容中立的規制の区別について

　表現の自由の規制に対する違憲審査の枠組みとして，表現の内容に基づく規制と表現内容には中立的な規制を区別し，前者の合憲性は厳格に審査しなければならないが，後者の合憲性はより緩やかな基準で審査してよいという考え方（二分論）が支配的である。

　二分論が内容規制を特に厳格に審査すべきだと主張する根拠は，①表現内容に基づく規制は，特定の，とりわけ多数者が共感しない見解やメッセージを市場から排除し，言論市場を歪曲する効果をもつこと，②政府が表現内容の真否，価値，危険性，道徳性を判断することになり，思想統制や情報操作につながるおそれがあること，などである。しかし，表現する者にとって表現の時・場所・方法は重要な意味をもつことがあり，また，政府は内容中立規制を装って気に入らない表現の流通を妨げようとしているのかもしれない。内容規制であれ，内容中立規制であれ，表現する個人にとって表現を禁止されることに変わりはなく，表現を受け取る社会にとって情報の自由な流通が妨げられることに変わりはない。このように考えると，内容中立規制だからといって緩やかな基準で違憲審査を行ってよいということにはならないものと思われる。内容規制，内容中立規制ともに，厳格にその合憲性を審査すべきであろう。

　とはいえ，表現内容規制と内容中立規制のそれぞれの合憲性を判定する際に用いる具体的な基準（合憲性判定基準）は異なる。表現内容規制に場合には，憲法上保護されない言論を限定的かつ明確にあらかじめ明らかにしておくために（「範疇化（categorical）」アプローチ），保護法益と表現の自由の衡量を類型的に行う定義的衡量（definitional balancing）の手法や，重大な害悪が発生する蓋然性が明白であり，かつ害悪の発生が差し迫っている場合にのみ表現行為を禁止することができるという「明白かつ現在の危険」のテスト，規制はやむにやまれないほど重要な政府利益を実現するために厳密に作られていなければならないとする「やむにやまれざる政府利益（compelling interest）」のテストなどが用いられる。他方，表現内容中立的規制の場合には，「合理的時・場所・方法の規制」の基準やLRAの基準が用いられることが多い。そこで以下では，内容規制と内容中立規制を一応の枠組みとして論じることとする。

d 表現の内容に基づく規制
(i) 違法行為の煽動

煽動罪は，煽動された者が犯罪の実行行為に着手することはおろか，実行の意思を生じたことすら必要とせずに，独立犯として煽動者を処罰するものである。煽動は表現行為として行われるから，表現行為それ自体が危険であるという理由で処罰の対象とされている。また，違法行為の煽動は，政治的表現である場合も多い。体制変革の正当性を論じる政治理論や，政府の施策に徹底抗戦を主張する言説なども，処罰の対象となりかねない危険をはらむ。学説は，かつては明白かつ現在の危険のテストの採用を主張する見解が多くみられたが，今日では，①唱道が差し迫った違法行為を引き起こすことに向けられ，かつ，②かかる行為を実際に引き起こす見込みのある場合にのみ，煽動を処罰することができるというアメリカのブランデンバーグ判決の基準を採用すべきだとしている。

破壊活動防止法（破防法）38条1項，39条，40条は，内乱や外患誘致，政治目的での建造物放火，殺人，騒乱などの犯罪行為の煽動を処罰の対象としている。最高裁は，煽動を「特定の行為を実行させる目的をもって，文書若しくは図画又は言動により，人に対し，その行為を実行する決意を生ぜしめ又は既に生じている決意を助長させるような勢のある刺激を与えること」と破防法4条2項の規定そのままの定義を与えて，公共の福祉を理由に煽動の処罰を合憲と判示している（破防法煽動罪事件：最判1990（平2）・9・28）。明白かつ現在の危険のテストすら言及しておらず，学説の批判が強い。

(ii) 名誉毀損

名誉とは，人の人格的価値について社会から受ける客観的な評価（社会的評価）のことであり，自律した個人の尊厳にかかわることがらであり，人格権の名のもとに保護される。刑法230条1項は「公然と事実を摘示し，人の名誉を毀損した者は，その事実の有無にかかわらず」処罰の対象とすると規定し，231条は「事実を摘示しなくても，公然と人を侮辱した者」も処罰の対象としている。民事法上も，人の名誉を毀損する行為は不法行為として責任を問われる（民709条）。名誉権は憲法上も13条の幸福追求権の一内容として保障され，人の名誉を毀損する表現は，憲法上保護されない。

しかしながら、政治批判は政治家に対する批判を伴い、公選にかかる公務員への批判が名誉毀損となるならば、表現の自由は窒息し、民主主義は機能不全に陥る。そこで、現行憲法の制定にあわせて、刑法230条の2が新設され、①「公共の利害に関する事実」を、②「専ら公益を図る」目的で摘示した場合には、③「事実の真否を判断し、真実であることの証明があったとき」はこれを罰しないと規定した（1項。さらに2項・3項も参照）。これは、表現の自由と名誉権との調整を図った規定とされ、この理は民事上の不法行為としての名誉毀損についても妥当するとされている（最判1966（昭41）・6・23）。このうち、③の「真実性の証明」の要件については、最高裁は、真実であることの証明がない場合でも、「行為者が真実であると誤信し、それが確実な資料、根拠に照らして相当の理由があるとき」は、故意または過失を欠くから罪は成立せず、また不法行為も成立しないと解釈し、表現の自由の保護を図っている（「相当性の理論」）（「夕刊和歌山時事」事件：最大判1969（昭44）・6・25）。

　①の「公共の利害に関する事実」とは、政府や公職者に関する事実、犯罪や裁判に関する事実のほか、社会が関心をもつことが正当であると考えられるような事実を含む。最高裁は、私人の私生活上の行状であっても、「そのたずさわる社会的活動の性質及びこれを通じて社会に対して及ぼす影響力の程度などのいかんによっては」、「公共の利害に関する事実」に当たる場合があるとしている（「月刊ペン」事件：最判1981（昭56）・4・16）。また、②の「専ら公益を図る目的」についても、主たる動機が公益を図るためであればよいと解されている。

　このように最高裁は、刑法230条2，1項の要件を、民主主義社会における表現の自由や報道の自由に有利に調整しているといえる。ただし、学説には、「公共の利害に関する事実」の報道は表現の自由によって保護されているのであるから、真実性の証明の要件は報道側が立証すべき免責要件ではなく、名誉を毀損されたと主張する側が「真実でないこと」を立証すべきだと挙証責任の転換を求める説、さらにその際、アメリカの「現実の悪意」の法理（表現者がそれを虚偽であると知りながら表現したか、または虚偽であるか否かをまったく気にもしないで表現したことの立証を、名誉を毀損されたと主張する側に課す法理）を採用すべきだという見解が説かれることがある。

以上の理は「事実の摘示」による名誉毀損の法理であるが，名誉毀損は意見や論評によっても生じうる。最高裁は，①「公共の利害に関する事項」についての批判・論評は，②目的がもっぱら公益を図るものであり，かつ③その前提としている事実が主要な点において真実であることの証明があったときは，④人身攻撃に及ぶなど論評としての域を逸脱したものでないかぎり，違法性を欠くとしている（長崎教師批判ビラ事件：最判1989（平1）・12・21，なお最判1997（平9）・9・9も参照）。

　(iii)　プライバシーの侵害

　表現行為によるプライバシーの侵害が不法行為になることを示したのが，東京地裁の「宴のあと」事件判決（東京地判1964（昭39）・9・28）である。同判決は，プライバシー権を「私事をみだりに公開されないという法的保障ないし権利」と捉え，プライバシー侵害の成立要件を次のように述べた。すなわち，公開された内容が，①私生活上の事実または私生活上の事実らしく受け取られるおそれのあることがらであること，②一般人の感受性を基準として公開を欲しないであろうと認められうること，③一般の人々にいまだ知られていない事柄であること，および，④当該公開によって当該私人が実際に不快，不安の念を覚えたこと，である。この4要件は，今日でも広く用いられている。

　ただし，最高裁はこの4要件によらず，個別事案ごとに事実を公表されない法的理由とこれを公表する理由とを比較衡量して，プライバシー侵害の成否を判断する。12年前に返還前の沖縄で実刑判決を受けたがその後上京し平穏な生活を送っていた原告の実名が，ノンフィクション作品「逆転」で用いられたため，前科を公表されたことに対し慰謝料を請求した事件で，最高裁は，不法行為の成否については「その者のその後の生活状況のみならず，事件それ自体の歴史的又は社会的意義，その当事者の重要性，その者の社会的活動及びその影響力について，その著作物の目的，性格等に照らした実名使用の意義及び必要性をも併せて判断すべきもの」だと判示し，請求を認容した原審の判断を支持した（「逆転」事件：最判1994（平6）・2・8）。

　表現の自由とプライバシーの権利の調節にあたっては，事案ごとの比較衡量によらざるをえないとしても，被害者の性格（統治に責任のある公務員か，公的存在か，純然たる私人か），公表された事実の性質（統治過程に直接かかわる事項

か，公の利益にかかわる事項か，まったくの私的事項か）を考慮しつつ，情報の自由な流通に不当な制約を課すことのないよう配慮する必要がある。

(iv) わいせつ

刑法175条は「わいせつな文書，図画，電磁的記録に係る記録媒体その他の物」の頒布，公然陳列，有償頒布目的での所持等を処罰の対象としている。わいせつ表現の禁止には，大別して2つの問題がある。第1に，わいせつとは何か，どのように定義するか，であり，第2に，そもそも，なぜわいせつ表現は禁止されるのか，という問題である。

まず，わいせつ表現の定義について，最高裁は大審院時代の判例を踏襲して，「徒らに性欲を興奮又は刺戟せしめ，且つ普通人の正常な性的羞恥心を害し，善良な性的道義観念に反するものをいう」と定義する（「チャタレー夫人の恋人」事件：最大判1957（昭32）・3・13）。そして，ある文書が「わいせつな文書」に当たるかどうかは，裁判官が社会通念に従って判断するものとされ，文書の芸術性・思想性はわいせつ性とは別概念であるから，高度の芸術性といえども作品のわいせつ性を解消するものではない（「絶対的わいせつ概念」），としていた。

その後，最高裁はわいせつの判断方法の精緻化を進め，文書の個々の部分を取り出してそのわいせつ性を判断する（「部分的判断方法」）のではなく，個々の部分のわいせつ性は文書全体との関連において判断されなければならない（「全体的考察方法」）ことを示し，（「悪徳の栄え」事件：最大判1969（昭44）・10・15），さらに，「当該文書の性に関する露骨で詳細な描写叙述の程度とその手法，右描写叙述の文書全体に占める比重，文書に表現された思想等と右描写叙述との関連性，文書の構成や展開，さらには芸術性・思想性等による性的刺激の緩和の程度，これらの観点から該文書を全体としてみたときに，主として，読者の好色的興味にうつたえるものと認められるか否かなどの諸点を検討することが必要」（「相対的わいせつ概念」）だとされている（「四畳半襖の下張り」事件：最判1980（昭55）・11・28）。もっとも，こうした手法は，わいせつ該当性の判断にあたって考慮されるべき要素を示したにとどまり，結局，事案ごとに社会通念に基づいて判断するとせざるをえない。保護されない表現の「範疇化」に成功したとはいえず，わいせつの定義の曖昧さは解消されていない。

次の問題は，わいせつ表現規制の根拠である。わいせつ表現を規制する理由（立法目的）としては，多くのことが語られてきた。①性犯罪の増加の防止，②善良な性道徳の維持，③青少年の保護，④見たくない人の権利の保護，⑤性の商品化・女性蔑視（差別）の防止などである。これらのうち③と④は，わいせつ表現の時・所・方法の規制を正当化しえても，全面禁止を正当化する根拠足りえないし，⑤はわいせつならざる性表現（ポルノグラフィー）をも規制の対象としなければ達成できない目的である。また，①はわいせつ表現が性犯罪を誘発するという実証的裏づけがない。

最高裁は，「チャタレー夫人の恋人」事件判決で②の立場を示している。すなわち，「性行為非公然性の原則」に裏打ちされた最小限度の性道徳の維持が，刑法175条の目的だという。しかし，国家機関が表現の反道徳性を理由にそれを禁圧することができるとすることは，表現の自由の価値論と鋭く対立する。また，「性行為非公然性の原則」なるものが仮に存在するとしても，性行為を公然と行うことが禁止されるのであって，その趣旨を文書による表現にまで及ぼすことには飛躍がある。

わいせつ表現規制には以上のような問題があり，違憲論も説かれている。その他，わいせつ文書の頒布・販売規制にとどめるべきだとの主張や，通常人にとって明白に嫌悪的で何ら埋め合わせとなる社会的価値をもたないような，いわゆるハード・コア・ポルノに限定して適用する必要があるとの主張も有力である。

(v) 児童・青少年の保護のための規制

都道府県の青少年保護育成条例は，有害図書，すなわち「著しく性的感情を刺激し，または甚だしく残虐性を助長し，青少年の健全な成長を阻害するおそれがある」ものと知事が指定した書籍，写真，電磁的記憶媒体等（個別指定による有害図書），および「特に卑わいな姿態若しくは性行為を被写体とした写真」等が編集紙面の過半を占める刊行物（包括指定による有害図書）を，青少年に販売・配布すること，および自動販売機に収納することを禁止し，違反行為には罰則を定めている。

岐阜県青少年保護育成条例事件判決（最判1989（平1）・9・19）は，「本条例の定めるような有害図書が一般に思慮分別の未熟な青少年の性に関する価値観

に悪い影響を及ぼし，性的な逸脱行為や残虐な行為を容認する風潮の助長につながるものであつて，青少年の健全な育成に有害であることは，既に社会共通の認識になっている」として，簡単に規制の合憲性を認めた。この判決に対しては，青少年は一般に精神的に未熟であって，成人と同程度の「知る自由」を享受するわけではなく，精神的未熟さに由来する害悪から保護される必要があるから，厳格な違憲審査を行う必要はないとして判決を支持する見解がある。他方，表現内容規制であることを重視して，「社会共通の認識」というだけではいかにも不十分であり，有害図書が青少年の健全育成にとって有害であることを，事実をもって示す必要があったとの批判も強い。

なお，「児童買春，児童ポルノに係る行為等の規制及び処罰並びに児童の保護に関する法律」は，児童ポルノの提供，提供目的での製造，運搬，保管等の他，自己の性的好奇心を満たす目的での所持を処罰の対象としている。これもわいせつではない表現の規制ではあるが，被写体とされることで児童が受ける心身の発達の阻害や，人格形成への重大な影響にかんがみて，必要やむを得ない規制というべきである。

(vi)　差別的表現（ヘイトスピーチ）

人種，民族，性，その他のマイノリティー集団に対して，憎悪や嫌悪を表明して偏見を助長したり，差別を煽ったりする表現行為を，差別的表現ないしヘイトスピーチという。ヘイトスピーチが特定の個人や団体に向けられている場合には，名誉毀損や侮辱など既存の法制で対応することができるが（そうした例として，京都地判2013（平25）・10・7，同控訴審：大阪高判2014（平26）・7・8），対象が特定されていない場合の対応は，既存の法制では困難である。

人種差別撤廃条約4条は，「人種的優越又は憎悪に基づく思想のあらゆる流布，人種差別の扇動」，「人種差別を助長し及び扇動する団体及び組織的宣伝活動その他のすべての宣伝活動」を「法律で処罰すべき犯罪」とするよう加盟国に義務づけている。日本は，1995年にこの条約に加盟する際，憲法と抵触しない限度において4条の義務を履行するとの留保を付しており，差別的表現を処罰する法律は制定していない。

表現の自由との関係で差別的表現を規制することが可能かについて，学説の見解は分かれている。一方で，差別的表現は一般に保護すべき根拠に乏しく，

かつ表現を向けられた集団に属する人々の尊厳を著しく傷つけるなど弊害が大きく，禁止される差別的表現を限定すれば刑事規制も許されるとする見解がある。しかし，他方で，差別的表現を定義することは困難で規制が乱用される危険が大きいこと，思想市場における言論には言論をもって対抗するのが筋である（対抗言論）ことから，規制に消極的な見解も有力である。

こうしたなか，2016年に「本邦外出身者に対する不当な差別的言動の解消に向けた取組の推進に関する法律」（いわゆるヘイトスピーチ規制法）が制定された。同法は，罰則を伴わない理念法にとどまっているが，「不当な差別的言動は許されないことを宣言」し，国や地方自治体に対して「不当な差別的言動の解消に向けた取組に関する施策」を講じるよう求めている。

(vii) 営利的表現

営利的表現，すなわち営利広告に関しては，そもそも表現の自由によって保障されるのか，保障されるとして他の表現と同等の保障を受けるのかについて争いがある。

かつて最高裁は，旧「あん摩師，はり師，きゅう師及び柔道整復師法」が適応症の広告を禁止していたことの合憲性が問題となった事件で，「もしこれを無制限に許容するときは，患者を吸引しようとするためややもすれば虚偽誇大に流れ，一般大衆を惑わす虞があり，その結果適時適切な医療を受ける機会を失わせるような結果を招来する」おそれがあるという「国民の保健衛生上の見地」から，規制は21条に違反しないとした（最大判1961（昭36）・2・15）。しかし，この判決が，営利広告を表現の自由の保障の範囲内としているのかどうかは判然としない。

学説には，営利広告は表現の自由の保障対象ではなく，経済活動の自由（営業の自由）の保障対象となるにすぎないとする見解もある。しかし，営利広告のなかにも非営利情報が含まれることがあり，営利と非営利の区別は困難であること，営利広告であれ国民が消費生活を送るうえで価値ある情報を伝達するものであることから，営利的表現も表現の自由の保障範囲にあると考えるべきである。

次に保障の程度であるが，営利的表現も消費者にとって重要な価値のある表現であり，また表現の価値は国家が判断すべきことではないから，政治的表現

と区別することなく，厳格な違憲審査の基準を用いて規制の合憲性を判断すべきだ，との見解がある。しかし，虚偽誇大広告は国民の健康や日常生活に直接影響するところが大きいこと，営利的表現の場合には政治的表現と比べてその真実性・正確性の判断が容易で，政府による規制権限の乱用の危険が小さいこと，営利的表現は経済的動機に基づいてなされるため，規制による萎縮効果を受けにくいことなどを理由に，他の表現よりも緩やかな違憲審査基準（中間段階の審査基準）を用いて規制の合憲性を判断してよい，とする説が有力である。したがって，虚偽や人を誤導する広告は禁止することができよう。ただし，広告の全面禁止は，特別な事情のないかぎり違憲と判断すべきであろう。

(ⅷ) 選挙運動の規制

選挙運動は，民主政の根幹をなす選挙にかかわって行われる政治的表現行為であるが，公職選挙法は，選挙運動の方法の期間，主体，方法などにつき厳しい規制をおいている。代表的なものに，戸別訪問の禁止（公選138条・239条），法定外文書の頒布・掲示の禁止（同142条・143条・243条），事前運動の禁止（同129条・239条）などがある。選挙運動の自由に対するこれらの規制の合憲性は，長らく争われている。選挙運動の規制を，どの候補者や政党を支持ないし批判する表現であれ同じように適用されることから，選挙運動の方法を規制する表現内容中立的規制と捉える見解がある。しかし，公職選挙において特定の候補者や政党を支持ないし批判する内容の表現であるから規制対象とされるのであって，表現の内容に基づく規制と考えるべきである。

最高裁は，選挙運動の規制につき，緩やかな違憲審査基準によって合憲と判断する判決を下してきている。戸別訪問の禁止（公選138条・239条）を例として取り上げるが，初期の判決は，「戸別訪問には種々の弊害を伴う」ので禁止しているのであり，言論の自由は「公共の福祉のためにその時，所，方法等につき合理的制限」を受けることは容認され，「選挙の公正を期するため」に戸別訪問を禁止しても憲法に違反しない，いとも簡単に合憲性を認めた（最大判1950（昭25）・9・27）。ここでは，発生を防止すべき弊害の内容，その弊害発生と戸別訪問との因果関係の有無，程度，弊害発生を防止するために戸別訪問を全面禁止する必要性など，全く検討されていない。

近年の判例は，緩やかな違憲審査を正当化する議論を提示しようとしてい

る。その1つは，選挙運動規制が，意見表明そのものの制約を目的とするものではなく，意見表明の手段方法の禁止に伴う限度での間接的・付随的制約にすぎない，とするものである（最判1981（昭56）・6・15）。そして戸別訪問が買収，利益誘導等の温床になり，選挙人の生活の平穏を害し，候補者に無用な競争を強いたりするなどの弊害を「総体としてみるときには」，戸別訪問全面禁止と禁止目的との間に「合理的な関連性」がある，という。しかし，戸別訪問の全面禁止は，訪問先で交わされる表現の内容に着目して，「投票を得若しくは得しめ又は得しめない目的」（公選138条）の表現を直接禁止するものである。

他の1つは，伊藤正巳裁判官が提起した「選挙運動ルール論」である。伊藤裁判官によれば，「各候補者は選挙の公正を確保するために定められたルールに従って運動する」のであり，このルールの内容をどのようなものにするかについては「選挙に関する事項」（憲47条）として「立法裁量に委ねられている範囲が広く」，厳格な審査基準は適用されない，というのである（最判1981（昭56）・7・21）。しかし，選挙運動は，本来，候補者だけが行うものではなく，国民が日常の政治活動の延長上で行うものである。公選法も「選挙運動ルール論」も，国民が選挙運動を行うことを想定していない。また，立法府がルールを定めるのだとしても，立法裁量は憲法21条によって枠づけられる。選挙における情報の自由な流通の確保は民主政の基盤であるから，選挙運動の自由に対する制約の合憲性は，厳格に審査されなければならないはずである。

　(ix) 公務員の政治的行為の規制

国家公務員法等による公務員の政治的行為の規制も，公務員が行う政治的表現であり，表現内容に基づく規制であるが，詳細は別項を参照（→本章第1節3(2)a(i)）。

　e 表現の内容に中立的な規制

　(i) 表現の自由と表現の「場」の保障

表現内容中立的規制とは，何が表現されているかを問題にする規制ではなく，表現行為がいつ，どこで，どのように行われるか問題にする規制である。この文脈で取り上げられる表現行為は，街頭演説やビラまき，ビラ貼り，集会，デモ行進などであるが，これらはマスメディアを利用して表現することのできない一般市民にとって安価，かつ手軽で貴重な表現手段である。同時に，

これらの表現行為は道路や公園，公会堂などの場所を利用して行われるから，表現の「場」が保障されることが重要である。表現の場を保障する法理として，「パブリック・フォーラム」論が説かれることがある。

アメリカの判例法理として形成されてきたパブリック・フォーラム論によると，一般公衆が自由に出入りすることができ表現の場として機能しうる公有財産は，次のように3分される。①道路や公園などの伝統的パブリック・フォーラム。ここでは，表現目的での利用が保障され，その場所の他の利用と両立させるための合理的規制かどうかが審査され，表現内容中立的な合理的時・場所・方法の規制のみが許される。規制が合憲とされるためには，規制が i ）重要な公共的利益を促進し，ii ）表現の自由の規制の範囲が必要な限度を超えないものであって，iii）表現の代替的手段が十分に残されていることが必要である。②公会堂や市民会館のように，市民の表現の場として政府が提供してきた場所で，指定的パブリック・フォーラムと呼ばれる。政府に提供義務はないが，提供する限り①と同様の審査に服する。ただし，フォーラム設置目的により表現の主題（subject）に基づく規制が許される場合があるが，表現の観点（viewpoint）に基づく規制は許されない。③非パブリック・フォーラムであり，そこでは表現の観点に基づく規制は許されないが，規制の合憲性は，市民の自由な利用に供している目的に照らし合理的かどうかで判断される。

以上の法理は，以下の日本の事例を考えるうえでも参考に値しよう。

　(ii) ビラ配布の規制

道路交通法77条1項4号は，「一般交通に著しい影響を及ぼす」行為については所轄警察署長の許可を要するものとしている。かつて，道路での無許可でのビラ配りが同条違反として起訴された事例があったが，裁判所は一般交通に著しい影響を及ぼす行為には該当しないとして無罪と判断した（有楽町駅前事件：東京高判1966（昭41）・2・28）。

駅前でのビラ配りは，配布場所が「駅構内」であれば，「鉄道地」での無許可の物品配布等を禁ずる鉄道営業法35条の適用を受けることがある。吉祥寺駅構内ビラ配布事件最高裁判決は，表現の自由といえども「その手段が他人の財産権，管理権を不当に害するごときものは許されない」と判示した（最判1984（昭59）・12・18）。ただし，伊藤正巳裁判官の補足意見はパブリック・フォーラ

ム論を展開し，駅前広場のごときはパブリック・フォーラムたる性質を強くもつことがありうると指摘し，注目される。

　イラクへの自衛隊派遣に反対するビラを自衛隊官舎の各住戸玄関ドアポストに投函した行為が住居侵入罪（刑130条）に問われた事件で，一審判決（東京地八王子支判2004（平16）・12・16）は「法秩序全体の見地からして，刑事罰に処するに値する程度の違法性があるものとは認められない」として無罪の判断を下した。しかし最高裁は，集合住宅の各戸玄関前まで立ち入った行為が「人の看守する邸宅」への侵入に当たるとし，「たとえ表現の自由の行使のためとはいっても，このような場所に管理権者の意思に反して立ち入ることは，管理権者の管理権を侵害するのみならず，そこで私的生活を営む者の私生活の平穏を侵害するものといわざるを得ない」として21条1項違反の主張を退け，有罪とした二審判決を支持した（立川テント村事件：最判2008（平20）・4・11）。また，民間の分譲マンションの共用廊下に立ち入って，各住戸のドアポストにビラを投函した事例についても，一審判決（東京地判2006（平18）・8・28）が無罪としたのに対し，最高裁は住居侵入罪の成立を認めている（葛飾事件：最判2009（平21）・11・30）。

　これらの事件では，政治ビラの配布が狙い撃ちにされているところがあり，表現の観点に基づく権力的規制になっているとの批判がある。また，住戸へのビラ配布は，他人の土地や家屋への立ち入りを必然的に伴うものであるだけに，管理者の管理意思を形式的に重視すると，ビラ配布の自由は失われてしまう。居住者の意思が明確で，かつ，私生活の平穏を著しく侵害する態様のビラ配布にのみ刑事罰の適用を限定する等の配慮が必要である（国家公務員法違反で起訴された堀越事件および世田谷事件は，集合住宅の集合ポストにビラを投函した事件であるが，住居侵入については不起訴となっている）。

　(iii)　ビラ貼り・立て看板の規制

　屋外広告物法と同法に基づき制定された都道府県の屋外広告物条例は，美観風致の維持と公衆に対する危害防止を目的として，屋外広告物の表示・掲出を規制している。電柱へのビラ貼りや街路灯に立てかけた看板などが，同条例違反として争われてきた。電柱などへのビラ貼りをほぼ全面禁止する大阪市屋外広告物条例の合憲性が争われた事件で，最高裁は，「国民の文化的生活の向上

を目途とする憲法の下においては，都市の美観風致を維持することは，公共の福祉を保持する所以であるから，この程度の規制は，公共の福祉のため，表現の自由に対し許された必要且つ合理的な制限と解することができる」と，簡単に合憲性を認めた（大阪市屋外広告物条例事件：最大判1968（昭43）・12・18）。美観風致の維持という目的が正当であったとしても，規制手段がすべて合憲になるわけではない。添付場所の性質・状況やビラの数量・形状，添付の状況などを考慮せずにすべてを禁止することが，美観の維持にとって必要不可欠といえるかには疑問がある（大分県屋外広告物条例事件：最判1987（昭62）・3・3における伊藤正巳裁判官の補足意見は，適用違憲の可能性を示唆する）。

電柱へのビラ貼りは，「みだりに他人の家屋その他の工作物にはり札」をした者を処罰の対象とする軽犯罪法1条33号前段違反に問われることもある。最高裁は，他人の財産権，管理権の保護という公共の福祉のための規制だとして，ここでも簡単に合憲と判示している（最大判1970（昭45）・6・17）。

(iv) 街頭演説の許可制

街頭演説は，道交法77条1項4号による警察署長の許可を要する行為か。この点，旧道路交通取締法下での事例で最高裁は，「公共の福祉の為め必要あるときは，その時，所，方法等につき合理的に制限できる」と簡単に述べて，許可制を合憲としたことがある（最判1960（昭35）・3・3）。しかし，無限定で網羅的な許可制は違憲の疑いがある。

道交法77条1項4号による許可制の合憲性については，のちに述べるデモ行進の事例であるエンプラ寄港阻止事件判決（最判1982（昭57）・11・16）に従えば，「明確かつ合理的な基準」のもとに「不許可とされる場合を厳格に制限」しており，文面上は合憲と判断されることになろう。ただし，あくまで同法は道路における祭礼行事やロケーションなどと同程度に「一般交通に著しい影響を及ぼす」行為を要許可行為としているのであって，そのような状況を生じないかぎり許可は不要である。

(v) 集会の自由の規制

集会や集団示威行為は，個人が自己の見解をより効果的に表明するために，同じ目的をもつ他者と協働しようとするものであり，特に，マスメディアに登場することのできない一般の人々にとって，多数が集まることにより社会の注

目を集め，自己の見解を社会に訴える重要な手段である。同時に，相互に意見や情報を伝達，交流することによって，自己の思想や人格を形成，深化，発展させる契機としても重要である。集会の自由を結社の自由とともに表現の自由とは切り離して理解する見解もあるが，表現の自由の保障の一環であり，切り離して考えるべきではない。

国や地方公共団体が設置管理する公園や公会堂は，本来的に市民の自由な活動に開かれた場所，つまりパブリック・フォーラムたる性質を有する場であり，設置管理者は設置目的との関係からいって正当な理由がないかぎり，市民の利用を拒否することはできない。地方自治法244条は，これらを「公の施設」と呼び（1項），地方公共団体は「正当な理由がない限り，住民が公の施設を利用することを拒んではならない」（2項）とし，「住民が公の施設を利用することについて，不当な差別的取扱いをしてはならない」と規定している。

しかし，かつて最高裁は，必ずしもそのような理解に立っていなかった。メーデーのための皇居外苑の使用が不許可とされた事件で，最高裁は不許可処分を違法でないと判断した（皇居前広場事件：最大判1953（昭28）・12・23）。判決は，厚生大臣が公園管理権を適正に行使したかどうかのみを問題にしており，憲法上の論点に関しては，本件不許可処分は「表現の自由又は団体行動権を制限することを目・的・」（傍点，筆者）としたものではないから21条に違反しないとするのみである。公園管理権の行使によって集会の自由が制限されることの問題性をこの判決は捉えることができていないのである。

しかし，近年最高裁は，パブリック・フォーラム論を念頭に置いた判決を下している。集会開催のために市民会館の使用許可を申請したところ，市民会館条例が使用を許可してはならない事由とする「公の秩序をみだすおそれがある場合」等に当たるとして不許可処分を受けたことを争った**泉佐野市民会館事件**で，最高裁は，施設管理権の行使が集会の自由の不当な制限につながるおそれがあるという観点から，条例の厳格な限定解釈を示した（泉佐野市民会館事件：最判1995（平7）・3・7）。

判決は，公共施設の利用を拒否できるのは，①施設の適正な管理という点からみて利用を不相当とする事由がある場合，②利用の希望が競合する場合，③施設をその集会のために利用させることによって，他の基本的人権が侵害さ

れ、公共の福祉が損なわれる危険がある場合に限られるとする。本件は③の例であるが、「公の秩序をみだすおそれがある場合」とは、集会の自由を保障することの重要性よりも、当該施設で集会が開かれることによって、人の生命、身体または財産が侵害され、公共の安全が損なわれる危険を回避し、防止することの必要性が優越する場合に限定して解釈すべきであり、かつ危険性の程度も、単に危険な事態を生ずる蓋然性があるというだけでは足りず、明らかな差し迫った危険の発生が、客観的に事実に照らして具体的に予見されることが必要である、と判示した。判決は、「集会の目的や集会を主催する団体の性格そのものを理由として」使用を許可しないことは許されないと述べており、パブリック・フォーラムにおける集会の規制が表現の主体や内容を理由とした規制であってはならないこと、および「公共の安全」を理由に不許可にできる場合は「明白かつ現在の危険」が客観的具体的に認められる場合に限定されることを示した点で、集会の自由保護的であり注目される。

判決はいわゆる「敵意ある聴衆の法理」にも触れている。主催者が集会を平穏に行おうとしているのに、集会の目的や主催者の思想・信条に敵対する者らが集会を実力で阻止し、妨害しようとして紛争を起こすおそれがあることを理由に公の施設の利用を拒むことは原則として許されず（泉佐野市民会館事件判決）、警察の警備等によってもなお混乱を防止することができないなど特別な事情がある場合に限られる（上尾市福祉会館事件：最判1996（平8）・3・15）、としている。

特定の者による集会を禁止した事例として、成田新法事件がある。いわゆる成田新法（新東京国際空港の安全確保に関する緊急措置法、現在の成田国際空港の安全確保に関する緊急措置法）は、運輸大臣（現在は国土交通大臣）は「多数の暴力主義的破壊活動者の集合の用」に供されまたは供されるおそれがある建築物等について、当該建築物等の所有者、管理者または占有者に対して、期限を付して、その用に供することを禁止することを命ずることができる、と定めている。つまり、当該建築物等での集会を禁止することができるのである。最高裁は、集会の「自由に対する制限が必要かつ合理的なものとして是認されるかどうかは、制限が必要とされる程度と、制限される自由の内容及び性質、これに加えられる具体的制限の態様及び程度等を較量して決めるのが相当である」と

利益衡量論を違憲審査の枠組みとして採用して，21条1項に違反しないと判断した（成田新法事件：最大判1992（平4）・7・1）。しかし，集会の禁止という重大な措置の合憲性を，単純な利益衡量論で判断したことには批判があり，規制の必要最小限度性を厳格に審査する判断基準を用いるべきであった。

その他，一定の集会の禁止の事例としては，広島市暴走族条例事件も挙げることができるが，この判決については先述した。

(vi) 集団示威行進（デモ行進）の規制

集団示威行進（デモ行進）を行う自由も，「動く集会」として集会の自由に含まれ21条により保障される。公道はパブリック・フォーラムであるが，公道における集団行動，集団示威行進は，公安条例や道路交通法の規制を受ける。

公安条例とは，道路や公園で集会や集団示威行進を行う場合，事前に公安委員会の許可あるいは同委員会への届出を要求する地方公共団体の条例である。公安条例の合憲性は各地で争われてきたが，最高裁がはじめて判断したのは新潟県公安条例事件判決（最大判1954（昭29）・11・24）であった。同判決は，①「行列行進又は公衆の集団示威運動……は，……本来国民の自由とするところであるから，条例においてこれらの行動につき単なる届出制を定めることは格別，そうでなく一般的な許可制を定めてこれを事前に抑制することは，憲法の趣旨に反し許されない」，②「公共の秩序を保持し，又は公共の福祉が著しく侵されることを防止するため，特定の場所又は方法につき，合理的かつ明確な基準の下に，予じめ許可を受けしめ，又は届出をなさしめてこのような場合にはこれを禁止することができる旨の規定を条例に設け」ることは許される，③「公共の安全に対し明らかな差迫った危険を及ぼすことが予見されるときは，これを許可せず又は禁止することができる旨の規定を設ける」ことも許される，との一般的基準を定立した。最高裁がこの基準を適用して新潟県条例を合憲と判断した結論には批判が多いが，この一般的基準それ自体については，事前抑制の原則的禁止の法理や表現内容中立的な時・場所・方法の規制論，「明白かつ現在の危険」のテストなどに通じるものとして，学説は好意的に受け取ってきた。

しかし，新潟県条例に比し規制対象が広範で，場所の特定性も欠き，許可基準も明確性を欠くなど問題の多かった東京都公安条例について，最高裁は「条

例の立法技術上のいくらかの欠陥にも拘泥」してはならず,「すべからく条例全体の精神を実質的かつ有機的に考察しなければならない」として,合憲と判断した(東京都公安条例事件：最大判1960(昭35)・7・20)。この判決は,集団行動による思想等の表現は「潜在する一種の物理的力によって支持されていることを特徴」とし,かような潜在的な力は,「内外からの刺激,せん動等によってきわめて容易に動員され得る性質のもの」であり,「平穏静粛な集団であっても,時に昂奮,激昂の渦中に巻きこまれ,甚だしい場合には一瞬にして暴徒と化し,勢いの赴くところ実力によって法と秩序を蹂躙し,集団行動の指揮者はもちろん警察力を以てしても如何ともし得ないような事態に発展する危険が存在する」という,「集団行動＝潜在的暴徒」論によって立っている。集団行動の自由が民主主義社会にとって有する意義や果たす役割について,あまりにも無理解だというほかない。この判決以降,公安条例の合憲性は判例上確立したものの,同判決の集団行動観や乱暴な論旨が今日も維持されているわけではない。

　道交法77条1項4号とその委任を受けた公安委員会規則により,街頭でのデモ行進には所轄警察署長の事前の許可を必要とする。そして,警察署長は,当該申請に係る行為が「現に交通の妨害となるおそれがないと認められるとき」,「許可に付された条件に従って行なわれることにより交通の妨害となるおそれがなくなると認められるとき」等には許可しなければならないとされている(同77条2項)。

　エンプラ寄港阻止事件で最高裁は,道交法77条1項の事前許可制に限定的解釈を与えて合憲と判断した(最判1982(昭57)・11・16)。判決は,道交法は「道路使用の許可に関する明確かつ合理的な基準を掲げて道路における集団行進が不許可とされる場合を厳格に制限」しており,不許可とされるのは「集団行進の予想される規模,態様,コース,時刻などに照らし,これが行われることにより一般交通の用に供せられるべき道路の機能を著しく害するものと認められ,しかも,同条三項の規定に基づき警察署長が条件を付与することによっても,かかる事態の発生を阻止することができないと予測される場合」に限定されており,そうでない限り警察所長は許可を拒むことはできない,という。表現の自由に配慮を示した解釈といえ,基本的に妥当であろう。

(vii) 象徴的表現と表現の自由の付随的規制

　政府の政策に反対する意思をもって公衆の面前で国旗を焼却するようないわゆる「象徴的表現」が法の規制の対象となる場合がある。象徴的表現とは，「通常は表現としての意味をもたない行為によって自己の意思・感情等を表出すること」（福岡高那覇支判1995（平7）・10・26）であるから，適用される法は，本来表現の抑圧とは無関係な法であるはずであり，当該法は，表現の自由を間接的・付随的に制限していることになる。この場合には，規制の重要性，表現行為の制限の程度，代替的表現手段の存在を考慮しながら，適用違憲の道を探ることになろう。

f　表現活動への国家の援助

　パブリック・フォーラム論は，国家が所有し管理する道路や公園，公会堂などを市民の「国家からの自由」な活動に提供させるための法理であった。ところで今日，国家はさまざまな形で，国家が管理する資源を国民の文化・芸術・学問活動や市民活動に提供しているが，文化・芸術活動への援助では何が優れた文化・芸術かなどの価値判断を伴わざるをえないし，地方公共団体が行っている市民活動へ援助も当該活動の「公益性」の判断を前提とせざるをえない場合がある。こうした場合，国家による価値判断が恣意的に行われれば，言論市場を大きく歪めてしまうことになる。表現行為に対する「規制」ではなく，「援助」ないし「給付」の文脈で21条は何を語ることができるのか。

　県にゆかりのある作家の作品を収集・展示する県立美術館が，昭和天皇の肖像を利用したコラージュ版画を購入，展示し，本件作品を掲載する図録も作成していたところ，県議会での一議員の発言を契機として右翼が押しかける事態となった。美術館側が本件作品を非公開とし，図録を焼却し，後に本件作品を転売したことに対し，作家と住民らが損害賠償等を求めて訴えた天皇コラージュ事件（名古屋高金沢支判2000（平12）・2・16）で，裁判所は，作者については，①表現の自由は芸術家が作品を制作発表することを公権力が妨げてはならないことを意味し，公権力に対し，芸術家が自己の製作した作品を発表するための作為を求める憲法上の権利を保障したものではない，と判断し，住民については，②美術館の特性上，平穏で静寂な館内環境の維持，作品の保護等が強く要請され，美術館の管理運営上の支障を生じる蓋然性が客観的に認められる

場合には，美術品の特別観覧許可申請を不許可とし，あるいは図録の閲覧を拒否しても違法ではない，と判断した。

他方，公立図書館の司書が，作者らに対する自己の否定的評価と反感に基づいて，作者らの著作を独断で廃棄したことに対し，作者らが損害賠償等を求めた事件で，最高裁は，①「公立図書館は，住民に対して思想，意見その他の種々の情報を含む図書館資料を提供してその教養を高めること等を目的とする公的な場」であり，②「そこで閲覧に供された図書の著作者にとって，その思想，意見等を公衆に伝達する公的な場でもあるということができる」とし，③「著作者の思想の自由，表現の自由が憲法により保障された基本的人権であることにもかんがみると，公立図書館において，その著作物が閲覧に供されている著作者が有する上記利益は，法的保護に値する人格的利益である」として，本件廃棄は国賠法上違法となると判示した（図書館蔵書破棄事件：最判2005（平17）・7・14）。

市民のさまざまな活動に対し地方公共団体が「後援」などの支援を行うことがある。「後援」を受けた活動は，市の広報に掲載されたり，市の掲示板を利用したりすることでできる。松原市中央公園事件では，市内の公園を利用し催し物をするには「市の協賛ないし後援」が必要だとする公園管理規則が問題となった。裁判所は，「市の協賛ないし後援」を要件とすることは公園使用の拒否の判断には不要であり，時に有害となりかねないと指摘して，後援を得ていないことを理由とした使用不許可処分を違法と判断している（大阪高判2017（平29）・7・14）。

(2) 結社の自由

a 結社の自由の意義

21条は，表現の自由とともに結社の自由を保障する。結社は，特定の多数人が共通の目的をもって継続的に結合することを意味する。自律する個人といえども一人で生きているわけではなく，一定の集団の中で自己を発見し，自己の人格を形成しながら生きている。共通の目的をもつ仲間を求めて結合することは，個人の自律の帰結であり，結合により活動の幅をより大きくすることができる。とくに公私の権力に異議を申し立てようとするとき，結社は重要な役割を果たすだけでなく，個人の盾にもなり，一人では弱い個人の社会参加を促進

する効果がある。個人の自律と民主政にとって不可欠の意義を有するがゆえに，憲法は表現の自由と同じ21条で結社の自由を保障したものと考えられる。

21条の保障対象となる結社は，政治的結社だけでなく，経済的・宗教的・学問的・文化的・社交的等，その目的を問わない。ただし，宗教的結社については20条が，もっぱら経済活動を目的とする団体は22条1項が優先的に適用されることになろう。労働組合も結社であるから公権力との関係では21条の対象となるが，同時に28条の「団結権」の保障対象でもある。28条は労働者の「団結する権利」を使用者に対して保障するものであり，かつ団結強制が認められる場合があって，その点で労働組合は21条にいう結社とは性格を異にする。

b　結社の自由の内容

結社の自由は，第1に，団体の結成・不結成，団体への加入・不加入，団体の構成員であることの継続・脱退に関する個人の自由を，第2に，団体が団体としての意思を形成し，その実現のために活動する団体それ自身の自由を意味する。

弁護士，司法書士，税理士など一定の職業について，法律によって定められた団体への加入が義務づけられている。これらの強制加入制度は，その職業が高度の専門技術性と公共性をもち，それを維持確保するために必要であり，その団体の目的と活動範囲が職業倫理の確保と事務の改善進歩を図ることに限定されているかぎり，合憲とされている。団体が設立の目的を離れて，政治的・思想的な主義・主張を行ったり，政党に政治献金を行ったりするならば，団体構成員の結社しない自由を侵害することになる。

税理士会が税理士法の改正を目指して政治団体に寄付をするために，会員から特別会費を徴収する行為について，最高裁は，税理士会が強制加入団体であって，その会員には脱退の自由が実質的には保障されていないこと，および，政党など政治資金規正法上の団体に対して寄付をするかどうかは，「会員各人が市民としての個人的な政治的思想，見解，判断等に基づいて自主的に決定すべき事柄である」ことから，多数決原理によって会員に協力を義務づけることはできない，と判示した（南九州税理士会事件：最判1996（平8）・3・19）。

他方，同じく強制加入団体である県司法書士会が，阪神・淡路大震災で被災した兵庫県司法書士会に復興支援拠出金を寄付するために，会員から特別負担

金を徴収する決議を行った事案について，最高裁は，他県の司法書士会との間で業務等について提携，協力，援助することは司法書士会の目的の範囲内の活動であること，かつ，司法書士会が強制加入団体であることを考慮しても，本件負担金の徴収は「会員の政治的又は宗教的立場や思想信条の自由を害するもの」ではないとした（群馬県司法書士会事件：最判2002（平14）・4・25）。

  c　結社の自由に対する制限

破壊活動防止法は，「団体の活動として暴力主義的破壊活動を行った団体」が「継続又は反覆して将来さらに団体の活動として暴力主義的破壊活動を行う明らかなおそれがあると認めるに足りる十分な理由がある」場合には，公安審査委員会が，当該団体による集会・集団行進・集団示威運動，機関誌紙の印刷・頒布，特定役員・構成員の当該団体のためにする行為を禁止する処分を行うことができるとするほか，当該団体の解散の指定を行うことができる，と定めている（同5条1項・7条）。

本法による団体活動規制や解散指定には，「暴力主義的破壊活動」の範囲が広汎にすぎないか，結社に対する死刑宣告である解散指定は裁判所の判断によるべきではないか等，多くの問題が指摘されている。厳格に限定して適用しない限り適用違憲となる可能性が指摘されているほか，法令違憲との主張も有力である。破防法5条，7条を適用して処分がなされた事例は現在まで存在しないが，地下鉄サリン事件を引き起こしたオウム真理教に関して，公安調査庁が教団の解散指定を公安審査委員会に請求したことがある。1997（平成9）年1月，審査委員会は7条の要件を欠くとして，請求を棄却した。

1999（平成11）年，無差別大量殺人団体規制法（「無差別大量殺人を行った団体の規制に関する法律」）が制定された。同法は事実上オウム真理教を対象とした法律であるが，無差別大量殺人を行った団体に対する「観察処分」（同5条）と「再発防止処分」（同8条）を規定している。「観察処分」を受けると，当該団体の役職員・構成員の氏名・住所，当該団体の活動の用に供されている土地・建物の所在・規模・用途，当該団体の資産などを公安調査庁長官に報告するよう義務づけられる。同法に基づきオウム真理教は3年間の観察処分の対象とされ，以後も後継団体に対して観察処分が3年ごとに更新されている。

政治資金規正法は，広く政治団体一般を対象として金銭の流れを規制してい

る。同法が選挙に参加して議席を目指す政党や，議員・公職候補者を支援することを目的とする団体などを対象としているかぎりでは，政治過程の健全性を確保するという重要な目的につかえるものといえよう。しかし同法は「政治上の主義若しくは施策を推進し，支持し，又はこれに反対する」活動を主たる活動として組織的・継続的に行う団体一般にも，届出義務等の規制を及ぼしている。この文言は過度に広汎であり，憲法改正に賛成する団体や反対する団体，環境保全施策の推進を訴えるNPOなども含みうることに注意しなければならない。国家に届け出なければ団体として政治活動ができないのだとすれば，明らかに違憲である。

(3) **通信の秘密**

a 通信の秘密の意義

21条2項後段は，「通信の秘密は，これを侵してはならない」と規定する。ここで「通信」とは，特定人の間での情報のやり取りのことであり，郵便，電信・電話はもちろん，インターネットによるEメールなども含まれる。「通信の秘密」はプライバシーの権利の核心をなすものであるが，「通信の自由」を前提としており，情報の自由な流通の確保という観点から，憲法はこれを21条で保障するものと解される。

b 通信の秘密の内容

「通信の秘密」とは，第1に，公権力によって，通信の内容はもちろん通信の存在自体を探知されないこと（積極的知得行為の禁止），第2に，通信業務従事者により職務上知りえた通信に関する情報を漏洩されないこと（漏示行為の禁止）の保障をいう。

通信の秘密は「侵してはならない」のであるが，2項前段の検閲の禁止とは異なり絶対的保障を受けるものではなく，必要最小限度の制約を受けることは認められる。現行法上，①刑事手続法上の制約としての郵便物等の押収（刑訴100条・222条），②刑事施設収容関係上の制約として収容者の信書に対する検査，発受制限等（刑事収容施設126条以下），③破産手続法上の制約として破産者にあてた郵便物等の破産管財人による開披（破産82条），④郵便物引き受けの際の説明・開示要求等（郵便31条・32条），⑤関税法による税関職員による郵便物等の差押え（関税122条）などがある。

c 通信傍受法の問題

通信の秘密との関係で最も論争の的とされてきたのは、犯罪捜査のための電話盗聴などの通信傍受の合憲性である。通信の秘密の保障から電話盗聴は原則として許されないが、犯罪捜査の必要がある場合には例外的に許される場合があるのか、許されるとするとどのような条件のもとで許されるのか。電話盗聴は対象となる通話を事前に特定することがきわめて困難で、また、犯罪とは関係のない通話まで盗聴してしまうという問題を抱えている。そこで、電話盗聴を違憲とする説も有力であるが、一定の例外的な場合に厳格な要件のもとで裁判官の発する令状により行われることを条件に憲法上許されると解するのが多数説である。なお、盗聴を許可する令状は、当然のことながら、盗聴の対象とされた者に事前に提示されることはないから、事後の告知や救済に格別の配慮が必要である。

最高裁は、通信傍受法制定以前の検証許可状によって電話盗聴が行われた事例で、「電話傍受は、通信の秘密を侵害し、ひいては、個人のプライバシーを侵害する強制処分であるが、一定の要件の下では、捜査の手段として憲法上全く許されないものではない」とし、①重大な犯罪に係る被疑事件について、②被疑者が罪を犯したと疑うに足りる十分な理由があり、③当該電話により被疑事実に関連する通話の行われる蓋然性があるとともに、④電話傍受以外の方法によってはその罪に関する重要かつ必要な証拠を得ることが著しく困難であるなどの事情が存する場合において、⑤電話傍受により侵害される利益の内容、程度を慎重に考慮したうえで、なお電話傍受を行うことが犯罪の捜査上真にやむを得ないと認められるときには、⑥法律の定める手続に従ってこれを行うことも憲法上許される、と解している（最判1999（平11）・12・16）。

この最高裁判決と同年、1999（平成11）年に通信傍受法（「犯罪捜査のための通信傍受に関する法律」）が制定された。同法は、固定・携帯の電話だけでなく電子メールやFAXも傍受の対象とし、薬物、銃器、および集団密航に関する犯罪、組織的な殺人の4類型の犯罪にかぎり、犯罪に関連する通信実行の嫌疑があり、かつ他の方法では犯人の特定、犯行の状況・内容の把握が著しく困難であるとき、裁判官の発する令状により通信を傍受することができるとする。また、傍受の手続として、電気通信事業者ないし地方公務員の立会いを求め、被

処分者への事後告知と不服申立制度，国会への報告を規定した。

同法は，傍受すべき通信かどうかを判断するための傍受（該当性判断のための傍受）や令状記載以外の犯罪の実行を内容とする通信の傍受（別件傍受）を認めているが，犯罪と無関係と判断された通信は傍受記録に記録されず，したがって事後に通信当事者に通知されず，救済措置もない。また，立会人は傍受される通信の内容を聞くことができず，通信を切断する権限が与えられていない。こうした点から，通信の秘密を過剰に侵害している疑いがある。

なお，通信傍受法は2016（平成28）年に改正され，対象犯罪に窃盗，詐欺，殺人など9種類の犯罪が新たに追加され，また，傍受の方法についても，通信を暗号化して伝送し，記録することにより警察の施設での傍受が可能となり，電気通信事業者等の立会いは不要となった。「盗聴という捜査手法には，乱用の危険がつきまとう」という観点から課せられてきた比較的厳格な要件が緩和されることに対しては，強い批判がある。通信傍受法が通信の秘密に対する必要最小限度の制約にとどまっているかは，その運用実態に基づいて検証される必要がある。

第4節　経済活動の自由

1　職業選択の自由

(1) **職業選択の自由の意義**　憲法22条1項は，「何人も，公共の福祉に反しない限り，居住，移転及び職業選択の自由を有する」と定め，このなかで職業選択の自由を保障している。職業活動は経済活動であるから，この職業選択の自由は自由権のなかでも経済的自由権の1つとされる。

この職業とは，生計を得ることを目的に，一定の継続性をもって行う活動のことであり，主として経済的な側面からみられるのが通常であるが，仕事をするなかで人は能力をのばし，また，多くの人と交流することになるので，自己実現という精神的な側面にも関するものであり，最高裁も「各人が自己のもつ個性を全うすべき場として，個人の人格的価値とも不可分の関係を有するものである」としている（薬局距離制限事件：最大判1975（昭50）・4・30）。

憲法はこのような職業を自由に選ぶことを保障するが，選んだ職業を実際に

営むこと（職業遂行）ができなければ意味がない。そこで，一般には，この職業遂行の自由も，憲法22条1項によって保障されていると考えられている。この職業遂行の自由は，営業の自由とも呼ばれ，憲法29条の財産権も根拠として挙げられることもある。なお，この営業の自由については，人権ではなく営業の独占を排除する公序（public order）であるという見解が出され，それをめぐって論争がなされたことがある（「営業の自由」論争）が，現在は憲法学では一般に人権として把握されている。

(2) **職業選択の自由の限界**　これらの職業活動は，その性質からして，人とのつながりが不可欠であり，多かれ少なかれ社会に影響を与えるものである。また，現代社会の要請する社会国家の理念を実現するためには，政策的な配慮（たとえば，中小企業の保護）に基づいて規制を加える必要があることが指摘されている。そこで，憲法22条1項には「公共の福祉に反しない限り」という制限がついており，実際にも，さまざまな職業について，さまざまな規制が法律などによってなされている。

これらの規制は，開業にかかわる規制と職業遂行上の規制に分けることができる。まず，開業にかかわっては，禁止，国家独占，特許制，許可制，資格制，届出制に分類することができる。禁止は，国家がいっさいの活動を認めないことで，管理売春などが禁止されている。国家独占は，国営企業だけに独占的な営業を認めるものである（かつての郵便事業など）。特許制は，事業を営む権利は国が独占しているものであることを前提として，特定の者に事業を行う特権を付与するものである（電気，ガス，鉄道などの公益事業）。許可制は，国民の自由を一般的に禁止したうえで，一定の要件を満たした者にその禁止を個別的に解除するものである（風俗営業，飲食業など）。資格制は，試験などにより付与された一定の資格を有する者についてのみ職業につくことを認めるものである（医師，弁護士など）。届出制は，事業についての実態を把握するため，一定事項を通知することを求めるものである（理容業，旅行業など）。また，職業遂行上の規制は，開業を前提にその遂行方法に関して，とくに場所・方法・時間について規制するものである。

そこで憲法上の問題は，このような法律などによる職業活動の制限が，憲法22条1項に違反しないかであり，それを裁判所はどのように審査すべきかとい

うことになる。

(3) **規制の合憲性判断枠組み**　これらの規制が憲法22条1項に反しないかについて，これまでの最高裁判所の判例と学説によってつくられてきたといえる判断枠組みは次のようなものである。

まず，職業選択の自由といった経済的自由は，表現の自由のような精神的自由よりも規制の必要性が高い，つまり，規制が合憲になりやすいということから出発する（「二重の基準」論）。換言すれば，職業活動の規制を行う国会の裁量を尊重するように，裁判所は判断する必要があるということになる。つまり，規制については合憲性の推定がはたらくとされる。

次に，それを前提として，規制の目的に注目し，規制を2つに類型化し，それに応じて，違憲審査の基準が異なるとされる。つまり，規制は，積極目的規制と消極目的規制に区別され，前者の積極目的規制とは，「国民経済の円満な発展や社会公共の便宜の促進，経済的弱者の保護等の社会政策及び経済政策」の一環としてとられるもので，社会国家の理念に基づくものである。それに対して，後者の消極目的規制とは，「社会生活における安全の保障や秩序の維持等」のため，「自由な職業活動が社会公共に対してもたらす弊害を防止するため」になされる規制であり，つまり，国民の生命および健康に対する危険を防止もしくは除去ないしは緩和するためのものであり，警察的規制とも呼ばれる。

積極目的規制については，立法者の判断が原則として尊重され，「規制措置が著しく不合理であることの明白な場合に限って」違憲となり，これは「明白の原則」と呼ばれる。このことを明らかにしたのは，小売市場の開設を許可する条件として，既存の市場から一定の距離以上（大阪府では700メートル）離れていることを要求していた小売商業調整特別措置法に関する事件においてであり，最高裁は，この距離制限について，積極目的の規制であるとして，この基準を用いて合憲とした（小売市場距離制限事件：最大判1972（昭47）・11・22）。

これに対して，消極目的規制については，規制が立法目的達成のために必要かつ合理的であり，他のより緩やかな制限手段では立法目的を達成しえないかを立法事実に基づいて審査することが必要であるとされ，これは「厳格な合理性」の基準に当たるとされている。つまり，同じ目的を達成するために職業活

動を制限する度合いが低い手段（たとえば，行政上の取締りの強化）が存在すれば，問題となっている規制は違憲となる。これは，薬事法とそれを受けて制定された条例では，薬局の開設のための許可条件の1つとして，既存の薬局からおおむね100メートル離れていること（広島県の場合）という条件を付けていたことが違憲ではないかが争われた薬局距離制限事件判決において明らかにされ，この距離制限を，最高裁は，国民の生命・健康に対する危険の防止という消極目的であると認定したうえで，立法事実に基づき審査し，規制の必要性と合理性は存在しないとして，違憲とした（最大判1975（昭50）・4・30）。これらの2つの判決で確立されたとされる，この判断枠組みを規制目的二分論という。

しかし，この規制目的二分論に対しては，消極目的と積極目的の区別が明確にできるか，規制目的によって規制手段に対する審査基準が決まる理由が明らかではない，消極目的規制の方が厳しい審査を受けなければならない根拠が明らかではないといった批判が出された。そこで，規制目的のみですべてを判断するのではなく，規制の目的を重要な1つの指標としつつ，いかなる行為がどのように規制の対象とされているかなど，規制の態様をも考えあわせるべきことも指摘されている。この立場では，同じ消極目的であっても，職業遂行の自由に対する制限よりも職業選択の自由そのものの制限（参入制限）の方が厳しく審査されるべきであるとされ，さらに参入制限についても，本人の能力に関係する条件よりも，本人の能力に関係しない条件による制限の方が厳しく判断されるべきことが主張される。また，規制目的二分論を否定し，合理性の基準によるべきだとする見解も有力になってきている。

薬局距離制限事件判決以降の判例では，公衆浴場法に基づく公衆浴場の距離制限について，立法目的を積極目的と捉えて明白の原則を用いて合憲と判断したもの（最判1989（平1）・1・20刑集43巻1号1頁），消極的目的と積極目的の2つの目的を達成するための必要かつ合理的な範囲内の手段として合憲としたもの（最判1989（平1）・3・7）がある（なお，1955年の判決では，消極目的として合憲としていた（最大判1955（昭30）・1・26）。また，酒類販売のための免許制と免許要件を定める酒税法の規定の合憲性が争われた酒類販売免許制事件で，最高裁は，この規制は財政目的のための規制であり，その必要性と合理性について

の立法府の判断が著しく不合理であるとは断定できないとしたが，その際規制目的二分論は用いていない（最判1992（平4）・12・15）。その他，小売市場距離制限事件判決を引用して合憲の判断を示したものとして，生糸輸入制限措置に関する最判1990（平2）・2・6訟月36巻12号2242頁，たばこ小売販売業適正配置規制に関する最判1993（平5）・6・25判時1475号59頁があり，薬局距離制限事件判決を引用して合憲の判断を示したものとして司法書士法違反事件判決（最判2000（平12）・2・8）があるが，この判決では規制目的二分論は明示されていない。

2 居住・移転の自由

(1) 居住・移転の自由の意義　憲法22条1項は，居住と移転の自由も保障している。居住の自由とは，住所または居所を決定する自由であり，移転の自由は，その住所または居所を変更する自由である。封建制のもとでは，職業と居住地は密接に結びついており，これらの自由は制限されていた。その制限をとりはらうことが資本主義経済の発展のための要請であったので，居住・移転の自由は経済的自由の1つとされ，職業選択の自由と同一の規定で保障されているといえる。

しかし，**居住・移転の自由**は，身体の拘束を解くものであり，人身の自由との密接な関連，また，自分の好むところに居住して暮らしを営むことの意義から人格的価値とも結びつき，さらに，広く知的な接触の機会を得るためにもこの自由が不可欠なことから，精神的自由の要素をも併せ持っていることが指摘されている。つまり，居住・移転の自由は，複合的性格をもっており，このことを居住・移転の自由の限界を考えるときに考慮する必要がある。

(2) 居住・移転の自由の内容と限界　居住は，ある程度の継続を意味すると考えられるが，一時的な移動である旅行の自由も，身体の拘束からの自由の側面や知的な接触の機会を得られるという点から，居住・移転の自由に含める見解が一般的となっている。

海外旅行の自由（海外渡航の自由）については，22条1項の居住・移転の自由に含まれるとする説も有力であるが，外国への移住に類するものとして，22条2項によって保障されているとするのが，多数説・判例の立場である（→後述

(3))。

　この居住・移転の自由については，条文上「公共の福祉に反しない限り」という限界が明示されている。このため，他の経済的自由と同一の基準だけで規制を判断することも考えられうるが，上述のとおり，居住・移転の自由が複合的な性格をもつことからするとそれは妥当ではない。そこで，規制が経済的自由の側面にかかわるときと，人身の自由・精神的自由の側面にかかわるときとを区別して，それぞれの審査基準を適用すべきである。

　この居住・移転の自由を制限する例としては，感染症予防法に基づく入院，破産法による破産者に対する居住制限，刑事訴訟法による刑事被告人の住居制限などがあり，らい予防法によるハンセン氏病患者に対する隔離規定があった。また，住民基本台帳法上の転入届の不受理は，居住・移転の自由に対する制約となりうる。

　(3) **外国移住・国籍離脱の自由の内容と限界**　　憲法22条2項は，外国への移住と国籍離脱の自由を保障している。

　まず，外国への移住は，22条1項の居住・移転の自由に含まれるともいえるが，移動の地域が国外であること，人の国際社会における存在が問われることなどの理由から，2項で国籍離脱とあわせて保障されていると考えられる。

　先に述べたように（→(2)）海外渡航（海外旅行）は移住と異なり一時的なものであるが，この22条2項に含まれると一般には考えられている（その他，22条1項の居住・移転の自由に含まれるとする説，また，13条の幸福追求権の1つとする説もある）。この海外渡航には旅券の所持が義務づけられているが，旅券法13条7号は，「著しく，かつ，直接に日本国の利益又は公安を害する行為を行うおそれがあると認めるに足りる相当の理由のある者」について，外務大臣が旅券を発給しないことができると定めている。1952年に元参議院議員がモスクワで開催される会議に出席するために旅券を請求したところ，外務大臣がその発給を拒否した事件において，最高裁は，この規定は，外国旅行の自由に対し公共の福祉のために合理的な制限を定めたものとして合憲としている（帆足計事件：最大判1958（昭33）・9・10）。しかし，学説からは，海外渡航の自由が精神的自由の側面を有することを考えれば，このような不明確な法文による規制は憲法違反の疑いが強い，あるいは，仮に法令違憲とはいえないとしても，この

規定に定める害悪発生の相当の蓋然性が客観的に存在しない場合の拒否処分は，適用違憲となるという批判が出されている。なお，日本に在留する外国人は，一時的に海外旅行をしようとすれば，あらかじめ再入国の許可を得なければならない（このことをめぐる問題については，→本章第1節2(5)c）。

次に，国籍とは，特定の国家の構成員である資格を意味し，国籍離脱の自由とは，日本のこの国籍を放棄する自由のことである。この憲法22条2項の保障を受けて国籍法は，「自己の志望によつて外国の国籍を取得したとき」（国籍11条1項）と「外国の国籍を有する日本国民は，その外国の法令によりその国の国籍を選択したとき」（同条2項）に国籍を失うと定め，本人の志望に基づく国籍離脱を定める。いずれの場合も，外国の国籍を保持することが条件となっているが，憲法22条2項の保障は，無国籍になる自由を含むものでないという理解を前提として違憲ではないとするのが多数説である。なお，近年では，重国籍を許容する国がふえている。

3　財産権の保障

(1)　**財産権保障の意義**　憲法29条は，1項で「財産権は，これを侵してはならない」とし，2項で「財産権の内容は，公共の福祉に適合するやうに，法律でこれを定める」とし，経済的自由権の1つとして財産権が保障されている。

1789年のフランス人権宣言17条が「所有権は，神聖かつ不可侵の権利である」と定めているように，所有権を中心とする財産権の保障は，市民革命当初は，不可侵の権利と理解されていた。しかし，資本主義の展開にともない，絶対不可侵のものとしての財産権の保障は，貧富の差の拡大や劣悪な労働条件などの社会問題を解決する上で桎梏となり，財産権に対する広範な制限が必要となった。

(2)　**財産権の内容と保障の限界**　憲法29条が保障する財産権とは，あらゆる財産的価値を有する権利，つまり，所有権をはじめとする物権や債権，特許権や著作権などを含む無体財産権などであり，私法上，公法上のさまざまなものが含まれる。

また，この憲法29条は，個人が現にもっている具体的な財産上の権利を保障

するだけではなく，私有財産制度，つまり，個人が財産権をもつことができるという制度をも保障しているというのが一般的な理解である（制度的保障→本章第1節1(2)）。ここで制度的保障の核心としての私有財産制度とは具体的には資本主義体制のことを意味し，生産手段の私有を認めない社会主義体制は，憲法29条とは相容れないというのが多数説である。しかし，私有財産制度の核心は，個人が人間らしい生活をするために必要な物的手段をもつことにあるので，それが侵されないかぎりは，生産手段の社会化は憲法29条のもとでも可能であるとする見解も有力である。

憲法29条は，1項で財産権の不可侵を宣言し，2項でその内容を法律で定めると規定するので，法律で定められた財産権を憲法が保障するようにもとれるが，それでは財産権の内容が法律に依存することになるので，一般には，1項で保障された財産権の内容が，法律によって制約されるものである趣旨であると理解されている。さらに，上述のとおり，財産権は，職業選択の自由と同様に，法律による広範な制限を受ける権利として理解されており，憲法29条2項の「公共の福祉に適合するやうに」という文言は，このことを示し，財産権は内在的制約のほか，政策的規制にも服するものであることを示す。なお，法律ではなく，条例によっても財産権を制限することが許されることが一般に承認されている（奈良県ため池条例事件：最大判1963（昭38）・6・26）。

(3) **規制の合憲性判断枠組み**　憲法29条の財産権の法律による制限の合憲性が争われた代表的な事件は，森林法共有林事件である。問題となった森林法旧186条は，「森林の共有者は民法256条1項（共有の分割請求）の規定にかかわらず，その共有に係る森林の分割を請求することができない。但し，各共有者の持分の価格に従いその過半数をもって分割の請求をすることを妨げない」というもので，つまり，森林の2分の1ずつを共有している場合には，その森林を自由に処分できなかったのである。この事件では，2人の兄弟が父から山林を相続しそれぞれ持分2分の1ずつ共有していたが，弟が兄に対して，この山林の分割請求をした。その際，この森林法旧186条の規定が憲法29条に違反し，無効であると主張したものである。

最高裁は，森林法旧186条の立法目的は，森林の細分化を防止することによって森林経営の安定を図り，ひいては森林の保続培養と森林の生産力の増進

を図り，もって国民経済の発展に資することにあると解すべきであるとしたうえで，その目的の達成の手段に関して，森林の安定的経営のために必要な最小限度の森林面積を定めることが可能で，伐採期あるいは計画植林の完了時期も何ら考慮されておらず，森林の性質または共有状態に応じた合理的な分割は可能であるから，一律に分割請求を禁止するのは，同条の立法目的を達成するについて必要な限度を超えた不必要な規制で，合理性と必要性のいずれも肯定できないことは明らかである，と述べて違憲とした（最大判1987（昭62）・4・22）。

つまり，この最高裁判決は，立法目的を積極目的と理解できるものと性格づけながら，「明白の原則」によるよりも厳しい審査をしたといえるものである。したがって，職業選択の自由に関してこれまで使われてきた規制目的二分論とは整合的ではない。このことから，財産権の場合には，最高裁は，規制目的二分論を用いないという見解と，この森林法旧186条については，1907（明治40）年制定の森林法の趣旨をそのまま受け継ぐという規制の沿革と実質からして福祉国家的理念を見出すことはできず，純粋の積極目的規制であるとは言い切れないので，消極目的規制の要素が強いと判断したことで「厳格な合理性」の基準に相当する基準を用いたものであり，この判決からだけでは，最高裁は財産権について規制目的二分論を用いないと断定できないという見解が対立している。

その後，最高裁は，証券取引法インサイダー取引事件判決（最大判2002（平14）・2・13）においては，「財産権の種類，性質等は多種多様であり，また，財産権に対する規制を必要とする社会的理由ないし目的も，社会公共の便宜の促進，経済的弱者の保護等の社会政策及び経済政策に基づくものから，社会生活における安全の保障や秩序の維持等を図るものまで多岐にわたるため，財産権に対する規制は，種々の態様のものがあり得る。このことからすれば，……規制の目的，必要性，内容，その規制によって制限される財産権の種類，性質及び制限の程度等を比較考量して判断すべきものである」と判示した。これは森林法共有林事件判決とほぼ同じ判示であるが，規制目的については「積極的」「消極的」という言葉は使われていない。その後の最高裁の判決（たとえば，最判2003（平15）・4・18）で引用されているのは，森林法共有林事件判決ではなく，この判決である。このことから，財産権の規制に関しては，最高裁は

規制目的二分論を放棄したという見解も出されている。

(4) 損失補償

a 損失補償の意義

憲法29条3項は、「私有財産は、正当な補償の下に、これを公共のために用ひることができる」と定める。この規定にも、財産権がもはや絶対不可侵のものではなく、社会的な拘束を負ったものと考えられていることがあらわれている。公共のためであれば、正当な補償と引き換えに、私有財産が収用・制限されうることは、公共目的のための財産権の利用の必要性と個人の財産権保障との衡平・均衡を図るものである。

b 損失補償要否の判断基準

ここで、「公共のため」とは、道路、鉄道、ダム、公園などの公的な施設を建設するために私有財産を利用する場合だけではなく、地主から買い上げられた土地が最終的には特定の個人（小作人）が受益者となり、その個人の私有地となる場合（たとえば、戦後の農地改革）でも、収用全体の目的が広く社会の利益になるのであれば、「公共のため」に含まれると一般に解されており、最高裁も同様である（最判1954（昭29）・1・22）。

では、どのような場合に損失補償が必要とされるのであろうか。この点については、従来一般には特定の個人に特別の犠牲を加えたか否かという点に求められてきた。その際、特別の犠牲といえるかについて、形式的要件と実質的要件の2つが考慮されてきた。ここで形式的要件とは、広く一般人が侵害の対象となるか、あるいは侵害されるのは特定の個人ないしは集団かを問題とするものであり、実質的要件とは、侵害行為が財産権の内在的制約として受忍すべき限度内か、あるいはそれを超えて財産権の本質を侵害するほど強力なものかどうかである。しかし、形式的要件については、侵害されるのが広く一般人か特定の人かの区別が難しいことが指摘され、最近では、実質的要件を重視すべきことが有力に主張されている。これによると、財産権の剥奪に当たったり、その財産権の本来の効用が発揮できない状態になれば、原則として補償が必要ということになり、侵害がその程度に至らない規制については、社会的共同生活との調和を保っていくために必要とされる場合（たとえば、建築基準法に基づく建築の制限）には、財産権に内在する社会的拘束のあらわれとして補償は不

要，その財産権の本来の効用とは無関係に，他の特定の公益目的のために偶然に侵害がなされる場合（たとえば，重要文化財の保全のための制限）には，補償が必要とされる。なお，消極目的規制の場合には，その侵害は受忍されるべき性質のものであり，補償が不要ということになる可能性が高い。

また，補償請求には，通常は法律の具体的規定が必要である。しかし，そのような法律がない場合には，憲法29条3項を直接の根拠として，補償を請求できるとされている（最大判1968（昭43）・11・27）。このことと関連して，予防接種によって生じた後遺症や死亡などの健康被害について，この29条3項を根拠として補償請求できるかどうかが問題となった。生命や身体は財産とはいえないとして，この補償請求権を否定する見解もあるが，補償請求を肯定する見解の方が有力である。ただし，その理由づけとしては，1つは，この被害は伝染病の蔓延の防止という公共のための犠牲であり，財産権の特別の犠牲に比べて不利に扱われる合理的理由はないという考え方と，もう1つは，財産権の侵害に対して補償が行われるのであれば，生命・身体への侵害に補償がなされるのは当然であるという考え方がある。また，憲法13条の問題とする見解もある。

なお，第二次世界大戦に伴う損害についても，戦後補償の問題として裁判で争われてきた（たとえば，最大判1968（昭43）・11・27，最判2001（平13）・11・22）。

c 「正当な補償」

「正当な補償」については，従来，完全補償説と相当補償説が対立してきた。完全補償説は，その財産の客観的価値（市場価格）が全額補償されるべきであるとし，相当補償説は，合理的に算出された相当な額の補償であれば市場価格を下回ってもよいとするものである。

最高裁は，農地改革事件判決においては相当補償説の立場をとり（最大判1953（昭28）・12・23），田1反あたりの値段が鮭3匹の値段にも及ばなかったが，「正当な補償」に当たると判示した。しかし，農地改革は戦後の特別な状況のなかでなされたものであって，きわめて例外的なものであり，学説では一般に完全補償が原則であるとされている。

その後，最高裁は旧土地収用法72条については完全補償と解せる判示をした（最判1973（昭48）・10・18）が，土地収用法71条に関して農地改革事件判決を先例として明示し「相当な補償をいう」とした（最判2002（平14）・6・11）。

さらに最近では，完全補償の内容として生活を建て直すための生活権補償まで含まれるかが議論されている。たとえば，ダムの建設のために自分の土地が収用される場合には，完全補償としてその土地の市場価格が補償されても，それだけでは別の場所で，新たに生活を始めることはできないので，生活費の補償や，住宅や職場のあっせんなども補償の内容として含まれるべきかが問題となるのである。実際には法律のなかで，この生活権補償が規定されている例も出てきている（都計74条など）。

第5節　人身の自由

　人身の自由は身体の自由ともいわれ，不当に身体の拘束を受けない自由を指す。この人身の自由の保障がなければ自由権そのものが存在しえず，日本国憲法は18条で奴隷的拘束・意に反する苦役からの自由を保障し，憲法31条以下に刑事手続上の人権保障の規定をおいている。とくに，刑事手続においては，警察権等の行使が人権の保障とはげしく衝突する可能性があり，また，刑罰は人の自由に重大な制限を加えるものであるからである。日本国憲法においては，帝国憲法下の特別高等警察などによる過酷な人権侵害の経験に照らし，諸外国の憲法に例をみないほど詳細な規定となっている。

1　奴隷的拘束・意に反する苦役からの自由（18条）

　憲法18条は，奴隷的拘束からの自由と意に反する苦役からの自由を保障する。ここで奴隷的拘束とは，自由な人格者であることと両立しない程度に身体が拘束されている状態を意味する。また，苦役とは本人の自由意思に反して強制される労役のことを指す。この苦役は，原則として科されないが，犯罪の処罰の場合は例外とされている。また，非常災害時における救援活動等への従事命令（災害対策基本法65条・71条など）は，一般に「意に反する苦役」とみなされていない。なお，憲法18条は，国家に対する義務づけだけではなく，私人間においても効力を有すると一般に解されている。

2 適正手続（31条）

(1) **意 義** 憲法31条は、「何人も、法律の定める手続によらなければ、その生命若しくは自由を奪はれ、又はその他の刑罰を科せられない」と定める。この規定は、人身の自由に関する総則的な規定とされ、刑事手続の原則を示すものである。

文言からすると、この規定は、①刑罰を科すためには法律で手続が定められていなければならないことだけを要求するが、それだけに尽きるのかが議論されてきた。つまり、さらに、②法律で定められた手続が適正であること、③手続だけでなく刑罰の内容である実体も法律で定められる必要があること（罪刑法定主義）、④刑罰の内容を定める実体規定も適正でなければならないことのうち、どれが憲法31条によって要求されるのか議論がある。①と②だけとする見解、①・②・③とする見解も有力であるが、通説は、人権の手続的保障の強化の観点から、この4つのすべてがこの規定によって要求されていると解している。

(2) **手続の適正の内容：告知と聴聞** この手続が適正であることの中心的な要求は、公権力から国民が不利益な扱いを受けるときには、その不利益扱いが事前に知らされ（告知）、弁解と防禦の機会を与えられなければならないこと（聴聞）である。最高裁も、第三者所有物没収事件（最大判1962（昭37）・11・28）において、被告人は貨物の密輸を企て有罪判決を受け、さらに貨物の没収判決を受けたが、その貨物には被告人以外の第三者の所有物がまじっていたため、所有者たるその第三者に告知と防禦の機会を与えることなく没収することは違憲であるとして、告知と聴聞が刑事手続における適正さの内容をなすことを認めている。

(3) **違法収集証拠排除法則** 証拠が違法な手続によって収集された場合、当該証拠の証拠能力が否定されるとする原則は、違法収集証拠排除法則と呼ばれ、憲法31条の保障内容と考えられる。この法則の根拠として、権利侵害を受けた者の救済、司法の廉潔性、違法捜査に対する抑止効果なども挙げられる。憲法38条2項の自白排除法則は、この原則に従うものと位置づけることも可能である。最高裁は、憲法35条と31条等にかんがみ、「令状主義の精神を没却するような重大な違法があり、これを証拠として許容することが、将来における

違法な捜査の抑制の見地からして相当でないと認められる場合」には，証拠能力は否定されるべきであるとしている（最判1978（昭53）・9・7）。

3　捜査手続と被疑者の権利

(1)　**逮捕手続（33条）**　　憲法33条は，「何人も，現行犯として逮捕される場合を除いては，権限を有する司法官憲が発し，且つ理由となつてゐる犯罪を明示する令状によらなければ，逮捕されない」と定め，不当な逮捕がされないようにしている。ここに司法官憲とは裁判官のことであり，警察が事前に公正中立の立場の裁判官の逮捕令状を請求し，これを裁判官が審査のうえ，逮捕令状を発布するという方式で裁判官によるコントロールを定める。この原則は令状主義と呼ばれている。

ただ，憲法33条では，現行犯の場合には，逮捕令状は必要とされない。現行犯とは，現に犯罪を行い，または，現に罪を行った者（刑訴212条1項）のことであり，この場合には，犯人として誤って逮捕される可能性が少ないことによる。

この令状主義との関係で，刑事訴訟法210条が定める緊急逮捕の合憲性が問題とされてきた。刑事訴訟法によれば，この緊急逮捕は，一定の重大な犯罪で，急速を要し，逮捕状を請求する時間がない場合について許されるとしているが，最高裁は，厳格な制約のもとに，罪状の重い一定の犯罪のみについて，緊急やむを得ない場合に限るものであることを指摘して，この緊急逮捕は違憲とはいえないとしている（最大判1955（昭30）・12・14）。しかし，令状逮捕でもなく現行犯逮捕でもないことから違憲説も有力である。

さらに，別件逮捕が許されるかも問題となっている。別件逮捕とは，本来の捜査対象である犯罪（本件）について，逮捕状を請求することが困難な場合に，他の軽微な犯罪（別件）によって逮捕し，本件の取調べを行うことである。この別件逮捕を合憲であるとする見解は，その逮捕は別件を基準とすれば正当であり，かつ，捜査は真実発見のために被疑者の取調べをなす手続である以上，逮捕後の取調べは別件に限定されものではなく，また，別件逮捕による取調べは本件に関しては任意の取調べであって，取調べ自体を禁止することはできないとする（別件基準説）。一方，違憲説は，逮捕についての令状主義は，

被疑者の犯した罪の罪名および被疑事実を特定して明示したうえで，その逮捕につき裁判官の事前審査を求めるものである以上，本件を基準とすれば，別件逮捕は，身体の自由の拘束について裁判官による事前審査を回避しようとするものであり違憲であるとする（本件基準説）。通説は本件基準説に立っており，さらに別件逮捕による自白に証拠能力を認めないという救済が重要であることが指摘されている。

(2) **抑留・拘禁手続（34条）** 憲法34条は，「何人も，理由を直ちに告げられ，且つ，直ちに弁護人に依頼する権利を与へられなければ，抑留又は拘禁されない。又，何人も，正当な理由がなければ，拘禁されず，要求があれば，その理由は，直ちに本人及びその弁護人の出席する公開の法廷で示されなければならない」とする。身体の拘束のうち，一時的なものが抑留，より継続的なものが拘禁である。いずれも拘置所等に，逃亡の防止と証拠の隠滅を防止するために，身柄を拘束されることである。拘禁については要件が加重されている。

ここでは，被疑者の弁護人依頼権が保障されており，司法制度改革の一環として被疑者国選弁護制度が導入された（刑訴37条の2・37条の4など）。

さらに，被疑者の勾留の場所は，原則として法務省の管轄の刑事施設（拘置所）であるが，拘置所の数が足らないことから，警察署の中の留置場に勾留することが認められてきた（代用監獄）。このことで，夜中でも捜査機関が自由に被疑者を取り調べることが可能となり，自白の誘導・強要がなされやすく，「えん罪の温床」であると指摘されてきた。現在の刑事収容施設法は，起訴前にかぎり警察署に付属する留置施設（代用刑事施設）に勾留することを認めており，これは代用監獄を恒常化するものであり，違憲であるという指摘がみられる。

(3) **住居等の不可侵（35条）** 憲法35条は，1項で，「何人も，その住居，書類及び所持品について，侵入，捜索及び押収を受けることのない権利は，第33条の場合を除いては，正当な理由に基いて発せられ，且つ捜索する場所及び押収する物を明示する令状がなければ，侵されない」とし，2項で，「捜索又は押収は，権限を有する司法官憲が発する各別の令状により，これを行ふ」とする。英米の法諺によれば住居は各人の城であり，人の私生活の中心としてその不可侵は重要であり，また，書類や所持品にも同様の趣旨があてはまるとさ

れる。

35条1項は，憲法33条の場合，すなわち逮捕令状に基づいて逮捕される場合と現行犯逮捕の場合を除いては，侵入，捜索，押収のためには，場所と押収物が特定された捜索令状や押収令状を要求している。35条2項は，この令状について，捜索・押収について，司法官憲，すなわち，裁判官が発する個別の令状が必要であるとしている。33条による適法な逮捕の場合には逮捕にともなう合理的な範囲であれば，令状は不要となる。

4　被告人の権利

では，被告人の権利は，憲法上どのように保障されているのであろうか。

(1)　**公平な裁判所の迅速な公開裁判を受ける権利（37条1項）**　憲法32条は，裁判を受ける権利を保障し，82条は裁判の公開原則を定めるが，刑事事件については，憲法37条1項がさらに，「すべて刑事事件においては，被告人は，公平な裁判所の迅速な公開裁判を受ける権利を有する」と定める。

まず，公平な裁判所とは，偏見のおそれのない裁判官から構成されていることであり，このことを最高裁は，「構成其他において偏頗の惧れなき裁判所」と表現している（最大判1948（昭23）・5・5）。

次に，判決が出るまでにあまりに長期間かかると，それは裁判の拒否に等しいことになるので，迅速な裁判が，要求されている。高田事件判決（最大判1972（昭47）・12・20）は，15年にわたり審理が中断された事例であるが，最高裁は，迅速な裁判とはいえないとして，免訴を言い渡した。

第3に，公開裁判とは，その対審および判決が公開の法廷で行われることをいう。裁判の傍聴が可能になっていることである。刑事訴訟法が証人となる犯罪被害者等を保護するために，ビデオリンク方式（刑訴157条の4第1項）や被告人と証人の間の遮蔽措置（同157条の3第1項）の利用を可能とするが，これが公開裁判の原則に反しないかが争われた事件で，最高裁は，審理が公開されていることには変わりはないので，裁判の非公開には該当しないとしている（最判2005（平17）・4・14）。

なお，2009年から，刑事裁判への国民参加を保障するために，裁判員制度が実施されている。これは，3名の裁判官と国民から無作為に選ばれた6名の裁

判員が，刑事裁判の第一審判決についてのみ，共同で有罪決定と量刑を行う制度である。この裁判員制度は，37条1項の保障する「裁判所」による裁判といえるのかが争われたが，最高裁は，憲法は下級裁判所が裁判官のみにより構成されることを命じてはいないとして37条1項に反するとはいえないとした。また，裁判員には守秘義務が課される点や，死刑反対論者でも死刑判決に関与しなければならなくなる場合がある点などから，憲法違反ではないかも争われたが，最高裁は合憲としている（最大判2011（平23）・11・16）（→第6章第4節3(5)）。

(2) **証人審問権・喚問権（37条2項）** 憲法37条2項は，「刑事被告人は，すべての証人に対して審問する機会を充分に与へられ，又，公費で自己のために強制的手続により証人を求める権利を有する」とし，証人の審問権と喚問権を保障している。これは，証人の証言が重要であることから，証人に対して審問することによって，真実を明らかにし，防禦の機会を確保するためであり，被告人に審問の機会が充分に与えられない証人の証言には証拠能力が認められないという趣旨である。したがって，伝聞証拠は排除される（刑訴320条）。また，すべての人が喚問されるとは限らないが，経済的な理由から証人を審問できないことがないように，公費での喚問権を認めている。

(3) **弁護人依頼権（37条3項）** 憲法37条3項は，「刑事被告人は，いかなる場合にも，資格を有する弁護人を依頼することができる。被告人が自らこれを依頼することができないときは，国でこれを附する」と定め，弁護人依頼権を保障し，経済的な理由から自ら依頼することができない場合には，国選弁護人を国がつけ，刑事裁判において，専門的法知識をもつ弁護人の援助によって被告人の不利益を最小限にとどめようとしている。

(4) **不利益供述強要の禁止（38条1項）** 憲法38条1項は，「何人も，自己に不利益な供述を強要されない」と定め，すべての人に対して不利益（自己負罪）供述の強要の禁止を定める。刑事訴訟法は，被疑者および被告人に対して，いわゆる黙秘権（すべての供述を拒否しうる権利）を保障している（198条2項・291条3項）。したがって，供述を拒否しても，そのこと自体から不利益に扱われないことも生じる。氏名の供述について，最高裁は不利益な供述とはいえないとする（最大判1957（昭32）・2・20）が，該当するという見解も有力である。

(5) **自白排除法則（38条2項）・自白補強法則（38条3項）** 従来，自白は証拠

の王もしくは女王と呼ばれ、どの国でも、捜査機関は、自白をとることを重視し、必要であれば、自白をとるために拷問などがされてきたとされ、そこで日本国憲法では以下のような、自白に関する定めを置いている。

憲法38条2項は、「強制、拷問若しくは脅迫による自白又は不当に長く抑留若しくは拘禁された後の自白は、これを証拠とすることができない」と定める。これは、自白排除法則と呼ばれ、自白があっても、その自白が強制・拷問・脅迫によるもの、あるいは、不当に長く身体を拘束された後になされたものは、証拠能力がないとすることにより、捜査機関が不当な方法で自白をとることを抑制するものである。

また、3項は、「何人も、自己に不利益な唯一の証拠が本人の自白である場合には、有罪とされ、又は刑罰を科せられない」と定め、これは、自白補強法則と呼ばれる。この規定によれば、任意性のある自白でも、自白だけでは有罪とされることはなく、捜査機関は、自白以外の証拠を集めなければならないこととなる。

さらに、この「本人の自白」に公判廷における自白を含むかが問題とされてきた。最高裁は、それが任意性を有すること、その真実性を裁判所が直接に判断しうることなどを理由として、これを否定する（最大判1948（昭23）・7・29）。しかし、公判廷における自白でも任意性を欠くものがないわけではないので、学説では肯定説が多数である。

ただ、刑事訴訟法319条2項は、「被告人は、公判廷における自白であると否とを問わず、その自白が自己に不利益な唯一の証拠である場合には、有罪とされない」と定めて、この論議を立法的に解決した。

5　事後法と「二重の危険」の禁止（39条）

憲法39条は、「何人も、実行の時に適法であつた行為又は既に無罪とされた行為については、刑事上の責任を問はれない。又、同一の犯罪について、重ねて刑事上の責任を問はれない」と定め、事後法の禁止（遡及処罰の禁止）と、「二重の危険」の禁止を定める。事後法の禁止は、罪刑法定主義の帰結の1つであり、一定の行為後にその行為が違法と定められ、刑罰を科されれば、人は何を基準に行動してよいかわからなくなるので、それを防ぐためである。後者

は，「何人も二度にわたり苦しめられてはならない」とする原則に由来するものである。

　憲法39条は，前段前半で事後法の禁止を定めることについては争いはないが，前段の後半と後段には，大陸法的な一事不再理の原則とアメリカ憲法の二重の危険の禁止の考えが混在しており，統一的な理解を困難にしている，あるいは，本条の趣旨ないし内容は，必ずしも明確ではないとされる。しかし，前段後半と後段の関係について，どのような見解をとっても，結論に大きな相違が生ずることはないという指摘もある。なお，一審で無罪判決が出て，それが確定せず，控訴されて二審で有罪判決が出ても，これは一連の訴訟のなかでのことであるので，憲法39条違反の問題は生じないといえる。

6　残虐刑の禁止（36条）

　憲法36条は，「公務員による拷問及び残虐な刑罰は，絶対にこれを禁ずる」としている。すでに述べたように，日本に限らず，自白をとるために拷問がよく行われて，それがえん罪に結びつき，また，拷問自体は刑罰でもなく，人間の尊厳にも反するということからそれを絶対的に禁止し，また，残虐な刑罰を人道上の見地から絶対的に禁止するものである。

　死刑が残虐な刑罰に当たらないかについて議論がされてきた。最高裁は，残虐な刑罰とは「不必要な精神的，肉体的苦痛を内容とする人道上残酷と認められる刑罰」とし（最大判1948（昭23）・6・30），執行方法としては火あぶり，はりつけなどその時代と環境とにおいて人道上の見地から一般に残虐性を有するものと認められるものとして，絞首刑による死刑は，憲法36条が規定する残虐な刑罰に当たらないとしている（最大判1948（昭23）・3・12）。なお，憲法上死刑を設けなければならないわけではなく，死刑については，廃止論と存置論とがある。

7　刑事補償請求権（40条）

　（→本章第8節4）

8 憲法31条・35条・38条と行政手続

　憲法31条は、文言からすると直接には刑事手続についての規定であるが、それを超えて、行政手続にも適正手続の要請が及ぶかどうかが問題となる。というのは、行政手続のなかにも、行政強制といわれる手続があり、不利益という点では刑事手続と同様のものがあるからである。行政手続にも適正手続の要請が原則として及ぶことは一般的に肯定されているが、その根拠は、31条を適用するとする見解、31条を準用するとする見解、31条ではなく13条の幸福追求権のなかに手続一般についての適正手続の要請が含まれるとする見解、また、法治国原理を根拠とする見解などがある。最高裁は、成田国際空港の建設に反対する勢力が建設した建物の利用禁止等に関する成田新法事件判決（最大判1992（平4）・7・1）において、行政手続が刑事手続でないとの理由のみで当然に憲法31条の保障の枠外にあると判断すべきではないとしているが、行政手続は多種多様であるから、告知・弁解の機会を与えるかどうかは、制限を受ける権利利益の内容、性質、制限の程度、行政処分によって達成しようとする公益の内容、程度、緊急性などを総合衡量して決定され、常にそのような機会を与えることを必要とするものではないとしている。なお、行政手続法では、告知と聴聞が要求されているが、個別法による適用除外が認められているので、憲法上の適正手続に基づく判断が必要な場合もある。

　また、最高裁は、税務調査の際に納税者に対する質問・検査を拒否して起訴された被告人が、この質問検査が令状主義（35条）・不利益供述強要の禁止（38条）に反すると主張した事件（川崎民商事件：最大判1972（昭47）・11・22）において、35条・38条が行政手続にも及ぶことを原則的に認めたが、この質問検査は、刑事責任追及に直接結びつくものではないこと、公益上の必要性・合理性があり、強制の程度も不合理とはいえないこと等を理由に違憲ではないとしている。

第6節　社　会　権

　社会権は、人間らしい生活を営むための自由を前提として、その実質化のために、主として国家の積極的な行動を求めることができる権利である（つま

り，人間らしい生活を営むことを国家は阻害してはならないという自由権的側面と，国家に対してそのような営みの実現を求める社会権的側面がある）。25条の生存権，26条の教育を受ける権利，27条の勤労権，28条の労働基本権がこれに含まれる。これらのうち，25条が社会権の総則的な規定とされる。

1 生存権（25条）

(1) **生存権とは** 憲法25条1項は，「すべて国民は，健康で文化的な最低限度の生活を営む権利を有する」とし，これが生存権とよばれる権利である。この生存権は，国民には生きる自由がありそれを国家によって妨害されないということを超えて，国民は，人間らしく生きていくために必要な諸条件を確保するよう国家に請求することができる権利である。この生存権は，一般に社会権のなかでも最も基本的な権利であるとされる。生存権をはじめて憲法のなかに規定したものとして，ドイツのワイマール憲法（1919年）が有名であるが，そこでは，「経済生活の秩序は，各人に，人たるに値する生活を保障する目的をもつ正義の原則に適合するものでなければならない」（151条1項）と規定されており，権利の形で明記されていたわけではなかった。

(2) **生存権の法的性質** それに対して，日本国憲法においては権利として明記されているが，この生存権の法的性質については，基本的にはプログラム規定説と法的権利説とがある。

まず，プログラム規定説とは，25条は，国家の，政策的目標，政治的・道徳的目標（いわゆるプログラム）を宣言したもので，個々の国民に具体的な請求権を保障したものではないとする見解である。これに対し，法的権利説は，このプログラム規定説を批判して，25条は，国民の権利を保障し，国家に対して法的義務を定めたものであると解するものであるが，さらに2つに分かれる。1つは，この権利の具体的・一般的実現には法律の制定が必要であり，したがって生存権は抽象的権利であるとする考え方（抽象的権利説）であり，もう1つは，国が25条を具体化する法律を制定しない場合には，その法律を制定しないことが憲法違反であることを確認する訴訟を提起できるとする考え方（具体的権利説）である。

権利として憲法に保障されている以上，プログラム規定説がいうように国家

の努力目標にすぎず政治的な意味しかないというのは，説得力に欠ける。その点，抽象的権利説は権利であることは認めるが，それを具体化する法律ができなければ，国民は何も請求できないという点では，プログラム規定説と変わらない。しかし，生活保護法などの法律が存在している状況のもとでは，法律の規定をきっかけとして，その法律が生存権の実現のために不十分かどうかを裁判で争うことができることになる。これまでの具体的権利説は，25条を具体化する法律がなくても25条だけを根拠として，裁判所に救済を求めることができるとまでは主張せず，すでにみたように，法律を制定しないことが憲法違反であるということを裁判所が確認できるというにとどまる。そこで最近では，最低限度に満たない生活水準であることが立証できれば，裁判所が25条だけを根拠に金銭の給付を命じることができるとする「言葉どおりの具体的権利説」が主張され，これは立法の不十分さを補うものとして支持できる。

また，国家は生存権を具体化すべき明確な法的義務を負っており，いったん具体化された給付とその水準を正当な理由なく廃止・後退させる場合は，端的に25条1項違反となる（制度後退禁止原則）と考えられる。

なお，最近では，社会保障の根拠を憲法25条ではなく，憲法13条に求める見解，あるいは憲法13条と25条を結びつけて考える見解が出されている。

(3) **判例の立場**　最高裁は，食料管理法事件判決（最大判1948（昭23）・9・29）において，憲法25条1項の「規定により直接に個々の国民は，国家に対して具体的，現実的にかかる権利を有するものではない。社会的立法及び社会的施設の拡充に従って，始めて個々の国民の具体的，現実的生活権は設定充実せられてゆくのである」としたが，ここでは少なくとも具体的権利性は認められていない。

1956年当時の1カ月600円の生活保護費が憲法25条に違反しないかが争われた朝日訴訟判決（最大判1967（昭42）・5・24）において最高裁は，生活保護受給者が国から生活保護を受けるのは，単なる国の恩恵ないし社会政策に伴う反射的利益ではなく，法的権利であって，保護受給権とも称すべきものと述べ，法的権利であることは明言したが，25条1項の規定は，国の責務として宣言したにとどまり，直接個々の国民に対して具体的権利を賦与したものではなく，具体的権利としては，憲法の規定の趣旨を実現するために制定された生活保護法

によって，はじめて与えられているとした。さらに「健康で文化的な最低限度の生活」は抽象的な相対的概念であって，その判断は厚生大臣の裁量にまかされていて，著しく低い基準であれば，司法審査の対象になるとも述べている。これらのことからすると，最高裁は，この判決において，プログラム規定説をとっているとはいえないといえるが，司法的な救済が与えられる場合はきわめて限定されている。学説からは，最低限度の生活水準は，ある時点では，ある程度客観的に決定できるものであり，担当の大臣の基準設定が違憲・違法となる場合を，その基準が著しく低い場合に限定することに対して，批判がなされている。なお，朝日訴訟の第一審判決後，生活保護費は大幅に増額され，この裁判は「人間裁判」ともいわれる。

また，児童扶養手当と障害者福祉年金とを同時に受け取ることを法律で禁止することの合憲性が争われた堀木訴訟判決（最大判1982（昭57）・7・7）において，最高裁は，生存権を法律で具体化する場合には，複雑多様で高度な専門技術的判断が必要とされることから，立法裁量を広く認める立場を示している（なお，憲法14条に違反するかどうかについては，総合的に判断すると何ら合理的理由のない不当なものであるとはいえないとした原審の判断を正当であるとして是認している）。この判決に対しても，学説からは，裁量を広く認めすぎているのではないかという批判がある。ただ，これらの最高裁の判決によれば，生存権侵害を裁判で争う道が閉ざされているわけではないとはいえよう。なお，堀木訴訟判決の控訴審判決（大阪高判1975（昭50）・11・10）は，憲法25条1項・2項分離論と呼ばれる立場をとった。これは，憲法25条2項は，国に事前の積極的防貧施策をとることの努力義務を課し，25条1項は2項の防貧施策にもかかわらず落ちこぼれた者に対して救貧施策をなすべき責務があることを宣言したものであると解し，児童扶養手当・障害福祉年金は，2項に基づく救貧施策であり，それらの併給を禁止しても，別に1項の救貧施策として生活保護法による公的扶助制度があるので，憲法25条違反の問題は生じない，また，2項の防貧施策の内容は立法府の裁量に任されているので，裁量権を逸脱した場合は別として，原則として違憲の問題は生じないとした。この1項・2項分離論は，1項に基づく生活保護に関しては厳格な司法審査を導く可能性をもつものであるが，1項の救貧施策を生活保護法による公的扶助に限定し，他の施策をすべて防貧施

策として広範な立法裁量に委ねるもので問題があり，生活保護法も含めた社会保障関連諸法の全体が一体として最低限保障の役割を担っていると考えるべきことが指摘されている。

その後，最高裁は，旧国民年金法が20歳以上の大学生を，国民年金の強制加入者とせず，大学在学中に障害を負っても障害基礎年金の支給を受けられないことは，適切な立法措置を講ずることを怠った結果であり，憲法25条・14条に違反するという主張について，堀木訴訟最高裁判決を引用し，具体的にどのような立法措置を講じるかの選択決定は，立法者の広い裁量に委ねられており，立法者が学生等につき任意加入にとどめたことは，学生が国民年金に加入する必要性や実益が少ない等のことからすると，著しく合理性を欠くということはできず，合理的理由のない不当な差別的取扱いであるということもできず，憲法25条・14条に反しないとした（最判2007（平19）・9・28）。この判決は，堀木訴訟判決と同じ立場であるので，上述の学説からの堀木訴訟判決に対する批判が当てはまることになる。なお，すでに発生した無年金障害者については，2004年に「特定障害者に対する特別障害給付金の支給に関する法律」が制定され，一定程度救済が図られた。また，老齢加算廃止訴訟判決（最判2012（平24）・2・28）においては，生活保護の老齢加算（70歳以上）を厚生労働大臣が，段階的に減額し，廃止したことは，同大臣の専門技術的かつ政策的な裁量の範囲内であり，憲法25条等に違反するものではないとした。

2 環 境 権

(1) **憲法上の根拠**　日本国憲法のなかには環境権という人権を保障する規定は見当たらない。日本国憲法が制定されたときには，環境権に関連して現在論じられているような問題は，なかったわけではないが憲法がかかわる問題とは考えられていなかったのである。しかし，1960年代の高度成長期以降，日本では大気汚染・水質汚濁・騒音・振動などの公害が大量に発生し，環境破壊が進行するなかで，「よい環境を享受し，これを保全する権利」を意味する環境権を憲法上の「新しい人権」として位置づけることが意識されるようになった。

しかし，上述したように，日本国憲法は環境権を明文で保障しているわけで

はないので，環境権が憲法上の権利であるというためには，憲法のどの規定が根拠となるかが問題となる。

　環境権は，環境破壊を予防し排除するために主張された権利であり，良好な環境を享受することを妨げられないということが保障されるとすると，その点では自由権としての側面をもつので，包括的基本権としての憲法13条の幸福追求権が根拠となりうる。また，環境権を実現するには国や地方公共団体の積極的な行動を必要とするので，それらの行動を請求する権利と捉えると，社会権としての側面をもち，この点に着目すれば，環境権がはじめて提唱されたときと同様，25条の生存権に根拠をもつことになる。そこで，学説上では，13条と25条のどちらかに根拠づける①13条根拠説，②25条根拠説，と両側面についてそれぞれに根拠を分けて考える③13条・25条競合説に分かれている。13条が自由権だけではなく請求権を基礎づけることを認めたり，あるいは25条の生存権が自由権的側面をもつことを認めると，これらの対立は必ずしも決定的なものとはいえないが，環境権のもつ両側面を考慮して，③13・25条競合説をとるものが多くなっている。しかし，より重要な問題は，環境権の内容をどのようなものと考えるかである。

　(2)　**環境権の内容と法的性格**　環境権の内容にかかわっては，環境権によって保護される環境とは何かについて争いがある。第一次的には大気・水・日照などの自然的な環境であることには一致がみられるが，この自然的環境だけであるとする見解（狭義説）と歴史的遺産などの歴史的・文化的環境や，道路・公園のような社会的環境まで広く含める見解（広義説）がある。さらに，判例の展開を踏まえて，最近では環境権の内容を狭義説よりも限定的に捉え，環境人格権として，つまり環境汚染によって生命・健康などを害されない個人の権利として理解すること（最狭義説）も主張されている（根拠は13条）。この環境人格権という考え方は，環境汚染による具体的被害を直接問題とする点で，裁判所による救済にはたしかになじみやすいとはいえるが，人格権とどのような違いがあるかがやや不明確であることが指摘されており，一方，広義説をとると環境権の内容が広範になりすぎて権利性が弱められる可能性があるので，狭義説が多数説といえるであろう。

　では，環境権の法的性格はどうであろうか。とくに，裁判規範といえるかが

問題となる。環境権の最初の提唱者は，所有権や人格権とならぶ具体的私権であり，裁判において損害賠償や差止めを求める根拠となると主張した。もちろんこれに賛同する見解もあるが，環境権の内容の概念はいまだ不明確で，裁判において具体的な権利としては，まだ承認できない，つまり，環境権は「成熟過程にある権利であ」るとして裁判規範性を否定する見解もある。また，水質汚濁防止法などの具体的法律によって損害賠償請求権が認められているから，これとは別に，憲法上の権利としての環境権を承認することはできないという見解もある。したがって，環境権の主体，内容を具体的に明確にしたうえで，憲法上具体的権利として保障されているということは，必ずしも十分には論証されていないといえる。とはいえ，明確化の努力が進み，近年では肯定説が有力とはなってきている。

(3) **判例の展開と環境法** 環境権に関する代表的な訴訟は大阪空港公害訴訟である。大阪空港は，当時代表的な国営の空港で，1964年にジェット機が就航し，1970年には滑走路が増設され，大型機の頻繁な離着陸により騒音・排気ガス・ばい煙・振動などによって生活環境が破壊され，付近住民に多数の被害が生じた。そこで，1971年に豊中市の住民らが空港の周辺地域の離着陸コースのほぼ真下に居住する住民として，空港の設置管理者である国に対し，人格権と環境権に基づいて午後9時から翌朝7時までの空港使用の差止め，過去の損害賠償，将来の損害賠償を求めて民事訴訟を提起した。

一審判決（大阪地判1974（昭49）・2・27）は，国の管理行為の違法性と責任を肯定し，午後10時から翌朝7時までの空港使用の差止を認めた。また，過去の財産的損害についての賠償金支払いを命じた（将来の損害賠償については認めなかった）。その際，個人の生命，自由，名誉その他人間としての生活上の利益などの「個人の利益は，それ自体法的保護に値するものであって，これを財産権と対比して人格権と呼称すること」ができ，この「人格権に基づく差止ができる」としたのである。ただ，憲法13条・25条についてはプログラム規定であるという立場をとっている。

控訴審判決（大阪高判1975（昭50）・11・27）は，過去の損害賠償額を増額し，将来分についても部分的に容認し，空港使用の禁止時間についても午後9時から10時までについても認め，ほぼ住民の主張を認めた。この判決は，環境権を

承認こそしなかったものの，実質的には環境権の主張の趣旨を認めたものであると評価されている。

これに対して，最高裁（最大判1981（昭56）・12・16）は，過去の損害賠償のみを認め，差止請求は却下した。住民らの請求は，不可避的に航空行政権の行使の取消変更ないしその発動を求める請求を包含することになるが，いわゆる狭義の民事訴訟の手続により一定の時間帯につき空港を航空機の離発着に使用させることの差止めを求めることは不適法としたのである。その際，環境権や人格権には触れず，行政訴訟の方法により請求ができる可能性を示しはしたが，現実の困難さからすると，この判決は事実上，環境権訴訟における差止請求の道を閉ざしたものと評価されている。実際にも，この判決以降，公害訴訟は「冬の時代」に入ったという評価もみられる。しかし，差止請求を民事の請求として適法とする4名の裁判官の反対意見があり，団藤裁判官の反対意見は，憲法32条の精神からいっても，多数意見は疑問であるとしていることが注目される。その後，名古屋新幹線訴訟（名古屋高判1985（昭60）・4・12），厚木基地公害訴訟（最判1993（平5）・2・25），尼崎公害訴訟（神戸地判2000（平12）・1・31），名古屋南部公害訴訟（名古屋地判2000（平12）・11・27）など多くの訴訟が提起されてきたが，自然環境の汚染・破壊によって，特定人の生命・健康に被害が発生したり，特定人に著しい精神的苦痛・生活妨害が存在する場合には，民法上の権利でもある人格権侵害という法的構成をとることにより，補償や損害賠償，場合によっては差止請求を認めているものもある。つまり，裁判においては，環境権論のかなりの部分は，実質的には多くの判決において取り込まれているともいえるのである。

なお，環境権から環境の維持・保全さらには確立のために適切な立法をすべき国家の責務が導き出されることについては異論はなく，また，生存権と同様に，法律によって具体化されることがのぞましいことも明白である。実際には，住民運動の成果として，環境権論によって主張されたことの少なくない部分が，法律に取り入れられ，多くの法律が制定され，現在では，環境基本法をはじめとして，それらが環境法という1つの法領域を形成するまでになっている。

3 教育を受ける権利 (26条)

(1) **憲法26条**　憲法26条1項は,「すべて国民は,法律の定めるところにより,その能力に応じて,ひとしく教育を受ける権利を有する」として,国民の教育を受ける権利を保障している。さらに,同条2項では,「すべて国民は,法律の定めるところにより,その保護する子女に普通教育を受けさせる義務を負ふ。義務教育は,これを無償とする」として,とくに,子どもの教育を受ける権利に対応させて親に対して義務を課し,また,義務教育については,経済的理由によって,受けられないことがないように,無償としている。この無償の範囲は,一般に授業料のことと解されているが,法律により教科書も無償となっている。

(2) **公教育の成立と学習権**　教育は,個人が人格を完成させ人間らしく生きていくために不可欠のものであるが,歴史的には,子どもの教育は,親の権利であり,義務でもあり,教育はまず家庭内における私的なものとして存在したが,工業が発達し,労働者として,また,国民どうしの交流・移動が盛んになると,市民として,一定の水準の知識をもつことが必要となり,公立の学校の設置をはじめとして公教育が成立した。このような歴史を背景として,現在では,一般に教育を受ける権利は,子どもの学習権を保障するものとして把握されている。

(3) **教育権の所在**　教育権つまり教育(学習)内容の決定権が,国家にある(国家の教育権説)のか,親・教師などを含む国民にある(国民の教育権説)のかが争われてきた。国家の教育権説は,教育も1つの国の政策である以上,国会が法律によって教育内容・方法を決定すべきことになり,教育に精通した文部科学省が法律の委任を受けて,とくに,学習指導要領によって教育内容を定め,この学習指導要領は,学校と教師を拘束するとする見解である。一方,国民の教育権説は,親の教育の自由を尊重することから出発し,親と国民全体の信託を受けた教育の専門家である教師が中心となって,具体的な教育内容・方法を決定し,国の役割は教育の条件整備にとどまるとする見解である。最高裁は,全国一斉の学力テストの実施が,教育への国家介入を強めるものだとして,その実施を阻止しようとした教師が公務執行妨害罪等で起訴された事件にかかわる旭川学力テスト事件判決(最大判1976(昭51)・5・21)において,どち

らの見解も極端かつ一方的であり，親の教育の自由は，主として家庭教育等学校外における教育や学校選択の自由にあらわれ，教師の教授の自由も，限られた一定の範囲において肯定されるとした上で，それ以外の領域においては，一般に社会公共的な問題について国民全体の意思を組織的に決定，実現すべき立場にある国は，国政の一部として広く適切な教育政策を樹立，実施すべく，また，しうる者として，憲法上は，あるいは子ども自身の利益の擁護のため，あるいは子どもの成長に対する社会公共の利益と関心にこたえるため，必要かつ相当と認められる範囲において，教育内容についてもこれを決定する権能を有するものと解せざるをえないと判示した。このように，最高裁が，教育に関する権限は，親・教師・国という，子どもの教育に関係する者がそれぞれ分担しているとしたこと自体は，妥当であるとするのが学説では有力であるが，結論として国の広い裁量権を認めたことには批判が多い。

(4) **教師の教育の自由** 上述のように，教育を受ける権利は，子どもの学習権として把握され，教師もその学習権の実現にかかわる存在であり，担当する児童・生徒の状況に応じた対応が必要とされるため，教師には教育内容・方法の選択につき一定の自由が確保されなければならない。ただ，公立学校における教師は，児童・生徒との関係では，国家の代理人であり，この自由は権利ではなく，権限ないしは裁量と捉える見解も有力である。旭川学力テスト事件最高裁判決は，「例えば教師が公権力によって特定の意見のみを教授することを強制されないという意味において，また，子どもの教育が教師と子どもの間の直接の人格的接触を通じ，その個性に応じて行われなければならないという本質的要請に照らし，教授の具体的内容及び方法につきある程度自由な裁量が認められなければならないという意味においては，一定の範囲における教授の自由が保障されるべきことを肯定できないではない」が，教師のもつ強い影響力・支配力，全国的に一定の水準を確保すべき強い要請などから，「普通教育における教師に完全な教授の自由を認めることは，とうてい許されない」とした。また，「誤った知識や一方的な観念を子どもに植えつけるような内容の教育を施すことを強制するようなこと」は許されないとしている。しかし，教師の教育の自由を結果的に限定しすぎではないかと思われる。

また，教科書検定制度や学習指導要領が，このいわゆる教師の教育の自由を

制約するものとして，その合憲性が裁判で争われてきた。最高裁の第1次家永教科書検定訴訟判決（最判1993（平5）・3・16）は，旭川学力テスト事件最高裁判決を引用し，国も教育内容について「必要かつ相当と認められる範囲」内で教育内容決定権をもつとし，教科書検定制度は憲法26条に違反するものではないとした。また，旭川学力テスト事件最高裁判決は，当該中学校学習指導要領は，教師による創造的かつ弾力的な教育の余地などが十分残され，全体としてはなお全国的な大綱的基準としての性格をもつものであり，内容においても，教師に対し一方的な理論ないしは観念を生徒に教え込むことを強制するような点はまったく含まれていないので，必要かつ合理的な基準の設定として是認できるとしたが，伝習館事件最高裁判決（最判1990（平2）・1・18）は，この旭川学力テスト事件判決を挙げて，高等学校学習指導要領は法規であり，法的拘束力を有し，教師を拘束するものであるとした。しかし，その実質的な理由が述べてられているわけではない。ここでも旭川学力テスト事件最高裁判決の判示が基本となっていることはみてとれるが，教師の自由は，教育の一定水準の確保のために制約を被るものの，創意工夫の余地をはじめ，広範なものでなければ，子どもの学習権の実現に支障をきたすものといえよう。

4　勤労権（27条）

憲法27条は，1項で「すべて国民は，勤労の権利を有し」と勤労権（労働権）を保障し，また2項で，「賃金，就業規則，休息その他の勤労条件に関する基準は，法律でこれを定める」と労働条件が法定されなければならないことを規定している。さらに3項は児童の酷使を禁止している。これらは，憲法25条の生存権の保障を基礎とし，労働者が人間らしい生活ができることを可能とするためのものである。これらを具体化するための法律が制定されており，27条1項を具体化するものとして，雇用対策法や雇用保険法などの雇用保障法が，2項を具体化するものとして労働基準法などの労働者保護法が挙げられる。

もともと勤労権は，仕事に就けない場合に仕事を国家に対して請求する権利として主張された。しかし，現実には国家が各人に応じた仕事を付与することは困難であり，現在では，国家に完全雇用政策をとること，失業した場合に一定の金銭給付をすることなどを義務づけるものと一般に理解されているが，働

く権利と理解すれば，それだけではなく公正な採用，解雇制限，良好な職場環境の保持を求める根拠ともなると考えられる。現在，労働をめぐっては，非正規労働者の多さ，労働基準法を守らないブラック企業の存在，リストラ，採用時の差別，セクハラを受けたことにより職業継続ができないことなど多くの問題が指摘されており，これらを解決するために勤労権を具体化する法律の役割がいっそう大きくなっている。

5　労働基本権（28条）

(1) **憲法28条の保障**　憲法28条は，「勤労者の団結する権利及び団体交渉その他の団体行動をする権利は，これを保障する」とし，団結権・団体交渉権・団体行動権（争議権）からなる労働基本権を保障している。つまり，労働者には，労働条件を維持・改善し，人間らしい生活をするために，労働組合を結成すること，労働組合に加入して活動すること，使用者と交渉し労働協約を締結すること，ストライキをはじめとする争議行為をすることが憲法上保障されているのである。この労働基本権は，一般には社会権に分類されるが，団結・団体交渉・団体行動をする自由が基本にあることが，近年，学説では強調されている。また，これらの権利は，使用者との対抗関係において勤労者に認められる権利であり，国家に対してだけではなく，本来的に私人である使用者との関係においても認められる。つまり，私人間において直接効力をもつ人権の1つである。

　これらの労働基本権が保障されていることから，まず，労働基本権を制限するような立法その他の国家行為が禁止される。次に，労働基本権が正当に行使される場合には，損害賠償をはじめとする民事責任が問われないこと（民事免責）と刑事上の責任も問われないこと（刑事免責）が生じる。前者は，労働組合法8条に，後者は同法1条2項に定められ，確認されている。さらに，国に対して労働者の労働基本権を保障する措置を実施すべき義務を負わせ，実際に，労働基本権を侵害する使用者の一定の行為が不当労働行為として禁止されている（労組7条）。

(2) **組織強制と争議の正当性**　この労働基本権のうち団結権についての問題の1つは，組織強制といわれるショップ制の合憲性である。このショップ制

には，使用者は労働組合員しか採用してはならないとするクローズド・ショップ制などもあるが，日本でこれまで問題となってきたのは，ユニオン・ショップ制，つまり組合員でなければ従業員たりえないという労使間の協定の合憲性である。このユニオン・ショップ制は，組合を強化する役目を果たし，憲法28条は，結社の自由を保障する憲法21条とは異なり，組織強制を認めるものであるとして，憲法上問題がないとする見解が支配的であるが，団結権には消極的団結権，つまり組合に入らない自由も含まれ，このユニオン・ショップ制を憲法違反と評価する見解が有力になってきている。最高裁は三井倉庫港湾事件判決（最判1989（平1）・12・14）において，ユニオン・ショップ協定のうち，特定の組合への加入を強制する部分を民法90条違反として無効とした。

　さらに，団体行動権（争議権）については，その中心的な行動であるストライキの正当性の判断をめぐって議論がされてきた。目的との関係では，要求の相手方が使用者ではなく政府である政治スト（最大判1969（昭44）・4・2），他企業での労働争議を支援するための同情ストなど，また，手段との関係では，ピケッティング（最大判1973（昭48）・4・25）や生産管理（最大判1950（昭25）・11・15）などの正当性が争われてきたが，最高裁はその正当性を認めない傾向にある。

　(3) **公務員の労働基本権**　憲法28条にいう勤労者とは，働いてその収入で生活をしている人のことであるから公務員も含まれることは，通説・判例（最大判1966（昭41）・10・26）は認めている。しかし，現在，公務員の労働基本権は法律で次のように大幅に制限されている。まず，警察職員・海上保安庁職員・消防職員・刑事収容施設職員・自衛隊員については，すべての労働基本権が否認されている（国公108条の2第5項など）。次に，行政執行法人および地方公共団体が経営する企業の職員は争議権が否定され（行執労17条，地公労11条），それ以外の公務員は団体交渉権が制限され（労働協約締結権がない），争議権は否定されている（国公108条の5第2項，98条2項など）。つまり，すべての公務員は争議権が否認されており，これが28条に違反するのではないかが争われてきた。

　この争議権の制限の合憲性についての最高裁の立場は変遷して現在に至っているが，一般には，次のような3つの時期に区分されている。まず第1期とさ

れる時期には，最高裁は，十分な理由を示さず「公共の福祉」や公務員が「全体の奉仕者」であること（憲15条）を根拠として，全面禁止を合憲とした。これは「なで切り論法」として，学界・下級審・国際世論・労働運動から強い批判が出された。これを考慮してか最高裁は，1961年の全逓東京中郵事件判決（最大判1966（昭41）・10・26）において，労働基本権を尊重確保する必要と国民生活全体の利益を維持増進する必要とを比較衡量して判断することを求め，制限は合理性の認められる必要最小限度にとどめること，争議行為の禁止は，国民生活全体に重大な障害をもたらすおそれの強いものについて必要最小限度の範囲でなされるべきとし，制裁としての刑事罰は必要やむを得ない場合に限ること，代償措置が講じられるべきことといった，規制の範囲と制裁を限定する解釈を示した。この基準に基づいて，当時の公共企業体等労働関係調整法17条1項は合憲であるとはしたものの，正当な争議行為として刑事免責を認め，被告人を無罪とした。この考え方が東京都教組事件判決（最大判1969（昭44）・4・2）・全司法仙台事件判決（最大判1969（昭44）・4・2）でさらに一歩進められた。とくに，東京都教組事件では，最高裁は，地方公務員法37条1項・61条4号は，文字どおりに解釈すれば違憲の疑いがあるので，刑事罰の対象となるのは，争議行為・あおり行為ともに違法性の強い場合に限られるとする合憲限定解釈（「二重のしぼり論」）を行い無罪判決を出した。この争議権を最大限尊重しようとする判決が出された時期が第2期とされる。

　しかし，最高裁は1973年の全農林警職法事件判決（最大判1973（昭48）・4・25）で，全面的合憲論に逆戻りした。この全農林警職法事件とは，1958年に警察官職務執行法（警職法）改正案が衆議院に提出され，全国民的な反対運動が起こるなかで，農林省の職員で構成される全農林労組も反対行動に参加することになり，組合幹部が勤務時間中の職場大会への参加を呼びかけたことが，国家公務員法違反として起訴された事件である。この判決から第3期が始まる。これは第2期にみられた公務員の争議権を尊重する判例の流れに財界と政府が危機感をもち，内閣が最高裁裁判官の人員構成を変化させたことにより，最高裁の15人の裁判官のうち賛成8人対反対7人で判例変更されたものであるといわれている。最高裁は，国家公務員法によるストライキ権の剥奪は，次のような理由で憲法28条に反しないとした。第1に，公務員の地位の特殊性と職務の

公共性からすると，公務員の争議行為は，国民全体の共同利益に重大な影響を及ぼすか，そのおそれがある（国民全体の利益論），第2に，公務員の勤務条件の決定は私企業とは異なり，法律によって定められ，公務員の争議行為は議会制民主主義に背馳し，国会の議決権を侵すおそれがある（勤務条件法定主義論・議会制民主主義論），第3に，公務員の場合は争議行為に対する市場の抑制力など歯止めがない（「歯止め」欠如論），第4に，公務員は争議行為の制約に見合う代償措置による保障を受け，たとえば人事院勧告の制度があること（代償措置論），である。しかし，これらの全面的合憲論の理由づけについては，同判決少数意見や学説から強く批判がなされている。つまり，公務員の地位の特殊性と職務の公共性からなぜ全面禁止が導かれるのか不明で，制限が必要だとしても必要最小限度の範囲にとどめられるべきである，公務員といっても職務内容はさまざまであり，公務員の勤務関係については大綱的基準のみが法律で決められるのであって，細目の決定については団体交渉や争議行為の余地がある，歯止めとしては世論などが考えられる，さらに，代償措置はあくまで代償にすぎない，といった批判であり，これらの点から，全面禁止は正当化することはできないとするのが学説上有力な立場である。

　なお，最高裁は，地方公務員については，岩手県教組学力テスト事件判決（最大判1976（昭51）・5・21）で，全農林警職法判決とほぼ同様の見地から地方公務員法の争議行為禁止ならびに処罰規定を合憲であると判示している。また，全逓名古屋中郵事件判決（最大判1977（昭52）・5・4）は，全農林警職法事件判決と同様の趣旨が現業公務員や公社職員，「公共的職務に従事する職員」にも妥当するという判断を示している。なお，その後は，政府が代償措置である人事院勧告を完全に実施しない状況でなされた公務員の争議行為を例外的に適法とみなしうるかが争われている（最判2000（平12）・3・17）。

　最近では，消防職員の団結権を認めようとする動きがあり，また，2011年6月には非現業一般職の国家公務員に労働協約締結権を認めようとする法案が提出されたが成立せず，非現業地方公務員の労働基本権を拡大する法案が2012年に提出されたが成立しなかった。

第7節 参 政 権

　参政権とは，主権者である国民が，国の政治に参加する権利であり，代表民主制のもとでは，議会の議員を選ぶ選挙権と議員になる被選挙権が中心となる。また，国民投票権や公務員になる権利（資格）も広い意味では参政権に含まれる。日本国憲法においては，15条1項で選挙権について定めがあり，国民投票制としては，最高裁判所裁判官の国民審査（79条2項），憲法改正国民投票（96条），地方特別法に関する住民投票（95条）を定めている。なお，選挙権をはじめ参政権を行使するためには，選挙制度などの制度が必要になるが，法律で定められることになっており（憲法47条など），その定め方が民主主義のあり方に大きな影響を与える（→第6章第2節2）。

1　選挙権

　憲法15条1項は，「公務員を選定し，及びこれを罷免することは，国民固有の権利である」とするが，「選定」とは，ある人を一定の地位につける行為をいう。この選定は，単一の意思によって選定される任命と，多数の意思によって選定される選挙に大別される。「罷免」とは，公務員に対して，その意思にかかわらず，一方的にその公務員たる地位を奪うことである。国民が投票により，直接に公務員を罷免することはリコール（recall）と呼ばれる。現行法では，地方自治法（80～84条）が定める議員や長に対する解職の請求に基づく投票がある。「国民固有の権利」とは，国民が当然にもっているとされる権利，したがって，他人に譲りわたすことのできない権利のことである。しかし，この憲法15条1項は，あらゆる公務員の終局的な任免権が国民にあるという国民主権の原理を表明したもので，必ずしもすべての公務員を国民が直接に選定し，罷免すべきだとの意味を有するものではなく，すべての公務員の選定・罷免は，直接または間接に，主権者たる国民の意思に依存するように，その手続が定められなければならないことを要請していると解されている。

　なお，ここにいう国民が国籍保有者の意味であるとすると，日本国籍をもたないが生活の本拠を日本に置く，いわゆる定住外国人が，選挙権を有するかが

問題となり,議論がなされてきた(→本章第1節2(5)a)。

(1) **法的性格**　この選挙権の法的性格については争いがある。

学説では,選挙権を個人的な権利とする権利説,選挙権を権利と同時に選挙という公務を執行する責務であると解する二元説が主として対立している。このなかで,通説的な地位を占めているとされるのは,二元説である。これは,選挙人は,一面において,選挙を通して,国政について自己の意思を主張する機会を与えられていると同時に,他面において,選挙人団という機関を構成して,公務員の選挙という公務に参加するものであり,前者の意味では参政の権利をもち,後者の意味では公務執行の義務をもつから,選挙権には,権利と義務との二重の性質があるとする見解である。つまり,選挙権が,公務員という国家の機関を選定する権利であり,純粋な個人権とは異なった側面をもっているので,これに公務としての性格が付加され,両者の意味を併せ持つとするのである。この二元説は,選挙権の参政権的意義と選挙の制度的機能に着目し,選挙権の有する複雑な内容を包括的に説明しうるものであると評価されている。

権利説は,選挙権を権利としてのみ把握するもので,選挙人の資格要件は,本来主権者としてのそれに一致するので,原則として主権行使に必要な意思決定能力のみが要件とされるべきであるから,未成年者などのほかに受刑者をも主権行使から排斥する公職選挙法の規定には問題が多いことを指摘し,投票価値の絶対的平等(1対1の原則),棄権の自由,選挙運動の規制に対する立法裁量の否定を導き,二元説が選挙の公務的性格を認めることによって議員定数の不均衡,選挙人資格の欠格事由,選挙運動の制限に対する立法府の裁量を容認することを批判してきた。しかし,選挙権の公務的性格を否定して,選挙権の権利的性格だけを前提にした場合にも,立法府の裁量が直ちに否定されるわけではなく,また,投票価値の平等や選挙運動の自由,また選挙権の行使への制約が原則として許されないことは,二元説から基礎づけることが十分可能なことが指摘されている。

最高裁は,選挙犯罪の処刑者の選挙権および被選挙権の停止を規定した公職選挙法252条を合憲とした判決(最大判1955(昭30)・2・9)において,「公職の選挙権が国民の最も重要な基本的権利の一である」と述べた上で,「それだけ

に選挙の公正はあくまでも厳粛に保持されなければならないものであって、一旦選挙の公正を阻害し、選挙に関与せしめることが不適当と認められるものは、しばらく、被選挙権、選挙権の行使から遠ざけて選挙の公正を確保すると共に、本人の反省を促すことは相当であるからこれを以て不当に国民の参政権を奪うものとはいうべきではない」と判示し、選挙権が国民の最も重要な基本的権利の1つであることを認めると同時に、選挙の公正という観点から選挙権の制限を認めている。また、「選挙権は、国民の国政の参加の機会を保障する基本的権利として、議会制民主主義の根幹をなすものであ」る（最大判1976（昭51）・4・14、最大判2005（平17）・9・14）とするとともに、衆議院の議員定数不均衡を違憲とした判決では、議員定数の配分の決定について「結局は、国会の具体的な決定したところがその裁量権の合理的な行使として是認されるかどうかによって決するほかな」いと、立法府の裁量権を認めている（最大判1976（昭51）・4・14）。

　上述の最高裁（最大判1955（昭30）・2・9）の、「選挙権が国民の最も重要な基本的権利の一である」とする判示部分から、最高裁は、権利説に立つものと解することも可能であるが、判決では「選挙の公正を確保する」という選挙権行使の公務的制約の見地から選挙権の制限を理由づけているので、二元説の立場をとっていると解すべきという評価、また、二元説をとった判決かどうかは明らかではないという評価もある。

(2)　**選挙権の行使の制限**　　選挙権の行使について、法律でいくつかの制限が課されており、その合憲性が問題となってきた。

　　a　在宅投票

　選挙人が疾病・負傷等のため、投票所に行けない場合に、不在者投票の一種として在宅投票制度がある。戦後当初は、重度身体障害に限らず、疾病等による在宅投票も認められていたが、1951年の統一地方選挙において在宅投票にまつわる大量の選挙違反が発生したことを理由として、1952年に在宅投票制度自体が廃止された。このことで1968年から1972年まで投票ができなかったことに対して国家賠償請求訴訟が提起され、在宅投票制度を復活させないことが立法の不作為として違憲であるかが争われた。最高裁は、国会議員の立法行為（立法不作為を含む）は、立法の内容が憲法の一義的な文言に違反しているにもか

かわらず国会があえて当該立法を行うというごとき，容易に想定し難いような例外的な場合でない限り，国家賠償法1条1項の適用上違法の違法の評価を受けないとした（最判1985（昭60）・11・21）。この判決は，立法不作為の違憲審査を否認するにひとしいほど厳しい制約を課したと学説から批判されている。なお，後述ｂの在外日本人選挙権最高裁判決は，立法不作為に対する国家賠償を認めたが，この判決と「異なる趣旨をいうものではない」としている。

なお，1974年に，重度身体障害者に限定して在宅投票が復活した。2003年7月にさらに公選法が改正され，運動神経が侵されて体が不自由になる「筋委縮性側索硬化症」（ALS）患者，両腕や目が不自由な在宅の身体障害者ら（約13万人）に代筆投票が認められ，介護保険で最も症状が重い「要介護度5」に認定された在宅の患者（約12万人）が郵便投票の対象に追加されることになった。

b 在外投票

海外に居住する日本人は選挙権の要件（公選9条）を満たしていても，選挙人名簿に登載されないため，衆議院の小選挙区と参議院の選挙区選挙で選挙権が行使できなかったことが争われた在外日本人選挙権判決で，最高裁は，「自ら選挙の公正を害する行為をした者等の選挙権について一定の制限をすることは別として，国民の選挙権又はその行使を制限することは原則として許され」ず，「国民の選挙権又はその行使を制限するためには，そのような制限をすることがやむを得ないと認められる事由がなければならない」とした。そのうえで，そのような制限をすることなしには選挙の公正を確保しつつ選挙権の行使を認めることが事実上不可能ないし著しく困難であると認められる場合でないかぎり，やむを得ない事由があるとはいえないとし，そのような事由は存在しないとして，公職選挙法が，在外国民に上記の選挙権行使を認めないことは憲法15条1項等に違反するとした（最大判2005（平17）・9・14）。これは，選挙権の保障が具体的な投票の保障までを含むことを前提に，選挙権またはその行使の制限につき，厳格な審査基準を提示するものといえる（立法不作為を理由とする国賠訴訟の判断枠組みについては，→第6章第5節2(1)ｃ）。

c 精神的原因による投票困難者

精神的原因により投票所に赴くことが難しい人に対して，選挙権行使の機会を確保する立法措置を執らなかったという立法不作為が違憲であるとして国に

慰謝料の支払いを求めた事件について，最高裁は，bの在外日本人選挙権判決と同様の厳格な基準をとりつつ，「精神的原因による投票困難者は，身体に障害がある者のように，既存の公的な制度によって投票所に行くことの困難性に結び付くような判定を受けているものではない」とし，国民に憲法上保障されている権利行使の機会を確保するために所要の立法措置をとることが必要不可欠であり，それが明白であるにもかかわらず，国会が正当な理由なく長期にわたってこれを怠る場合などに当たるとはいえないとして請求を棄却した（最判2006（平18）・7・13）。しかし，学説では，選挙権の内容を広く解して投票行為まで含める場合には，投票現場に行けない有権者の投票手段を保障しないことが，選挙権の侵害や投票機会の平等原則違反となるとする主張もなされている。

(3) **選挙人資格の制限**　選挙人資格の制限もなされており，その合憲性も争われている。

a　受刑者など

公職選挙法では，受刑者（ただし，執行猶予中の者を除く），選挙犯罪による処刑者などは選挙権を有しない（同11条）。最高裁は，公選法252条所定の選挙犯罪人は，いったん選挙の公正を阻害し，選挙に関与せしめることが不適当とみとめられ，しばらく被選挙権，選挙権の行使から遠ざけて選挙の構成を確保すると共に，本人の反省を促すことは相当であると判示している（最大判1955（昭30）・2・9）。学説上も，この制限は選挙権の公務としての特殊な性格に基づく必要最小限度の制限とみることができるという見解がある。しかし，上述(2)bの在外日本人選挙権判決と同様に，選挙権の制限についても「やむを得ない事由」がなければならず，国にはその行使を現実に可能にするために所要の措置をとる責務があり，選挙の公正を確保しつつ刑務所内等に投票所等を設置することが事実上不能ないし著しく困難であると認められないかぎり，選挙権を制限することは憲法上許されないという学説もある。

なお，既決受刑者の選挙権の制限について，「やむを得ない事由」があるとはいえず，違憲とした下級審判決がある（大阪高判2013（平25）・9・27）。

b　成年被後見人

成年被後見人の選挙権制限（公選旧11条1項1号）について，東京地裁2013

(平25)・3・14判決は，上記在外日本人選挙権判決の判断基準を援用して，違憲と判断した。この判決は，選挙権の性格について，権利性と同時に公務性を併せ持つので，選挙権行使に「事理を弁識する能力」を求めるという立法目的自体には合理性があるが，民法は成年被後見人を「事理を弁識する能力を欠く者」とは位置づけておらず，成年被後見人が当然に選挙権を行使する能力を欠くとはいえず，成年被後見人の選挙権を一律に剥奪することに「やむを得ない事由」はないとしている。なお，この規定は，その後，2013年5月31日に削除された。

(4) **選挙についての原則**　憲法15条3項は普通選挙，憲法15条4項は秘密投票を要求している。憲法には明記されていないが，その他の選挙に関する原則として，平等選挙，自由選挙，直接選挙の原則がある。

a　普通選挙

「普通選挙」とは，狭い意味では，選挙人の資格について，財産・納税のような経済的な要件を認めない選挙のことである。1925年に25歳以上のすべての男子に選挙権が認められたが，これは，この狭い意味での日本ではじめての普通選挙であるといわれる。今日では，人種・信条・身分・性別・教育なども含めて要件としてはならないと広く観念されている。この意味での普通選挙は，男女問わずに選挙権が認められた1945年に実現し，その際，年齢資格が20歳以上に引き下げられた。さらに，2015年には，公職選挙法が改正され，年齢資格が18歳以上に引き下げられた。憲法44条ただし書が，国会議員の選挙について，「人種，信条，性別，社会的身分，門地，教育，財産又は収入によって差別してはならない」と規定しているのは，この普通選挙の趣旨を具体化したものである。

b　平等選挙

平等選挙とは，選挙人の財産や社会的身分などによって一票のみを有する者と複数の投票をする者を認める複数投票制や，選挙人の財産や社会的身分などによって等級に分け，各等級の投票価値に差を設ける等級選挙に相対するもので，選挙権の価値は平等，すなわち一人一票を原則とする制度（公選36条）のことであるが，今日では，選挙権の数的平等の原則だけではなく，投票の価値的平等の要請をも含むものと解されている。このことから，議員定数の不均衡

が，これまで裁判で争われてきた。

　衆議院議員選挙が中選挙区制をとっていた時代には，一票の格差が1対4.99に達したことがあり，最高裁は最大判1976（昭51）・4・14で，人口数と定数との比率の平等を「最も重要かつ基本的な基準」だとしつつも，投票価値の平等は「国会が正当に考慮することのできる他の政策的な目的ないし理由との関連において調和的に実現されるべきもの」として行政区画・住民構成・交通事情・地理的状況などの非人口的要素のもつ役割を大きく認めた上で，投票価値の不平等が，国会において通常考慮しうる諸般の要素をしんしゃくしてもなお，一般的に合理性を有するとは到底考えられない程度に達しているときで，かつ，合理的期間内における是正が行われない場合には違憲になるという基準を示し，8年間是正されなかった1対4.99という格差は，選挙権の平等に違反すると判示した。ただ，選挙の効力については，選挙を全体として無効にすることによって生じる不当な結果を回避するために，公職選挙法219条が準用を認めていない行政事件訴訟法31条の定める事情判決の法理を「一般的な法の基本原則にもとづくもの」として適用し，選挙を無効とせずに，違法の宣言にとどめた。その後の判決では，違憲だが事情判決を用いたものとして1985（昭60）・7・17判決があり，違憲状態だが是正のための合理的期間が経過していないとしたものとして1983（昭58）・11・17判決，1993（平5）・1・20判決がある。衆議院議員選挙は，1994年に小選挙区比例代表並立制に変更され，小選挙区については定数配分の格差が2倍以上にならないことが基本原則として法律で定められ，また，総数300議席につき，「一人別枠方式」すなわち，まず47都道府県に各1議席ずつ配分し，残りの253議席を人口比例で配分して都道府県の議席数を定め，都道府県内部でその分の小選挙区をつくるという方法が採用された。このことで，1対2を超える格差が生じ，裁判で争われた。最高裁は，1999（平11）・11・10判決で，過疎地域へ配慮することも立法裁量の範囲内であるとして合憲としたが，2011（平23）・3・23判決では，この「一人別枠方式」は，選挙制度の変更に伴う暫定的な措置であり，新しい選挙制度が定着しているので，すでに合理性が失われていると判示した。

　参議院議員選挙についても，約1対5，1対6といった格差が生じていたが，最高裁の1983（昭58）・4・27判決は，地方区選挙は地域代表的性格を有

するという特殊性を重視し，立法裁量を広く認め，投票価値の不平等が「到底看過することのできない」程度の著しい状態になり，かつ，その不平等が「相当期間継続」してはじめて違憲となるという基準を示し，1対5.26という格差を合憲とした。その後の最高裁の判決で，違憲状態であるが相当期間が継続していないとしたものとして，1996（平8）・9・11判決，2012（平24）・10・17判決，2014（平26）・11・26判決がある。なお，2017（平29）・9・27判決は，3.08倍の格差につき，合区による格差縮小を評価したうえで，「違憲の問題が生じるほどの著しい不平等状態とはいえない」として合憲とした。

学説では，衆議院議員選挙については，中選挙区制が採用されていたときから，せめて1人が2票もつことと同じにならないように1対2を最大格差とするべきという考え方が最も有力に主張されてきたが，参議院議員選挙については，1対2とする説から，1対5とする説まで多様に分かれている。参議院議員選挙の地方区（現在は選挙区）については，半数改選制のために定数を偶数としなければならないということが最大格差を衆議院選挙よりも広く認めなければならない理由となりうるが，1対2を最大格差とする以外はその理由づけは困難であろう。

c 自由選挙

自由選挙（任意投票制）とは，投票は義務ではなく，投票するかどうかは自由であり，棄権したとしても，罰金，公民権停止，氏名の公表などの制裁を受けない制度のことである。選挙権に公務としての側面があることを理由に，正当な理由なしに棄権をした選挙人に制裁を加える強制投票制も可能との見解もあるが，憲法19条などから強制投票制は許されないという見解もある。権利説の立場からは，自由選挙は，選挙権が権利であることからの論理的帰結とされる。

また，この自由選挙の原則から，選挙運動の自由を導くこともできる。しかし，公職選挙法は，選挙運動の期間，主体，方法，資金などにつき厳しい規制をおいており，最高裁は，選挙の自由と公正さの確保のための必要かつ合理的な規制として合憲としてきた（これらについては，→本章第3節4(1) d (ⅷ)）。

d 直接選挙

直接選挙とは，選挙人が公務員を直接に選挙する制度をいう。選挙人がまず

第7節 参政権

選挙委員を選び，その選挙委員が公務員を選挙する間接選挙制や，すでに選挙されて公職にある者が公務員を選挙する準間接選挙制（または複選制）は，直接選挙ではない（比例代表制が直接選挙の原則に反しないかについては，→第6章第2節2(3)）。

e 秘密投票

秘密投票の原則は，選挙において，投票がだれによって投ぜられたかを秘密として，投票者以外の者に知られないようにする原則のことであり，他者からの不当な圧力を防ぎ，選挙人の自由な意思に基づく投票を確保する趣旨である。憲法15条4項は「これを侵してはならない」と定めるので，あらゆる国家機関は，投票の秘密を侵すことが禁じられる。「私的」に「責任を問はれない」とは，投票内容を理由として不利益をもたらす内容の法律行為はいっさい無効となることである。このことからすれば，憲法15条4項のこの規定は，私人間にも直接効力を有するものということになる。

この原則との関係で，投票の帰属の取調べが許されるかが問題となる。最高裁は，選挙や当選の効力についての訴訟において不正投票が誰に対してなされたかは取り調べられてはならないと判示したが，傍論において，詐欺投票等の捜査・処罰のためには，投票者および被選挙人を明らかにする必要があるので投票の秘密は制約されると述べている（最判1948（昭23）・6・1）。このような最高裁の立場に対して，学説では選挙の公正を理由に安易に投票の秘密を制約すべきではないとする見解の方が多い。

2 被選挙権

(1) **被選挙権の内容・性質**　被選挙権は，選挙されうる資格であって，選挙されることを主張しうる権利ではないと解するのが従来の支配的見解であったが，今日では，立候補しかつ当選を条件として議員となることができる権利として，一般に憲法上の基本的権利であると解されている。

被選挙権の憲法上の根拠については，学説では，憲法13条の幸福追求権の内実をなすとする説，14条1項による政治的に差別されないという保障に含まれるとする説，憲法44条が選挙権と被選挙権を区別していないことを根拠とする説，選挙権と一体をなすものとして憲法15条1項に求める説などに分かれてい

る。

　最高裁は，労働組合が組合員の市議選への立候補を制約した事件において，「被選挙権を有し，選挙に立候補しようとする者がその立候補について不当に制約を受けるようなことがあれば，そのことは，ひいては，選挙人の自由な意思の表明を阻害することになり，自由かつ公正な選挙の本旨に反することとなさらざるを得ない。この意味において，立候補の自由は，選挙権の自由な行使と表裏の関係にあり，自由かつ公正な選挙を維持するうえで，きわめて重要である。このような見地からいえば，被選挙権，特に立候補の自由は，憲法15条1項には，被選挙権者，特にその立候補の自由については，直接には規定していないが，これもまた同条同項の保障する重要な基本的人権の一つと解すべきである」としている（最大判1968（昭43）・12・4）。

　(2)　**被選挙権の制限**　この被選挙権の保障に関して，候補者・当選人と一定の関係にある者が買収等の一定の選挙犯罪につき刑に処せられた場合にも当選人の当選を無効とするなどの，公職選挙法上のいわゆる連座制の規定（251条の2・251条の3）の合憲性が問題となるが，最高裁は，選挙の公明・適正というきわめて重要な法益の達成に必要かつ合理的な規制であり，憲法に違反しないとした（最判1996（平8）・7・18等）。

　また，高額な供託金の制度については，合憲とする地裁判決もある（神戸地判1996（平8）・8・7）が，資金を欠く者に対し一定数有権者の署名などにより代替することを認めるなどの措置がとられなければ違憲の疑いが強いとする見解もある。

　さらに，地方公共団体の首長についての多選制限制度が許されるかについても議論がされており，被選挙権が憲法上保障された基本的人権であるという判例の趣旨から慎重に検討されるべきとする見解があるが，憲法の立憲主義・民主主義・14条・15条・22条・92条・93条に違反するものではないという見解も出されている。

3　公務就任権

　公務就任権とは，一般に，公務員となる権利，あるいは公務員となる資格ないし能力のことを意味し，広義の参政権に含めて考えられている。その根拠に

については，いくつかの見解があり，15条1項とする説，14条の「政治的関係において，差別されない」の規定の中に含まれているとする説，職業選択の自由（22条）に含まれるとする説，幸福追求権（13条）に含まれるとする説がある。

さらに，公務にも様々な種類があることから，国会議員などの政治的な政策決定に携わる公務員と執行を本務とする公務員（国家公務員法2条2項にいう一般職の公務員が中心）は，職務の性格をまったく異にするから，両者を同じに扱うべきではなく，一般職に関しては，公務就任権は憲法上の権利の問題としては参政権ではなく職業選択の自由の問題ととらえることを指摘する見解がある（なお，定住外国人の公務就任権，管理職への昇任をめぐる問題については，→本章第1節2(5)a）。

第8節　国務請求権

国務請求権は，受益権とも呼ばれるが，人権を確保するための権利であり，請願権（16条），国家賠償請求権（17条），裁判を受ける権利（32条），刑事補償請求権（40条）がそれに属する。

1　請願権（16条）

請願権は，国民が政治に参加することのできなかった時代に，国民が自己の権利の確保を求める手段として発達してきた権利である。日本国憲法は，16条において，広く，国および地方公共団体に対する請願権を保障する。現代では，国民主権に基づき，普通選挙，議会政治が確立し，政治的言論の自由が拡大してきたので，そのもともとの重要性は減少しているが，主権者の意思を国会や政府に直接伝達し，選挙以外の場で民意を国政に反映させうる重要な権利として保障されたものと解され，参政権的機能を認めるのが通説となっている。

「請願」とは，国または地方公共団体のすべての機関に対して，その職務に関する事項について，希望・苦情・要請を申し出ることをいう。この請願が権利として保障されているが，それはその受理を求める権利にとどまるとするのが一般的な理解である。したがって，請願権は，請願の内容について審査を

し，何らかの判定・回答を求める権利を含まず，請願を受けた機関は，請願内容に応じた措置を執るべき義務を負うものではない。このことを請願法5条は，「官公署において請願を受理し，誠実に処理しなければならない」と定めている。しかし，審査の結果を知ることができなければ，請願をした国民は，国家機関に対して責任を追及することができないのであるから，憲法上の請願権には，請願内容の審査の結果を通知される権利が含まれる，あるいは，請願法5条の誠実処理義務は審査結果通知義務を含むと解すべきである。

請願の方法・手続については，一般の官公署に対しては請願法が定め，国会の各議院に対する請願は国会法（79〜82条），衆議院規則（171〜180条），参議院規則（162〜172条）が定める。地方議会に対する請願は，地方自治法（124〜125条）が定める。

2　国家賠償請求権（17条）

帝国憲法下においては，公権力の行使については，国は損害賠償責任を負わないという「国家無答責の法理」が妥当し，実務上も損害賠償請求が可能かどうか明確ではなかった。日本国憲法17条は，この国家無答責の法理を否定し，公権力の行使により生ずる損害について，正面から国または公共団体の賠償責任を認めたものである。

憲法17条は，「法律の定めるところにより」損害賠償を求めることができるとし，この保障を一般的に具体化する法律として1947年に国家賠償法が制定されている。国家賠償法5条は，国または公共団体の賠償責任については，民法以外の他の法律に別段の定めがあるときは，その定めるところによるとし，郵便法，消防法などは，いずれも特別法として国家賠償法に優先する。

国家賠償法に対して特別法である郵便法旧68条・73条は，郵便物の亡失・き損等について国が損害賠償する場合を，書留郵便の全部または一部を亡失し，またはき損したときなどに限定していた。これらによれば，書留郵便物としての特別送達が遅延しても国は責任を負わないことになっていた。このことが，憲法17条違反でないかが争われた事件において，最高裁は，憲法17条は立法府に対する白紙委任を認めているものではないとして，郵便法の当該規定の合憲性について，「当該行為の態様，これによって侵害される法的利益の種類及び

侵害の程度，免責又は責任制限を認めることの合理性及び必要性を総合的に考慮して判断すべきである」として，責任制限の立法目的は，賠償責任が過大となり料金の値上げにつながることを防止することにあり，正当であるが，書留郵便物について郵便業務従事者が故意・重過失による損害を与えるなどということは例外的にしか起きないことであるから，このような場合にまで責任を制限しなければ立法目的を達成できないとはいえないので，合理性はないとした。また，特別送達については，軽過失による損害賠償責任を認めたとしても，立法目的の達成が阻害されることはないから，合理性，必要性があるということは困難であるとして違憲とした（郵便法違憲判決：最大判2002（平14）・9・11）。なお，国会は，この違憲判決を受けて，2002年11月27日に郵便法を改正した。

3　裁判を受ける権利（32条）

　裁判を受ける権利は，とりわけ絶対王政下のヨーロッパ諸国における専断的な裁判にたいして，人民の権利を擁護しようとする要求として生じてきたものである。帝国憲法24条は，「日本臣民ハ法律ニ定メタル裁判官ノ裁判ヲ受クルノ権ヲ奪ハル、コトナシ」と定めて，法律上の裁判官による裁判の保障を規定していたが，この権利の実質的保障はきわめて不十分であった。

　日本国憲法32条は，各人がその権利または利益を不法に侵害されたときは，裁判所が訴訟手続によって，その点の合法性を判断し，必要な措置を裁定することが，各人の自由または権利の保護のいちばん有効な手段であることを永年の経験から帰納し，裁判を請求する権利を認めたものである。この「裁判を受ける権利」は，裁判を受けること妨げられないという意味では自由権的な性質をもつが，国家に対して裁判を求める請求権としての性質をもつことが重要であり，そこで国務請求権に分類されている。

　憲法32条にいう「裁判所」とは，憲法により司法権を行うべき国家機関としてみとめられる裁判所，つまり，憲法76条1項にいう最高裁判所と下級裁判所のことである（陪審制について，また，裁判員制度の合憲性については，→第6章第4節3(5)）。

　この「裁判を受ける権利」は，自己の権利または利益が不法に侵害されてい

るとみとめるときに，裁判所に対して，その主張の当否を判断し，その損害の救済に必要な措置をとることを求める権利であり，裁判請求権または訴権と呼ばれ，行政事件に関する訴権を含む。また，裁判を受ける権利は，前述のとおり請求権としての性質をもつものであるから，貧困などのために事実上裁判を受ける権利を奪われるのと同じ結果にならないよう，実質的にこの権利を保障する措置を講ずべきことを含んでいる。

　福祉国家思想の発展とともに，家事事件や借地・借家事件など国家の後見的作用が要請される分野について，従来訴訟手続で処理されてきた事件を非訟事件として扱う「訴訟の非訟化」という現象が顕著となってきていることが指摘される。そこで，32条にいう「裁判」は，実体的な権利義務の存否を確認する純然たる訴訟事件だけでなく，非訟事件，つまり当事者間の権利義務に関する紛争を前提とせず，紛争の予防のために裁判所が一定の法律関係を形成するという性質の事件も含むかどうかが問題となっている。

　最高裁は，32条の「裁判」および82条の公開の原則の下における「対審及び判決」によるべき裁判は「純然たる訴訟事件の裁判」に限られ（最大決1960（昭35）・7・6），非訟手続による審判を「裁判」と峻別し，たとえば，当時の家事審判法9条1項乙類1号の定める夫婦の同居義務に関する審判は，訴訟事件たる実体的権利義務自体の確定ではなく，その存在を前提として，同居の時期・場所・態様等につき具体的内容を定める趣旨だとした（最大決1965（昭40）・6・30）。

　しかし，この峻別論は硬直に失するという批判がなされ，訴訟か非訟で分けるのではなく，事件の内容・性質に即して判断されるべきであり，公開・対審は基本原則であるが，唯一絶対ではなく，すべての裁判について，その事件の性質・内容に応じた最も適切な手続によるべきことが，憲法32条の要求するところと解する学説が有力になっている（これらの点については，→第6章第4節3(4)）。

　なお，刑事事件については，憲法37条が被告人は「公平な裁判所の迅速な公開裁判を受ける権利を有する」ことを別に定めている。

4　刑事補償請求権（40条）

　帝国憲法には刑事補償に関する規定はなかったが，刑事補償は，刑事補償法により，1931年以来実施された。しかし，それは恩恵的施策としての性格をもつものであったので，それを克服し，その充実を図ろうとしたのが日本国憲法40条である。

　国家の刑罰権行使は慎重なものでなければならず，日本国憲法は，31条から39条までなどにおいて，刑事裁判に関する重要な原則を定めているが，それでも誤りが生ずることがある。抑留または拘禁された者が結果として無罪になることは，国家の違法行為ではないが，結果として無罪とされた者は，その刑事裁判の遂行により，本来必要のなかった抑留・拘禁等の人権制限を受けたことになり，それに対して相応の補償をすることで，公平の要請を満たすべく，国家に対する補償請求権を保障している。この具体的実施については，憲法施行後にあらたに制定された刑事補償法が定めている。

　「抑留」は一時的な自由の拘束，「拘禁」は継続的な自由な拘束をいう。この「拘留又は拘禁」には，未決の抑留（留置）または未決の拘禁（勾留）だけでなく，実体的に無罪となった場合に被害者を救済しようとする40条の趣旨から，刑の執行としての自由の拘束，すなわち原判決による自由刑の執行，労役場留置および死刑執行のための拘置も含まれると解される（刑補1条2項参照）。

　この「拘留又は拘禁」は，必ずしも違法になされたものであることを要しない。というのは，拘留または拘禁が適法に行われても，本人の受けた損害には変わりはないので，「無罪の裁判を受けた」ときは，国の負担でその損害を補填するのが，衡平の見地から妥当だと考えられ，憲法40条が「賠償」といわずに「補償」というのはその趣旨を示す。「無罪の裁判」とは，刑事訴訟法による無罪の確定裁判のことをいう。したがって，免訴あるいは公訴棄却の判決があった場合には，形式的に無罪の裁判がなされた場合でないから，補償を求めることができないことになる。しかし，憲法40条の趣旨は，実体的に無罪となった場合に被害者を救済しようとすることにあるとし，自由を拘束したことの根拠がないものであったことが明らかとなった場合には，すべて補償を認めるべきであるとする見解が有力で，刑事補償法25条1項は，「刑事訴訟法の規定による免訴又は公訴棄却の裁判を受けた者は，もし免訴又は公訴棄却の裁判

をすべき事由がなかつたならば無罪の裁判を受けるべきものと認められる充分な事由があるときは，国に対して，抑留若しくは拘禁による補償又は刑の執行若しくは拘置による補償を請求することができる」と定める。

第6章

統治機構

第1節　統治機構の原理

1　統治機構の憲法上の位置と2つの原理

　憲法は人権の分野と統治機構の分野に大きく分かれる。憲法のなかの人権部分は，歴史的由来から権利章典（Bill of Rights）とも呼ばれる。これに政府組織の部分が付け加わって憲法（Constitution）の原型ができあがった。たとえばバージニアでは，バージニア権利章典が先にでき，そのあと政府組織に関する規定を含むバージニア憲法が制定された。何をもって「実質的意味の憲法」と理解するかによって異なりうるが，憲法の存在目的を個人の人権保障にあるとする立場に立てば，統治機構の部分（日本国憲法では4章以下）は，憲法のなかでも手段的な位置を占めることになる。また，憲法には政府組織に関する原則が規定されるが，権限・手続の具体的な規定は，国会法や内閣法，国家行政組織法，裁判所法，地方自治法，皇室典範といった個別法律に委ねられている。憲法はそこでは制限規範というよりは授権規範としての性質を有する。もちろん，個別法律の規定が最高法規たる憲法の統治機構の規定と矛盾衝突するときは憲法の規定が優先し，違憲審査の対象ともなるし，人権と衝突する場合は人権規定が制限規範としてはたらく。

　日本国憲法の統治機構を支えている2つの原理は国民主権と権力分立である。2つの原理はときに対立し，調整することが求められる。たとえば，国政調査権（憲62条）の限界をどこに求めるかは，国民主権と権力分立という異なるベクトルをもつ2つの原理をどこで折り合いをつけるかという問題に関係してくる。憲法上明文の規定がない裁判員制度を認めるかどうかも同様である。

国民主権の原理については，第1章の憲法総論で詳述されているのでそれに譲り，ここでは権力分立について説明する。

2　権力分立の原理と現代的意義

　権力分立は，フランス人権宣言をひもとくまでもなく近代立憲主義の不可欠の要素であり，いうまでもなくその目的は独裁（権力の暴走）の防止と市民の自由の確保にあるが，注意すべきことが2つある。1つは，権力分立といっても国民主権確立前と国民主権確立後とでは区別して考えなければならないということである。

　権力分立の理論モデルは，国家権力を立法権，行政権（執行権），司法権の3つに分けて論じたモンテスキューの理論（『法の精神』（1748年））が有名であるが，イギリスに範をとったとされるこの理論は，国民主権確立前の理論であり，国民主権に対しては否定的であり，急激な民主化を防止するというねらいもあったことに注意しなければならない。すなわち，国王と貴族と市民という3つの階級ないし政治勢力の存在を前提として，いずれの階級にも国家権力を独占させず，勢力間で均衡を図ることによって理想的な政治を実現しようとしたのである。一種の混合政体である。立法権も2つに分けて上院を貴族が担い，下院を市民が担う。執行権は国王が担当するが，司法権は貴族に担わせるのは適当でなく担い手を固定化すべきでないという。

　しかし，イギリスでも時代の変化とともにモンテスキューが思い描いた勢力の均衡は破れて市民階級（第3階級）が議会を通じて多くの権力を国王から奪い取る議会優位の政治へと移行する。立法国家とか議会主権といわれる時代の到来である。すなわち，国民主権と両立する権力分立のあり方が問われるようになった。

　戦前の日本の帝国憲法は，立憲君主制というより絶対君主制に近く，立法権も天皇に留保されていた。モンテスキューモデルよりはるかに遅れており，「外見的権力分立」と呼ぶべきものであった。戦後は，主権原理が転換し，いずれの権力も「国民の厳粛な信託」によるものとなった。その際，権力分立制が採用されたのは，それが国民主権下でも個人の自由を確保するために有効なシステムであると考えられたためである。国民（人民）の意思を国政に反映さ

せるためには，特定の機関（議会）に権力を集中させる方が優れているという考え方もある。そのために，中国などは現在でも権力分立制を採用していない。国民主権を前提とした権力分立制としては，議院内閣制のほかに大統領制もあり，両者は相当に違っているが，国民主権が確立した後も，権力（国家機関）間の相互の抑制と均衡が必要だと考える点では共通している。

　権力分立の理解において注意すべきもう1つのことは，機関と機能との対応関係を固定的に捉えてはならないということである。多数の国民代表が集まる議会こそ立法権に適している機関であると単純に思ってはならない。議会のない時代は，国王や貴族が立法権を行使していたのである。権力分立は，専門分化，適材適所による分業ではない。1機能1機関ではなくチェックアンドバランス（抑制と均衡）が重要である。権力分立は効率性からいえばが多分に非効率である。たとえば，日本国憲法は条約締結を内閣の専権事項とはしていない。条約締結は，通説的解釈では内閣と国会との協働作用だとされており，内閣と国会が条約締結をめぐって対立することも想定されている。

　また，裁判所の違憲立法審査権（立法の事後審査）は，司法を「いわば無である」と捉えたモンテスキューの権力分立論では説明できず，司法というよりは立法に近い機能であるが，現代では，立法を議会の審議，議決にまかせて終わりとするのではなく，別の機関（裁判所）による事後審査を通じて多数決を是正する機会を残しておくことが立憲主義や独裁防止にとって必要だと考えられるようになり，日本国憲法もそのような権力分立を採用しているのである。このように歴史の経験から学んだ人類の知恵が現代の権力分立には活かされているのであり，違憲立法審査権は司法かそれとも立法かという抽象的な機能の分析だけで，その機能に最もふさわしい機関はどこかを探そうとしても正しい結論にたどり着くとは限らない。このことは，戦前，「行政裁判」が司法ではなく本質的に行政だと考えられたために司法裁判所の管轄外とされたが，今日では裁判所の権限だとされていることをみてもわかる。

　今日，国家の作用を立法，行政（執行），司法と3つに分けるのが一般的であり，また日本国憲法もそのようなつくりになっているが，これも絶対的なものと信じてはならない。かつて，ロックは内政と外交を分ける権力分立を考えていた。法治国家においては，国家の作用は，法の定立とその執行という2つ

の作用ですべて説明できるとする学説がある。この説では司法も広い意味での法の執行に含まれることになる。三権分立ではなく四権分立を考えて、第四権に地方自治を当てる説もある。教育行政を行政一般から切り離すべきだという説が唱えられたこともある。

3　政　党

(1)　**政党国家**　今日、政党は議会の運営にとって欠かすことができない存在である。最高裁も八幡製鉄事件（最大判1970（昭45）・6・24）において「憲法は、政党の存在を当然に予定しているものというべきであり、政党は議会制民主主義を支える不可欠の要素」であると述べている。また、選挙においても政党の存在を前提とした制度がつくられている。しかし、政党は議会制度の最初からその地位と役割を認められてきたわけではない。政党（Political Party）のPartyには部分という意味が含まれている。政党は「全国民の代表」ではなく部分利益のために活動する集団として国家から嫌われ、弾圧の対象とされたことさえある。

政党の地位については、ワイマール時代にトリーペルが提唱した有名な四段階説がある。それは①敵視の段階から②無視の段階へ、そして③承認と法制化の段階を経て最後は④憲法的編入（憲法規範化）の段階へと向かうというものである。戦後、ドイツではトリーペルの予言どおり第4段階に進み政党は「国民の政治的意思形成に協力する」地位と権利を認められた。憲法でなくても日本のように法律でその地位と権利を認められているところ（第3段階）も含めれば現代国家の多くは「政党国家」になったということができる。

ドイツのライプホルツは、政党国家は直接民主制の現代的実現形態であると述べた。ルソーは全国民の意思を一般意思として捉えたが、現実には国民の利害は多様であって国民の意思は分裂している。そのような国民の声を直接国政に反映させるためには「全国民の代表」よりも政党の方が適しているとライプホルツはいう。しかし、現代の民主主義において政党の役割が増し、選挙等を通じてその公的性格が強くなってきているとはいえ、政党を国家機関だということはできず、議会が不要な存在になったということもできない。たしかに政党に所属する議員は立法などを担う国家機関であるが、政党の本体は議員を下

から支えている数多くの市民であり私人である。政党が私的性格と公的性格の両面をもつことを認めて両者のバランスを図ることが重要である。また政党間の自由で平等な競争も保障される必要がある。

　政党の公的な側面を強調すると他の団体と区別して特権を付与すると同時に，国家が定めた基準に合わない政党を排除することにもつながる。戦後，冷戦時代のドイツにおいて，ナチスの流れを汲む極右の社会主義ライヒ党だけでなく，ソ連寄りの共産党（KPD）が「自由で民主的な基本秩序」（21条2項）を侵害するという理由で連邦憲法裁判所によって違憲とされ解散させられたことがある。ドイツの基本法には，ナチス時代の反省から，自由の敵には自由を与えないという「戦う民主制」の思想が底流にあるといわれているが，「戦う民主制」は民主主義にとって両刃の剣であり，運用によっては民主主義を脅かす存在となるおそれがあることにも注意しなければならない。冷戦時代には日本でも左翼政党排除のために「政党法」の制定が提案されたことがある。

　(2)　**政党助成法の憲法問題**　　日本国憲法は統治機構の部分においても人権の部分において政党に関する明文の規定をもたない。もちろん結社の自由（憲21条）は保障されている。しかし，政党とその他の政治団体，あるいは市民団体との間において自由の保障の程度において差異はなく，その限りにおいて政党は特権的地位を認められていないということができる。この点で，国民1人あたり250円，1年に300億円以上という世界的にみても大規模な政党交付金の支出を認めている政党助成法の合憲性が問題となる。政党助成法は特定の政党を排除するような政党規制法ではないが，多額の政党交付金が政党を私的・社会的存在から国家依存的な存在に変え，やがて政党政治そのものの衰退を導かないかということが心配されている。すなわち国家による助成金が政党資金の自己調達の努力を鈍らせ，政党と市民とのつながりを弱め，ひいては支持基盤を喪失させるおそれがあるということである。ドイツでは自己調達資金を超える助成は認められていない。日本の場合，政党収入に占める交付金の割合（依存率）がきわめて高い政党がある。なお，政党助成法制定当時，政党への税金投入は「民主主義のコスト」として許されるという正当化論と同時に，その場合，企業献金や団体献金の禁止がセットでなければならないということも主張されていたが，後者の課題は放置されたままになっている。

政党助成によって政党内部の中央集権化も進んでいる。すなわち，政治資金の配分権を握っている政党の党首または幹部が政党内部の異論を封じる手段として使われるおそれがある。また，得票率2％または5議席という最低要件を満たした政党の間で得票率と議席数を組み合わせて交付金を配分する仕組みになっているが，これは既成の大政党にとって有利な制度だといえる。小政党の離合集散においても，政策の一致よりも政党助成の対象となるかどうかが重視される状況が生じている。なお，イギリスでは野党の側に多く助成金が支出されている。これは，政党の実質的平等を配慮した制度である。

　もう1つは，国民の負担する税金を特定の政党に対して支出することが，国家の政治的・思想的中立性の要請に違反し，ひいては政党助成の対象となる政党を支持しない，あるいは政党嫌いの市民の思想・信条の自由を侵害しないかということが問題とされている。

　(3)　**党議拘束と自由委任**　　中世の身分制議会においては，たとえば貴族の代議員は当然に貴族階級の利益を代弁することが求められるから，そのかぎりで議員の立場は「自由委任」ではなく「命令委任」に拘束される。しかし，議員が全国民の代表であるという位置づけが与えられるようになると，議員は選挙母体の意思には拘束されず，自己の良心に従って議会で自由に振る舞い，ときには議論のなかで自己の見解を変えることも許される。そのほうがエリート（選ばれた者）としての地位にふさわしい。ところが半代表や社会学的代表こそがあるべき代表の姿だとされ，政党国家化によって代表を政党が媒介するようになると，党議拘束という問題が新たに生じるようになった。身分制議会のように身分に縛られるのではないが，議員の出身母体である所属政党の政策決定に議員が縛られる。政党は議会においては所属議員が会派を形成しているので議会でどういう行動をとるか，ある法案について賛成するか反対するかなどはあらかじめ各会派の中で話し合って決める。その決定に反する行動をとると除名されたりする。このような不利益処分はプープル主権や半代表の考え方によれば許される。なぜならば，議員が選挙時の政党の公約やマニフェストに反する行動をとることは支持した有権者を裏切ることになるからである。現在の国会法（109の2）や公選法（99条の2）によれば，衆議院や参議院の比例代表選出議員が当選後に所属政党を変更した場合は議席を失うとされている。除名

であるか自由意思であるかを問わない。ただし，無所属になった場合や新党に参加する場合はそのかぎりでない。拘束名簿式比例代表選挙の名簿登載後の除名が問題となった日本新党繰り上げ補充事件は，通常の政党の除名処分をめぐる事件とかなり異なる性格をもつ事件であったが，最高裁（1995（平7）・5・25）は，政党の内部問題として取り扱った。政党のもつ公的性格と私的性格の2面性のうち私的性格を重視した結果だと思われる。

第2節 国　会

1　国民代表の概念

　国民代表の概念は，国民主権の理解に関する2つの異なる概念（ナシオン主権とプープル主権）と密接な関係にある（→第1章）。

　ナシオン主権論においては，代表者は全国民の代表であり選挙民から独立して自由に行動できる方が望ましいと考える。これを純粋代表ないし政治的代表という。解釈論上，憲法43条の「全国民の代表」はナシオン主権と結びつけて理解されることが多く自由委任の根拠とされる。政党国家における党議拘束を認めない根拠ともなる。これに対してプープル主権論は直接民主制を理想とする。間接民主主義を前提とする国民代表においても選ぶ者と選ばれる者との可能なかぎりの意思の合致を目指し意思の二重性を認めない。選ばれた者は公約ないしマニフェストに拘束される。このような代表概念は半代表ないし社会学的代表といわれる。公約に違反したときには，選んだ者は拘束的委任を理由にリコールしたり，損害賠償を求めたりすることができるというラディカルなプープル主権論もある。歴史的には，大衆政党の出現と政党政治の発達，普通選挙制度による有権者の拡大によって，国民代表のあり方は純粋代表から半代表へと徐々に変化してきたということがいえる（→第1章第3節）。

2　選挙制度

　(1)　**選挙権の拡大**　　帝国憲法では選挙権に関する規定はなかった。選挙権は人権ではなく政治に参加するための資格であると考えられ，それにふさわしい資格を有する者のみによる制限選挙がしばらく続いた。1925年になっていわ

ゆる普通選挙制度が実現したが女性は排除されていたので本当の意味での普通平等選挙とはいえなかった。女性が選挙に参加するようになったのは第二次世界大戦後である。日本国憲法では15条，44条において，普通・平等選挙，自由・秘密選挙，直接選挙が保障されている（→第5章第7節1）。

(2) **多数代表制と少数代表制，小選挙区制と比例代表制**　日本国憲法は47条において「選挙区，投票の方法その他両議院の議員の選挙に関する事項は，法律でこれを定める」と規定しており，具体的な選挙制度の形成を立法者に委ねている。もちろん，立法者が国民の選挙権や選挙権の行使を侵害するようなことは認められないが，衆議院において比例代表制を採用するか小選挙区制を採用するか，はたまた中選挙区制を採用するかといったことについて憲法上の指示はない。その点でスイスやオーストリアが比例代表制の採用を憲法で明記しているのとは異なる。一般論としていえば，①現代の政党国家的民主制において複数政党制が維持されること，②一定期間を置いて政権交代が生じうること，③多様な民意が議会に反映される制度の採用が求められる。

1つの選挙区において1人だけが当選する選挙区割りの制度を小選挙区制という。これに対して得票上位の複数人が当選する選挙区割りの制度を大選挙区制という。大選挙区でも完全連記投票制だと多数代表制にしかならないが単記投票式であれば小政党の候補者が議会に進出できる可能性が高くなる。少数代表制である。小選挙区制はこれに対して得票上位1人の者しか当選できず，他の者は全員落選する多数代表制である。知事や市長の選挙などは当然に小選挙区内で争われるが，数百人の議員を当選させる議会の選挙においては小選挙区制である必要はなく，少数意見も議会に反映させる少数代表制のほうが望ましいといえる。

少数代表制の考え方に基づいて少ない得票を得た政党でも議席に結びつくように考案された選挙制度が比例代表制である。ヨーロッパの多くの国で採用されている。比例代表制の特徴は政党の得票率と議席率が一致するということであり，その意味で民意の正確な反映が期待できる。死票も少ない。比例代表制も単記移譲式などいろいろな方法が考えられるが，現在では各政党が候補者名簿を準備して選挙を戦う拘束名簿式比例代表制がとられることが多い。有権者に名簿順位の変更を認める非拘束名簿式もある。ドイツのように拘束名簿式比

例代表制と人物本位の小選挙区制と組み合わせた併用制を採用している国もある。比例代表制は，民意が多岐に分かれている多党制の国においては理想的な制度であるが，多党制ゆえに第１党が単独で過半数を取れない場合は連立政権がつくられることになる。第１党を排除しての第２党，第３党の連立や政策が大きく異なる第１党，第２党の「大連立」もあり得る。その場合，政策協定がしっかりしていないと政権が不安定になるおそれがある。ドイツでは，得票率５％未満の小さな政党（破片政党）には議席を与えないという５％条項も比例代表制のなかに組み入れている。政権の安定を意図した制度である。

議会制民主主義の歴史が長いイギリスでは，二大政党がそれを支えてきたこともあって現在でも小選挙区制が維持されている。国民の意見が階級分化によって保守党と労働党にはっきり色分けされ，かつ両政党の力が拮抗している場合には制度として安定しているということができよう。しかし，小選挙区制は得票率と議席率が一致せず，得票率のわずかな差が議席数においては３乗比に拡大して現れるといわれる。劇的な政権交代を実現する反面，大量の死票が生じる。とりわけ第３政党以下にとっては非常に不利で，議席獲得の機会が少ないという短所がある。アメリカ，カナダなど歴史的にイギリスの影響下にあった国は小選挙区制を採用している国が多い。しかし，ニュージーランドのように，最近になって比例代表制に切り替えた国もある。イギリスでもヨーロッパ議会の議員を選ぶ選挙においては比例代表制が採用され，多様な政党が代表をヨーロッパ議会に送っている。国政選挙についても見直しを求める意見が出されている。小選挙区制は，小政党に不利で第３政党の出現が困難で死票が多いとか，争点が単純化されるといった欠点があるが，アメリカの時間をかけた予備選挙をみればわかるように，国民の意思形成において，大政党を通じて多様な意見の対立が事前に調整されていくという側面もある。フランスは小選挙区制でありながら２回投票制を採用しているので，二大政党に収斂されず多党制が維持されている。

日本では，立候補に際して，衆議院の小選挙区，参議院の選挙区において１人につき300万円，比例区では１人につき600万円という世界で最も高い供託金が要求されている（公選92条）。これは1925年の普通選挙制度導入以来の伝統で，「普通選挙」でありながら，実質的に無産者の立候補を排除する目的が

あったといわれている。今日でも，売名行為や選挙妨害をする泡沫候補者を排除するために必要であるとされているが，供託金制度は収入や資産の乏しい者に対する差別的取扱いであって憲法44条に違反するのではないかということが問題になっている。

(3) **日本の衆議院および参議院の選挙** 日本の衆議院は，1925年から1994年まで比例代表制でも小選挙区制でもなく，原則として1選挙区を3～5議席とする中選挙区制を採用してきた。比例代表制ほどの少数代表制とはいえないが，これによって小政党も国会に進出できる多党制が続いてきた。1994年の選挙制度改革で「金のかからない政治，政党本位の政治，政権交代可能」をスローガンにして小選挙区制が導入された。最大のねらいはイギリスのような二大政党制をつくることにあったが，イギリスのように完全な小選挙区制ではなく，全国の定数500のうち300を小選挙区部分に割り当て，残りの200を比例代表制に割り当てるという妥協的な制度であった。小選挙区比例代表並立制という。理念の異なるものを強引に折衷した制度であるが小政党にとっては，比例代表部分において生き残る道が残されることも意味した。小選挙区部分では連立その他の選挙協力の形をとらないと小政党の議席獲得は難しい。当初のもくろみであった政権交代可能な安定した二大政党制は現在のところ実現していない。1対1の闘いをするために政党の不自然な離合集散を生むといった弊害が目立つようになっている。

その後，衆議院の小選挙区部分の定数は300から295になり，比例代表部分の定数は200から180に減らされている。さらに2016年の法律改正で小選挙区部分が289，比例代表部分が176となり，現在の衆議院の定数は465である。

小選挙区比例代表並立制の合憲性については，比例代表制が直接選挙の原則に違反するのではないか，重複立候補制で小選挙区で落選した者が比例代表で当選するのは小選挙区の選挙人の意思に反して選挙権を侵害するのではないか，小選挙区制は死票が多く国民代表の原理に反するのではないか等が訴訟で争われたが，最高裁はいずれも違憲の主張を退けている（最大判1999（平11）・11・10）。このうち小選挙区制については，死票はいかなる制度でも生ずることや小選挙区制も国民の総意を議席に反映させる1つの合理的方法であり，国会の裁量の限界を超えていないということが合憲判断の理由に挙げられてい

る。

　参議院については1982年までは全国1区（定数100，3年ごと半数ずつの改選なので1回につき50）の全国区と各都道府県を単位とする地方区（定数2～8で合計150，3年ごと半数ずつの改選なので1回につき75）であったが，1982年の改革で全国区に名簿式の比例代表制が導入され，全国区選出議員は比例代表選出議員（定数100），地方区選出議員は選挙区選出議員（定数152）と名称を改めた。2000年の改正で削減され，比例代表選出議員の定数が96，選挙区選出議員の定数が146，合計242となった。このとき比例代表選挙が非拘束名簿式に改められた。2015年には，議員定数の較差を3倍以内に抑えることを目的として，鳥取県と島根県，および徳島県と高知県を1つの選挙区（合区）とする公職選挙法の改正が行われた。全体の定数は242のままである。

　(4) **国民内閣制**　比例代表制や中選挙区制では多くの政党が乱立する。どの政党も多数を得られなかった場合，複数の政党の間で政策協定が結ばれ，連立政権がつくられる。ヨーロッパでは普通にみられるが，これは選挙の時点では，国民が政府を選べないことを意味する。そこで，政策体系と内閣・首相の選択に国民の意思が直接反映されるようにすべきだという学説が主張されたことがある。「国民内閣制」（高橋和之）という。行政を官僚主導から政治家主導へ切り替える意図も込められていた。国民内閣制は議会制民主主義の「直接民主主義的な運用」であるという。大統領制や首相公選制のように国民と行政との距離を近づけることができ，しかも憲法改正は不要である。1994年の選挙制度改革は，この国民内閣制構想と親和的であった。しかし，その後の選挙に現れる民意や政党の離合集散をみるかぎり，日本の政治が政権交代可能な二大政党制に収斂していくのかどうか今のところわからない。最近は，1強による独裁化が懸念されている。首相・官邸への権力集中の防止策として与党内部からも中選挙区制復活を望む声が出ている。小選挙区制導入後の日本の政治が安定し，順調に国民内閣制への道を歩んでいるとは評価できないように思われる。

3　国　　会

(1) **国権の最高機関**　憲法は「国権の最高機関」であると定める（41条）。しかし，通説とされる政治的美称説は「最高機関」に法的意味はないとしてき

た。「国会は，主権者でも統治権の総攬者でもなく，内閣の解散権と裁判所の違憲立法審査権によって抑制されていることを考えると，国会が最高の決定権ないし国政全般を統括する権能をもった機関であるというように，法的意味に解することはできない。」（芦部・295頁）というのがその代表的見解である。

　しかしながら，41条が統治機構の最初の章のしかも最初の条文に出てくることを考えれば，最高機関に法的意味はないとするのは条文軽視の解釈といわざるをえない。むしろ，議院内閣制の発展過程をみてもわかるように，国民主権確立後の権力分立において議会の地位は飛躍的に高まり，イギリスでは議会は万能であるとさえいわれた。君主制のもとで行政権に属するとされていた権限が立法事項として議会に移ってきていることなどを踏まえるならば，日本国憲法が権力分立を採用しながらも国会に「最高機関」という地位を与えて議会重視の立場を表明したのは議院内閣制の到達段階を示すものであり，自然である。政治的美称説の方が制憲者の意思に沿わない不自然な解釈だと思われる。

　「最高機関」に法的意味があるとする当初の法規範説は統括機関説と呼ばれたが，それは，国会を帝国憲法下で統治権を総攬していた天皇の地位に代わるべき存在として位置づけ，国民主権論からは疑問を生む説明を行ったこと，また，浦和事件において，参議院法務委員会が国政調査権（62条）の解釈として統括機関説からいわゆる独立権能説を導き出して，議院が個別の刑事裁判の妥当性の調査まで行うことができるかのような主張を行ったので，それに対抗するために持ち出されたという事情があった。さらに，冷戦時代，社会主義国の憲法が独特の人民民主主義論に基づいて議会を最高機関と位置づけていたこともあり（たとえば，「ソ連邦の国家権力の最高機関は，ソ連邦人民代議員大会である」1977年ソ連憲法108条），それに対抗する意味もあったと思われる。すなわち，権力分立を否定する社会主義国の「最高機関」と日本国憲法の「最高機関」との違いを際立たせる意図もあったのではないかと思われる。

　しかし，それは，権力分立を認めない制度のもとの最高機関と，権力分立を認める制度のもとの最高機関の違いを説明すればよいだけのことであって，「最高機関」に法的意味がないというのはやはり無理な解釈であった。逆に三権が対等だということを強調することで内閣優位，行政権優位が進む現代の行政国家化現象に議会が有効に対処できないという問題を生じさせた。野党議員

が53条に基づいて臨時国会の召集を求めても，要件を満たしているにもかかわらず，内閣がそれに応じないといったことが起きて問題となっているが，これも国会の最高機関性の軽視のあらわれである。

　国会は，「並列関係にある国家機関のうち一番高い地位にあり，……国家諸機関の権能および相互関係を解釈する際の解釈準則となり，また，権限所属が不明確な場合には国会にあると推定すべき根拠となる（佐藤幸治）」という法規範説が妥当である。

(2)　唯一の立法機関

a　実質的意味における立法

　41条は国会が「唯一の立法機関」であると定める。ここでの立法は形式的意味における立法ではなく実質的意味における立法を意味する。形式的意味における立法（法律）とは議会が所定の手続に基づいて法律を制定すること，また制定された法律のことであり，通常は「……法」「……に関する法律」の形をとる。例外として「皇室典範」がある。皇室法という名称が採用されなかったのは歴史的ないし政治的理由による。

　形式的意味の立法（法律）が，議会によって制定されなければならないというのは同語反復で規範としての意味をなさないので，41条の「立法」は実質的意味の立法でなければならない。実質的意味の立法（法律）を問うことは，何を議会にかけて決めなければならないかという問いと同じである。論者の価値観によって異なりうるが，それを「立法事項（＝法律事項）」だとすると立法事項は歴史的に拡大してきたということがいえる。立憲君主制下のドイツにおいて実質的意味の法律は「法規（Rechtssatz）」と称されていて，国民の権利（自由と財産）を制限し義務を課すもの，つまり国民に痛みを与えるものを指していた。議会が国民の権利の守護者であったからである。逆に法規に該当しなければ，行政権の判断で決めてよいことになる。立憲君主制下では福祉や恩赦あるいは組織的規範などは「法規」ではないとされ，議会を通す必要がなかった。民主主義が進み，君主や内閣との関係で議会の力が強くなるにしたがって，立法事項や「法規」概念も拡大していく。権利制限や義務を伴わなくても国民の生活全般に関わる法規範すべてが国民代表の集まる議会にかけられなければならないという考え方が支配的になった。

国民の権利・義務と無関係におよそ一般的・抽象的法規範は「法規」＝実質的意味の法律であり，それは形式的意味の「法律」として国会で議決されなければならないという解釈が今日の通説である（芦部信喜）。ただし，法律は法体系において上位に位置していて下位の法規範と比べると「抽象的」にならざるをえない。したがって，41条は，法律が細則を行政機関などに委任することをいっさい許さないという趣旨ではない。ただし「白紙委任」は41条違反になる。

　41条は行政法の原則である「法律の留保」と深い関係を有する。「実質的意味の法律＝一般的・抽象的法規範すべて」説をとると，「法律の留保」に関していわゆる全部留保説となり，「実質的意味の法律＝国民の権利を制限し，義務を課すもの」説をとると侵害留保説になる。

　近年，行政法学では，実質的意味の法律の本質的部分は議会に留保されるという本質性留保説（重要事項留保説）が有力になっている。重要でない事項は行政機関に委任することが許される。これはドイツの基本権論を踏まえた学説であり，ドイツでは「議会の留保」の要請は違憲審査の基準ともなっている。

　法律は抽象性とともにあまねくすべての人に適用されるという一般性を有している。法規範に一般性，普遍性がないとすれば平等権との関係で問題が生じる。特定の個人やグループを対象にしてその者たちにだけ利益や不利益をもたらす法律は，41条に違反する疑いがある。ところが，現代社会では一般的な法律では対処しえない特殊な問題を解決するために，「措置法律」とか「処分的法律」あるいは有効期限を定めた「時限立法」といった特別法が制定されることがある。これをどう考えるべきか。処分や措置といった行政事項まで議会の審議・議決という慎重な手続を踏んで決定しているので，むしろ望ましいという解釈もありそうである。

　しかし，実際には，それまでの一般法では違憲の疑いがあるために認められてこなかった事項の立法化が一時性，例外性を理由に正当化された事例がみられる。政府の解釈によっても個別的自衛権までしか認められていないとされていたときの一般法である自衛隊法からはみ出した形で制定された，「9・11テロ対策特別措置法」（2001〜2007年）や「イラク特別措置法」（2003〜2009年）は，集団的自衛権容認のための頭出し立法であったといえよう。

他面で「特定Ｂ型肝炎ウイルス感染者給付金等の支給に関する特別措置法」のように特別の犠牲を強いられた者を立法者が広範囲に救済する法律もあり，現代福祉国家における「措置法律」が一概に41条に違反するということもできないだろう。

　一般性とならんで法規範の明確性も41条は要求していると考えられる。精神的自由を制限する法律が明確でなければならないというのは，精神的自由権の解釈から導かれた判例法理であるが，程度の差はあれ，およそすべての法規範が漠然・不明確なものであってはならないのは当然のことであり，立法者は規範の条文化に際して可能な限り明確な文言で規定しなければならない。ちなみにドイツでは明確性の原則は法治国家条項から導かれている。

　b　国会中心立法

　実質的意味の法律は国会が定めなければならないというとき，2つのことが含意されている。1つは国会以外の機関による立法は認めないということである。国会中心立法の原則という。帝国憲法では緊急勅令（8条）という制度があった。名前は「勅令」だが実質的意味の立法権の行使が天皇に留保されていた。また独立命令（9条）という制度もあり，これらは天皇の副立法権と呼ばれていた。天皇主権だから帝国議会に立法権が独占されていなくてもしかたがないといえばそれまでだが，三権分立が外見的であったことを示すものである。

　日本国憲法下で国会中心立法の原則の例外をなすものとしては，議院規則（58条2項），最高裁判所規則（77条1項），政令（73条6号），条例（94条），条約（73条3号）を挙げることができる。いずれも実質的意味の法律を他の機関が制定するものであるが憲法自体が認めた例外なのでそれ自体を違憲だということはできない。このうちとくに問題となるのは歴史的にも実践的にも行政権との関係である。

　衆議院規則や参議院規則は立法府の1院だけで実質的意味の立法を行うことを認めるものであるが，例外だとしても，もともと立法機関なので大きな問題は生じない。問題となりうるのは国会法との優劣関係であるが，国会法が優先するというのが通説である。最高裁判所規則（77条1項）は，訴訟に関する手続，弁護士，裁判所の内部規律に関して司法機関による実質的意味の立法を認

めるものである。具体的には最高裁判所事務処理規則や刑事訴訟規則や民事訴訟規則などが存在する。ここでも法律と競合した場合の優劣関係が問題となりうるが，法律が優先するというのが通説である。

　政令（73条6号），省令，委員会規則は，行政機関の制定する実質的意味の法律である。政令は内閣が，省令は大臣が制定する。委員会規則は国家公安委員会や人事院など独立行政委員会が制定する。法体系のなかでは法律のもとにあって法律を具体化したものであるが性質によって委任命令と執行命令の別がある。委任命令は国会が形式的意味の法律のなかで行政機関に委任する形をとる。執行命令は法律を執行する行政機関の独自の判断による。しかし，独立命令は認められない。委任命令には罰則をつけることもできるが（73条6号），白紙委任は認められない。委任命令であっても執行命令であっても行政機関が法律の解釈を誤って制定すれば，権限の逸脱・濫用として無効となる。

　条例（94条）は，地方レベルの法規範なので41条とは関係がないとみることもできるが，これを実質的意味の法律だとしても，住民代表（地方議会）による自主立法権に基づくものなので41条の趣旨と矛盾しない。法律と条例が抵触したときの問題については後述する（→第7節2）。

　41条の解釈で例外として取り上げられることが少ないが条約も実質的意味の立法とみなすことができる。条約は元来，国家と国家との約束事であり，個々の国民を拘束するものではなかったが，今日では，人権条約のように国民の権利や義務を左右するものも多い。日米安保条約のように国民生活に死活的な影響を及ぼしているものもある。伝統的に行政権の担い手（国王，大統領）が締結の主体であり，日本国憲法でも内閣の権限とされているが（73条3号），立法事項だと考えれば国会に権限が与えられていたとしてもおかしくはない。

c　国会単独立法

　「唯一」の立法機関のもう1つの意味は，国会以外の機関が立法手続に関与することを認めないということである。国会単独立法の原則である。たとえば，帝国憲法では立法手続の最後に天皇に裁可権があり（6条），「裁可」されなければ法律は成立しなかった。これは君主制に由来する。議院内閣制ではないが，アメリカでは大統領に立法拒否権があり，日本でも知事や市町村長には条例の成立に関して拒否権が認められている（地自176条1項）。このような立

法手続においては「単独立法の原則」が貫かれていない。

現憲法下の例外としては地方自治特別法（95条）がある。国務大臣の署名，内閣総理大臣の連署（74条）は立法手続の外にあると考えられており通説では，法律の成立要件でも効力発生要件でもないとされる。

内閣の法律案提出権については72条の解釈も絡んで議論がある。内閣法5条は「内閣総理大臣は，内閣を代表して内閣提出の法律案，予算その他の議案を国会に提出し，一般国務及び外交関係について国会に報告する」と定め，国民代表たる議員だけでなく内閣にも法律案提出権があることを認めている。しかし，41条の単独立法の原則に反するのではないかということが問題となった。反するとすれば内閣法5条は違憲となるが，合憲説が多数説である。その理由としては，①法律の発案は，立法の準備行為であり，立法作用そのものには含まれないこと，②発案は，少なくとも立法の決定的要素ではなく，国会は，内閣提出の法律案について，自由に審議し，修正し，否決することができる，つまり国会に決定権があるから憲法41条に違反しないこと，③憲法が議院内閣制を採用している以上，国会と内閣との協働関係は当然のことであり，その維持のためにも積極的に承認されること，あるいは，④内閣による発案を否定しても事実上，国務大臣が国会議員の資格で発議することができるから認めるのと変わりがないこと，が挙げられている。②③は正当であるが①④は異論の余地がある。内閣の提案した法律を俗に閣法と呼び，議員提案に成る法律を議員立法という。与党の力を背景にした閣法が数，成立率とも圧倒しているが，国会内部のイニシアティブを重視する立場からは議員立法の強化が期待されている。

憲法59条により法律は成立するが，国民に法律の内容を知らせるための手続として，公布が必要である（7条1号）。公布は官報によってなされる。法律が効力を発する施行の日は法律の附則に規定されるのが通例である。公布即施行の法律については，官報が，一般人が閲覧購入しようとすればなしえた最初の場所に届いたときに効力を発するとする判例がある（最大判1958（昭33）・10・1）。

4　国会の組織と国会議員の地位

(1)　2院制　　議会が貴族などの特権的身分層を排除し，平等な市民層から

選ばれた国民の代表で占められるべきものであるならば, 1院制が理にかなった制度だといえる。フランス革命時のシェイエスが「国民を代表する議会は1院でなければならない。第2院は第1院と同じならば無用であり, 第1院と異なるならば有害である」と述べているとおりである。近代に入って最初に1院制を採用したのはピューリタン革命時代のイギリスで, ここでは国王を処刑し上院を廃止した (1649年) ため, 一時期下院だけの時代が続いた。その後, フランス革命直後のフランス議会も1院制を採用したがのちに2院制に改められた。

現代の1院制は, 共和制を採用する国として中国, 韓国, インドネシア, ポルトガル, フィンランドが例として挙げられる。立憲君主制の国も, 小国のスウェーデン, デンマーク, ノルウェーは1院制を採用している。

日本の国会は衆議院と参議院によって構成される (42条)。今日, 2院制を採用している国の第2院 (上院) の性格を分類すると, 貴族院型と, 連邦院型, 民選議員型とに分けることができ, 最も多いのは連邦制国家における連邦院型である。日本の参議院は民選議院型である。貴族院を廃止して1院制にしようとしたGHQと2院制に固執した日本の支配層との妥協の結果生まれた。

a 貴族院型

イギリスの上院 (貴族院) がその例である。君主が残っている北欧諸国でもすでに貴族院は消失して, 1院制になっているのでイギリスの貴族院は希有な存在である。1999年の労働党のブレア政権による改革によって廃止には至らなかったものの, 身分制に基づく世襲貴族が大幅に縮減された。それと引き替えに専門的能力等によって推挙される一代貴族の役割が大きくなった。帝国憲法下の日本の貴族院もイギリスに類似していて, 皇族および華族 (公爵, 候爵, 伯爵, 子爵, 男爵) ならびに一代限りの勅任議員 (多額納税者, 学士院会員, 勅選議員) から成り立っていた。

b 連邦院型

連邦制をとる国を中心として上院が「全国民の代表」ではなくて, 州や地域の代表としての役割を当てられている国は多い。立法権内部の権力分立の意義も担っている。アメリカ上院 (州別の直接選挙 (修正17条) ←州議会による間接選挙), ドイツ連邦参議院 (住民の直接選挙ではなく州政府代表), ロシア連邦院 (州

政府の代表および州議会の代表), オーストラリア上院 (州別の直接選挙), スイス上院 (全邦院。各州2名, 選出方法は州に委任), イタリア元老院 (州別の直接選挙), インド参議院 (州議会による比例代表選挙＋大統領指名12人) などがある。

　c　民選議院型

　数は少ない。過去の例だがフランス第3共和制, 第4共和制の上院が民選議院型として有名である。「全国民の代表」という視点でみると第1院との差がないので二重という批判を受ける。現在のフランス第5共和制の上院 (元老院) は間接選挙による地方公共団体の代表であり, 連邦院型に分類される。

　(2)　**参議院の機能, 独自性**　憲法制定時の妥協の産物として生まれた民選議院型の参議院については, 当初から存在意義を疑問視する声があった。小型衆議院とか衆議院のカーボンコピーとかいわれ, 廃止論も主張されている。首相経験者などの長老政治家を選挙によらず任命してはどうかといった案が提案されたこともあるが, 時代錯誤であって日本国憲法の原理とは適合しない。連邦院型に引きつけて地域代表としての性格をもたせたらどうかという提案もなされているが, 制憲者の意思から離れており, 憲法解釈上無理がある。衆議院と同じ「国民代表」(43条) であることを前提としつつその独自性を活かすために「理の政治」や「良識の府」というスローガンが唱えられ, 政党とは異なる緩やかな政治組織である「緑風会」や「二院クラブ」が会派としてつくられ一定の力をもったこともある。しかし, 衆議院より先に拘束名簿式比例代表制が導入された (1982年) こともあって結局, 参議院でも衆議院と同様の政党政治が行われている。

　民意の揺らぎなのかそれともバランス感覚のあらわれなのか, 近時 (1989年以降) は参議院で野党が多数を占める傾向が続いた。この「ねじれ」が「決められない政治」を生むと批判された。2013年の参議院選挙でねじれが解消し与党の力と政権が強化されたが, 反面で参議院の存在感が急速に低下している。2院制は立法府内部の権力分立だと考えることもできる。議院の任期が6年任期で解散もなく政局に動かされにくい側面もある。ブレーキ役の参議院がチェック機能を生かして人権侵害立法の防止などで力を発揮することが求められる。

　(3)　**両院の関係**　「法律案は, この憲法に特別の定のある場合を除いて

は，両議院で可決したときに法律となる」（59条1項）とあるように両院は対等が原則である。憲法の定めではないが日銀総裁の同意など国会同意人事についても両院は対等であり，参議院の役割は大きい。ただし，法律案の再可決（59条2項），予算の先議権（60条1項）および予算の議決（60条2項），条約の承認（61条），総理大臣の指名（67条2項）については衆議院の優越が認められている。

　法律案，予算，条約，内閣総理大臣の指名などについて両議院の意見が対立したときには両院協議会が開かれる。両院協議会には必要的両院協議会と随意的両院協議会の別がある。詳細は国会法に定められている。予算，衆議院先議の条約については衆議院が両院協議会を求めなければならない（国会85条1項）。参議院先議の条約については参議院が両院協議会を求めなければならない（同85条2項）。内閣総理大臣の指名について一致しないときは参議院が両院協議会を求めなければならない（同86条）。法律案についてどちらかが否決または同意しなかったときは，衆議院が両院協議会を求めることができる（同84条1項）。ただし，参議院が衆議院回付案（修正案）に同意しなかったときは例外的に参議院も両院協議会を求めることができるが衆議院は拒否できる（同84条2項）。両院協議会の定足数は，各議院の協議委員のおのおの3分の2以上の出席を必要とする（同91条）。表決に関しては，出席協議委員の3分の2以上の多数で議決されたとき成案となる（同92条1項）

　(4)　**国会議員の地位・権限**　　国会議員は全国民の代表（43条）である。純粋代表から半代表へ，あるいは政治的代表から社会学的代表へ代表の性格は変化してきているといえ，ナシオン主権論の名残もあって現在でもいくつかの特権や特典が認められている。地方議会の議員には不逮捕特権や免責特権は認められていない。「全国民の代表」ではないからである。

　a　不逮捕特権

　憲法50条は「両議院の議員は，法律の定める場合を除いては，国会の会期中逮捕されず，会期前に逮捕された議員は，その議院の要求があれば，会期中これを釈放しなければならない」と定める。これを受けて国会法33条は「各議院の議員は，院外における現行犯罪の場合を除いては，会期中その院の許諾がなければ逮捕されない」と定める。許諾の手続は「各議院の議員の逮捕につきそ

の院の許諾を求めるには，内閣は，所轄裁判所又は裁判官が令状を発する前に内閣へ提出した要求書の受理後速やかに，その要求書の写しを添えて，これを求めなければならない」（国会34条）とされている。不逮捕特権の目的は①権力による不当な政治的逮捕の防止と②審議権の確保の２つがあるとされている。２つの意義のうち前者を重視するのであれば，不当性がなければ逮捕してもかまわないということになる。しかし，後者を重視するのであれば，不当な逮捕でないことが明らかであるとしても，議員の議会での活動を確保すべきだということになる。今日では前者に重点を置く傾向にある。

　造船疑獄での衆議院議員（有田二郎）の逮捕に絡んで衆議院が期限付きで逮捕を許諾したことがある。期限経過後の議員の釈放が認められるかどうかが争われた。東京地裁（1954（昭29）・３・６）は，議院が適法にしてかつ必要な逮捕と認めるかぎり，逮捕の許諾は無条件でなければならないと判示した。今日から振り返るとき，裁判所が議院の自律権や統治行為論を採用せず，憲法解釈権に関して裁判所の優位が示されたことも注目に値する。

　b　免責特権

　憲法51条は，「両議院の議員は，議院で行つた演説，討論又は表決について，院外で責任を問われない」と定める。50条と同様に議員の特権的地位を認めたものだとされる。しかし，一般国民に表現の自由が人権として広く認められるようになった現代の民主制国家においては特権としての性格が弱まっているといえる。

　免責特権の目的は議員の職務執行の自由の確保にあるから，議場外での国政調査や地方公聴会の席での発言なども含まれる。免責の内容としては民事・刑事責任のほか弁護士等の懲戒責任も含むが，議員の発言が議院の懲罰の対象となって罷免されることもある（憲58条２項）。これは，議院の自律権に由来する。また，政党の内部関係において議員の発言が責任を問われて除名され，それが契機となって議席を失うこともある。

　最近の学説は，市民のプライバシー保護との関係で免責特権は絶対的権利でないとする。最高裁も「国会議員に右のような広範な裁量が認められるのは，その職権の行使を十全ならしめるという要請に基づくものであるから，職務とは無関係に個別の国民の権利を侵害することを目的とするような行為が許され

ないことはもちろんであり，また，あえて虚偽の事実を摘示して個別の国民の名誉を毀損するような行為は，国会議員の裁量に属する正当な職務行為とはいえない。」と述べている（最判1997（平9）・9・9）。

c 歳費その他の特権

議員に認められているその他の特権としては歳費がある。憲法49条に規定がある。国会法35条は「議員は，一般職の国家公務員の最高の給与額（地域手当等の手当を除く。）より少なくない歳費を受ける」と定め，具体的金額は「国会議員の歳費，旅費及び手当等に関する法律」に規定されている。その他文書通信交通滞在費やJR自由乗車等の交通機関利用の特典，議員宿舎および事務室の提供，公設秘書についての国費支弁が認められている。そのほか間接的なものとして，「国会における各会派に対する立法事務費の交付に関する法律」に基づいて月額65万円の立法事務費が支給される。

(5) 国会の活動

a 会 期

国会が活動する期間を会期という。常会（52条），臨時会（53条），特別会（54条）の別がある。常会（通常国会）は毎年1回1月に召集される（国会2条）。国会法では会期制が定められているが，これは憲法上の原則ではない。諸外国のように総選挙から総選挙までの間を「立法期」や「選挙期」として捉えてその間，国会が継続して活動する方式に改めても違憲ではない。国会法では会期不継続の原則と例外が以下のように定められている。「会期中に議決に至らなかつた案件は，後会に継続しない。但し，第47条第2項の規定により閉会中審査した議案及び懲罰事犯の件は，後会に継続する」（国会68条）。戦後の日本において会期制は，会期末に審議が集中する重要法案の攻防を左右する役割を果たした。

国会の召集権については，臨時会については内閣であることが明記されているが，常会や特別会については，7条2号（天皇の国事行為）の解釈ともかかわって，議論のあるところである。この問題は衆議院の解散権と同様に実質的権限を明記しなかった憲法の不備に由来する。「召集」の文字が使われているのも実権を失った天皇に対する配慮がみられる。しかし，日本国憲法の議院内閣制において最高機関は国会であり，種類のいかんを問わず，国会の開催が内

閣の意思によって妨げられるようなことがあってはならない。いずれかの議院の総議員の4分の1以上の議員が憲法53条に基づいて臨時会の召集を要求した場合には，内閣は速やかに国会の召集を決定すべきであり，期間の定めがないことを理由にこれを長期間放置することは許されない。

b 会議の原則

定足数は「総議員」の3分の1（56条1項）で比較法的にみて少ない。総議員は法定の議員数であるという説と現に存在する議員数であるという説がある。前者が慣行となっている。本会議では「出席議員の過半数でこれを決し，可否同数のときは，議長の決するところによる。」（56条2項）。また両議院の会議は公開が原則であるが出席議員の3分の2以上の多数で議決したときは，秘密会を開くことができる（57条）。

c 委員会制度

帝国憲法下では本会議中心であったが（3読会制），日本国憲法下では委員会中心の審議が行われている。しかし，国会法に議院が委員会の中間報告を求める制度があり（国会56条の3），共謀罪法案の参議院の審議において委員会での議決が省略された。これが濫用されると，重要法案の委員会での審議を十分行うことができなくなる。委員会の定足数は半数以上で，表決は出席委員の過半数による（同49条・50条）。非公開が原則とされているが（同52条）委員会中心主義からして疑問がある。

d 緊急集会

衆議院の解散と特別国会の召集の間に国会が緊急に審議決定すべき事項が生じたときに国会を代行する制度が参議院の緊急集会の制度である（54条2項・3項）。例としては抜き打ち解散（1952年）のときの中央選挙管理委員会委員の任命や暫定予算の議決がある。集会と終了の手続は，国会法99～102条の5に定められている。

5 国会の権限と議院の権限

(1) 国会の権限

a 憲法改正の発議権

96条1項に憲法改正の発議権が規定されている。立法権ではないが国民代表

の重要な権利である。

  b　法律の議決権

　59条1項は「法律案は，この憲法で特別の定のある場合を除いては，両議院で可決したとき法律となる」と定める。立法権の意義については41条のところですでに述べた。

  c　条約の承認権

　条約とは国家（国際法主体）と国家（国際法主体）との間の文書による合意である。伝統的な条約手続では，議会の関与なく条約は発効する。すなわち，条約締結権者（君主や元首）から全権委任状を付与された全権委員が相手国の全権委員と交渉を行い，条約文をとりまとめてこれに署名する。その後，条約締結権者が条約文を審査して，互いに拘束されることについての国家の同意を示す批准書を交換することによって条約の効力が発生する。しかし，今日では条約締結の民主的コントロールのために，議会が何らかの形で関与することが一般的となり，政府の批准よりも議会の関与の方が重要になっている。日本の「協働行為」説（芦部信喜）もそのことを意識している。

　二国間条約だけでなく多国間条約もある。名称としては，条約だけでなく協定，取極，憲章，規約などさまざまなものがあるが，いずれも73条3号にいう「条約」である。しかし，1974年2月の政府見解では「憲法上の条約」はすべての国際約束を意味しない。それによれば，①法律事項を含む国際約束，②財政事項を含む国際約束および③政治的に重要な国際約束のみが国会の承認を必要とする「実質的意味の条約」であり，行政協定などは国会の承認が必要でないという。そのため，旧日米安保条約の下の「行政協定」は国会による承認が不要とされた。しかし，この狭い「実質的意味の条約」概念は，かつての狭い「法規」概念と同様に日本国憲法の解釈として妥当かどうか検討の余地がある。

　内閣の権限が列挙してある73条において「条約を締結すること。但し，事前に，時宜によっては事後に，国会の承認を経ることを必要とする」（3号）とあるように条約締結は基本的に内閣の権限であるが，国会の承認も欠くことのできない要素である。現代では条約は，国家間の関係にとどまらず国民生活と深いかかわりをもつようになっており，その意味では法律と変わらないので国民代表の意思を反映させる必要があるからである。

伝統的な立場からは，事後に国会の承認が得られなくても条約は内閣による批准をもって（批准を必要としない条約については署名をもって）有効に成立する。しかし，これは，国会を軽視する解釈で妥当でない。国会の承認も，条約が有効に成立するための手続の一部だと考えるべきである。仮に批准をもって成立手続は完了するという立場をとったとしても，国会の承認が得られない条約は国内法上だけでなく国際法上も無効である。条約法に関するウィーン条約46条1項も「いずれの国も，条約に拘束されることについての同意が条約を締結する権能に関する国内法の規定に違反して表明されたという事実を，当該同意を無効にする根拠として援用することができない。ただし，違反が明白でありかつ基本的な重要性を有する国内法の規則に係るものである場合は，この限りでない」と定めていて，無効説を後押ししている。憲法は条約締結の相手方も知りうる最重要の国内法であり，国会の承認を欠くことは，「基本的な重要性を有する国内法の規則」に明白に違反するからである。

　ちなみに，国会の不承認は憲法上の手続に関する問題だが，内容違反については条約成立後に国際法上の無効を主張することは困難である。違反が明白かどうかを相手は容易に知りえないからである。たとえば日米安保条約が最高裁判所によって憲法9条に違反するとされて確定した場合，国内法上は無効になるが，国際法上無効を主張することは難しいだろう。この矛盾についての責任は内閣が負うことになる。

　条約の締結が内閣と国会の「協働行為」であるという立場に立つと，国会は条約の修正についても一定の権限を有していると考えられる。国会が内閣による批准前に修正を条件として承認した場合は，内閣は修正案をもって相手国と再度交渉しなければならない。修正案に対して相手国が同意しなければ，条約は不成立となる。修正を伴う承認が批准後のためにいったんは成立したと考える場合でも，ウイーン条約46条1項により，当該条約は無効となる。

d　内閣総理大臣の指名権

　「内閣総理大臣は，国会議員の中から国会の議決で，これを指名する。この指名は，他のすべての案件に先だつて，これを行ふ」（67条1項）。「衆議院と参議院とが異なつた指名の議決をした場合に，法律の定めるところにより，両議院の協議会を開いても意見が一致しないとき，又は衆議院が指名の議決をした

後，国会休会中の期間を除いて十日以内に，参議院が，指名の議決をしないときは，衆議院の議決を国会の議決とする」（同条2項）。指名後の天皇の「任命」（6条1項）は名目的・認証的な国事行為である。

  e 財政監督権

  国会の財政監督権は財政民主主義を支える重要な権限である（→第6節）。83条は，「国の財政を処理する権限は，国会の議決に基づいて，これを行使しなければならない」と定め，86条は，「内閣は，毎会計年度の予算を作成し，国会に提出して，その審議を受け議決を経なければならない」と定める。

  f 弾劾裁判権

  権力分立に基づく司法権の独立が認められるといっても，国民主権のもとでは裁判官に対する国民の監視も必要である。国民代表による司法権のコントロールの制度が裁判官弾劾の制度であり，64条に規定されている。詳細は，国会法，裁判官弾劾法，裁判官弾劾裁判所規則に定められ，国会に常設の弾劾裁判所（各議院7名の国会議員で構成）と訴追委員会（各議院10名の国会議員で構成）が設置される。罷免の事由は，裁判官弾劾法2条によれば①職務上の義務に著しく違反し，または職務をはなはだしく怠ったときと②その職務の内外を問わず裁判官としての威信を失うべき非行があったときである。

 (2) 議院の権限

  a 資格争訟の裁判権

  議員の資格争訟の裁判について規定している憲法55条は，議員資格に関する判断を議院の自律的な審査に委ねる趣旨のものである。司法権独占の原則の例外をなす。資格争訟の裁判は，一審かつ終審的な決定であり，裁判所がその結果を再審査することはできない。ただし，これとは別に，裁判所は選挙訴訟（当選訴訟）で議員の資格について審査判断することができるので，55条が使われる余地はほとんど考えられない。

  b 議院規則制定権

  58条2項は各議院に対して「会議その他の手続及び内部の規律に関する規則を定める」権限を与えている。これも議院の自律権の1つである。2院制のところで述べたように，GHQ草案では1院制が構想されていたので議会の運営は憲法のほかは議院規則に委ねる予定であった。しかし，実際には2院制に

なったので両院に共通する規則を定める必要が生じ，国会法の制定に至った。そのため国会法と議院規則が競合した場合の効力関係に関する問題が生じることになった。法律優位説が支配的であるが改正等においては衆議院の優位を押し通すのではなく，参議院に対する配慮が求められる。

c 議長その他の役員選任権

58条1項で各議院に議長その他の役員の選任権が認められている。これも議院の自律権に基づく。

d 議員懲罰権

58条2項では両議院は「院内の秩序をみだした議員を懲罰することができる。但し，議員を除名するには，出席議員の三分の二以上の多数による議決を必要とする」と定める。「院内」とは議事堂内に限られず，議員としての活動全般が対象となる。議員懲罰権は，選挙で選ばれた者であるにもかかわらず，言動において議員としての品位を欠く者を排除できる非常に強力な自律権である。議員がエリート集団だった時代の自治の名残の制度であるが，議院内部の政争の手段として，たとえば多数派が少数派の議員を追い落とすために濫用するようなことがあってはならない。その点については有権者も見守る必要がある。

e 国政調査権

62条は「両議院は，各々国政に関する調査を行ひ，これに関して，証人の出頭及び証言並びに記録の提出を要求することができる」と定める。国政調査権という。証人喚問等の手続は議院証言法に規定されていて，証人が虚偽の陳述をしたときは偽証罪に問われる（6条）。調査は常任委員会でも行われるが，調査のために特別の委員会が設置されることもある（例として「ロッキード問題に関する調査特別委員会」）。帝国憲法にはなかったもので，議会の重要な権限であるといえる。ただし，その権限の及ぶ範囲と限界については早くから意見の対立があり，浦和事件をきっかけとして41条の「最高機関」性の解釈にまで影響を及ぼす論争を引き起こした。

浦和事件とは，戦後間もないころ，母親（浦和充子）が生活苦から将来を悲観して子ども3人を道連れに親子心中を図ったが，子どもは死んだものの本人は死にきれず自首したところ，地裁が実刑判決ではなく執行猶予の判決を下し

たため，参議院法務委員会が量刑不当を理由に国政調査を開始した事件である。法務委員会は，温情判決を下した裁判官に封建的な道徳観が残っていることをみて問題にしたのである。これに対して最高裁は「司法権は憲法上裁判所に属するものであり，他の国家機関がその行使につき容喙干渉するがごときは憲法上絶対に許されるべきではない」と強く抗議したが，法務委員会は独立権能説に基づいて反論した。独立権能説とは，「国政調査権は単に立法準備のためのみならず国政の一部門たる司法の運営に関し，調査批判する等，国政全般にわたって調査できる独立の権能である」というものである。この説は，国会は，国権の最高機関たる性質と立法機関たる性質を併せ持っていること，議院の国政調査権は，国会が国権を統括するための一方法であり，国政のいっさいが調査の対象となるという統括機関説を下敷きにしていた。これに対して，最高裁の依拠した補助権能説は，国政調査権は，国会が立法その他の権限を適切に行使することができるようにするために各議院に認められた国政調査の権限であり，各議院は国会の権限と関係なく調査の権限を与えられているのではない，とするものである。

　このうち，補助権能説が通説となった。しかし，今日の時点で浦和事件を冷静に振り返るとき，裁判官の訴訟指揮や個々の裁判の内容の当否に関する調査が認められないのは，司法権の独立から当然に導かれる結論であって，最高機関性に法的拘束力を認めたとしてもその結論は揺るがないだろう。逆に，政治的美称説とそれと結びついた補助権能説の立場をとらなければ，司法権の独立は守れないというものでもないだろう。しかし，当時は政治的美称説－補助権能説－司法権の独立尊重説，最高機関法規範説－独立権能説－司法権の独立否定説という図式で説明された。

　司法権の独立との関係では補助権能説に立っても，「国政」に司法が含まれるのは当然であり，立法目的や行政監督目的による調査は認められる。たとえば，知財高等裁判所を設置すべきかどうかとか，裁判員裁判を導入するかどうかに際して，立法のためにさまざまな裁判資料の収集が必要であり，ときに関係者の証言も必要になるが，そのような調査は許される。

　検察権は行政権に含まれるとはいえ，準司法作用なので司法に類似する独立性が認められなければならない。したがって個別の起訴・不起訴の妥当性を問

題にする調査や起訴拘留中の被告人を喚問するようなことは認められない。ただし，疑惑の渦中にある政治家が捜査機関が捜査を開始した，あるいは開始しそうであることを理由に証人喚問などの調査を拒むことがあるが，刑事手続の進行と国政調査はそれぞれ目的を異にする手続であり，捜査機関が動けば議院の調査権は控えなければならないというものではない。国政調査の目的は被疑者や被告人の刑事責任の追及ではない。国民の政治的関心に応えて政治浄化の契機になれば十分目的を達したことになる。白黒を決着させなくても「灰色」が明らかになれば十分である。あとは，国民が判断すべきことである。

　政治家や公務員に限らず私人も調査の対象となる。証人喚問することも可能だが，個人のプライバシーや思想信条を侵害しないように十分な配慮が必要である。

　国政調査権が威力を発揮したのは造船疑獄やロッキード事件，リクルート事件，佐川急便事件といった政治家の絡む汚職事件である。このうち造船疑獄（1954年）では，最高検が自由党幹事長佐藤栄作に対して逮捕許諾請求を決定したところ，法務大臣が検察庁法14条に基づく指揮権を発動したため捜査が打ち切られた。そこで参議院法務委員会が国政調査権に基づいて検事総長を証人喚問したが，検事総長が公務員の守秘義務を理由に証言を拒否した。守秘義務と国政調査権のいずれが優先するかが問われたが，最終的に「証言又は書類の提出が国家の重大な利益に悪影響を及ぼす旨の内閣声明」（議院証言5条3項）が発せられて決着した。公務員の守秘義務が優先された形だが，国政調査によって内閣と与党が政治的に大きな打撃を被ったのも事実である。

　憲法上規定されていないが，地方議会にも国政調査権に類似する証人喚問を含む強力な調査権が認められている。百条委員会という（地自100条）。

第3節　内　　閣

1　行政権と内閣

(1) **帝国憲法下の内閣**　　はじめに，権力分立さえも外見的であった帝国憲法との比較で内閣の位置を確認してみたい。まず，帝国憲法においては，内閣が憲法上の機関ではなかったことが挙げられる。帝国憲法第4章のタイトルは

「内閣」ではなく「国務大臣及枢密顧問」となっていて第4章には2カ条しかなく，55条では「国務各大臣ハ天皇ヲ輔弼シ其ノ責ニ任ス」と規定されていた。各大臣が天皇と直結していて，各大臣の任免権は天皇にあった。内閣総理大臣は同輩中の首席にすぎず，内閣不統一の場合には内閣総理大臣がその責任を問われて辞職することがあった。日本国憲法では内閣総理大臣は「首長」であり（66条1項），国務大臣を自由に任命，罷免することができる（68条）。そして「内閣を代表して議案を国会に提出し，一般国務及び外交関係について国会に報告し，並びに行政各部を指揮監督する」（72条）。帝国憲法下の内閣は，政党の未発達もあってしばらくは，議会に責任を負わず天皇にのみ責任を負う「超然内閣」が続いた。日清戦争後，最初の政党内閣である隈板内閣が成立し，天皇と議会の両方に責任を負う二元責任型の議院内閣制が定着するかにみえたが，1932年の5・15事件を契機にふたたび政党政治と無縁の超然内閣が復活する。そして後にA級戦犯となった近衛文麿や東条英機が昭和天皇によって首相に任命され，アジア太平洋戦争へと突入した。政党政治も大政翼賛会（1940年）により終焉した。

(2) **行政権の概念**　41条が「唯一の立法機関」と定め，76条が「すべて司法権は……」と定めるのに対して，65条は「行政権は，内閣に属する」というあっさりとした規定になっている。ここでも実質的意味の行政権とは何かについて憲法は定義を与えていないので解釈が必要になる。いくつかの説が主張されているが控除説が現在の多数説である。

　a　控除説（消極説）

　これは，行政とは国家の作用のうちから立法と司法の作用を除いたその他の作用をいうという説である。消極的定義であり，$b = z - a - c$ という数式に置き換えてみると，行政権に固有の領域は存在しないという無責任な学説のようにも思える。しかし，現在の権力分立がどのようにして成立したか，とくに議院内閣制の発達の歴史を振り返るならば，歴史的現実に即応した学説であるということもできる。すなわち，全権を握っていた国王の統治権（主権）が分解され，多くの権限が議会に奪われて，裁判所も独立し，名目化した君主のもとで働く内閣には行政権だけが残されたという事実を跡づけており，今後も行政権の範囲が縮小していっても権力分立には違反しないことを正当化する学説

だといえる。たとえば将来条約締結権が議会に奪われても（ただし憲法改正が必要だが），それも権力分立として成り立つことになる。

　b　積極説

　これに対して，控除説は夜警国家，消極国家時代の小さな政府を説明するのには適していたかもしれないが，警察や消防だけでなく，国民に対する多様なサービスを提供することが求められている現代国家の行政を説明するのには適切でないと批判したのが積極説である。積極説によれば「行政とは，法の下に法の規制を受けながら，国家目的の積極的な実現を目指して行われるところの全体として統一性をもった継続的で形成的な国家活動である」（田中二郎）となる。この説は，現代福祉国家の積極行政に対応し，いわゆる「大きな政府」を正当化するのに適している。受動的で個別の事件の解決を目的とする司法との違いを説明するのにも有用である。しかし，肥大化する行政権力をどうコントロールするかという視点が欠けているのではないかという批判がある。

　c　執政説

　前 2 者は，内閣による統治（government）も行政のなかに含めて理解している。また，行政権は執行権と呼ばれることもあるが両者をあえて区別していない。ちなみに65条の「行政権」の英文は executive power である。ところが近時，統治ないし執政（executive）と行政（administration）は異なるとして両者を区別し，国の舵取りをする内閣の「執政」に特別の意義を認める学説が現れた。執政説である。解釈論としては内閣の権限が列挙されている73条 1 号後段の「国務を総理すること」に注目し，国務の総理は単純な法律の執行にはとどまらないとする。2000年前後に政・官における「政」の優位とか政治の復権が説かれて国家行政組織の見直しが行われたが，執政説はこれと呼応していた。しかし，「統治」の部分も含んで行政権全体に法的コントロールを加えようとしてきたのが立憲主義であり「法の支配」であったことを考えると，政治を憲法や法律のくびきから解放することを正当化しかねないこの学説には問題がある。

　d　法律執行説

　控除説は，法律の執行にとどまらない多様な内閣の権限を包み込んで説明することが可能であり，その点で解釈論として優れている。法律執行説は，これ

に反して，すべての行政は「法律の執行」として説明できると主張する。この説は，国家の作用は，すべて法の定立と法の執行の形をとって行われるというケルゼンの法段階説を下敷きにしている。そしてケルゼンとは少し異なるが，国民主権原理から始原的法定立は国会によってすべて行わなければならないとし，その執行はすべて内閣によって行政として行わなければならないとする。ケルゼンの学説は法から自由な領域を認めず，政治も法の執行ないし具体化だとして政治に対する法的コントロールを可能にしたところに功績があるが，この説にも同様の意図が感じられる。国会の内閣に対する法的優位性を示すうえでも簡明でわかりやすい。

しかし，ケルゼンの法段階説によれば，どの法段階も法の定立と法の執行の2側面をもっており，議会の立法も憲法裁判も憲法の執行という側面をもっている。73条2号以下の内閣の権限がすべて「法律の執行」で説明できるかどうか，法律を媒介としない憲法の執行としての行政は認められないかなど憲法解釈論としては，検討すべき余地があると思われる。

なお，実質的意味の行政は「法律の執行」に限るとしつつ，内閣の仕事（形式的意味の行政）は，それに限定されないという立場もありうる。

(3) **独立行政委員会**　独立行政委員会とは，内閣の所轄のもとに置かれるが，ある程度独立して（内閣の指揮監督を受けないで）職権を行使する合議制の行政機関をいう。諮問機関と異なり決定機関である。いわゆる審議会行政というときの審議会は諮問機関であり，大臣の諮問を受けて答申をしたり勧告をしたりするが，決定機関である大臣はそれに拘束されない。独立行政委員会は国家行政組織法によれば外局として「庁」と並んで置かれる「委員会」である（3条）。人事院のように委員会という名称を名乗っていない場合もある。独立行政委員会には準立法的権限や準司法的権限も与えられることが多く，それも独立行政委員会の特徴となっている。

独立行政委員会は，アメリカの独立規制委員会（independent regulatory commission）がモデルで，大臣以下の画一的な行政の民主化が主な目的であり，国レベルでも地方レベルでも数多くつくられたが，戦後の民主化ブームが去ると日本の土壌に合わないとして廃止されたり諮問機関に組織替えさせられたりしたものもある。独立行政委員会は，日本国憲法の制定段階では予定されておら

ず，規定も置かれなかったため違憲論さえ主張されることになった。

　独立行政委員会の具体例としては，人事院，国家公安委員会，中央労働委員会，公正取引委員会，公害等調整委員会等があり（内閣府設置法，国家行政組織法の別表参照），地方にも教育委員会や地方労働委員会，公平委員会等がある（地自180条の5参照）。独立性が求められる理由としては，政治的中立性（選挙管理委員会，公安委員会），技術的専門性（公正取引委員会），利害調整機能（労働委員会）が挙げられる。最近になってつくられた独立行政委員会としては原子力規制委員会が有名である。それ以前にも経済産業省に「原子力安全・保安院」という機関があったが経産省と一体で独立性が弱く，福島の原発事故において十分な安全チェックができなかったという反省から，これに代わって環境省の外局として設置されたものである。なお，会計検査院は憲法90条によって設置される特別の機関である。内閣から独立しているが独立行政委員会には分類されず，違憲問題も生じない。

　戦後初期には内閣の指揮監督の及ばない行政権の存在は「行政権は，内閣に属する」（65条）という規定に違反するとか，内閣が国会に対して連帯して責任を負えない（66条3項違反）という違憲論もあったが，今日では合憲と解されている。理由は，①委員任命権と予算権が内閣にある，②人事の承認権等を通じて国会のコントロールが及ぶ，③65条は内閣の行政権独占を認める規定ではない，④準司法作用などの職務の性質からして内閣から独立させる方がむしろ望ましいとするものである。

　権力分立論という大きな視点でこの問題を捉えるならば，すべての行政権を内閣に集中させようとする憲法解釈は権力分立の本来の趣旨を理解していないといえる。内閣から独立する機関は裁判所だけに限定する必要はない。戦後，文部行政を第4権として内閣から独立させたらどうかということが検討されたことがある。もちろん軍事部門を内閣から独立させることは危険であるからこのようなことはやってはいけないが，行政国家化が進むなかで，権力を分散させる制度を模索することは権力分立論からいって推奨されこそすれ否定すべきことではない。

　日本では制度化されていないが，ヨーロッパではオンブズマン（国政監察官）という制度があり，行政の民主的統制において重要な役割を担っている。オン

ブズマンとはもともと代理者を意味するスウェーデン語である。オンブズマンは独立行政委員会と異なり，合議制機関ではなく独任制機関である。行政改善・苦情処理に関して，政府・議会に対して助言・監督を行う。通常，議会が任命し，政府から独立して活動する。たとえば日本の防衛監察本部は防衛大臣直属の組織で内部的なものにとどまるが，オンブズマンの一種であるドイツの「国防受託者」は議会の命を受けて国防軍内部の不正をただす点で大きな違いがある。ドイツ基本法45ｂ条によれば「基本権の保護のために，また連邦議会が議会的統制を行う場合の補助機関として，連邦議会の国防受託者１名が任命される。詳細は，連邦法律で定める」となっている。

2　内閣の組織と権限

(1)　**内閣の組織**　　内閣は，首長たる内閣総理大臣及び内閣総理大臣により任命された国務大臣からなる合議体である（66条1項）。国務大臣は内閣法により原則14人以内最大17人とされている。1999年の省庁再編により内閣の重要政策に関する内閣の事務を補助する内閣府が新設された。旧総理府は廃止され，総務省が設置された。1999年の改革の主たる目的は「官」に対する「政」の強化であり，このときに副大臣（行組16条）や大臣政務官（同17条）の制度が新設された。改革により政治家主導の行政が実現できた反面，内閣人事局による幹部職員の一元的管理によって官僚が萎縮し，行政の中立性がゆがめられるような事件も発生するようになった（加計学園事件）。

(2)　**文民条項**　　66条2項は「内閣総理大臣その他の国務大臣は，文民でなければならない」と定める。いわゆるシビリアンコントロールの規定である。もともと，現役武官が大臣を兼ねることを防止する制度である。現役武官が軍事クーデタによって政権を握り，軍事政権が成立・継続することがあるがそのようなことは認められない。憲法9条では軍隊の存在が否定されている。そのことを前提とすると，66条2項は規律対象のない無意味な規定ということになる。そのため，当初は，軍国主義復活防止の意味も込めて，旧日本軍の「職業軍人であった者」は文民でないと解釈されていたが，後の政府解釈では「旧職業軍人でかつ，軍国主義思想に深く染まった者」は文民でないというふうに修正が加えられたため，問題になったケースでも，該当者はいないということで

押し通された。現在は,「旧日本軍の職業軍人であった者」はほとんど生存していないので,自衛官の大臣就任を排除する規定として意味をもつ。厳格に適用しようとすれば「現在自衛官である者」だけでなく「かつて自衛官であった者」を除く必要があるが,政府の解釈では「かつて自衛官であった者」は不問に付されている。

　(3)　**内閣総理大臣の権限**　　内閣総理大臣は,国会議員のなかから国会の議決で指名し(実質的任命。67条1項),天皇が任命する(国事行為としての任命。6条1項)。指名においては衆議院の優越が認められている(67条2項)。

　内閣総理大臣の権限を列挙すると以下の通りである。①国務大臣の任免(68条),②国務大臣の訴追に対する同意(75条),③閣議の主宰(内閣4条2項),④内閣を代表して議案提出,国務外交関係についての報告,行政各部の指揮監督(72条),⑤法律・政令への連署(74条),⑥主任の大臣間の権限の疑義についての裁定(内閣7条),⑦行政各部の処分または命令を中止させること(同8条)。

　「首相の犯罪」が問われたロッキード事件において,最高裁は,閣議にかけて決定した方針が存在しない場合でも「少なくとも,内閣の明示の意思に反しない限り,行政各部に対し,随時,その所掌事務について一定の方向で処理するよう指導,助言等の指示を与える権限を有する」ことを認めた(最大判1995(平7)・2・22)。しかし,特殊な刑事事件を離れて広くこのような内閣総理大臣の職務権限を認めることについては異論もある。

　(4)　**内閣の権限**　　内閣の権限は73条の各号に掲げられているものとして①法律の執行と国務の総理(1号),②外交関係の処理(2号),③条約の締結(3号),④官吏に関する事務の掌理(4号),⑤予算の作成と提出(5号),⑥政令の制定(6号),⑦恩赦の決定(7号)がある。その他,憲法では⑧国事行為に対する助言と承認(3条・7条),⑨臨時会の召集(53条),⑩参議院の緊急集会の請求(54条2項),⑪最高裁判所の長官の指名(6条2項),⑫その他の裁判官の任命(79条1項・80条1項),⑬予備費の支出(87条),⑭会計検査院報告の国会提出(90条),⑮財政状況の報告(91条)の権限が定められている。内閣がこれらの権限を行使するのは閣議による(内閣4条1項)。

　(5)　**総辞職**　　内閣の総辞職に関して憲法69条は,「内閣は,衆議院で不信

任の決議案を可決し，又は信任の決議案を否決したときは，十日以内に衆議院が解散されない限り，総辞職をしなければならない」と定め，また70条は，「内閣総理大臣が欠けたとき，又は衆議院議員総選挙の後に初めて国会の召集があつたときは，内閣は，総辞職をしなければならない」と定める。ここで「欠けたとき」とあるのは死亡，資格喪失，自由意思による辞職等の場合に生じる。病気や行方不明の場合は副総理が臨時に職務を代行する。これについて内閣法9条は，「内閣総理大臣に事故のあるとき，又は内閣総理大臣が欠けたときは，その予め指定する国務大臣が，臨時に，内閣総理大臣の職務を行う」と定める。憲法71条は，「前二条の場合には，内閣は，新たに内閣総理大臣が任命されるまで引き続きその職務を行ふ」として行政の空白が生じないようにしている。

3 議院内閣制

(1) 議院内閣制の本質

a 議院内閣制，会議制，大統領制

議院内閣制はイギリスで発達してきた制度である。ウエストミンスターモデルと呼ばれ日本にも大きな影響を与えているが，時代によって変遷があることにも留意しなければならない。一般に議院内閣制とは，行政府（内閣）の成立と存続が議会の信任に依存している制度を指す。その限りで立法府が優位にある。議会と行政府（内閣）が一応分立しながら，行政府（内閣）が議会に対して連帯責任を負う。他方で，対抗上，行政府（内閣）に対して議会に対する解散権が認められている〔ことが多い〕。議会の権力がさらに強化されると議会統治制とか会議制といわれ，議院内閣制と区別される。スイスの政治システムがその例である。スイスの行政府は連邦参事会といわれ7人の閣僚からなる。議長は首相ではなく大統領と呼ばれているが1年ごとの輪番制である。社会主義国の会議制も行政府の議会への従属性が強く行政府は議会に対する解散権をもたない。

これに対して，大統領制とは行政府が議会から完全に独立している政治システムをいう。これに裁判所の違憲立法審査権を加えると三権分立における対等性はより明確になる。大統領は，直接国民の選挙によって選ばれることが多

い。この場合は，統治の民主的正当性という点で議会と対等である。日本でも憲法制定時に大統領制の採用を求める民間草案（高野岩三郎案）があったが，天皇の位置づけをどうするかといった問題もあり，天皇の存置を考えていたGHQ指導のもとで大統領制は採用されなかった。

　大統領といってもアメリカ，ロシア，フランス，韓国のように大統領が実権をもつ国とドイツやイタリアのように外交・内政ともに首相が実権をもち大統領は実権をもたない国がある。後者においては，国民による直接選挙は行われないのが普通である。ドイツやイタリアは大統領が存在しても基本的性格は議院内閣制であるといえる。また，ロシア，フランス，韓国などはアメリカと違い大統領の下に首相が置かれ，内閣が組織されている。そして首相の任命に議会の同意が必要とされることが多い。このような大統領制は半大統領制と呼ばれる。そこでの内閣は大統領と議会の両方に責任を負って仕事をすることになる。立憲君主制下の内閣（二元責任型議院内閣制）と類似する。

　公選による大統領制は国民主権との関係ではプープル主権の理念に近く，議院内閣制よりも優れた制度であるようにみえるが，権力が集中しやすく独裁を招きやすい制度であることにも目を向けなければならない。多くの国で大統領の多選が禁止されているのはそのためである。アメリカでは3選が禁止されている。韓国のように1期5年のみで憲法で重任を禁止しているにもかかわらず腐敗が起こることもある。

　b　二元責任型議院内閣制から一元責任型議院内閣制へ

　帝国憲法下の内閣が「超然内閣」と呼ばれたように，絶対君主制の下では内閣（総理大臣）は，君主によって任命され，君主に対してのみ責任を負うが，君主の力が弱まり議会の力が強くなると，内閣は国王と議会の双方の信任に依拠するようになる。そしてさらに議会の力が強まり，議会の多数派を握った政党から首相が選ばれるようになると，内閣は議会に対してのみ責任を負うようになる。この変遷を議院内閣制が二元責任型議院内閣制から一元責任型議院内閣制に移行したという。日本国憲法の議院内閣制は一元責任型議院内閣制を採用している（67条・68条）。これに伴って解散権の実態も国王による解散権から内閣による解散権へと移行する。

c 責任本質説と均衡本質説の対立

先に，会議制との比較で議院内閣制の特徴として，行政府（内閣）が議会に対して解散権を行使することが多いと述べたが，内閣が解散権をもつことが議院内閣制の不可欠の要素だと考える説を均衡本質説という。議会と内閣の対等性を重視する説で政治的美称説となじむ。これに対して内閣が議会の不信任決議に対抗する解散権をもたなくても議院内閣制は成り立つとする説を責任本質説という。議会の優位を重視する説であり，日本国憲法の解釈論として主張される場合は「国権の最高機関」法規範説となじむ。

(2) 衆議院の解散

a 解散の意義

君主制下と民主制下ではまったくといっていいほど解散の意義は異なる。君主制下では議会が君主の意に背いたときの①議員に対する懲戒免職ないし一斉解雇であるという意味をもつ。君主としては，一斉解雇の後しばらく新議員を選出・任命せず，議会を召集しないということもある。その間，立法権の行使は自ら行うことになる（親政）。君主が主権者であればこのようなことも正当化される。ただし，立憲君主制（二元責任型議院内閣制）のもとでは，君主は「君臨すれども統治せず」の存在になっている。内閣と議会が対立して国政が行き詰まりを見せたときに，君主は②中立的権力としてふるまい，両者の対立を調整する手段として解散権を行使する。

民主制下では一元責任型議院内閣制が成立している。主権者国民が選んだ議員を任期途中で罷免することは誰であれ許されないはずである。しかし，解散後にすぐに選挙が行われることを前提とするならば，議会と内閣が対立したときに（与党と内閣が対立することは考えにくいが），①議会の不信任・責任追及に対して内閣が対抗する手段としての意義が認められる。議員の任期途中で新たな政治的争点が浮上し，国民の意思を確認するために急遽，選挙が必要となることがある。これが，②国政の重要争点に関して民意を問うための解散であるが，この場合は議会の自律解散という方式も考えられる。

かつて，両院法規委員会が自律解散を提案したことがある（「衆議院の解散制度に関する勧告」1952年6月17日）。それは，「衆議院の解散については，その決定権の所在及び事由の範囲に関し，種々の論議が行われているが，憲法の解釈

としては，同法第69条の場合以外にも，民主政治の運営上，あらたに国民の総意を問う必要ありと客観的に判断され得る充分な理由がある場合には，解散が行われ得るものと解することが妥当である。しかし，解散は，いやしくも，内閣の恣意的判断によってなされることのないようにせねばならない。たとえば衆議院が，解散に関する決議を成立せしめた場合には，内閣はこれを尊重し，憲法第7条により解散の助言と承認を行うというがごとき慣例を樹立することが望ましく，また将来適当な機会があれば，解散制度に関するこれらの基本的事項につき明文を置き民主的な解散の制度を確立するとともに憲法上の疑義を一掃すべきである。両議院は右に関し充分の考慮を払われたい」と述べていた。

　解散が頻繁に行われるとかえって政治的不安定を招くおそれもある。ドイツでは不信任の場合のみ解散権を行使できるようにし，かつ不信任決議は建設的不信任でなければならないとしている（基本法67条）。また，イギリスでは，2011年に議会任期固定法が成立した。下院での不信任決議または3分の2以上の多数決による自主解散の場合を除き，5年に1回，5月の定例日に解散されることになり，内閣による裁量は封じられることになった。

　b　実　例

　GHQの解釈では，衆議院の解散は内閣の裁量によるのではなく，69条による場合，すなわち不信任決議案が可決された場合もしくは信任決議案が否決された場合のみに解散できるとされていた。その影響もあって日本国憲法下の第1回解散は「なれ合い解散」と呼ばれているが，形式上は不信任決議案が可決され，解散詔書には「憲法第69条及び第7条により，衆議院を解散する」と書かれた。しかし，第2回の解散では69条の手続は踏まれず解散詔書の文面も「憲法第7条により衆議院を解散する」となった。第3回解散では，不信任決議案が成立したにもかかわらず解散詔書は第2回解散と同じ文面であった。このようにして，内閣の裁量による解散を正当化する慣行ができあがった。これまで24回の解散のうち不信任決議案の成立による解散は1，3，12，16回の4回のみである。なお日本では任期満了による衆議院の総選挙は1回だけである。

　c　判　例

　苫米地事件が有名である。いわゆる抜き打ち解散に関して，衆議院議員の苫

米地義三が提起した訴訟である。これを決行した吉田首相はワンマンとして知られ、この解散について他の閣僚もほとんど知らされていなかったという。苫米地ははじめに解散の無効確認請求事件を提起したが、最高裁が抽象的違憲審査であり認められないとして却下した（最判1953（昭28）・4・15）ため歳費請求事件として提訴し直した。東京地裁は、司法審査可能であるとしつつ、内閣は不信任の場合に限らずいつでも解散できるという7条説をとった。しかし、手続面で、助言段階における閣議決定に不備があり、事後の承認はあったが事前の助言がなかったので違憲無効

図表1　内閣解散一覧

回　数	解散日	内　閣	通　称
1☆	1948.12.23	第2次吉田	なれ合い解散
2	1952.08.28	第3次吉田	抜き打ち解散
3☆	1953.03.14	第4次吉田	バカヤロー解散
4	1955.01.24	第1次鳩山	天の声解散
5	1958.04.25	第1次岸	話し合い解散
6	1960.10.24	第1次池田	安保解散
7	1963.10.23	第2次池田	ムード解散
8	1966.12.27	第1次佐藤	黒い霧解散
9	1969.12.02	第2次佐藤	沖縄・安保解散
10	1972.11.13	第1次田中	日中解散
11	1979.09.07	第1次大平	一般消費税解散
12☆	1980.05.19	第2次大平	ハプニング解散
13	1983.11.28	第1次中曽根	田中判決解散
14	1986.06.02	第2次中曽根	死んだふり解散
15	1990.01.24	第1次海部	消費税解散
16☆	1993.06.02	第2次宮沢	自民分裂解散
17	1996.09.27	第1次橋本	小選挙区解散
18	2000.06.02	第1次森	「神の国」解散
19	2003.10.10	第1次小泉	マニフェスト解散
20	2005.08.08	第2次小泉	郵政解散
21	2009.07.21	第1次麻生	政権選択解散
22	2012.11.16	第1次野田	近いうち解散
23	2014.12.16	第2次安倍	アベノミクス解散
24	2017.09.28	第3次安倍	森友・加計隠し解散

☆印は69条による解散

だと判断して請求を認めた（東京地判1953（昭28）・10・19）。これに対して高裁判決も7条説を採用したが、手続に関して助言と承認は一体のものであり有効であると、逆の結論を導いた（東京高判1954（昭29）・9・22）。最高裁の憲法判断が注目されたが、最高裁は、いわゆる統治行為論を採用して、国事行為が有

効に成立しているかどうかという問題に答えなかったばかりか，解散権の所在に関する判断も示さなかった。「衆議院の解散はきわめて政治性の高い国家統治の基本に関する行為であつて，その法律上の有効・無効を審査することは，司法裁判所の権限の外にある。その判断は主権者たる国民に対して政治的責任を負う政府，国会等の政治部門の判断に任され，最終的には国民の政治判断にゆだねられている」（最大判1960（昭35）・6・8）。

d 学　説
(i) 7条説（慣行）

7条説とは，内閣は69条の場合に限らず，国事行為に対する助言と承認を通じて実質的な解散権を行使することができ，いつ解散するかは内閣の政治判断にまかされているという説である。通説とされ，慣行を正当化する学説であるが，国事行為はそれ自体国政権限ではない（4条1項）。7条3号から導けるのは，せいぜい天皇による解散詔書の署名捺印であろう。内閣の助言・承認権というのはそのような形式的・儀礼的行為の助言・承認権であり，内閣の実体的解散権を導くことはできない。実体的解散権の所在はほかに求めなければならないが，解散権の主体はどこにも書かれていない。その意味では日本国憲法に不備がある。この空白は天皇が政治的実権を失ったことをあからさまに表現しないためにとられた意識的な不備であり，天皇に対する配慮のあらわれである。

実際には，7条説を根拠にして，衆議院の解散権が国務大臣の任免権（68条）と同じように「内閣総理大臣の専権事項である」かのような慣行ができあがり，マスコミも違憲の慣行を当然であるかのように報道している。君主制下の解散権であるかのごときである。これは本来の7条説からも乖離している。

7条説のなかには，いつ，どのような場合に解散するかについて内閣の自由裁量に委ねるのではなく，「解散権の限界」があるとして，①衆議院で重要案件が否決された場合，②政界再編等で内閣の性格が基本的に変わった場合，③新しい政治的課題に対処する場合などの条件を満たさなければならないとする説もある（芦部信喜）。しかし，この限界論によって実際の慣行を変えることができるかどうかは疑問である。

(ⅱ) 65条説，制度解散説

　7条以外のところで内閣に実体的権限があるとする説のなかで65条説は，解散は伝統的に行政作用であること，あるいは，「立法でも司法でもないから行政である」（控除説）を根拠にするが，控除説のところで説明したように根拠薄弱であるといわざるをえない。65条を直接の根拠としなくても議院内閣制の本質（均衡本質説）から内閣に解散権があるとする制度解散説もあるが，同様に根拠薄弱である。責任本質説をとればこの説は崩壊する。またモデルであるイギリスの現状とも合わない。

(ⅲ) 69条説（GHQ の解釈）

　実体的権限を69条に求めるのが69条説である。内閣に対する不信任決議案が可決された場合（または信任決議案が否決された場合）にのみ，総辞職しないときに内閣は解散権を行使できる。したがって，内閣の裁量による解散は認められない。現在の規定は「十日以内に衆議院が解散されない限り」とあり，主体が不明瞭だがマッカーサー草案57条は「内閣は十日以内に辞職し又は国会に解散を命ずべし」となっていた。議院内閣制の発展段階を踏まえるならば，また国事行為の性質論も踏まえたとき，7条説をとりつつ限界を設定するよりも，69条説の方が解釈論として明快である。

(ⅳ) 自律解散説

　自律解散説は，通常，69条説とセットで主張される。すなわち不信任決議案が可決されたときは，69条により内閣は解散権を行使することができるが，69条以外の場合であっても，衆議院が自ら必要と考える場合は，解散決議を行って解散することができるという説である。自律解散説に関しては，多数者の意思によって少数者の議員たる地位が奪われることを問題視する意見があるが，内閣による解散は少数者による多数者の議員の地位剥奪を意味するのでより大きな問題がある。ただし，自律解散説の弱点として憲法に明文の規定がないというのはその通りである。なお，既述のように，下院の3分の2以上の賛成による自律解散はイギリスの議会任期固定法でも認められている（→3(2)a）。

　一部に誤解があるが，69条による解散であっても自律解散であっても，実体的権限行使のあとに形式的・儀礼的行為たる国事行為は行われる。したがって，どのような解散であっても7条3号の手続は必要であり，その際，内閣の

助言と承認も必要である。既述のように第1回解散詔書の文言は「日本国憲法第69条及び第7条により，衆議院を解散する」であった。

第4節　裁　判　所

1　司法権の概念

(1)　**司法権概念の拡大と通説**　　憲法76条は，「すべて司法権は，最高裁判所及び法律の定めるところにより設置する下級裁判所に属する」と定める。41条の立法に関する規定と同様に，何が実質的意味の司法なのか憲法には定義規定がないので解釈によって実質的意味の司法概念を確定する必要がある。

a　通　説

「一般に司法とは具体的な争訟について，法を適用し，宣言することによってこれを裁定する国家の作用」とするのが通説（清宮四郎）である。通説のポイントは，いわゆる事件性の要件を司法権概念の不可欠の要素とみるところにある。この定義から「具体的な争訟」であるかぎりは，種類のいかんを問わず裁判所が扱うが，抽象的な事件や論争は裁判所は扱わなくてもよい，あるいは扱ってはならないということが導かれる。これによって民事事件，刑事事件だけでなく，帝国憲法下では司法裁判所の扱うところでなかった行政事件も司法の範疇に入ってきたという点では，司法概念が拡大された。しかし，憲法問題，「憲法事件」については，それだけでは裁判所の扱うところとはならず，事件の具体性が示される必要がある。言い換えれば，事件として熟していなければならない。ということは，「憲法事件」すなわち憲法訴訟は，民事事件，刑事事件，行政事件等通常の訴訟の形をとって争わなければならないことを意味する。この76条解釈は，アメリカ合衆国憲法3条2節1項の「司法権は，すべての事件（cases）……，すべての争訟（controversies）に及ぶ」という規定の影響を受けている。

b　反対説（事件性不要説）

これに対して，日本国憲法の第6章にはアメリカの憲法のような規定はなく，事件性の要件は必要でないとし，司法権概念からこれを取り除くことで司法権概念をさらに広げようとする説が現れた。それが高橋和之の「適法な提訴

を待って，法律の解釈・適用に関する争いを適切な手続の下に，終局的に裁定する作用」という定義である。これは，後に述べる裁判所法3条の「法律上の争訟」の概念よりも広く，民衆訴訟（行訴5条）や機関訴訟（同6条）を含むことができる。この定義では「法律の解釈・適用」となっているが「法律」を憲法を含む「法」に置き換えて理解すれば，高橋自身は否定するが抽象的違憲審査まで射程に入ってくる。戦後，違憲立法審査権が与えられたにもかかわらず，裁判所が自ら狭い「事件性」の殻の中に閉じこもって小さな司法に甘んじ，立法，行政を法的にコントロールする任務を十分に果たしていない実情をみるとき，この反対説は十分に説得力がある。なお，戦後のドイツの代表的学説では司法とは「法に関する争いがあり，または法が侵害されている場合に，特別の手続において有権的にかつ拘束的で自立的に決定するという任務」（ヘッセ）とされている。法にはもちろん憲法が含まれる。そして抽象的違憲立法審査権（抽象的規範統制）は理論上だけでなく実定憲法上も根拠を与えられている。

c 司法の立法的作用

従来の司法でもとくに英米においては裁判の法創造的作用が広く認められてきたが，司法権が違憲立法審査権を行使するようになると司法の法創造的作用は一段と高まる。権力間の相互作用を考えれば当然である。芦部信喜（芦部・337頁）は，司法は「法律の単純かつ機械的な適用作用の意味に解すべきではない。裁判には法創造ないし法形成の機能を一定の範囲内で営むことが期待されているのである。その意味で，司法は一定の立法的な作用を含む」と述べているが，現代司法においては解釈論上もそのことが意識されるべきである。英米法の伝統をもたないドイツでもそのことは自覚されており，ヘッセは「裁判はもっぱら法の維持およびこれと同時に法の具体化，持続的形成に奉仕する」と述べている。

d 歴史的相対的概念

司法を定義するうえで重要なことは，立法や行政でもそうであったように，歴史的，相対的にしか決められないということである。超歴史的な「司法の本質」を立てたり，現在の裁判所が「法原理機関」（非政治的・非権力的機関）であると断定して，そこから演繹的にさまざまな結論を導き出そうとする立場が

あるが，支持できない。それと関連して，裁判と司法を区別し，裁判は前近代的で不合理なものを含むが司法は近代的，合理的なものに限るとする定義にも与することはできない。裁判所は過去も現在も権力機関であることに変わりはない。裁判所の権力機関性を見落とすと権力分立論を誤るおそれがある。

とくに，モンテスキューの司法権概念にはなかった違憲立法審査権は，立法と同じく憲法の執行（具体化）という側面があり，消極的といっても司法が立法と競合してくることは避けられない。政治と交差する場面もある。そうだとすると「裁判所＝非政治的・非民主的機関」と突き放すのではなく，むしろ，裁判所が国民の信頼を得るためにどうすればよいかを考えることが重要である。アメリカの州では裁判官は住民の選挙によって選ばれ，ドイツでは公選ではないが連邦・州ともに裁判官は裁判官選出委員会によって選ばれる。日本でも刑事事件に関して裁判員制度が導入された。これからは，民主主義のなかでの司法の役割を考えていかなければならない。

(2) **法律上の争訟と客観訴訟**　事件性の要件にこだわる従来の通説では，客観訴訟は法律で認められているものの「当事者間の具体的な権利義務ないし法律関係の存否に関する紛争」に該当しないために，司法権に属しない権限を立法者が裁判所に付与したことになり，憲法上疑義が生じるおそれがあった。これについて，民衆訴訟は自己の法律上の利益と直接かかわりがないとはいえ，「選挙人たる資格」などに基づくものであり，対決性などから実質的には主観訴訟とみることができるのでかろうじて違憲ではないという説明がなされてきた。アメリカでは政教分離に関する訴訟が納税者訴訟において認められており，日本のように事件性の要件を狭く捉えなければ，住民訴訟や選挙訴訟のような民衆訴訟は，「客観訴訟」ではなく事件性の要件を満たすので司法権の範囲内に収まるという学説もある（野坂泰司）。また，司法権を「核」と「中間領域」と「外周」に分けて客観訴訟は中間領域に位置すると説明する学説もあるが，既述の事件性不要説（高橋和之）ではこの問題は最初からクリアできるという長所がある。

日本では，事件性の要件が司法消極主義と結びついてしばしば憲法訴訟にとっての障壁となってきた。逆に，事件性の要件を必要としない「客観訴訟」が市民にとって利用しやすい訴訟類型として活用されてきた。住民訴訟が津地

鎮祭訴訟を契機に政教分離に関する憲法訴訟の道を切り開き，下級審を含めて数多くの違憲判決を生み出したこと，そして，判例の積み重ねのなかで政教分離に関する理論を進化させたこと，同じく民衆訴訟に分類される選挙訴訟が，今も続く議員定数不均衡訴訟の窓口として果たした貢献ははかりしれない。仮に民衆訴訟が実定法化されなかった場合を想定すれば，日本の憲法訴訟はどれだけ貧しいものになったかわからない。

　事件性不要説でも「適法な提訴を待って」とあるように，裁判所は受動的である。社会が解決を求めている問題があるからといって裁判所が自らイニシアティブをとって能動的に活動することは認められない。個別の紛争が持ち込まれてはじめて活動を開始する。同じく法の執行といいながらこの点で行政とは大きく異なっていることに注意しなければならない。

　通説の司法権概念は裁判所法3条の「一切の法律上の争訟」と重なるとされ，「具体的事件」ないし「具体的争訟」とは元来①「当事者間の具体的な権利義務ないし法律関係の存否に関する紛争」を指していた。しかし，その後の判例の展開により，①の要件に加えて②「法律の適用によって終局的な解決が可能である紛争」であることも要件とされるようになった。たとえば，創価学会の元会員が寄付金の返還を求めた「板まんだら訴訟」（最大判1981（昭56）・4・7）で最高裁は，事件の解決には宗教上の教義に関する判断が必要になることを理由にして，「法律上の争訟」に当たらないとした。これは，学問上の教義などでも生じうる。ただし，宗教上の教義や学問上の教義についての争いが絡んでいるとはいえ，世俗的な性格をもった紛争も多い。教義の真否などの問題には触れないで裁判所による解決が可能な場合もあることに注意する必要がある。

2　司法権の限界

(1) **概　要**　弾劾裁判（64条）と議員の資格争訟の裁判（55条）については，日本国憲法の明文で国会や議院の権限とされているので裁判所の権限ではない。刑事裁判の効果を変更する恩赦が司法作用の一部だと考えるならば，内閣による恩赦（73条7号）も裁判所による司法権独占の例外である。恩赦は，君主制の名残であって法の支配が徹底すればやがて消えゆく運命にあると考え

られる。国民は政治的に濫用されることがないように監視する必要がある。憲法上の例外ではないが国際法上の治外法権（外交使節の特権）や条約によって国内の裁判権が制限される場合もある。

　そのほかに、「統治行為」のように具体的争訟の要件は満たしていても、すなわち「法律上の争訟」に該当するにもかかわらず、司法審査になじまないとされてきたものがある。これが「司法権の限界」の問題である。しかし、これらは明文上の根拠がなく、理由のはっきりしないものが多い。憲法解釈から導かれたものではなく、君主制下の伝統や司法消極主義に基づく政治的配慮にすぎないと思えるものもある。日本国憲法の76条や81条の規定あるいは「法の支配」に照らして妥当かどうかを見極める必要がある。

　(2)　**統治行為論**　　国家統治の基本に関する行為あるいは高度に政治的な国家行為は一般の行政行為や立法行為と区別される「統治行為」であるとして、解釈上、法的判断が可能であっても裁判所はあえて司法審査を行わない、あるいはしてはならないという理論を統治行為論という。違憲立法審査権のなかった戦前のドイツやフランスの理論を下敷きにしているが、アメリカでも「政治問題」論というよく似た議論がある。統治行為論の根拠としては権力分立原理、民主主義的責任原理、あるいは裁判所による自己抑制などが挙げられる。統治行為に関する法規範はほとんどの場合憲法規範であるから、実際には違憲審査権の限界の問題と重なる。

　衆議院の解散手続の合憲性が争われた苫米地事件の最高裁判決（最大判1960（昭35）・6・8）がその代表例である（→第3節3(2)c）。また、安保条約の合憲性が争われた砂川事件で最高裁は、一見きわめて明白に違憲無効と認められないかぎりは司法審査権の範囲外だとする条件付きの（変則的な）統治行為論を展開した（最大判1959（昭34）・12・16）（→第4章第3節3）。

　しかし、国家統治の基本や高度の政治性といった概念は司法権の限界を画する基準としてはあまりにも曖昧である。そもそも、憲法が規律の対象としている事項はすべて統治の基本に関することであり高度の政治性を有するともいえる。憲法81条は、裁判所が法的であると同時に政治的な問題を扱うことを当然の前提としていると考えられるから、「統治行為」であることを理由に裁判所が司法を拒否することは立憲主義に反するだろう。

多数説は，統治行為論自体は認めつつも，濫用を警戒して他の限界で説明しうるもの（自律権や自由裁量論）はそれによって処理し，できるだけ適用範囲を狭めようとしている。基本的人権，とりわけ精神的自由の侵害が争点となっているときには統治行為論を適用すべきでないとする学説（芦部信喜）もある。ちなみに，戦後のドイツでは統治行為論は完全に否定されている。

(3) **国会や議院の自律権**　国会や議院の内部事項については，その自治・自律権を尊重して司法権の行使を控えるべきだというのが自律権論であり，通説となっている。しかし，憲法が保障する自律権が正当に行使されたかどうかの審査は，違憲立法審査権をもっている裁判所に留保されていると考えられる。

自律権に関連して立法手続も司法審査の対象外だとする議論がある。警察法改正無効事件において最高裁は，「同法は，両院において議決を経たものとされ適法な手続によって公布されている以上，裁判所は両院の自主性を尊重すべく同法制定の議事手続に関する所論のような事実を審理してその有効無効を判断すべきでない」と判示した。しかし，裁判所が立法手続の合憲性に関していっさい審査ができないとするのは疑問がある。諸外国でも違憲立法審査権には形式・手続審査も含まれるとするところが多い。内容審査ができるのだから形式審査は当然にできるという考え方に基づく。

(4) **部分社会の法理**　公私を問わず地方議会，大学，政党，労働組合，宗教団体などの内部問題は，団体の自治・自律権を尊重して司法審査を控えるべきだというのが「〔特殊〕部分社会論」ないし「部分社会の法理」と呼ばれるものである。この議論は，「社会あるところに法あり」と法秩序の多元性を承認し，国家に国家の法があるようにすべての団体に団体独自のおきてがあると説く。しかし，近代国家は中世の多元的社会の克服のうえにつくられている。相撲部屋においてひどいいじめが行われているときに，それを相撲部屋のおきてだとして憲法が保障する人権が妥当しないといえるだろうか。その点で，この議論には根本的な疑問がある。

もちろん憲法が団体の自治や団体の権利を条文で認めている場合は（信教の自由（20条）から派生する宗教団体の自治，結社の自由（21条）から派生する政党の自治，学問の自由（23条）から派生する大学の自治，勤労者の団結権（28条）から派生す

る労働組合の統制権,地方自治(92条)から派生する地方議会の自律権),当然それを尊重しなければならないから団体と構成員の権利との間で調整を図る必要がある。たとえば,大学の自治と先端的な研究(生殖医療,遺伝子の組み換えの研究など)を手がけようとする研究者の学問の自由が衝突したような場合に,どちらを優先させるかは難しい判断を迫られるだろうが,それも憲法や法律の解釈・適用(対立する利益の調整を含む)によって解決されるべきであり,団体内部のことだから司法審査がそもそも及ばないとするのは立憲主義に基づく解決方法ではない。部分社会論は,統治行為論と同様に門前払いの法理であってその説得力は著しく減衰している。ただし,部分社会論を否定しても当事者にとってただちに司法的救済が得られるとは限らない。裁判所は事件の審査をしたうえで,団体の自治や自律権を優先させるか,構成員の人権や利益を優先させるかの判断を示すべきである。

　最高裁は,部分社会の法理を承認しつつも,一般市民法秩序と直接関係する場合には,例外的に司法審査を行い必要ならば救済するという立場をとってきた。たとえば富山大学事件(最判1977(昭52)・3・15)では,単位認定と修了(卒業)認定を区別し,後者は一般市民法秩序にかかわる問題だから司法審査が可能であるとした。しかし,単位認定や試験の成績評価をめぐっても恣意的な処分が行われた場合には,裁判所の判断が必要になることもあろう。

　古くは,地方議会の議員の懲戒処分で出席停止については内部規律の問題だとして審査しなかったが,除名処分については司法審査が及ぶとした例がある。これも,両者を分けるのは,一般市民法秩序と直接のつながりがあるかどうかの差だとされているが,境界は曖昧でどれほど説得力があるか疑わしい。

　党員の除名処分とそれに伴う借家の明け渡しに関する紛争である共産党袴田事件(最判1988(昭63)・12・20)では,最高裁は「政党が党員に対してした処分が一般市民法秩序と直接の関係を有しない内部的な問題にとどまる限り,裁判所の審判権は及ばない」としつつも,「他方,右処分が一般市民としての権利利益を侵害する場合であっても,右処分の当否は,当該政党の自律的に定めた規範が公序良俗に反するなどの特段の事情のない限り右規範に照らし,右規範を有しないときは条理に基づき,適正な手続に則ってされたか否かによって決すべきであり,その審理も右の点に限られる」として限定的審査をしたうえで

除名処分が適法で有効だと判断した。

　宗教団体内部の紛争については，部分社会論に基づいて司法審査を回避することも考えられるが（部分社会論をとらない場合は20条の解釈によって決することになる），宗教上の教義にかかわることを理由に司法審査を行わないことも可能である（例として前掲・板まんだら事件）。後者の場合は，そもそも具体的争訟ではなかったということになるから理論上は第1関門ではねられたということを意味する。なぜならば，具体的争訟の2番目の要件である「法律の適用によって終局的な解決が可能である紛争」を満たさないからである。

　(5)　**立法裁量と行政裁量**　　国会は，法律の制定にあたり憲法の許す範囲内で広い選択の自由をもっており，仮に政策的に適切でないと思われる決定についても，国会が裁量権を逸脱・濫用しないかぎり国会の判断を尊重すべきであるというのが立法裁量論である。より古くは行政に対する司法的コントロールが定着する前，行政庁の第1次的判断権を尊重して司法判断を控えようとする行政裁量論があり，その考え方を立法にも押し広げようとするものであった。

　たしかに，憲法は，一定の領域では憲法の具体化のための積極的な形成的活動を国会に期待しており，国会が裁量の範囲内で活動しているかぎり違憲とは判断されない。とくに統治機構の規定や社会権の規定など授権規範としての性格をもつ憲法規範についてはそうである。このことは，下位規範は上位規範の執行・具体化であるとする法段階説からも導かれる。しかし，国会が憲法の枠内で立法したかどうかは，最終的に裁判所の憲法解釈（司法審査）によって判断される。裁量の範囲内であれば合憲である。したがって堀木訴訟で最高裁が「著しく合理性を欠き明らかに裁量の逸脱・濫用と見ざるを得ないような場合を除き，裁判所の審査判断するのに適しない」と判示したのは，条件付き統治行為論と同じように矛盾を含んでいる。論理的には「裁量の範囲内なので合憲である」とすべきであろう。憲法規範の縛りのない国会の自由裁量というものは認められない。行政権の行使についても同様である。その意味で，立法裁量や行政裁量を司法権の限界の問題として論じることには疑問がある。

　すなわち，憲法や法律の規定にもよるがいわゆる不確定概念であっても，裁判所は紛争の解決が迫られているとき，その適用領域を解釈によって確定する義務がある。たとえば立法者が「健康で文化的な最低限度の生活」（25条）を

保障しているかどうかは，最終的に裁判所の解釈によって決定される。立法者の形成活動の範囲が広いのはたしかであるが，そのことは，特定の分野が立法裁量に属するので司法審査が及ばないということを意味しない。

　法律が「公の秩序をみだすおそれがある場合」といった不確定概念を用いて行政機関に権限を与えているときも同様である。本来，立法者はできるだけ明確な文言で規定すべきであるが，紛争が生じたときの違法・適法の判断は最終的に裁判所に留保される。裁判所が法律解釈によって裁量の範囲内だと判断すれば適法であり，範囲外ならば違法である。したがって，司法権の及ばない自由裁量というものは，今日，存在しない。

3　裁判所の組織と権限
(1)　司法権の帰属と特別裁判所の禁止

　「すべて司法権は，最高裁判所及び法律の定めるところにより設置する下級裁判所に属する」（76条1項）。現行の裁判所法は下級裁判所として高等裁判所，地方裁判所，家庭裁判所，簡易裁判所という4種類の裁判所を定めている（裁判2条）が，このほかに東京高等裁判所の特別の支部として知的財産高等裁判所が設置されている。

　帝国憲法下においては，大審院，控訴院，地方裁判所，区裁判所という通常の「司法裁判所」が一方で存在すると同時に他方で，軍法会議，皇室裁判所，行政裁判所といった特別の裁判所があり，憲法もそれを認めていた（帝国憲法60条・61条）。日本国憲法は76条2項で「特別裁判所」を禁止しているが，専門裁判所であることは必ずしも「特別裁判所」であることを意味しない。特別の種類の事件だけを扱う専門裁判所であってもそれが通常の裁判所の系列に組み込まれており，最高裁判所への上訴の道が開かれているならば，それは憲法の禁止する「特別裁判所」ではない。したがって知的財産高等裁判所は「特別裁判所」ではないし家庭裁判所も「特別裁判所」ではない。同様に専門裁判所としての行政裁判所や労働裁判所の設置も認められる。これに対して戦前の「行政裁判所」は一審制で，司法裁判所である大審院への上訴は認められていなかったから，現在の憲法にいう「特別裁判所」である（→第2章第1節3）。

　行政機関が前審として裁判をすることは禁止されていない（76条2項後段）。

専門技術的な事実認定を要する分野では，独立行政委員会による裁判類似の制度が認められている。公正取引委員会による審決や公害等調整委員会による裁定などがそれである。これに不服がある場合は裁判所への出訴が認められるが，行政機関の事実認定は，これを立証する実質的な証拠があるときは裁判所を拘束するが，その実質的証拠の有無の判断は裁判所に留保されている。

(2) **下級裁判所の裁判官**　　下級裁判所の設置，廃止は法律で定められる（76条1項）。下級裁判所の裁判官は，高等裁判所長官，判事，判事補，簡易裁判所判事の4つの官に分かれる。下級裁判所の裁判官は，最高裁判所の指名した者の名簿によって内閣でこれを任命する（裁判40条）。下級裁判所の裁判官の任期は10年であり，再任されることができる（80条1項）。10年の任期制は裁判官の身分保障において一般の公務員と比べても劣っているようにみえるかもしれない。これは，司法の民主化の一環である法曹一元構想に基づくものであった。これは，司法修習を終えたら全員が一度弁護士（当事者法曹）を経験し，一定年数を経た後，裁判官や検察官に就任するという制度である。しかし，日本ではいまだにこのような法曹一元が実現していない。判事補から判事へ昇進していく官僚制的な制度（キャリアシステム）が温存されている現状においては，再任を原則とすべきである。そうでないと1971年の宮本康昭判事補再任拒否事件のような不明朗な人事が再発し裁判官の身分が脅かされるおそれがある。現在は，司法制度改革審議会の答申に基づいて，法曹三者および学識経験者によって構成される下級裁判所裁判官指名諮問委員会が設けられている。

(3) **最高裁判所の構成，権限**

a　構　成

最高裁判所は，長たる裁判官とその他の裁判官で構成される（79条1項）。長たる裁判官は最高裁判所長官という。その他の裁判官は最高裁判所判事といい，裁判所法では14人と定められている（裁判5条）。長官は，内閣の指名に基づいて天皇が任命し（6条2項），その他の裁判官は内閣が任命し（79条1項），天皇がこれを認証する。いずれも内閣に実質的な選任権があり，ドイツの連邦憲裁判所やアメリカの連邦最高裁判所の裁判官人事と異なり議会の関与は認められていない。任命資格は「識見の高い，法律の素養のある年齢40年以上の者」であるが，15人中5人は法律専門職でなくてもよい。出身者に関する規則

は存在しないが，現在は，裁判官 6，弁護士 4，検察官 2，学識経験者（行政官，外交官，法律学教授） 3 で運用されている。教授枠が少ないこと，しかも憲法を専門とする教授が任命されない状況は見直される必要がある。

　b　国民審査

最高裁判所の裁判官には国民審査の制度がある。任命後初めて行われる衆議院議員総選挙の際に国民審査に付され，その後10年を経過するごとに同様の審査に付される（79条 2 項）。これは，司法に対する民主的コントロールの制度である。現在の最高裁判所国民審査法によれば，積極的に罷免したい裁判官には×印をつけ，そうでないときは白紙で投票することになっている。賛成と棄権の区別ができない。これが憲法（19条・21条・79条）に違反しないかが争われたことがあるが，最高裁は，国民審査が解職（リコール）制度であることを理由に合憲だとしている（最大判1952（昭27）・ 2・20）。実際に罷免された裁判官はいない。

国民審査のさいに公報が発行されているが，現状は，有権者が判断するのに十分な情報が提供されているとはいえない。「裁判官としての心構え」において「中立公正」や「バランス」を重視する裁判官が多いが，「憲法」や「人権」についての態度を明らかにさせる必要があろう。

　c　裁判権

最高裁判所は最高かつ最終の裁判所として上告および特別抗告についての裁判権を有する（裁判 7 条）。裁判は大法廷（15人）または小法廷（ 5 人）で行われる。事件をどちらで扱うかの細則は最高裁判所が自主的に定めることができるが，少なくとも法令等の憲法判断（すでに合憲判断を下したものは除く）や判例変更を行う場合は大法廷で扱わなければならない（同10条）。なお，裁判所法10条 2 号は当事者の主張に基づかなくても職権で違憲立法審査権が行使できることを定めている。

　d　規則制定権

憲法は，訴訟に関する手続，弁護士，裁判所の内部規律および司法事務処理規則に関する事項についての規則制定権を最高裁判所に与えている（77条 1 項）。規則制定権は実質的意味の立法であり，41条の例外をなす。これに基づいて民事訴訟規則や刑事訴訟規則などが定められている。しかし，これは，訴

訟に関して最高裁判所が完全な自主立法権を有することを意味しない。裁判所の自律権を尊重しつつも法律と規則が競合するときには法律が優先するというのが通説である。

e　司法行政権

最高裁判所は，下級裁判所裁判官の指名および補職，下級裁判所の支部の設置，司法修習生の任免・教育，裁判所職員の任免など裁判所を運営していくうえにおいて必要な司法行政事務の主要部分を担当している。最高裁判所の司法行政事務は，全裁判官によって構成される裁判官会議の議によって処理される。実務は事務総局が担当している。

(4)　裁判の公開

憲法は82条1項で「裁判の対審及び判決は，公開法廷でこれを行ふ」と定める。裁判の公開は，裁判を受ける権利を有する当事者の利益であると同時に裁判の公正を確保するためにも必要であるが，2項では公開原則についての例外も認められている。裁判の公開は傍聴を認めることにつながるが，82条が傍聴の権利を人権として認めているかどうかについては争いがある。最高裁はいわゆる法廷メモ訴訟（レペタ事件）（最大判1989（平1）・3・8）において「各人が裁判所に対して傍聴することを権利として要求できることを認めたものではない」とし，公開・傍聴のあり方にかかわる法廷でのメモ採取を，憲法21条の精神に照らして尊重されるとしつつも，他方で，訴訟進行に関する法廷秩序維持について裁判長の広範な裁量を認めた。

家事審判などの非訟事件は「純然たる訴訟事件につき，事実を確定し当事者の主張する権利義務の存否を確定する裁判」ではないので公開しなくても82条に反しないというのが最高裁の立場（最大決1960（昭35）・7・6）である。しかし，訴訟・非訟二分論は形式的にすぎて妥当でない。非訟事件についても82条を指導原理としてそれぞれの事件の性質・内容に応じて適正な手続が保障されるべきであろう。

最近は，離婚訴訟などでは当事者のプライバシー保護の観点から非公開が要求されるようになっている。これが「公の秩序又は善良の風俗を害する虞があると決した場合」（82条2項）に当たるかどうかが議論されてきたが，2003年制定の人事訴訟法22条は，当事者や証人が「自己の私生活上の重大な秘密に係る

ものについて尋問を受ける場合においては，裁判所は，裁判官の全員一致により，その当事者等又は証人が公開の法廷で当該事項について陳述をすることにより社会生活を営むのに著しい支障を生ずることが明らかであることから当該事項について十分な陳述をすることができず，かつ，当該陳述を欠くことにより他の証拠のみによっては当該身分関係の形成又は存否の確認のための適正な裁判をすることができないと認めるときは，決定で，当該事項の尋問を公開しないで行うことができる」と定めて，公開停止を容認している。

(5) 裁判員制度

2004年に「裁判員の参加する刑事裁判に関する法律」が制定され，2009年から実施された。市民が裁判に参加する制度としては英米流の陪審制（事件ごとに無作為抽出で選ばれた一般市民（＝素人）が，職業裁判官抜きで評決を下す）とヨーロッパ大陸に広くみられる参審制（一般市民または専門家が職業裁判官と合議体を形成して裁判する）がある。日本の裁判員制度は，両者を折衷したものであるが，どちらかといえば参審制に近い制度である。戦前，帝国憲法下の日本でも陪審法が制定され，裁判官を法的に拘束しない形の陪審制が実施されたことがあった。戦後も裁判所法は3条3項で陪審制の復活を予定する規定を置いていたが，長らく先送りされてきたという事情がある。有罪・無罪だけでなく量刑まで決定する裁判員制度の導入については違憲論もくすぶっているが，国民主権（プープル主権）を司法の領域で具体化したものだという視点を忘れてはならない。職業裁判官だけが司法権を独占することは，今日けっして自明のことではなく欧米諸国では陪審制や参審制がむしろ一般的であるということ，日本でも職業裁判官による司法が長く続いてきた結果として，ときに裁判が市民感覚から遊離し，そのために市民の裁判に対する信頼が揺らいでいるという批判がなされていること，職業裁判官による刑事裁判のもとでも少なからずえん罪事件や誤判が発生したこと，戦後の日本社会における民主主義は国民の司法参加を可能にするほどに成熟していること等の事情を考えれば，職業裁判官による裁判の独占は見直されるべきであった。

a 国民の裁判を受ける権利（32条・37条）との関係

裁判員制度はまず32条，37条の裁判を受ける権利との関係で問題となる。ここで解釈上重視すべきは，帝国憲法が「日本臣民ハ法律ニ定メタル裁判官ノ裁

判ヲ受クルノ権ヲ奪ハルルコトナシ」(24条) と規定していたのと異なり，日本国憲法の32条は「何人も，裁判所において裁判を受ける権利を奪はれない」と定めていることである。刑事被告人の権利を定めた37条も「公平な裁判所の迅速な公開裁判を受ける権利」と規定しており，職業裁判官による裁判ということを明記していない。これは，憲法が独立した第三者機関である裁判所による裁判を保障する上で，職業裁判官以外の者が裁判に関与することまで禁じていない趣旨であると解釈できる。したがって，裁判員が参加した裁判も「裁判所において裁判を受ける権利」に含まれる。

　また，次のような解釈も考えられる。日本の裁判員法は，裁判員を裁判官としては扱っていないが，職業裁判官について裁判員と区別するために「構成裁判官」という呼称を用いている。これによれば裁判員を「構成裁判官でない裁判官」あるいは「非構成裁判官」と称することも可能であろう。

　b　職権の独立 (76条3項) および身分保障規定 (78条・80条) との関係

　従来の代表的な陪審制違憲論は，76条3項が裁判官は良心に従い独立して職権を行うべきものとされているのに裁判官が裁判にあたって陪審の答申に拘束されるのはこれに違反するというものであった。また参審制についても，裁判官の任期，報酬，定年など身分保障に関する日本国憲法の規定は，いずれも職業裁判官を想定した規定であって，臨時の非常勤裁判官の入り込む余地はないというものであった。

　しかし，これは，職業裁判官だけが裁判官であるという狭い裁判官像にとらわれた解釈であって正しくない。たとえば，ドイツでは参審員は名誉職裁判官としての位置づけを与えられている。日本の裁判員は，法律上裁判官としての位置づけを与えられていないが，しかし，裁判所において司法権を担当することにおいては同じであって76条の職権の独立が保障されなければならない。裁判員法が「裁判員は独立してその職権を行う」(8条) と規定しているのもこの趣旨に立脚するものであろう。現実問題としては事件ごとに裁判員は交代するからかえって自由な立場から判断することができるので外部からの圧力には屈しにくいともいえる。裁判員は裁判ごとに参加するから，職業裁判官に認められている身分保障については同様の保障を行うことはできないが，しかし，これについても80条の趣旨を踏まえて，手当等相応の配慮が払われるべきである。

c 裁判所による司法権の独占（76条1項）との関係

従来は，司法権には法令適用権や法令解釈権だけでなく事実認定権も含まれるとして，陪審の評決が有罪・無罪の決定を行い，これに裁判所が拘束されるのであれば司法権の侵害に当たるので許されないという議論があった。それは，準司法的な行政機関が審決や裁決などにより，そこでの事実認定が実質的証拠法則により裁判所を拘束することは許されるかという問題と同次元で議論されてきた。

日本の裁判員法では，「法令の解釈に係る判断」は「構成裁判官」の合議による（6条2項）とされているが，「事実の認定」「法令の適用」「刑の量定」には裁判員が合議に参加する（同条1項）ので従来の議論からすれば明らかに違憲ということになりそうである。

しかし，この議論も職業裁判官による司法権の独占という先入観にとらわれた議論である。76条1項は裁判所に司法権を与えているのであって職業裁判官に司法権を与えているのではない。したがって裁判員に職権の独立が認められる限り裁判員が法令の適用に参加することは違憲とはならないと解される。ただし，さらに進んで，法令の解釈や違憲立法審査権の行使についてまで関与できるかどうかについては議論が分かれるであろう。

d 苦役（18条）との関係

裁判員になることは基本的に主権者たる国民の国政参加の権利として位置づけることができる。したがって正当な理由なく裁判員候補者から特定の人を排除することは許されないが，逆にこれを苦役（18条）と考える人に対してこれを強制することができるかが問題となる。選挙権についても公務的性格があることを理由に投票を強制したり，不行使に対して制裁を科すことも許されるとする考え方があるが多数説とはいえない。裁判員制度に公務的性格があることはたしかであるが，しかし，人は人を裁けないとの信条の持ち主や死刑制度に反対している人に対して，死刑の可能性がある事件の裁判員になることを強制することは難しいと思われる。

最高裁は，裁判員の職務は司法権の行使に対する国民の参加という点で参政権と同様の権限を国民に付与するものであり，辞退に関し柔軟な制度を設けていることや（16条），旅費等の支給により負担を軽減するための経済的措置が

講じられていることを理由に，憲法18条の禁止する「苦役」には当たらないと判断している（最大判2011（平23）・11・16）。

4　司法権の独立
(1)　司法府の独立と裁判官の独立
　近代民主主義国家においては，裁判すなわち紛争の解決は憲法や法律を基準として，その厳正な適用という方法によって行われる。法の厳正な適用というこの仕事を国王や内閣から独立した特別の専門的機関に委ね，それによって公正な裁判を確保しようというのが司法権独立の意義である。司法権の独立のためには裁判所が全体として他の国家機関とりわけ行政機関からの支配・干渉を受けないで自主的に運営されること（司法府の独立）とあわせて個々の裁判官の職権の独立と身分が保障されていること（裁判官の独立）が必要である。帝国憲法下では，裁判所は司法大臣（今日の法務大臣に相当する）の行政監督に服していた。戦後は最高裁判所の裁判官の任命等を除き，行政府は裁判所に対して直接影響力を行使できなくなったから，司法府の独立は制度上確立したといえる。しかし，対外的に独立した反面，司法府内部での問題があらたに生じた。

　戦前，大審院が発足して間もないころ，大津で巡査，津田三蔵がロシアの皇太子（のちのニコライ2世）に切りかかり，傷を負わせるという事件が起きた（大津事件）。外交問題に発展することを恐れた政府は死刑判決を下すように大審院に働きかけたが，大審院長の児島惟謙はこれをはねのけ，逆に法に忠実な裁判をするように担当裁判官を督励した結果，大審院の特別法廷は当時の刑法に従って無期徒刑（現在の無期懲役）の判決を下した。児島は，司法権の独立を守った「護法の神」として賞賛された。また，対外的にも近代的な法治国としての日本の評価を上げることに貢献した。しかし，司法府内の裁判官の独立は守られているかという今日的視点でこの事件を振り返るならば，別の評価もありうる。

(2)　職権の独立と身分保障
a　職権の独立
　「すべて裁判官は，その良心に従ひ独立してその職権を行ひ，この憲法及び

法律にのみ拘束される」(76条3項)。ここでの良心とは職務上の良心，客観的な良心のことであり，裁判官の個人的な人生観や世界観を意味しないと理解されている。「良心」という言葉には，法の有権的解釈権をもつ裁判官にたいして，人権を尊重すべき解釈者の主体的な責任を自覚させる意図を読み取ることができよう。

裁判所部内での職権の独立が問題となった有名な事件に平賀書簡事件 (1969年) がある。札幌地方裁判所の平賀所長が長沼事件の処理に関して，自衛隊の違憲判断を回避すべきことを私信の形で担当の福島重雄裁判長に示唆したというものである。最高裁は平賀所長を注意処分にしたが，国会の訴追委員会は，所長を不起訴処分，書簡の存在を明るみにした福島重雄裁判長を起訴猶予処分にするというアンバランスな処分を行った。

吹田黙祷事件 (1953年) も，裁判所内部の司法権の独立が問われた事件である。大阪地裁の裁判長，佐々木哲蔵のリベラルな訴訟指揮について最高裁が「誠に遺憾」だとして「法廷の威信について」という通達を発して自戒を求めたことが問題となった。

b　裁判官の身分保障

(i) 罷　免

裁判官が意に反してその地位を失うのは①心身の故障により職務をとることができないと裁判で決定された場合（分限裁判），②公の弾劾よる場合（弾劾裁判），③最高裁判所の裁判官に限ってであるが国民審査による場合である。分限免職の制度は一般の公務員の場合にもあるが，裁判官の場合にはより厳格な要件と裁判手続が必要とされている。弾劾裁判は，国会に設置される弾劾裁判所（両院の議員各7人，計14人）によって行われ，裁判官訴追委員会（両院の議員各10人，計20人）の訴追を受けて裁判を開始する。罷免の事由は，「職務上の義務に著しく違反し，又は職務を甚だしく怠ったとき」，「その他職務の内外を問わず，裁判官としての威信を著しく失うべき非行があったとき」である（裁弾2条）。罷免ではないが下級裁判所の裁判官については10年の任期制があることについてはすでに述べた。

(ii) 懲　戒

一般の公務員の場合には，懲戒による免職，停職，減給，戒告の処分が認め

られている。しかし裁判官については職務上の義務違反，職務怠慢，または品位を辱める行状があったときに戒告または1万円以下の過料の処分が認められているだけであり，しかも裁判所の懲戒裁判（分限裁判）による（裁判49条，裁分限2条・7条）。行政機関による懲戒は憲法で禁止されている（78条後段）。懲戒裁判の例としては，寺西判事補事件が有名である（最大決1998（平10）・12・1）。

現職の裁判官が盗聴法案（通信傍受法案）に反対する集会に参加してフロアから意見を述べたことが裁判所法52条の禁止する積極的政治運動に当たるかどうかが争われた事件である。最高裁は，「積極的に政治運動をすること」とは，「組織的，計画的又は継続的な政治上の活動を能動的に行う行為であって，裁判官の独立及び中立・公正を害するおそれがあるもの」だとしたうえで本件発言が積極的政治運動に該当し，「裁判官の職にある者として厳に避けなければならない行為」だとしたが，裁判官が社会とかかわりをもつことを萎縮させるもので妥当でない。国民主権下の裁判官は市民からかけ離れた存在であってはならない。5人の裁判官が反対意見を述べたが，なかでも河合伸一裁判官が「現代の複雑かつ変化を続ける社会においてこれ（＝裁判官の職務）を適切に行うためには，単に法律の先例や文面を追うのみでは足りないのであって，裁判官は裁判所の外の事象にも常に積極的な関心を絶やさず……自主独立して積極的な気概を持つ裁判官を1つの理想像とするならば，司法行政上の監督権の行使，殊に懲戒権の発動はできるだけ差し控え，だれの目にも当然と見えるほどの場合に限る」と述べたことが現代の裁判官像を考えるうえで参照されるべきである。

(iii) 報　酬

裁判官は，すべて定期に相当額の報酬を受け，それは在任中減額されない（79条6項・80条2項）。

(iv) 定　年

憲法の委任（79条5項・80条1項）に基づいて裁判所法は，最高裁判所および簡易裁判所の裁判官の定年を70歳，高等裁判所，地方裁判所，家庭裁判所の裁判官の定年を65歳と定めている（裁判50条）。

第5節　違憲審査制

1　立憲主義と違憲審査制
(1)　違憲審査制と民主主義
a　違憲審査制の意義

　違憲審査制とは，法令等の国家行為の憲法適合性の最終的な判断権を特定のあるいは不特定の裁判所に与え，憲法に反する国家行為が行われた場合に裁判所による違憲無効判断等を通じてこれを是正し，それによって憲法的価値（自由，平等，生存，平和，民主主義等）の擁護・実現を図ろうとする制度である。そのかなめは，議会による立法を審査して無効とすることができる違憲立法審査権である。日本国憲法も「最高法規」の章を設けて人権の不可侵性（97条）と憲法の優位を確認し（98条），公務員に憲法遵守義務を課す（99条）と同時に司法の章において違憲審査制度を導入した（81条）。

　憲法12条は，国民に対して護憲のための「不断の努力」を要請している。憲法が生き続けるためには，主権者による日常的な護憲運動や選挙運動を欠かすことはできない。それが功を奏さず，憲法の存立が危うくなったとき，憲法を守るための最終的手段としては，実定憲法の基礎をなしている「抵抗権」に訴えるという方法もあるが，これは非常措置であり一般的ではない（→第7章第1節1）。それに比べれば違憲審査制は憲法保障制度として実効性が高く，制度としても安定している。

　違憲審査制を最初に確立した国は，近代憲法を最も早く制定したアメリカ合衆国である。日本国憲法と違い，合衆国憲法には違憲審査権に関する明文の規定はないが，1803年のマーベリー対マディソン事件で連邦最高裁判所がその存在を確認し（マーシャル判決），その後の判例によって確立された。アメリカの違憲審査制はイギリスの「法の支配」の伝統を継受したものといわれているが，イギリスは議会に強い信頼を置き，今日においても違憲審査制度をもっていないことに注意しなければならない。アメリカの議会不信はイギリスによる植民地支配の経験から生じている。ただし，違憲立法審査権＝司法審査権（judicial review）を正当化するアメリカの初期の理論は明確でない。フェデラリス

トの1人，ハミルトンは，裁判所は真の権力機関ではないとするモンテスキューの権力分立論を下敷きにしつつ，三権のなかで最も弱い部門である裁判所に違憲立法審査権を与えることで権力のバランスが取れるという趣旨のことを述べている。とはいえ，裁判所に新たに認められた違憲立法審査権は強力な権力であり，政治に与える影響も大きい。判断を誤ると奴隷制度を肯定したドレッド・スコット判決（1857年）のように内戦のきっかけとなることもある。

b 違憲審査制の正当化理由

裁判所による違憲立法審査権が民主主義との関係でどのように正当化できるかというのは今日でも憲法学上の難問である。君主制や独裁制が倒され議会が民主的に構成され，国民の意思が議会に正確に反映されているならば違憲立法審査権は不要であるという議論がある。法律の専門家とはいえ民主的な正当性に疑問がある裁判官が議会の決定を覆すことは「裁判官政治」を招くという批判もある。戦前のドイツにおいて違憲立法審査権の導入に反対したカール・シュミットは，「憲法の解釈は法律の解釈と似て非なるものである。違憲立法審査権は司法でなく政治である。それは法律の機械的な解釈適用を任務とする官僚的裁判官のなしうるところではない」と主張した。いわゆる法と政治の峻別論である。違憲立法審査権を肯定するためには，この峻別論を克服する必要がある。

日本でも，裁判所が法原理部門であり，非政治的機関であることを強調する立場がある。議会の多数・少数の変動によって是正可能な問題（社会福祉立法など）については議会の政治的決定に任せればいいが，民主主義の基礎をなすプロセス的権利（政治的表現の自由や選挙権など）については裁判所が積極的に審査を行って議会の決定を是正すべきであってそこに違憲審査制の意義があると主張する見解もある。しかし，これらの議論が，「裁判所＝非民主的機関，非政治的機関」であることを前提としているかぎり，政治部門に対して大なたを振るうことはできない。法と政治の棲み分け論では腰の引けた司法消極主義にしかならず，違憲審査制全体を正当化するのは困難であるように思われる。

その点では，ワイマール時代にカール・シュミットを批判し，違憲立法審査権を擁護したケルゼンの憲法裁判論が参考になる。

> 民主化が進めば進むほど統制も強化されなければならない。……法律の合憲性は，少数者にとっての特別の利益なのである。……このことは，とくに多数者と少数者の関係が変動する場合，多数者が少数者に転落したが，しかし，合法的な憲法改正に必要な特別多数決を阻止しうるには十分なだけの勢力を持っているときにあてはまる。民主主義の本質を無制約の多数者支配ではなく，多数者および少数者という形で議会を代表している人民集団間の不断の妥協のうちに見て取るならば，憲法裁判は，この理念を実現するための最適の手段である。少数者にとっては，……多数者による違憲の利益侵害，つまるところ少数者の独裁に劣らず危険な多数者の独裁を防止する最適の手段となりえよう。

　ケルゼンは憲法裁判の政治性批判に関しては，すべての裁判官にではなく，この任務を遂行できるだけの資質をもった者にのみに違憲立法審査権を与えるべきだと主張した。ケルゼンの法段階説では，立法と憲法裁判とは憲法を執行・具体化するという機能において同等の法段階にあるので，憲法裁判官には政治性において立法者と同等の資質が求められることになる。
　違憲立法審査権をもっている裁判所は，もはや司法権ではなく第4権であるといわれることがある。市民の間の紛争だけでなく政治の法的コントロールも裁判所の任務だとなれば，裁判所の権限は憲法裁判所でなくとも従来の司法権とは相当に違う性格のものに変化している。立法を議会まかせにせず，その是非を憲法に照らして事後チェックする裁判所は，他の2権と対抗しつつ，自らも民主主義の政治過程に組み込まれ，その一翼を担うことが期待されているということができる。裁判所自身も民主主義の中で自らの立ち位置を自覚し，絶えず検証しなければならない。現代の裁判所がそのようなものだとすれば，裁判所の民主的正当性も可能な限り追求されるべきであり「非民主的機関」として放置することは許されないだろう。ここで現代ドイツの憲法の教科書からイプセンの議論を紹介しておこう。

> 憲法は本質的に政治的法であり，対象は常に政治的な意義を有する問題である。政治的な争点となっている法律の合憲性が疑われる場合，あるいは，連邦議会の解散のように憲法機関の権限が争われている場合，その法的争訟は，はじめから政治的次元を含んでいる。法と政治は，幾重にも絡み合っている。この絡み合いを見

て，法と政治は本質的に対立するものととらえるべきではなく，社会形成の異なる2つの軸としてとらえるべきである。連邦憲法裁判所には，判決を媒介として能動的に社会形成を行おうとする意欲がある。ドイツの法治国家の伝統では，法的決定の方が政治過程で行われた多数決の決定よりも合意を得やすいということがある。実際，連邦議会で敗北した側は，カールスルーエ（連邦憲法裁判所の所在地）で勝利を取り戻そうという試みも何度も行ってきた。〔ドイツでは〕法律は憲法裁判によるお墨付きをもらって初めて「実効性をもつ」という印象さえある。裁判官のほうも政治的に重要な事件において最終的な決定権限は自分たちにあると自覚しており，それが慣習として作られてきた。もちろん判決の説得力は，あくまでも憲法の解釈に基づく結果にあり，恣意的なものであってはならない。このようにして，連邦憲法裁判所は，戦後ドイツの議会制民主主義の構築に多大の貢献をしてきた。また，政党に対して一定の対抗力をもち政党支配に限界を画してきた。連邦憲法裁判所は，ドイツの政党政治において，自己の裁判所性と規範拘束性を基礎にする限りにおいて統合的な機能を果たしうる。

(2) **違憲審査制の2つのタイプ：憲法裁判所型と司法（通常）裁判所型** 違憲審査制は，米国やカナダなどの英連邦諸国において形成されてきた司法（通常）裁判所型違憲審査制（非集中分散型）とオーストリア，ドイツ，イタリア，スペイン，韓国，旧社会主義国などで採用されている憲法裁判所型違憲審査制（集中独占型）に大別することができる。これに両者をミックスした混成型違憲審査制（スイス，ポルトガル）の別を立てることもある。日本は司法（通常）裁判所型に分類される。違憲審査制は違憲審査革命と呼ばれるほど戦後爆発的に増えたが，司法（通常）裁判所型より憲法裁判所型を採用する国が圧倒的に多い。独裁崩壊後の新憲法を支えるのに憲法の番人が必要になるが，それらの国では，旧体制の下で体制維持機能を果たしていた官僚的な裁判官層に新憲法価値の実現は期待できないと考えられたためである。新しい葡萄酒は新しい革袋に入れるという考え方である。アメリカの違憲審査制導入の契機には議会に対する不信があったが，憲法裁判所型違憲審査制の採用には既存の裁判所に対する不信もある。したがって，大陸型の司法伝統をもつ日本が，戦前の司法に対する反省を十分に行わないままアメリカ型の違憲審査制を導入したことにはかなりの無理があった。司法官僚制を維持しながらの制度設計は，極端な司法消極主義の遠因ともなっている。

司法（通常）裁判所型違憲審査制が私権（人権）保障を目的としているのに対して憲法裁判所型違憲審査制は憲法秩序保障を目的としているところに大きな違いがあると説明されることがあるがそれは正しくない。近代憲法において憲法秩序の保障とは国家権力を制限し国民の自由と権利を保障することであるから，憲法秩序と人権とを対立させる捉え方はそもそも憲法概念の誤った理解に基づくものといわなければならない。たとえば，ドイツの連邦憲法裁判所が最も貢献した分野は「人間の尊厳」（基本法1条）を中心とする人権保障分野であり，数多くの違憲判決は，野党や少数派の立場を擁護する内容のものであり，議会の多数派を牽制する役割を果たしてきた。

　したがって，憲法裁判所型と司法（通常）裁判所型の接近傾向や合一化傾向が近時みられるという説明がなされることがあるが，憲法裁判所型＝憲法秩序維持型，司法（通常）裁判所型＝人権保障型という図式を前提にしているのであれば正確でない。ただし，フランスの憲法院についていえば，大統領が議会の立法を事前にコントロールすることを目的につくられた大統領の諮問機関のような存在であった。そのために，司法機関ではなく政治機関だとされていたが，徐々に人権保障の機能を担うように変化してきた。現在では，立法の事後的なコントロールも行うようになり，議会の多数派を司法的に統制する機関へと変貌している。ヨーロッパでは憲法裁判所の1つとしての評価が確立している。

　また，司法（通常）裁判所型は具体的付随的違憲審査を行うのに対して，憲法裁判所型は抽象的違憲審査を行うところに特徴があると説かれることが多いが，この理解も正確ではない。憲法裁判所型は，そこに違憲審査権が独占されているというところに一番の特徴があるのであって，行使される違憲審査権の内容は具体的なものから抽象的なものまでいろいろあるからである。韓国の憲法裁判所のようにいわゆる抽象的規範統制（抽象的違憲審査）は認められていないところもある。ドイツでは，抽象的規範統制が認められているが，誰でも出訴できるわけではなく出訴権者は法律で限定されている。連邦議会の4分の1以上の議員や連邦政府，州政府などである。

　人権を侵害されたと主張する者が誰でも出訴できるのは憲法訴願（憲法異議）と呼ばれる訴訟類型であり，憲法訴訟の大多数を占める。処分違憲の場合と法

令違憲の場合がある。その次に多いのは具体的規範統制である。一般の裁判所が係争事件の判断の前提問題として法令に違憲の疑いをもった場合には自ら判断せず，法令の合憲性判断は連邦憲法裁判所に委ねられることになっているが，そのときに行われる連邦憲法裁判所が行う違憲審査である。具体的規範統制は，元の裁判所の事件とセットで考えれば具体的付随的違憲審査である。ただし，すべての訴訟類型が基本法および憲法訴訟法によって法定されているので，憲法訴訟は他の訴訟とははっきりと区別される。憲法裁判所は，具体的規範統制においても法令が違憲かどうかを原則として元の具体的事件と切り離して審理・判断し，その結論を判決主文に示す。

　これに対して，司法（通常）裁判所型＝非集中分散型違憲審査制においては，違憲審査権は司法権に当然に属する権能であると考えられている。裁判官が紛争解決において上位法を優先するのは当たり前だからである。そのため，すべての裁判所に違憲審査権が与えられる。しかし，そこでは，民事訴訟や刑事訴訟あるいは行政訴訟と切り離された独自の憲法訴訟は存在しない。違憲審査権は，民事，刑事あるいは行政訴訟を契機として，その解決に必要な前提問題についての判断を示すために行使されるにすぎない。通常の訴訟が通常の訴訟のままで終結するかそれとも憲法訴訟に転化するかは裁判所の判断（裁量）にかかっている。司法（通常）裁判所型においては，原則として具体的付随的違憲審査のみが行われ，抽象的違憲審査は行われない。そして法律の違憲判断は原則として判決主文ではなく判決理由のなかで示される。

　最後に，ポルトガルの違憲審査制について説明する。ポルトガルでは，植民地のブラジル経由で1911年からアメリカ型の違憲審査制が採用され長らく維持されてきたが，軍事独裁崩壊と新共和制憲法制定を契機に，これに接ぎ木をする形で強力な憲法裁判権をもつ憲法裁判所が1982年に創設された。その際，他のヨーロッパ諸国と異なり一般の裁判所にも違憲審査権が留保されたため二重の違憲審査制が形成された。混成型違憲審査制は，ヴェネズエラ，コロンビア，ブラジルなどのラテンアメリカ諸国でも採用されており，アメリカ型の伝統をもつところで，違憲審査制度の刷新・強化を図る場合の1つの行き方を示すものとして参考になる。

(3) 日本国憲法と付随的違憲審査

　日本国憲法81条は，アメリカ型の違憲審査制を規定したものであり，最高裁判所を含めていかなる裁判所も具体的事件を離れて法令等の合憲性を抽象的に判断する権限をもつものではないとするのが今日の通説・判例の立場である。これに対して，すべての裁判所が具体的付随的違憲審査権をもつことは憲法76条の司法権規定から当然に導かれることであって（アメリカでも違憲立法審査権は司法権規定から導かれている），81条がそれとは別に「最高裁判所は，一切の法律，命令，規則又は処分が憲法に適合するかしないかを決定する権限を有する終審裁判所である」と規定しているのは，終審であるということのほかに，最高裁判所に限っては具体的付随的違憲審査権に加えてさらに抽象的違憲審査権が行使できるようにするためであるとする解釈が説かれたことがある（佐々木惣一）。すなわち，最高裁判所は憲法裁判所的性格を併せ持つという説である。

　しかし，最高裁判所自身は，警察予備隊違憲訴訟判決（最大判1952（昭27）・10・8）において「我が裁判所は具体的な争訟事件が提起されないのに将来を予想して憲法およびその他の法律命令等の解釈に対し存在する疑義論争に関し抽象的な判断を下すごとき権限を行いうるものではない。けだし最高裁判所は法律命令等に関し違憲審査権を有するが，この権限は司法権の範囲内において行使されるものであり，この点においては最高裁判所と下級裁判所との間に異るところはないのである」と述べてこの説をしりぞけた。81条は違憲審査権に関しては確認的意味しかないということになる。司法権概念とも関係するが，現状では認められなくても憲法訴訟法のような法律を整備すれば最高裁による抽象的違憲審査が可能であると説く学説もある。

　下級裁判所も違憲審査権を有することについては，これより早く「裁判官が，具体的訴訟事件に法令を適用するに当たり，その法令が憲法に適合するか否かを判断することは，憲法によって裁判官に課せられた職務と職権であって，このことは最高裁判所の裁判官であると下級裁判所の裁判官であるとを問わない」（最大判1950（昭25）・2・1）と述べてこれを確認している。

(4) 司法積極主義と司法消極主義　　違憲立法審査権は，議会の多数決をも覆す強力な権限であるから濫用すると民主主義の阻害要因となる危険性をはらんでいる。アメリカでは1930年代にニューディール期に長時間労働を規制する

労働者保護立法などに対して財産権・契約の自由侵害を理由に数多くの違憲判決が出されて国民の不評を買った。これは，裁判所内部からも反省が生まれて司法消極主義に方向を転換する契機となった。すなわち，政府の推進する経済政策立法に対しては，合憲性の審査を緩めて違憲判決を出すことを控えた。しかし，他方で，表現の自由などの精神的自由や宗教的・人種的少数者の権利などが問題となっている事件については従前にもまして積極的な態度を取り続けた。このようにして，いわゆる人権制約の合憲性審査に関する二重の基準論が生まれた。司法積極主義と司法消極主義の使い分けである。

しかしながら，日本国憲法においては，生存権や労働基本権も人権のカタログに書き込まれている。司法積極主義の立場に立ったとしても，労働者保護立法や福祉立法を違憲とすることにはならない。司法積極主義と司法消極主義のこのような使い分けは日本では不要であるともいえる。にもかかわらず，実際には領域を問わず極端な司法消極主義が長期にわたって続き，法律に対して最高裁判所が違憲であると判示した事件は，数え方にもよるがわずかに10件ないし11件である。それらを挙げると⓪関税法第三者所有物没収規定（1962年），①刑法尊属殺人重罰規定（1973年）②薬事法距離制限規定（1975年），③④公職選挙法衆議院議員定数不均衡規定（1976年，1985年の2件），⑤森林法共有林分割制限規定（1987年），⑥郵便法免責規定（2002年），⑦在外日本人選挙権行使に関する公職選挙法における立法の不作為（2005年），⑧国籍法3条（2008年），⑨民法婚外子相続分規定（2013年），⑩民法再婚禁止期間規定（2015年）。このうち，21世紀に入って出された⑥郵便法違憲判決，⑦在外日本人選挙権判決，⑧国籍法違憲判決は，立法府との関係で積極主義的傾向を示す判決として注目される。

これまでのところ，精神的自由領域における法令違憲の判決は存在しない。全体として日本の違憲立法審査権が不活発な理由はいろいろ考えられるが，キャリアシステムによって育成される裁判官の資質，任命方法，一時期を除いて保守主義的な政党が長期間政権を担当してきたことが主なものである。これに加えて比較法的にみれば，出発時におけるアメリカ型違憲審査制の採用，言い換えると違憲立法審査権を担える資質を持った裁判官からなる憲法裁判所を創ろうとしなかったことも挙げることができるだろう。

なお，1970年代に日本の最高裁の姿勢を批判するのに「違憲判断積極主義」と「憲法判断積極主義」を区別したうえで，日本の最高裁は，違憲判断に消極的とはいえても憲法判断自体に消極的とはいえない，その意味で日本の最高裁を司法消極主義と単純に決めつけるのは間違いだとする見解が主張されたことがあり，学界に大きな影響を与えた。しかし，現在から振り返ってみるとこの学説が司法積極主義と司法消極主義の区別に混乱をもたらし，結果的に小さな司法のなかに閉じ込もろうとする裁判所の消極主義的姿勢を肯定し，「官僚的裁判官」を後押しする役割を果たしたことも否定できない。この議論の根底には，違憲立法審査権が立憲的に機能するとは限らず，逆に立憲主義を掘り崩すかもしれないという権力への猜疑心がある。しかし，裁判所も国家権力を担う権力機関であるというのは権力分立のシステムにおいて織り込み済みのことであって，裁判所の権力が大きくなれば国家権力全体が膨張するというものでもない。いかなる権力も濫用されれば国民の自由を脅かすというのはそのとおりであるが，ドイツの憲法裁判から学ぶ教訓も含めて，立憲主義の保障をどこに期待するかという点で，この議論は照準を誤っていたように思われる。

2　憲法訴訟

(1) 憲法訴訟の対象，要件

a　条例，判決，条約

　憲法81条によれば「一切の法律，命令，規則又は処分」が違憲審査の対象となる。これは例示であり，裁判所は憲法より下位のすべての法規範や国家行為について違憲審査を行うことができる。したがって，地方公共団体の条例や裁判所の判決も当然に違憲審査の対象となる。条約については解釈が分かれている。前文や98条2項の国際協調主義や81条，98条1項に条約が書き込まれていないことを理由に条約は違憲審査の範囲外であるとする説もある。しかし，憲法優位の立場から，少なくとも国内的効力に関する限り条約の違憲審査は可能だとする説が有力である。砂川事件最高裁判決（最大判1959（昭34）・12・16）は，条件付の〔変則的〕統治行為論を採用して日米安保条約の違憲審査を避けたが，それは日米安保条約という特別の条約に関するものであった。条約一般の違憲審査可能性については肯定したものと理解されている。

このようにすべての国家行為が違憲審査の対象となるとはいえ，一般的に司法権の限界とされている領域には，違憲審査権も及ばないと考えられる。とくに憲法に関係するものとしては，国会の自律権や「統治行為」が問題となるが，これについては第4節第2項で述べた。

　b　国の私法上の行為

　最高法規である憲法に照らして事実行為を含むすべての国家行為が審査される。最高裁は百里基地訴訟（最判1989（平1）・6・20）において，自衛隊基地の用地買収は私法上の行為であって，憲法98条の「国務に関するその他の行為」に該当しないとして，事件について憲法判断を示さなかった。当事者の一方が国であっても私経済的な行為については民事訴訟として処理すべきだという考え方をとったものだが，基地問題という事件の性格からして，統治行為論による司法審査回避に劣らず不自然な処理であった。かつて国家権力の違法な行使をただすことができなかった時代でも，財産権の主体としての国家（＝国庫）の行為については訴訟の対象として扱われたことがある。違憲立法審査権が確立した現代において，裁判所がこのような形で憲法裁判を回避するのは時代錯誤だといわざるをえない。国の私経済的行為も「国務に関するその他の行為」に含まれ，当然に違憲審査の対象となる。

　c　立法の不作為と憲法訴訟

　次に国家行為の不存在，とくに立法の不存在や不作為が違憲審査の対象となりうるかが問題となる。法律に限らず国家行為が一般的に存在しないときに，不存在を訴訟の対象としてそれを取り消したり無効とすることは技術的に不可能であるとか，無を有に変えるのは立法や行政の領域に司法が踏み込むことになり三権分立に反するという否定論が一方にある。しかし，現代国家の憲法が国家権力に対する制限規範にとどまらず授権規範としての性格ももっていることを考慮すると，憲法の番人の役割も変化してきていると考えなければならない。憲法が一定の内容の立法を議会に委任しているにもかかわらず，立法者の怠慢により憲法適合的な法律が制定されず，そのために人権侵害が生じているような場合，裁判所も救済の手をさしのべるべきであろう。

　立法の不作為を憲法訴訟とするためには，とりあえず行政訴訟を提起することが考えられるが，抗告訴訟には処分性や訴えの利益などの壁があり，容易に

扉を開くことができない。そういうなかで国家賠償法に基づく訴訟は，事件性が認められやすく市民が比較的利用しやすい訴訟であった。もちろん国賠訴訟は公務員の不法行為責任を追及するのが本来の目的なので，国会議員の立法行為責任を追及するのは例外の部類に属する。しかし，市民の側にはほかに適当な出訴手段がない以上利用せざるをえないという事情があった。

在宅投票制度廃止違憲訴訟において札幌高裁（1978（昭53）・5・24）は，故意・過失は否定したものの「若し投票の方法についての法律が，選挙権を有する国民の一部の者につき，合理的と認められる已むを得ない事由がないに拘らず投票の機会を確保し得ないようなものであるときは，国会は投票の方法についての法律を改正して当該選挙権を有する国民が投票の機会を確保されるようにすべき憲法上の立法義務を負う」と述べた。しかし，最高裁はこれを覆し，国会議員の不法行為で問題とされるのは職務上の義務違反であって立法内容の違憲性とは区別されるといい，「国会議員は，立法に関しては，原則として，国民全体に対する関係で政治的責任を負うにとどまり，個別の国民の権利に対応した関係での法的義務を負うものではないというべきであつて，国会議員の立法行為は，立法の内容が憲法の一義的な文言に違反しているにもかかわらず国会があえて当該立法を行うというごとき，容易に想定し難いような例外的な場合でない限り，国家賠償法一条一項の規定の適用上，違法の評価を受けないものといわなければならない」と判示した。国賠訴訟による憲法訴訟の道を封じるに等しい冷淡な判決であった。

しかし，次々と提起される深刻な人権問題を前にして下級審は最高裁の判例にもかかわらず救済する判決を積み重ねた。

関釜慰安婦訴訟第一審判決（山口地下関支判1998（平10）・4・27）は，「『立法（不作為）の内容が憲法の一義的な文言に違反しているにもかかわらず国会があえて当該立法を行う（行わない）というごとき』場合に限られず，次のような場合，すなわち，前記の意味での当該人権侵害の重大性とその救済の高度の必要性が認められる場合であって（その場合に，国家賠償は，憲法上の立法義務が生じる。)，しかも，国会が立法の必要性を十分認識し，立法可能であったにもかかわらず，一定の合理的期間を経過してもなおこれを放置したなどの状況的要件，換言すれば，立法課題としての明確性と合理的是正期間の経過とがある場

合にも立法不作為による国家賠償を認めることができると解するのが相当である」とした。

一審で確定したらい予防法違憲判決（熊本地判2001（平13）・5・11）も，「『立法の内容が憲法の一義的な文言に違反している』ことは，立法行為の国家賠償法上の違法性を認めるための絶対条件とは解されない」，「遅くとも六五年以降に隔離規定を改廃しなかった国会議員の立法上の不作為につき，国家賠償法上の違法性を認めるのが相当である。」として原告の主張を認めた。学生無年金障害者事件東京地裁判決（2004（平16）・3・24）は，最高裁の1985年判決の判断枠組みに従うことなく立法不作為の違憲性を認めた。

そしてついに最高裁も在外日本人選挙権判決（最大判2005（平17）・9・14）において従来の立場を改め（実質的な判例変更），「立法の内容又は立法不作為が国民に憲法上保障されている権利を違法に侵害するものであることが明白な場合や，国民に憲法上保障されている権利行使の機会を確保するために所要の立法措置を執ることが必要不可欠であり，それが明白であるにもかかわらず，国会が正当な理由なく長期にわたってこれを怠る場合などには，例外的に，国会議員の立法行為又は立法不作為は，国家賠償法1条1項の規定の適用上，違法の評価を受けるものというべきである」という新しい憲法判断の枠組みを示した。画期的な判決であり，違憲性が明白であれば国賠訴訟が認容される可能性が格段に高まった。これによって選挙権関係をはじめとして国賠訴訟を窓口とする多くの憲法訴訟が提起された。

在外日本人選挙権判決は，「国会が，10年以上の長きにわたって在外選挙制度を何ら創設しないまま放置し」たことが違憲であるとし，次回の選挙において「投票することができる地位」の確認を求める訴え（行訴4条）を認めた。国賠訴訟だけでなく確認訴訟においても立法の不作為が争えることを示した点で画期的な判決であった。従来，選挙権は憲法に規定があるだけでは具体的な権利といえず，立法者による制度化を必要とすると考えられてきたので，この訴えは制度の変更を求めるもので日本では認められない抽象的違憲審査であるとして訴えを却下する立場もあり得たが（事実，二審はそのように判断した），最高裁はそのような立場をとらず，「この訴えが法律上の争訟に当たることは論をまたない」とした。

d 憲法訴訟の要件

すでに述べたようにわが国の違憲審査は，通常の司法権行使に付随して行われる。したがって，憲法訴訟と呼ばれるものは実際には，憲法上の争点を含む民事訴訟であり，刑事訴訟であり，あるいは行政訴訟である。実定法上，固有の意味での憲法訴訟は存在しない。したがって，訴訟一般における提起の要件であるとされている具体的事件性は，憲法訴訟の要件でもある。すなわち具体的な争訟が発生していないのに，違憲の法律が制定された事実のみを理由に，憲法訴訟を提起することはできない。ただし，事件性の要件を絶対的，固定的なものとして捉える必要はない。当事者適格の問題とも関連するが，すでに述べたように，わが国では住民訴訟や選挙訴訟，機関訴訟も司法権の対象とされており，そこでの訴訟要件が満たされるかぎり，これらの客観訴訟の中で前提問題として憲法問題を争うことは可能である。

国家権力の誤りをただすという点で，憲法訴訟と重なることが多い行政訴訟に関して，行政事件訴訟法は長らく行政側に有利で国民にとって利用しにくいと批判されてきたが，2004年に改正されて大きな改善をみた。取消訴訟の原告適格の拡大や義務付け訴訟・差止訴訟の法定，当事者訴訟の一類型として確認訴訟の明示は，憲法訴訟にも良い影響を与え，前述の在外日本人選挙権判決（2005年）など画期的な判決を生み出すことに貢献した。

e 当事者適格と第三者の権利

日本では憲法訴訟の当事者適格に関して特別の訴訟法が存在しない。訴訟追行の要件の意味では，各訴訟手続の当事者であれば，誰でも同時に憲法訴訟の当事者となりうる。

これと関連して，第三者の憲法上の権利を援用して法律の違憲性を主張することができるかという問題がある。最高裁判所は，旧関税法による第三者所有物没収事件において初め「訴訟において他人の権利に容喙干渉し，これが救済を求める如きは，本来許されない」（最大判1960（昭35）・10・19）との立場をとっていたが，後に判例を変更し，被告人に対する付加刑であること，被告人としても没収に係る物の占有権を奪われること，所有者から賠償請求されるおそれがあること等を理由に利害関係の存在を認め，被告人による違憲の主張を認めた（最大判1962（昭37）・11・28）。

これとは別に，違憲の疑いがある法令に関して限定解釈すれば合憲となる場合に，合憲的部分が適用される者が事件の当事者として法令違憲の主張をなしうるかという問題も，第三者の権利の問題として論じられることがある。しかし，このような場合に憲法上の争点を提起しうる当事者適格がないとするのは疑問である。刑法の構成要件に該当して刑事責任を問われている被告人が，漠然不明確または過度の広範性ゆえに法令の違憲無効などを主張するのは当然に認められる（広島市暴走族追放条例事件：最判2007（平19）・9・18）。いわゆる「適用合憲」の場合に裁判所が合憲限定解釈をして有罪とするか，法令全体の違憲・無効により無罪とするかは裁判所の判断に委ねられる。

　札幌税関検査訴訟（最大判1984（昭59）・12・12）では，著作者ではなく著作物を購入しようとした者が，税関検査の違憲性を主張した。当事者適格（憲法上の争点提起適格）を非常に狭く捉えれば，「表現の自由」の主体ではなく「知る権利」の主体が検閲の問題を提起するのは第三者の権利の援用であって許されないという立場もあろうかと思われるが，この裁判ではそのことはとくに問題とはならなかった。送り手と受け手の権利は検閲に関して一体だと考えられたためであろう。

　なお，通常の訴訟の当事者が憲法上の争点を提起しうる資格があるかどうかという問題（上告段階では民事訴訟法，刑事訴訟法ともに上告制限の制度がある）とは別に，裁判所法10条2号は最高裁の職権による違憲審査を認めている。

(2) 違憲審査基準論：二重の基準論と三段階審査論

a 憲法規範と審査基準

　法の適用は法的三段論法によって行われる。法規範を大前提とし，事実（行為）を小前提とし，法規範を事実（行為）に当てはめることによって結論を導く。法規範が抽象的な場合は解釈によって規範内容を確定してから当てはめる。憲法訴訟の判断においても同様であるが，大前提が憲法規範であり，小前提が司法事実ではなく，政治権力の行使という大きな事実であるところが異なる。多くは立法行為が争われるので，小前提は立法（法律）およびそれを支える立法事実ということになる。

　たとえば，出版の自由を保障する憲法21条は，国家権力による出版の自由の制限を禁止している。したがって，仮に「出版法」という出版の自由制限法が

制定されれば，法的三段論法によれば違憲無効という結論が得られる。しかし，21条を素直に解釈せず13条と結びつけて「公共の福祉」により制限することが許されるという解釈をとれば，「出版法」が合憲となる余地が生まれる。自由を優先させるか秩序（公共の福祉）を優先させるかは一概に決められず，ケースバイケースで判断するという解釈方法論もある。それは利益衡量論または比較衡量論と呼ばれる。

　アメリカでは，表現の自由など精神的自由の領域（アメリカ合衆国で優越的地位を有するとされている修正1条が保障する権利に対応する）においては違憲の推定を前提に「合憲性判断基準」として，事前抑制禁止の原則や明白かつ現在の危険のルール，明確性の基準，あるいはLRAの基準などが判例理論として形成されてきた。これは，修正1条の解釈から導かれてきた合憲・違憲を診断するためのテストであり，厳格な審査基準として機能する。これに対して経済的自由の領域においては，経済的弱者保護などの対立する利益に配慮して，合憲性の推定を前提に審査の密度を緩め，緩やかな審査を行う。既述の司法積極主義と司法消極主義の使い分けの判例理論に対応している。日本では単なる審査の密度あるいは審査の厳格度を「違憲審査基準」という場合もあり，「違憲審査基準」という用語・用法には若干の混乱がみられる。裁判所も最近は，憲法の条文や規範領域に即して「憲法判断の枠組み」という言葉を使い始めた。これは審査密度のような形式的な議論ではなく，法的三段論法を踏まえた内容の審査を重視することにつながるもので評価できよう。

　b　二重の基準論の意義と限界

　二重の基準論は，戦後の日本において，「公共の福祉」を根拠に違憲の疑いのある法律を安易に合憲と判断する最高裁の姿勢を批判し，戦前，ないがしろにされていた学問の自由や言論の自由など精神的自由だけでも定着させたいと考えていた憲法学界の意向を反映した理論であり，歴史的意義を有するものであった。しかし，他面で，元ハンセン病患者や刑事施設被収容者の権利（人身の自由）に目が行き届かないとか，人間の尊厳からすれば当然廃止されるべき死刑が存置されている日本の状況に有効に向き合えないといった問題を残した。

　また，二重の基準論を日本の人権体系のなかに取り込もうとすると，アメリカ合衆国憲法にない生存権や労働基本権，教育を受ける権利あるいは国家賠償

請求権の重要性をどう考え，審査密度をどの程度にするかといった問題を解決しなければならない。平等権についても，日本の規定のほうが包括的である。平等権といっても内容上は自由権と重なることが多いので，自由権における二重の基準論をベースにして厳格度を区別する試みもなされたが成功しているとはいえない。

　現在の日本の憲法訴訟論では，厳格度を2つではなく「合理性の基準（=緩やかな基準）」，「厳格な合理性の基準」，「厳格な基準」の3つに分けて，立法目的の正当性・重要性・不可欠性と規制手段との合理的関連性・実質的関連性・必要不可欠性の組み合わせで審査することが一般に行われている。しかし，審査密度がなぜ3類型なのか，1％から100％までいろいろなグレードがあってもいいのではないかといった疑問が提起されている。このような問題提起は，人権の価値序列の動揺とともに，類型化につきまとう限界を示すものであろう。

　最高裁自身は，判決文のなかで精神的自由と経済的自由の価値序列に配慮したようなもの言いをしたこともあるが（小売市場判決，薬事法判決など），多くはリップサービス程度にとどまっていて，実際には，すべての人権について「人権は重要だが必要かつ合理的な範囲内での規制は許される」という，どのようなケースにでも対応できる融通無碍の判断枠組を採用してきた。

　c　三段階審査論と導入にさいしての課題

　日本国憲法の人権規定は，19条の思想・良心の自由でも23条の学問の自由でも法律の留保が付されておらず，立法による制約は即侵害即違憲無効であっていかなる例外も認めていないように読める。しかし，現実の紛争とその妥当な解決を考えるとき，人権の制約即違憲無効という判断が適切でない場合もありうる。そこで憲法上の権利は，すべての反対利益に打ち勝つ切り札のようなものではなくて例外的に制限を許す「原則（Grundsatz, principle）」と考えられるようになってきている。問題は例外をどの程度認めるかである。緩やかな審査をすれば広く認めることになり，厳格な審査をすればほとんど例外を認めないことになる。

　人権の保障と制限，言い換えれば自由対秩序を原則対例外の関係として理解するならば，違憲審査に関するドイツの判例理論である三段階審査論の方が一

般的で有用だというので新しい審査基準論として日本の憲法教科書でも採用されるようになってきた。基本権（＝人権）制約の合憲性が①保護領域－②制限－③正当化の三段階で審査される。法律の合憲性審査と処分の合憲性審査は区別しなければならないが，ここでは法律の合憲性審査に限定して説明する。主張されている権利・利益が保護領域に属さなければもとより憲法訴訟にならないので当然に合憲である。もちろん法律上の権利侵害が成立するかどうかは別の問題である。ドイツでは，人格的利益説ではなく一般的行為自由説が通説なのでさまざまな自由が２条１項の保護領域に含まれる。人権に関するものであっても奨励・給付のように人権に対する制約がなければ合憲であるが，監視カメラの設置のようにプライバシーに対する制約があると認められれば，正当化を必要とする。正当化の論証に成功すれば例外的に合憲となり，正当化に失敗すれば原則どおり基本権が優先し違憲となる。

　正当化要件としては①法律が正規の立法手続を経て有効に成立していること，②人権に法律の留保がある場合とない場合とを区別して，ａ）特別の留保がある場合は特別の要件を満たしていなければならないこと，ｂ）法律の留保がない場合は他の人権などの憲法上の利益を実現するためでなければ制限は正当化できないこと，ｃ）ふつうの法律の留保がある場合は③法律の留保が認められるとしても，それは「議会の留保」の要請が満たされなければならない（＝他の機関への白紙委任は認められない）こと，④制限が比例原則に合致していること，⑤制度的保障を伴う人権については，制度を破壊しないこと，⑥制限の内容が人権の本質的内容に及ばないこと（核心部分への介入でないこと），⑦法律の一般性が守られていること，個別事件に対処することを目的とする法律（＝処分的法律）であってはならないこと，⑧法律の留保が認められている人権については，法律においてどの人権を制限するかを挙示しなければならないこと，⑨法律が構成要件と法効果において明白・明確であること（明確性の要件），⑩法律がその他の憲法規定と矛盾・衝突していないこと，が挙げられている。これらには形式的要件，実質的要件の両者が含まれているが，法律が合憲であるためにはこれらすべてを要件を満たさなければならない。

　このなかの実質的審査でとくに重要なものは④の比例原則である。比例原則とは，ⅰ）目的，手段それぞれが正当であることを前提として，ⅱ）手段が目

的達成のために適合的（＝合理的）かつ必要であることが求められるという原則である。これにⅲ）「狭義の比例性」を加えることもある。これは目的と手段との間において釣り合いがとれているかどうかを審査する。昔からよく使われる比喩は「大砲で雀を撃ってはならない」である。狭義の比例性は，比例原則の「手段の必要性」の中に吸収されるので論じる必要がないという説もある。比例原則に基づくドイツの違憲審査をみるかぎりでは，二重の基準論でも使われている目的手段審査と類似する。

　ドイツの比例原則については，ケースバイケースの比較衡量論であって，人権尊重の柱がなく，緩やかな審査に堕するのではないかという疑問が提出されている。たしかに行政法領域で発展してきた伝統的な警察比例の原則は基本権論を欠いていたのでそのような批判も成り立つが，憲法領域で用いられる三段階審査論は，基本権制限には違憲性の推定が働くことが前提とされているので，このような疑問や批判は当たらない。むしろ，二重の基準論では経済的自由の制限立法については合憲性の推定が働くとされているが，ドイツの審査ではここでも違憲性の推定が働くので全般に厳格度が高いともいえる。

　比較法的視点からドイツの三段階審査論を日本の解釈論に組み込むさいに注意すべきことは，ドイツでは，法律の留保を伴う基本権のみが三段階審査の対象とされていることである。法律の留保を伴わない基本権は公共の秩序や安全のような抽象的な利益をもって制約事由とすることはできず，他人の人権などの憲法上の利益を実現するためでなければ正当化されないということである。ここで想起されるべきは，日本の自由権規定には法律の留保のないものが多いということである。法律の留保のない自由権に三段階審査論が使えるのかどうかは1つの大きな問題である。もちろんこの項の冒頭で述べたように，法律の留保がなくてもすべての人権が「原則」であって例外を内包しているという立場で説明することも可能であるが，ドイツの違憲審査方法を比例原則に基づく目的手段審査に置き換えてよしとするような安易な解釈論は慎むべきである。日本の司法の実情も踏まえた慎重な吟味が必要である。

　また，ドイツでは「人間の尊厳」（基本法1条）が今のところ他の人権と違って特別扱いされており，制限についていかなる正当化理由も認められていない。すなわち二段階審査によって違憲が確定する。切り札的権利といってもい

いだろう。日本の場合13条前段の「個人として尊重される」を切り札として解釈する立場がある（長谷部恭男）が、これと「人間の尊厳」を同一視すべきかどうかについても検討を要する。

さらに、ドイツでは生存権が存在せず、守るべき「保護領域」も存在しない。三段階審査は自由権（国家からの自由）に関する憲法訴訟を想定して創られた理論であるので、生存権領域に適用するためには改鋳する必要がある。ドイツでは基本権保護義務から保護領域を確定し、国家による危険除去が必要かつ可能ならば基本権保護請求権を認めるという審査方法が考案されているが、ここでは省略する。

なお、ドイツでは平等原則も固有の保護領域をもたないとされているので三段階審査は行われない。しかし、これについては、①不平等な取扱いがなされているかどうか、なされている場合②それを正当化する理由があるかどうかの二段階で審査される。正当化の審査においては比例原則に基づく目的手段審査も行われるが、日本の多数説と異なり3条3項の属性（性別、人種、信条など）それ自体を理由とする差別は絶対的に禁止されるので正当化の余地がない。

3　憲法判断の方法

違憲審査の結果示される憲法判断は大きく、法令合憲、法令違憲、適用違憲の3種類に分かれる。それを細分化したものも入れて図示すれば次のようになる（図表2）。憲法判断の方法としては取り上げないが、法律の適用の結果ではない処分や事実行為も違憲審査の対象となる。政教分離に関する愛媛玉串料事件最高裁判決（最大判1997（平9）・4・2）や空知太神社訴訟最高裁判決（最大判2010（平22）・1・20）は、この分類では表示されないが、重要な違憲判決である。

(1)　憲法判断の回避と合憲限定解釈

a　憲法判断の回避

具体的・付随的違憲審査制においては、裁判の主眼は具体的事件の適切・妥当な解決におかれるから、訴訟の当事者が法律の違憲性を主張しても裁判所は必ずしもこれに拘束される必要はない。法律の解釈など他の方法によって事件が解決できるのであれば憲法判断を回避することができるし、その方が望まし

図表 2　憲法判断の方法

① 法令合憲
- 単純な法令合憲
- 合憲限定解釈による法令合憲
- 合憲拡張（補充）解釈による法令合憲
- 違憲状態判決，違憲警告判決

② 法令違憲
- 単純な法令違憲ないし全部違憲
- 一部違憲（部分違憲）
  - 規定の一部の文言が違憲
  - 意味上の一部違憲
- 違憲確認判決（事情判決の法理）

③ 適用違憲
- 合憲解釈が不可能な場合の適用違憲〔第1類型〕
- 合憲解釈が可能な場合の適用違憲〔第2類型〕
- 法令自体に何ら憲法上問題がない場合の適用違憲〔第3類型〕
- 運用違憲

いこともある。これを憲法判断回避の原則という。アメリカではブランダイスのルールとして知られる。憲法判断回避という場合，狭義では法令が合憲とも違憲とも判断しないことを指すが，法令の憲法適合的解釈（合憲限定解釈）により違憲判断を回避する場合を含めることもある。

狭義の憲法判断回避の例として，自衛隊法の合憲性が争われた恵庭事件の地裁判決（札幌地判1967（昭42）・3・29）がある。裁判所は被告人の通信線切断という事実に対して自衛隊法121条を不自然なほど限定的に解釈して，通信線は「武器，弾薬，航空機，その他の防衛の用に供する物」に当たらないとして無罪判決を言い渡した。この判決に関して，裁判においては法律の憲法判断が常に論理的に先行しなければならず，裁判所による憲法判断回避は許されないという批判が提出された。しかし，裁判所が積極的に憲法判断に踏み込むべきかどうかは，裁判所の裁量に委ねられているとするのが現在の通説である。

同じく自衛隊の合憲性が問われた長沼ナイキ基地訴訟の一審判決（札幌地判1973（昭48）・9・7）は，裁判所が積極的に憲法判断に踏み込んだ例である。それは「憲法の基本原理に対する黙過することが許されないような重大な違反の状態が発生している疑いが生じ……裁判所が憲法問題以外の当事者の主張について判断することによってその訴訟を終局させたのでは，当該事件の紛争を

根本的に解決できないと認められる場合」には，裁判所は憲法判断の義務を負うと述べている。

　b　合憲限定解釈

　裁判所が違憲立法審査権を行使しようとするとき，とりあえず考えられるのは，問題となっている法令が上位法である憲法との間で矛盾衝突がないかどうかを審査して法令の規定を全面的に合憲有効と判断するか，逆に違憲無効と判断するかの2通りであろう。しかし，事件に即した問題の解決のためには，この2つにとらわれない審査・判断方法が有効なこともある。具体的・付随的違憲審査制においては，裁判官は憲法解釈権と法律解釈権の双方を有しており，両者を組み合わせることができる。柔軟な判断方法が選べることは，具体的・付随的違憲審査制の大きな長所である。

　その1つの方法が合憲限定解釈と呼ばれるものである。これは，ある法令の規定について広狭2義の解釈が可能であって，広義に解釈すれば違憲の疑いが濃いが狭義に解釈すれば合憲性を維持できる場合に，狭義の解釈を選択することによって法令自体の違憲判断を回避するという手法である。

　具体的な裁判例としては，法律（旧公共企業体等労働関係法および旧郵便法）が旧郵便職員の労働基本権を制限している場合でも，労働基本権を保障する憲法の精神と調和するように法律を解釈すべきであり，制限は必要最小限度にとどめるべきで刑事罰を科すことは慎重にすべきだとした全逓東京中郵判決（最大判1966（昭41）・10・26），地方公務員法37条1項，61条4号の規定が，すべての地方公務員のいっさいの争議行為を禁止し，そのあおり等の行為をすべて処罰する趣旨であると解するならば，これらの規定は違憲の疑いを免れないが，憲法の趣旨に調和しうるように合憲限定解釈をするかぎり合憲である，すなわち，あおり等の行為のうち争議行為に通常随伴して行われる行為のごときは，処罰の対象とされるべきではないとした東京都教組判決（最大判1969（昭44）・4・2），関税定率法21条1項3号の「風俗を害すべき書籍，図画」という規定について，字義どおりに「風俗」と理解すると輸入禁制品の範囲がどこまでも広がるおそれがあるので，「性風俗」の意味で限定的に理解し「風俗を害すべき書籍，図画」とはすなわち「猥褻な書籍，図画」のことであると解釈すれば憲法違反にはならないとした札幌税関検査訴訟判決（最大判1984（昭59）・

12・12），集会の自由を制限する条例について「何人も」を「本来的な意味における暴走族及びその類似集団」に限定解釈すれば憲法上問題がないと判示した広島市暴走族追放条例事件最高裁判決（最判2007（平19）・9・18）などがある。

このほか，規定の文言を限定するのではなく泉佐野市民会館事件（最判1995（平7）・3・7）のように「単に危険な事態を生じる蓋然性があるというだけでは足りず，明らかに差し迫った危険の発生が具体的に予見されることが必要である」という形で法令の適用範囲を限定する場合も，一種の合憲限定解釈であるといえる。

合憲限定解釈の意義は，立法者意思を尊重しつつ，同時に憲法的価値の実現を図るところにある。しかし，法令の憲法適合的解釈といっても限界はある。立法者意思を超えて法令の意味を変更し，法令をつくり変えたのと同じ結果になるような解釈は許されない。このような場合は違憲無効（法令違憲）とする方が明快である。精神的自由に対する過度に広汎な規制を定めている法令が存在するならば，法令を限定解釈によって救済するよりも，法令自体を違憲とする方が望ましい。精神的自由の領域においては法令のもつ委縮効果を除去することが裁判所に求められているからである。

合憲限定解釈は法令自体は合憲だという判断を示すにとどまる。前提問題としてのその憲法判断が事件の具体的な解決に直結するとは限らない。合憲限定解釈によって当事者が救済される場合もあれば，救済されない場合もある。

c 合憲拡張（補充）解釈

憲法に適合的な解釈は，合憲限定解釈に限られない。憲法が授権規範として国家に一定の内容を命令・要請している場合，合憲拡張解釈（合憲補充解釈）というものも考えられる。高田事件（最大判1972（昭47）・12・20）は，被告人の迅速な裁判を受ける権利（憲37条）を保障するために，刑訴法には具体的な明文の規定がないにもかかわらず免訴を言い渡した。刑訴法337条にあらたに免訴を言い渡すべき要件をつけ加えたに等しい。法律の補充的解釈ないし拡張解釈だと評価することができる。

国籍の届出取得における差別的な取扱いが問題となった国籍法3条の違憲訴訟で最高裁は，国籍法3条を違憲としながら同時に法律の不備を埋める形で拡

張的な合憲解釈を行って当事者を救済した（最大判2008（平20)・6・4）。判決は準正子という「過剰な要件」が違憲なので，その要件を除いて合理的に法律を解釈した結果だというが，立法者との関係で裁判所として大胆に踏み込んだ判断を示したものであり，実質的には合憲拡張解釈といっていいだろう。

　現行の訴訟制度においても，立法の不作為の違憲確認を行ったり，法律の不備を埋め合わせるような憲法適合的解釈によって事件を解決することは可能であるし，それはときに違憲立法審査権をもっている裁判所の任務だといえよう。本格的な実例は存在しないが，平等権違反が問われる社会福祉立法などで，14条違反を確認するだけでなく，憲法適合的な状態の実現を可能にする積極主義的な判決が登場することが望まれる。

　(2)　**違憲状態判決と違憲確認判決**　客観的には憲法違反の状態になっていることを裁判所が認定しながらもなお，立法者に猶予を与えて違憲判断を行わなかった場合，違憲状態判決という。このまま違憲状態を放置するとこの次の裁判では違憲判決を出しますよということを警告することもある。そのために違憲警告判決と呼ばれることもある。違憲状態判決ないし違憲警告判決は，分類上は法令合憲である。この点で，事情判決の法理に基づいて「違憲だが無効ではない」という違憲確認判決ないし違憲有効判決とは異なる。

　違憲確認判決ないし違憲有効判決は分類上法令違憲である。1976年と1985年の議員定数不均衡違憲判決は，事情判決と呼ばれることが多いが違憲判断の性質からみた場合違憲確認判決ないし違憲有効判決であり，いずれも法令違憲に分類される。これと合憲判決である違憲状態判決ないし違憲警告判決を混同してはならない。

　通常，裁判所が違憲立法審査権を使って法律を違憲と判断する場合，法律に違憲の瑕疵があることを認めれば，その時点で違憲と判断してかまわないし，そうすべきである。違憲判決を下すのに立法者の態度や責任などを考慮に入れる必要はない。しかし，立法当初は法律に憲法上の瑕疵はなかったが，その後の法律を取り巻く状況の変化によって違憲となったような場合，違憲状態に達した時点でただちに違憲判断を行うのではなく，立法者に是正のための期間を猶予期間として認めてやろうという温情主義の判決が「違憲状態」判決である。

議員定数の不均衡は，農村の若者が大量に都市に流入するという戦後の人口大移動によって生じた。それは立法者も予期しないほど急激なものだったので，立法者の対応が遅れたのもしかたのない面がある。公職選挙法制定時の衆議院の選挙区割は合憲だった。このような場合には違憲立法審査権の行使を手加減しようというのが，この「違憲状態」判決なのである。最高裁は，衆議院の中選挙区については有権者比の格差（較差）が１対３を超えると平等に反する（不合理な差別になる）と考えてきたから，１対３を超えるととりあえず違憲状態であることを確認し，違憲状態が合理的是正期間を過ぎて続いている場合は違憲判決を下す（ただし無効にはしない）という判断方法を採用した。現在の選挙制度である衆議院の小選挙区については１対２を超えると違憲状態になると判断している。参議院の選挙区選挙については１対６を超えないと違憲状態に達したとはみなさない時期もあったが，これは見直されつつある。

　客観的な違憲性だけでなく，それに加えて合理的是正期間を違憲判断の考慮要素に入れる場合としては，ほかにも，立法の不作為の場合が考えられる。憲法が立法を予定しているにもかかわらず，立法者がそれを放置している場合である。この場合も憲法施行と同時に違憲と判断するのは酷である。違憲状態（人権侵害）が生じていても不当に長期にわたって放置しなければ，違憲判断を行わないという理論である。ただし，どの程度の期間放置すると合理的是正期間を徒過したことになるのかについて通説的見解や判例はない。国会は憲法に常に違反してはならないのであって違憲立法審査権を行使するのに，そのような温情は不要だという見解もありうる。

(3)　**意味上の一部違憲**　「意味上の一部違憲」とは，最高裁が郵便法違憲判決（最大判2002（平14）・9・11）で示した判断方法である。大分類では法令違憲に属する。法令の規定の一部を摘示してその部分が違憲であるとするのが「一部違憲」とか「部分違憲」とかいわれるものであるが，「意味上の一部違憲」においては，規定の文言ではなく規範に含まれる違憲の部分を指摘する形をとる。具体的には書留郵便物に関して最高裁は「法68条，73条の規定のうち，書留郵便物について，郵便業務従事者の故意又は重大な過失によって損害が生じた場合に，不法行為に基づく国の損害賠償責任を免除し，又は制限している部分は，憲法17条が立法府に付与した裁量の範囲を逸脱したものであるといわざ

るを得ず，同条に違反し，無効であるというべきである」と述べた。その柔軟性は，法令違憲と法令合憲との間を埋めるバリエーションとして開発されてきた適用違憲や合憲限定解釈と同等である。2008年の国籍法違憲判決，2015年の民法再婚禁止期間規定違憲判決も意味上の一部違憲の判決に分類することができる。

　どういう場合に意味上の一部違憲を行うべきかということについての客観的な基準はない。事件の解決にとって最も適切だと思われる判断方法を選ぶ自由が裁判所にはあるので，同じ事件を裁判官によっては適用違憲の手法に基づいて解決することもあろうし，意味上の一部違憲として判断することもあるだろう。また別の裁判官は，合憲限定解釈にとどめて，それ以上進んで違憲判断を示さない場合もあろう。日本には憲法訴訟法は存在せず，判断方法は憲法81条を頼りに裁判官の判例形成に委ねられているのでそうならざるをえない。

　意味上の一部違憲判決は，ドイツの連邦憲法裁判所で開発されてきた「限定的無効」の判断方法とよく似ている。ドイツの限定的無効は「規範の切除を伴わない質的一部無効宣告」とか「文言に言及しない無効宣告」といわれる。「意味上の一部違憲」は適用違憲の形をとっても同様の効果を得られるであろうが，判決後の立法者の改正作業を促す方法としては適用違憲より確実であろう。

　学説で適用違憲の活用が主張されたのは，法令違憲が最高裁にとって重荷になっていて適用違憲ならば荷が軽いのではないかという期待に基づくものであった。法令違憲をオーソドックスな違憲判断の方法だと考えてきた最高裁にとって，同じ効果をもたらす意味上の一部違憲は，今後活用される可能性の高い判断方法だといえる。

　(4)　**適用違憲**　　適用違憲とは，裁判所が何らかの理由で法令の違憲性を明示することなく，当該事件への法令の適用に関してのみ違憲判断を示す手法をいう。法令違憲と対比される。法令違憲を行わないというかぎりでは司法消極主義に属する判断方法である。それでも合憲判決より積極的であることはいうまでもない。合憲限定解釈との組み合わせも可能である。1970年代前後に下級審で集中的にみられたが，その後あまり例がなく，最高裁は，猿払事件で一審判決を批判して「法令が当然に適用を予定している場合の一部につきその適用を違憲と判断するものであって，ひっきょう法令の一部を違憲とするにひと

し」いと述べ，この判断方法自体に否定的な立場をとってきた。しかし，日本の憲法訴訟において訴訟の当事者が法令違憲，適用違憲の二段階で違憲の主張を行うのは常識となっており，学説でも広く支持されている。3つの類型がある。

なお，裁判所は適用違憲の裁判において，法令違憲を宣言しないだけでなく，法令自体が合憲であるかどうかについて何ら判断を示さない場合が多い。政治的な配慮がはたらいているものと推測されるが，論理的には法令自体は合憲であることを明示する方がわかりやすいだろう。

a　合憲限定解釈が不可能な場合の適用違憲

法令の合憲限定解釈が不可能であるような場合に，少なくとも憲法上救済すべき当該事件に関して，法令を適用する限りにおいて違憲だとするものである。国家公務員の政治的行為を制限処罰する国家公務員法の規定が限定解釈の余地がなく，これを被告人に適用するかぎりで憲法に違反するとした猿払事件第一審判決（旭川地判1968（昭43）・3・25）がその例である。しかし，この事件に関しては，文面審査ないし立法事実審査によって法令違憲を宣言した方がより自然であったと考えられる。

b　合憲限定解釈が可能な場合の適用違憲

法令の合憲限定解釈が可能であり，それによって救済すべき場合であるにもかかわらず，法令の執行者が限定解釈をしないでそのまま適用したために人権侵害が生じたようなとき，その適用行為を捉えて違憲と判断する方法である。いわゆる全逓プラカード事件第一審判決（東京地判1971（昭46）・11・1）が例として挙げられる。判決は次のように述べる。

> 本件行為は，原告の地位，職務権限，職務内容等行為者の面からみても，また行為のなされた状況，行為の内容からみても，憲法上禁止，制限が許容される政治的行為とはいえない。むしろ本件行為は，憲法21条1項の保障する正当な表現の自由というべきものである。そうすると，形式的文理上は，本件横断幕の文言は，人事院規則一四－七第5項四号に，これを掲げて行進した行為は，同規則一四－七第6項一三号に該当し，原告の本件行為は，国公法102条1項に違反するけれども，右各規定を合憲的に限定解釈すれば，本件行為は，右各規定に該当または違反するものではない。したがつて，本件行為が右各規定に該当または違反するものとして，こ

れに右各規定を適用した被告の行為は，その適用上憲法21条1項に違反するものといわなければならない。

c 法令自体に何ら憲法上の問題がない場合の適用違憲

法令自体の合憲性には何ら問題がないにもかかわらず，執行機関が誤って法令を適用したために生じた人権侵害について，その解釈適用行為を裁判所が違憲であると判断する場合である。この場合，純粋な違法問題として事件を処理することも可能であるが，法令の適用範囲を明確にするために，違法性とともに違憲性も明らかにするわけである。政治的内容をもったビラ配布に対して刑法の住居侵入罪が適用された場合などにこの手法が使えるだろう。実際の判例としては第2次家永訴訟第一審判決（東京地判1970（昭45）・7・17）がよく挙げられるが，この事件では，法令自体の合憲性に何ら問題がないといいきれるか疑問がある。思想内容に及ぶものでないかぎり検定は許されるがそうでないので違法・違憲であるというのは，合憲限定解釈を前提とした判断だという評価もできる。

d 運用違憲

以上述べた3つの類型の適用違憲のほかに運用違憲と呼ばれるものがある。適用違憲の一変種である。これは，違憲の疑いのある法令について全般的な運用状況をみて，当該処分を違憲的運用の一環として位置づけ，そこから処分の違憲性を導く手法である。例としては，東京都公安条例が表現の自由を著しく制限する許可制として運用されていることを違憲とした寺尾判決（東京地判1967（昭42）・5・10）がある。法令の運用状況を審査する「運用審査」は立法事実の審査であり，審査方法として決して奇抜ではない。したがって具体的・付随的違憲審査制でも許される手法であるが，ここでも結論は法令違憲にする方が自然であったといえよう。

4 違憲判決の効力

(1) **一般的効力説と個別的効力説** 憲法訴訟の判決の効力が当事者のみを拘束する（個別的効力）か，それとも広くすべての国家機関とすべての人を拘束する（一般的効力）かという問題について，憲法は何も規定していない。ま

たこれに関する法律も制定されていない。憲法裁判所型違憲審査制においては，法令の違憲判決はもちろん，合憲判決についても憲法判断が判決主文で示されるかぎり一般的効力をもつとされる。そこでは合憲・違憲の決定自体が訴訟の目的とされているからである。しかし，具体的・付随的違憲審査制においては合憲・違憲の決定は直接訴訟の対象とはならず，法令違憲の判断も判決主文ではなく判決理由の中で示されるのが普通である。とはいえ，法令違憲の判断を示した部分が英米法にいう ratio decidendi（判決主文を決定づける理由）に当たるとすれば，法令違憲の判断は，先例としての拘束力が認められるはずである。ところが，日本は判例法の国ではないということで，認められるとしてもせいぜい事実上の拘束力にとどまるとして，この点が曖昧にされてきた。

　学説では，わが国の違憲審査制が具体的・付随的違憲審査制であること，一般的効力の承認は裁判所による消極的立法を認めることとなり，それは司法権の限界を超えることなどを理由に，最高裁判所による法令違憲の判決も当該事件にのみ効力が及ぶとする個別的効力説が通説とされてきた。しかし，この説を徹底しかつ違憲判断に先例としての拘束力もないとすると，事件ごとで異なる憲法判断を認めたり，そのために不公平が生じたりすることも容認しなければならなくなる。法的安定性を考えれば，国会を含むすべての国家機関が最高裁の違憲判決を尊重し，最高裁も安易な判例変更を行うべきでなかろう。

　実際には1回の違憲判決であってもほとんどの場合，立法者は違憲判断の内容に従った改廃を行ってきた。意味上の一部違憲の判断が示された郵便法違憲判決や国籍法違憲判決においても，国会は即座に判決の内容を改正規定に反映させた。最高裁の適用違憲の判決は，第三者所有物没収事件を例外として存在しないが，仮に適用違憲の判決が出された場合でも，国会は意味上の一部違憲と同様の対応をとることが予想される。

　このようにみてくると，日本の個別的効力説は実務を無視した観念論であったといえよう。観念論がまかり通ったのは，違憲立法審査権が行使される機会が少なかったことに原因が求められる。しかし，最初の本格的違憲判決であった尊属殺重罰規定違憲判決のときから，その問題は提起されていた。法務省は同種の過去の事件について個別恩赦等の措置を講じたが，違憲判決の波及効果を考えれば個別的効力説で対応することにはもとから無理があったといえよ

う。

　そういうなかで，婚外子法定相続分差別規定違憲訴訟特別抗告審（最大決2013（平25）・9・4）は，裁判所自身がこの問題に自覚的に取り組んだ裁判として注目される。決定は，「以上によれば，平成13年7月25日に開始したAの相続に関しては，本件規定は，憲法14条1項に違反し無効でありこれを適用することはできないというべきである」と述べる。Aの事件に関してという限定があるので個別的効力説を前提としているようにもみえる。しかし，「他方，憲法に違反する法律は原則として無効であり，その法律に基づいてされた行為の効力も否定されるべきものであることからすると，本件規定は，本決定により遅くとも平成13年7月当時において憲法14条1項に違反していたと判断される以上，本決定の先例としての事実上の拘束性により，上記当時以降は無効であることとなり，また，本件規定に基づいてされた裁判や合意の効力等も否定されることになろう」と述べている。この決定は，具体的・付随的違憲審査制でも違憲とされた法律は，少なくとも当該事件以降は無効となって執行できなくなることを裁判所が自ら認め，宣言したものだといえよう。

　ところで，ドイツでは違憲判決は，一般的効力（＝「法律的効力」）を有するとされるが，一部に誤解されているように，それは法令集から違憲と判断された規定を削除する効力をもつことを意味しない。すでに述べたように，すべての人と国家機関を拘束するという意味である。条文規定の削除は立法者の任務である。もちろん，連邦憲法裁判所が判決のなかで違憲判断とあわせて，立法者が新たな立法をするまでの間，暫定的な規則を提示することもある。

　(2)　**効力の遡及と将来効**　　一般的効力説をとる場合，違憲とされた法律は立法の時点に遡って無効であるのか，それとも判決の言渡し以降，将来に向かって失効するのかという問題が生じる。ドイツでは，無効判決の効力は，法律の制定時にまで遡るとされている。違憲立法が抽象的規範統制によって早期に是正される場合はいいが，一定期間を経過した後に違憲判断が示された場合には混乱が予想される。そのため，違憲の法律に基づく民事の確定判決には影響が及ばないとされている。また，刑事については再審を認めることで，無効判決との調整が図られている。

　一般的効力を前提とする無効判決の遡及による混乱を防ぐための方法とし

て,「違憲確認判決」が選択されることもある。日本の事情判決の法理による議員定数不均衡判決と類似する。さらには,オーストリアのように,裁判所の裁量で,判決の言渡し後1年を限度として判決の効力発生の時期を指定することができるようにしているところもある。このような方法をとれば,過去の法律関係への影響を封じることができる。

　個別的効力説によれば,本来,遡及効の問題は生じない。違憲無効の判決も当該事件に関してのみ法律が違憲無効と判断したことを意味するが,これをもって無効判決の効力が当該事件のときまで遡及したとはいわない。

　先に引用した婚外子法定相続分違憲決定は,「既に関係者間において裁判,合意等により確定的なものとなったといえる法律関係までをも現時点で覆すことは相当ではないが,関係者間の法律関係がそのような段階に至っていない事案であれば,本決定により違憲無効とされた本件規定の適用を排除した上で法律関係を確定的なものとするのが相当である」と述べる。これは,個別的効力説では説明できない。少なくとも判決の言渡しの時から当該事件の発生の時まで違憲判決の効力が一般的に遡ることを肯定したものと受け止められる。

　なお,広島高判岡山支部2013(平25)・3・26は,議員定数不均衡に関する最初の違憲無効判決として注目されたが,「将来に向かって形成的に無効とする訴訟である公職選挙法204条に基づくものであることにかんがみれば,無効判決確定により,当該特定の選挙が将来に向かって失効するものと解するべきである」と述べているとおり,判決の言渡し以降,選挙の効力が将来に向かって失効することを確認した将来効判決である。選挙の根拠規定(法律)の効力の扱いについての裁判所の判断は示されていない。

第6節　財　　政

1　概　　要

(1)　「代表なければ課税なし」　「代表なければ課税なし」は財政民主主義の原点となった標語である。国民代表の議決したものでなければ立法の正当性が認められないように,国民に重い義務を課す租税も国民代表の議決がなければ正当な課税とはいえない。これは国家運営の収入の面での規範であるが,支出

の面もあわせて民主的にコントロールしようとするのが日本国憲法の第7章「財政」の各規定である。そのなかでの最初の条文「国の財政を処理する権限は，国会の議決に基いて，これを行使しなければならない」(83条) が総則的規定である。

(2) **帝国憲法の「会計」**　帝国憲法にも「会計」という章があった。しかし，財政議会主義に対する多くの例外が認められていた。①予算不成立のときは前年度予算を施行する (71条)，②緊急財政処分の制度 (70条)，③既定費，法律費，義務費について廃除削減する場合は政府の同意が必要である (67条)，④皇室経費は増額の場合を除き議会の協賛は不要である (66条。皇室経済自立主義)，といったことである。

(3) **直接的な財政民主主義**　憲法に規定はないが，戦後の民主主義が進展するなかで，市民による直接的な財政コントロールの主張も行われている。財政議会主義ないし財政国会中心主義で足りないところを補おうとするものである。住民監査請求や住民訴訟を利用した市民オンブズマンの活動が各地で行われている。また，納税者を権利主体として捉える「納税者憲章」の制定や「国民訴訟」の創設を求める運動もある。

2　租税法律主義

「国民は，法律の定めるところにより，納税の義務を負ふ」(30条) が，「あらたに租税を課し，又は現行の租税を変更するには，法律又は法律の定める条件によることを必要とする」(84条)。これは，財政議会主義を収入面で具体化したものである。財政法3条は租税だけでなく，課徴金，専売価格，事業料金についても法律による根拠または国会の議決が必要であるとしている。

租税以外の公課について法律 (または条例) の定めが必要かどうかが争われた有名な事件に旭川市国民健康保険条例事件がある。保険料の徴収については，自治体によって保険税として徴収しているところと保険料として徴収しているところがある。旭川市は，保険料方式をとっており，条例で直接定めるのではなく，変動する可能性のある保険料率を市長に委任していた。一審は84条に違反するとして違憲判決を下したが，最高裁は，84条の直接適用を否定し，総合考慮の結果，本件については合憲であると判断した (最大判2006 (平18)・

3・1）。憲法判断の枠組みとしては明快とはいえないが，該当箇所を引用する。

> 憲法84条は，課税要件及び租税の賦課徴収の手続が法律で明確に定められるべきことを規定するものであり，直接的には，租税について法律による規律の在り方を定めるものであるが，同条は，国民に対して義務を課し又は権利を制限するには法律の根拠を要するという法原則を租税について厳格化した形で明文化したものというべきである。したがって，国，地方公共団体等が賦課徴収する租税以外の公課であっても，その性質に応じて，法律又は法律の範囲内で制定された条例によって適正な規律がされるべきものと解すべきであり，憲法84条に規定する租税ではないという理由だけから，そのすべてが当然に同条に現れた上記のような法原則のらち外にあると判断することは相当ではない。そして，租税以外の公課であっても，賦課徴収の強制の度合い等の点において租税に類似する性質を有するものについては，憲法84条の趣旨が及ぶと解すべきであるが，その場合であっても，租税以外の公課は，租税とその性質が共通する点や異なる点があり，また，賦課徴収の目的に応じて多種多様であるから，賦課要件が法律又は条例にどの程度明確に定められるべきかなどその規律の在り方については，当該公課の性質，賦課徴収の目的，その強制の度合い等を総合考慮して判断すべきものである。

パチンコ球遊器事件は法律ではなく通達による課税ではないかということが問題となった。一般消費税が導入される前，贅沢品に物品税が課税されていた時代の事件である。従来，物品税法上の遊戯具とみなされてこなかったパチンコ球遊器に対して，1951年3月東京国税局長が，同年9月国税庁長官がそれぞれ管下の下級税務官庁に「パチンコは遊戯具であるから物品税を賦課せよ」との趣旨の通達を発した。各税務官庁はこの通達に基いて，パチンコ球遊器に物品税を課税した。最高裁は「いわゆる消費的消費財と生産的消費財との区別はもともと相対的なものであつて，パチンコ球遊器も自家用消費財としての性格をまつたく持つていないとはいい得ないこと，……原判決も……現行法の解釈として「遊戯具」中にパチンコ球遊器が含まれるとしたものであつて，右判断は，正当である。なお，論旨は，通達課税による憲法違反を云為しているが，本件の課税がたまたま所論通達を機縁として行われたものであつても，通達の内容が法の正しい解釈に合致するものである以上，本件課税処分は法の根拠に

基く処分と解するに妨げがなく，所論違憲の主張は，通達の内容が法の定めに合致しないことを前提とするものであつて，採用し得ない」と述べた（最判1958（昭33）・3・28）。しかし，通達は行政の統一を図ることを目的として上級機関から下級機関に対して発せられるものであり，対外的に納税者にあらたな義務を課す法効果をもたせることは租税法律主義に反する疑いが強い。

84条は条例について規定していない。しかし，自治体の条例が地方税について定めることは，地方自治の本旨（憲92条）に沿うものであり租税法律主義に反しない。

3　国庫支出の議決

憲法85条は支出の面での財政議会主義を定める。「国費を支出し，又は国が債務を負担するには，国会の議決に基くことを必要とする」（85条）。国費の支出のうち最も重要な予算については86条が「内閣は，毎会計年度の予算を作成し，国会に提出して，その審議を受け議決を経なければならない」（86条1項）と定める。87条は，予備費に関する規定で，1項で「予見し難い予算の不足に充てるため，国会の議決に基いて予備費を設け，内閣の責任でこれを支出することができる」，同2項は「すべて予備費の支出については，内閣は，事後に国会の承諾を得なければならない」と定める。

「国の債務」には，国債の発行や日本銀行からの一時借入金，災害復旧のための債務負担行為などがある。国の債務負担は，財政上必要な経費を調達するためになされるが，いずれ国費の支出を伴い国民の負担に帰するものであるから国会の議決が必要である。議決の方式としては，財政法上，予算の形式によるものと法律の形式によるものがある。

4　予　算

(1)　**予算の法的性格**　帝国憲法下でも予算は原則として帝国議会の協賛が必要であったが（帝国憲法64条），学説上は，予算は本質的に行政に属するもので，単に歳入歳出の見積表であり，その法的性格も行政機関内部を拘束する「訓令」であるとする説や議会の役割を軽視する承認説が当初は支配的であった。しかし，その後，議会の役割を重視する特殊国法形式説ないし予算法規範

説が現れ，これが今日までに続く通説となっている。日本国憲法下では，それをさらに進めた「予算＝法律」説も主張されている。この説は，予算は法律の一種にほかならないとする。予算は，憲法上議決方法等の違いはあっても，法的性格としては法律そのものであり法律と同等の扱いをすべきであるというものである。欧米諸国では予算も予算法という法律形式をとって審議・可決されるところが多い。この学説はその影響を受けている。この説をとると法律と予算の矛盾も生じないとされている。

これに対して予算法規範説は，予算は法規範の一種ではあるが，法律ではないという点に固執する。その理由は，①予算は法律と違い1年限りで永続性がない，②予算は法律と違い政府を拘束するものであり，直接国民に向けられていない，③予算は法律と違い作成・提出権が内閣の専権である，④衆議院に先議権があるなど議決方法に法律との違いがある等である。これに対して，予算法律説からは法律にも時限立法や行政組織法などがあること等の反論がなされている。

(2) **予算の成立**　日本国憲法上，予算の作成・提出権は内閣に属している（73条5号）。しかし，「内閣は，毎会計年度の予算を作成し，国会に提出して，その審議を受け議決を経なければならない」（86条）と定めるように，審議・議決権は法律と同じく国会の権限である。憲法60条は，法律と異なる手続として，衆議院の先議権（1項）ならびに必要的両院協議会および衆議院の優越を定める。「予算について，参議院で衆議院と異なつた議決をした場合に，法律の定めるところにより，両議院の協議会を開いても意見が一致しないとき，又は参議院が衆議院の可決した予算を受け取つた後，国会休会中の期間を除いて三十日以内に，議決しないときは，衆議院の議決を国会の議決とする」（60条2項）。法律の場合は参議院が60日以内に議決しないときは否決したものとみなされ，衆議院での3分の2以上での再可決が必要となる（59条4項・2項）ので，衆議院の優越度が予算の方が高い。

(3) **予算の修正**　帝国憲法では，議会の権限が軽視されていたので減額についても自由ではなかったが，日本国憲法では，国会による減額修正は当然に自由である。増額については税収入が関係してくるので事実上の限界はあるが，権限関係でいえば，国権の最高機関である国会に審議・議決権があるから

国会は自由に増額修正できる。この結論は「予算＝法律」説からは当然に導かれるが，予算法規範説の立場に立っても国会による無制限の修正が認められる。ただし，政府は，大項目である款項の新設まで含めて増額修正が可能だが，内閣の予算作成・提出権を損なわない範囲でしか認められないという見解をとっている。

(4) **予算と法律の不一致**　時期的なずれにより予算と法律が一致しないときにどうするかという問題がある。2つの場合が考えられる。①1つは経費の支出を伴う法律が成立しているのに，支出が予算に計上されていない場合である。とくに内閣が支出を予定していなかったにもかかわらず，支出を伴う議員立法が成立したときに生じる。この場合，内閣は法律を誠実に執行する義務を負っている（73条1号）から，ⅰ）予備費（87条），ⅱ）補正予算（財政29条）で対応することになる。あるいはⅲ）経費の流用（同33条2項）という方法も考えられる。これらの手段が使えないときは，立法者の意思には背くがⅳ）法律の施行を延期することにならざるをえない。不一致が生じる2つ目の場合は，②予算が成立したにもかかわらず，根拠となる法律が成立しなかった場合である。この場合，内閣は法律案を提出し国会の議決を求めることになるが，しかし，国会に法律制定の義務はない。不都合ではあるが制度上やむを得ないことである。これについて予算も法律だとみなす「予算＝法律」説は，この問題は後法優先の原則によって解決されるのでどちらを優先させるかという不一致は生じないという。しかし，これに対して②の場合に，はたして法律未成立のまま予算を執行できるものだろうかといった疑問が提出されている。

(5) **暫定予算**　憲法には規定がないが財政法に暫定予算の制度が定められている。「内閣は，必要に応じて，一会計年度のうちの一定期間に係る暫定予算を作成し，これを国会に提出することができる」（財政30条1項）。帝国憲法では新年度の予算が議会で承認されない場合は前年度の予算を施行することができることになっていた（帝国憲法71条）がこのようなことは財政民主主義に反するので認められない。財政法30条2項によれば「暫定予算は，当該年度の予算が成立したときは，失効するものとし，暫定予算に基く支出又はこれに基く債務の負担があるときは，これを当該年度の予算に基いてなしたものとみなす」とされている。

5 財政報告と決算審査

「内閣は，国会及び国民に対し，定期に，少くとも毎年一回，国の財政状況について報告しなければならない」(91条)。また，90条1項によれば「国の収入支出の決算は，すべて毎年会計検査院がこれを検査し，内閣は，次の年度に，その検査報告とともに，これを国会に提出しなければならない」とされている。したがって，国会の財政監督権は決算の審査にも及ぶ。しかし，国会が決算について不承認の議決をしても決算の効力には影響を与えない。

6 公費支出の制限

日本国憲法89条は，「公金その他の公の財産は，宗教上の組織若しくは団体の使用，便益若しくは維持のため，又は公の支配に属しない慈善，教育若しくは博愛の事業に対し，これを支出し，又はその利用に供してはならない」と定める。

私立学校への助成が89条に違反するかどうかについては争いがある。私的な事業への公権力の介入を防止することが目的であるという立場に立つと厳格な審査が要求され，違憲論に傾く。国または地方公共団体が私立学校の人事権をも握って学校経営の自主性を失わせる程度に支配を及ぼしているのでなければ「公の支配」に属している教育事業とはいえないと考えるからである。これに対して，89条の目的が国費の無駄遣いを防止することにあるという立場に立つと審査は緩やかとなり合憲論に傾く。国または地方公共団体が，私立学校に対して報告を求めたり勧告をしたりするといった一定の監督権を行使していれば，「公の支配」に属するとみなすからである。現在の教育基本法は合憲論の立場から8条で助成・振興を明文化している。教育基本法には6条に「法律に定める学校は，公の性質を有する」という規定もあり，これをもって私立学校も「公の支配」に属するという解釈もある。

日本においては，社会権である「国民の教育を受ける権利」(26条)の実現という国の義務を私立学校が肩代わりしている側面があることを強調する合憲説もある。

宗教上の組織への公金支出の禁止・公の財産の利用禁止は，政教分離原則を財政面から保障するためのものである。政教分離原則の緩やかな審査基準であ

る目的効果基準が89条にも妥当するかどうかについては見解が分かれている。

第7節　地方自治

1　地方自治の本旨

(1)　**概　要**　日本国憲法第8章の「地方自治」は帝国憲法に存在しない新しい憲法原則であった。92条は地方自治の総則的規定であり，「地方公共団体の組織及び運営に関する事項は，地方自治の本旨に基いて，法律でこれを定める」と規定する。地方自治は，中央政府の水平的（horizontal）権力分立に対して垂直的（vertical）権力分立という表現が使われることがある。中央権力との間においてチェックアンドバランスの機能を担う。地方自治を第4権に位置づける説もある。

92条の「地方自治の本旨」（principle of local autonomy）が抽象的な文言であり，かつ「法律でこれを定める」とあるからといって，憲法が地方制度の設計を立法者に白紙委任していると解釈してはならない。一般に「地方自治の本旨」は住民自治と団体自治の2本の柱から成ると理解されている。「地方自治の本旨」に反する立法は当然に違憲である。92条に基づいて制定された一般法に「地方自治法」がある。戦後改革の中で地方自治法には憲法が予定していなかった制度も採用されている。

(2)　**住民自治**　住民自治とは平たくいえば「住民の住民による住民のための政治」のことである。地方レベルの国民主権といってもいいし，住民主権と言い換えることもできる。「地方自治は民主主義の小学校」であるといわれることもあるように，民主主義としては国民にとって身近なものであり，国政のそれよりもプープル主権的ないし直接民主主義的性格が強いということができる。

住民自治の具体例として憲法は①首長およびその他の吏員に対する直接選挙（93条），②地方自治特別法に対する住民投票（95条）を保障しているが，それに加えて地方自治法は住民に直接請求権として①条例の制定・改廃請求（地自74条）②監査請求〔地方公共団体の事務および長その他の執行機関の事務の執行に関する監査請求〕（同75条）③議会の解散請求（同76～79条・85条）④議員の

解職請求（同80〜85条）⑤長の解職請求（同81〜85条）⑥主要公務員の解職請求〔副知事，副市町村長，選挙管理委員，監査委員，公安委員会委員の解職の請求〕（同86〜88条）を保障している。たとえば国政であれば立法の制定改廃請求は請願権（憲16条）の行使という形をとる弱い権利であるが，直接請求権としての条例の制定改廃請求権は強力な参政権であり，住民自治の特色を良く示している。住民監査請求（地自242条）や住民訴訟（同242条の2）の制度も住民自治を具体化したものと捉えることができる。地方議会を設置することが困難な自治体については町村総会をもって代えることができるが（同94条），これなどは直接民主主義そのものであるといえよう。

さらに，原子力発電所設置に関する高知県窪川町制定の条例（1982年）をはじめとして，自治体単位での条例による住民投票も行われるようになっている。ただし，これについては現在でも地方自治法上の根拠はなく，諮問投票であってせいぜい長はその結果を尊重すべきだという程度の拘束力（事実上の拘束力）をもつにすぎない。

「国民の権利」ではしばしば国籍（nationality）の有無が問題になるが「住民の権利」では，日本国籍を有していなくても認められる場面が多いのも，住民自治がプープル主権的な性格をもっていることと関係がある。ちなみに地方自治法では住民を「市町村の区域内に住所を有する者」（10条）と「日本国民たる普通地方公共団体の住民」（11条）で使い分けをしている。

　(3)　**団体自治**　　団体自治とは，団体（自治体）内部の問題は，中央政府や他の団体（自治体）からの指図を受けることなく，その団体（自治体）が自ら決定処理するという原則である。国家主権の地方版だといえる，しかし国際社会における国家主権と違い，完全な自立，独立は認められない。完全な独立が認められれば，それはもはや自治体ではなく国家連合を構成する独立国家のような存在になるであろう。団体自治は，中央の三権分立と同じく国民あるいは住民の自由を保障する効果があるが（自由主義的要素），民主主義を必ずしも前提とするものでないことも知っておくべきことである。たとえば江戸時代の幕藩体制をみればわかるように，藩の政治体制が君主制であっても中央権力に対して一定の自治が認められていれば，団体自治は保障されているといえる。

　帝国憲法下でも市制・町村制（1888年），府県制・郡制（1890年）による行政

区が存在したが、それは、中央政府が効率のよい統治を行うためのシステムであり、今日の地方自治体とは似て非なるものであった。当時の県知事は内務省から派遣される中央官僚であり、住民の直接選挙によらない点で住民自治が保障されておらず、県が中央政府の支配を受けていた点で団体自治も保障されていなかった。

(4) **自治権の根拠**　自治権の根拠について、固有権説、伝来説、制度的保障説の対立がある。

　a　固有権説

　固有権説は「クニよりさきにムラありき」で、基礎的コミュニティには国家といえども侵すことのできない固有の権利があるという説である。歴史的にも人間集団が家族共同体→村落共同体→国家という過程を経て形成されてきたことを考えれば、近代国家になっても基礎的なコミュニティを尊重しなければならないというのは十分に説得力がある。固有権説に対しては近代国家を前提とする限り非現実的だという批判があるが、基本的人権は前国家的なものであり、国家の利益に優先するという自然権論・社会契約論のアナロジーで考えると合理的な説だといえる。住民自治をベースにした新固有権説も主張されている。ドイツでは個人の権利侵害と同様に市町村の権利侵害に対しても憲法訴願（憲法異議）が認められている。ただし固有権説によっても都道府県（広域地方公共団体）に固有権が認められるかどうかについては議論が分かれるであろう。

　b　伝来説（承認説）

　近代国家においては、主権は国家に統合され、すべての権力は国家に淵源するのであるから、地方自治権も国の統治権に由来し、国家主権の一部が地方団体に移譲されたものとみるほかはないとする考え方である。しかし、これでは地方自治を認めないに等しく、帝国憲法下の学説としては妥当しても日本国憲法の原理とは適合しない。

　c　制度的保障説

　両者の中間を行く制度的保障説が現在の通説ということになっている。これは、地方制度の中で核心的な部分と核心的でない部分を分けて、核心的な部分についての変更は法律によっても許さないとする説である。立法者が核心的な部分を侵害すれば「地方自治の本旨」に反して違憲ということになる。たとえ

ば，現在の地方自治法は，都道府県，市町村の2段階の自治を定めている（地自1条の3第2項）が，それぞれの段階の自治を取り外すことは違憲か。都道府県も「核心」だという理解をすると，都道府県の廃止は違憲になる。これに対して，基礎的地方公共団体である市町村は核心だが，広域地方公共団体である都道府県は「核心」でないと解釈すると都道府県は廃止しても違憲ではないということになる。同じ制度的保障説をとっても「核心」の解釈によって結論が変わりうるのは，人権論における制度的保障説と同様である。

(5) **自治事務**

a　3割自治

戦後の改革で，地方自治を確立するために市町村が適切に遂行できる事務は市町村の権限とし，市町村で適切に処理できないものは都道府県の権限とし，都道府県でも処理できないものを国の権限とするという市町村優先の原則ないし地方公共団体優先の原則に従って事務配分をする方針がいったんは確認されたが（シャウプ勧告，神戸勧告），実際には中央から地方へ事務が下りてくる戦前型の行政が残存し，憲法の理念からほど遠い状況が長期にわたって続いた。都道府県の事務の7〜8割が知事が国の下請け機関として行う機関委任事務であり（市町村事務の場合も4割程度が機関委任事務），また，自主財源が東京都などを例外として3割程度しかなかったことから「3割自治」などと酷評された。

b　機関委任事務と法定受託事務

事務配分の改革は1999年の地方自治法の改正によって実現した。それ以前の自治事務は，性質上，固有事務（公共事務），団体委任事務，行政事務に分かれるとされていたがそれらが統合されて自治事務に一本化された（地自2条2項）。地方自治を妨げている最大の障害だとされていた機関委任事務は廃止された。しかし，事務を国，都道府県，市町村の3つに完全に分配することはできず，機関委任事務に替わって「法定受託事務」が新設された（同2条9項）。法定受託事務は「地方公共団体が処理する事務」ではあるが「自治事務」ではない（同2条8項）とされている。法定受託事務には，「国が本来果たすべき役割に係る事務であって，国においてその適正な処理を特に確保する必要があるものとして法律又はこれに基づく政令に特に定めるもの」（第1号法定受託事務）

と，「都道府県が本来果たすべき役割に係るものであつて，都道府県においてその適正な処理を特に確保する必要があるものとして法律又はこれに基づく政令に特に定めるもの」（第2号法定受託事務）の2種類がある。機関委任事務の廃止に伴って職務執行命令訴訟（旧地自151条の2）は廃止され，法定受託事務の代執行の制度が作られた（地自245条の8）。

 (6) **特別区の憲法上の地位**　地方自治法は，普通地方公共団体（都道府県，市町村）と特別地方公共団体（特別区，地方公共団体の組合，財産区）を区別している（地自1条の3）が，特別区に関してこの分類には問題がある。戦前，特別区の区長は東京市の吏員の中から東京市長が任命していた。戦後の一時期，住民自治に基づく区長公選制が実施されたがまもなく廃止され（1952年），区議会が都知事の同意を得て選任する方式になった。

　公選制の廃止は憲法93条に違反しないかが問われた訴訟で，最高裁は，特別区は普通地方公共団体と違い，93条2項の地方公共団体には該当しないとする立場をとり，合憲だとの判断を示した（最大判1963（昭38）・3・27）。

> 右の地方公共団体といい得るためには，単に法律で地方公共団体として取り扱われているということだけでは足らず，事実上住民が経済的文化的に密接な共同生活を営み，共同体意識をもっているという社会的基盤が存在し，沿革的にみても，また現実の行政の上においても，相当程度の自主立法権，自主行政権，自主財政権等地方自治の基本的権能を附与された地域団体であることを必要とするものというべきである。

　しかし，共同体意識の有無はともかく，自主立法権，自主行政権，自主財政権を付与するかどうかは立法によって決まるので，この部分の判理理由は説得力を欠く。最高裁判決にもかかわらず，1974年に区長公選制は復活した。現在の地方自治法では，区は八王子市や青梅市と同様に基礎的地方公共団体であり，「市」に準じた扱いを受けることが確認されている（地自281条の2第2項・283条）。そうでなければ特別区の住民は基礎的地方公共団体をもたない住民ということになってしまう。

 (7) **道州制の合憲性**　道州制案のなかにはアメリカやドイツのような連邦制をモデルとするものもある。県を欧米の州と同等の扱いをして，県に司法権

まで含む強い権限を与える連県制案もその一種である。しかし，これまで経済界や政府サイドから提案されてきた道州制案は，経済効率を目的とする中央集権型が主流であった。道州制を導入しようとすると，中間的な存在である都道府県の位置づけが問題となる。道州制と併せて府県を廃止する300市制案の提案がなされたこともある。それは，小選挙区比例代表並立制と連動するもので，市町村数が大幅に整理縮小された平成の市町村大合併もその流れのなかにある。

　ここでは中央集権型道州制案の問題点が顕著な形で現れている1957年の「地方制」案を取り上げる。それによれば，「広域行政事務を合理的に処理するためには，現在の府県の区域は狭あいに過ぎる場合が多く，さらに，近代的な高度の行政の能率的運営及び行政経費の節減の見地からも」，「現行府県はこれを廃止し，国と市町村との間には，いわゆるブロック単位に，新たに中間団体及び国の総合出先機関を設置し，同一人をもって両者の首長及び必要な補助職員とする等の方法により，その一体的総合的運営を確保し，もって国及び地方を通ずる総合的な行政運営の体制を確立」すべきだという。そして「地方」は，地方団体としての性格と国家的性格とを併せ有するものとし，「地方」に執行機関として「地方長」（仮称）を置き，「地方長」は，「地方」の議会の同意を得て内閣総理大臣が任命し，「地方長」は，国家公務員とし，その任期は3年とするという構想であった。これは，明らかに93条の住民自治や団体自治に反する提案であり，学界からも批判が出されたため実現には至らなかった。

　これまでに提唱されたそのほかの案としては，関西経済連合会の意見書に基づいて日本商工会議所が提案した1970年の「道州制」案（道州の長は公選だが，現行の府県は廃止）や1981年の関西経済連合会の「地方庁」案（府県は一応存続させるが地方庁の長官は任命による）などがあるが，地方自治の本旨と適合するかどうかが疑問視されている。

2　条　例

（1）　意　義　　条例とは，地方議会（都道府県議会や市町村議会）が憲法94条に基づいて制定する自主立法である。広義では地方公共団体の長（執行機関）が制定する規則も含める。日本の地方自治体は，連邦制の国家における州ほど

独立性が強くないこともあって伝統的に「法律」という用語は使われないが，住民からみれば，条例は，ときには人権を制約するような実質的意味の法律である。その意味で94条は，国会が「唯一の立法機関」であると定める41条の例外をなす。なお，条例には自治体が独自の判断で制定する「自主条例」のほかに，法律の委任に基づく「委任条例」もある。後者は，国会の立法権行使に正当化根拠がある。

(2) **範囲と限界** 条例は，住民の権利を制限したり義務を課したりすることも含めて，住民生活全般にわたる事項を規律の対象とする自主立法であるとはいえ，94条は「法律の範囲内で条例を制定することができる」と定めているので，「法律の範囲内」の解釈によっては，条例の規律対象や規律内容が限定されることになる。かつては法律（国の事務）と競合する場合，常に法律が優先するという法律先占論があった。法律先占論は自治権に関する伝来説（承認説）を背景としている。地方自治法にもそれを反映した規定があった。旧地自法2条10項は「普通地方公共団体は，次に掲げるような国の事務を処理することができない」として「一 司法に関する事務 二 刑罰及び国の懲戒に関する事務 三 国の運輸，通信に関する事務 四 郵便に関する事務……」といくつかの事務を列挙していた。

しかし，現行の地方自治法は，このような国の専管事項を定めていない。地方自治の妨げとなっているとして不評だった機関委任事務も1999年の地方自治法改正で廃止され，自治事務の範囲が拡がった。法定受託事務についても条例制定は可能である。

(3) **法律の留保との関係** 自治体の条例は，どちらかといえば住民の福祉を増進したり，地域の振興を図ることを内容とするものが多い。しかし，国の法律と同じように住民の権利を制限したり，住民に義務を課すような権力行政を行うことを内容とする条例もある。憲法の保障する人権と衝突する場合もある。

憲法が一定事項の規律を法律で定めることを明記している場合（29条の財産権法定主義，31条の罪刑法定主義，84条の租税法律主義），形式的意味での法律ではない条例が法律による委任もなく独自に規律を定めることができるかどうかが問題となる。

a　条例による財産権の制限（29条）

　ため池保全条例やスーパー規制条例，自然保護条例，自転車放置防止条例などで問題とされてきた。所有権移転のような財産権の「内容の規制」は認められないが，地域的理由に基づく財産権の「行使の制限」は許されるとする説がある。このような内容・行使の区別を立てることなく，そもそも条例は国会と同様の民主的基盤をもっているので，法律に準じて考えてよく，条例による内容規制も含めて財産権法定主義（29条2項）に違反しないとする見解が現在では有力である。ため池条例事件の最高裁判決は，公共の福祉（自然災害の防止）によって規制を正当化したが，そもそも条例によって財産権を制限することができるのかという問題には正面から答えていない（最大判1963（昭38）・6・26）。法律の留保は考慮しなかったようにも読める。

　b　条例による刑罰（31条）

　地方自治法14条3項（旧14条5項）は，条例で2年以下の懲役若しくは禁錮または罰金を科すことを規定することができると定めており，実際に青少年保護育成条例や環境保護条例などで活用されている。これが罪刑法定主義に違反しないかどうかが問題となるが，これも，自主立法権や準法律的性質を理由に条例制定権には罰則定立権が含まれるという説が有力である。しかし，最高裁は，やや古い判例であるが，大阪市売春取締条例事件（最大判1962（昭37）・5・30）では，法律による授権は必要だが，その授権は旧地方自治法2条3項7号「……風俗又は清潔を汚す行為の制限……風俗のじゅん化に関する事項を処理すること」および1号程度に「相当に具体的」であれば，限定的な刑罰にとどまるかぎり憲法31条に違反しないという判断を示した。

　c　条例による課税（84条）

　条例による課税も合憲という結論で学説は一致しているが，地方税法という法律によって授権されているかぎりで合憲とみるのか，それとも憲法上自治財政権が自治体に属するがゆえに当然に条例制定権のなかには課税も含まれると考えるのかで見解が分かれている。後者の立場に立てば，84条について「法律」には形式的意味の法律だけでなく条例も含まれるということになり，地方税法等の範囲を超える課税・徴収を自治体が独自に行うことが許されることになる。しかし，最高裁は，神奈川県臨時企業特例税事件で，普通地方公共団体

には地方自治の不可欠の要素として国とは別に課税権の主体となることを承認しつつも，地方税に関する条例の制定や改正にあたっては，地方税法の準則に拘束され，これに従わなければならないと判示した（最判2013（平25）・3・21）。

(4) **上乗せ条例・横出し条例**　自治事務に属することで，かつ法律の留保が及ばない，あるいは法律の留保を考慮する必要がない場合であっても，条例の規律対象・内容が法律の規律対象・内容と重なる場合，「法律の範囲内」の境界が問題となる。とくに70年代の公害規制に関して革新自治体が政府の政策に反して規制を強化しようとしたなかで上乗せ条例や横出し条例の正当性が議論となった。

上乗せ条例とは国の法令と同一目的で同一事項についてそれより強い態様の規制を加えたり高次の基準を設定したりする条例のことである。福祉の上乗せの場合は「上積み条例」ということもある。横出し条例とは，国の法令と同一目的だが異なる対象について規制する条例（対象は同じだが目的が異なる場合も含む）のことである。上乗せ条例の方が違憲性が強いとされる。横出し条例については，対象や目的の違いを理由に「法律の範囲内」だと主張できる余地がある。大気汚染防止法32条，水質汚濁防止法29条は法律自体が横出し条例を明文で認めている。同一対象でも目的が異なる場合の例としては畜犬取締・野犬掃討条例と狂犬病予防法がある。

この問題に最高裁が一応の決着をつけたのが徳島市公安条例事件判決（最大判1975（昭50）・9・10）であった。

> 条例が国の法令に違反するかどうかは，両者の対象事項と規定文言を対比するのみでなく，それぞれの趣旨，目的，内容及び効果を比較し，両者の間に矛盾牴触があるかどうかによつてこれを決しなければならない。例えば，ある事項について国の法令中にこれを規律する明文の規定がない場合でも，当該法令全体からみて，右規定の欠如が特に当該事項についていかなる規制をも施すことなく放置すべきものとする趣旨であると解されるときは，これについて規律を設ける条例の規定は国の法令に違反することとなりうるし，逆に，特定事項についてこれを規律する国の法令と条例とが併存する場合でも，後者が前者とは別の目的に基づく規律を意図するものであり，その適用によつて前者の規定の意図する目的と効果をなんら阻害するこ

とがないときや，両者が同一の目的に出たものであつても，国の法令が必ずしもその規定によつて全国的に一律に同一内容の規制を施す趣旨ではなく，それぞれの普通地方公共団体において，その地方の実情に応じて，別段の規制を施すことを容認する趣旨であると解されるときは，国の法令と条例との間にはなんらの矛盾牴触はなく，条例が国の法令に違反する問題は生じえないのである。

　この判決は，「法律の範囲内」を緩やかに解釈しているので公害規制において革新自治体が先進的に行ってきた上乗せ条例なども「法律の範囲内」として認められる可能性が高まる。一般論としては高く評価できそうである。しかし，ここで問題となっている条例は，公害規制条例ではなく「地方公共の安寧と秩序」を目的とするGHQ指導の治安維持条例であり，憲法21条の表現の自由（デモ行進の自由）を規制しようとする条例である。表現の自由規制は，法律であれ条例であれ，そもそも最小限でなければならないことを考えると，道路交通法による規制についても公物管理権を超えて運用されると表現の自由領域への介入の危険性が生じるのに，それに上乗せする形で公安条例を認めるのは疑問がある。

　その後の最高裁判例で財産権規制の領域で条例の94条違反を認定したものもある。高知市普通河川等管理条例事件（最判1978（昭53）・12・21）がそうであるが，この判決は徳島市公安条例判決を先例として引用しておらず，最高裁の立場は一貫していない。

第7章
憲法の変動

第1節 憲法保障

「憲法保障」とは、広い意味では、字義どおりに憲法の侵害を排除して憲法を擁護することあるいはその方法を指す。その意味では、国民主権、権力分立、法の支配などの諸原理ないし諸制度も憲法保障の機能を担うといってよいであろう。それより狭い意味では、立憲的憲法体制が破壊されたり破壊の危機に瀕したりするアブノーマルな状態からノーマルな立憲的憲法体制に復帰するための制度や方法を指して憲法保障ということがある。ここで扱うそのような意味での憲法保障の方法には、抵抗権と国家緊急権制度とがある。

1 抵 抗 権

(1) **抵抗権の意味と例**　抵抗権とは、国家による憲法の破壊や憲法上根拠のない憲法停止に対して、憲法の回復を目的として抵抗する人民の権利である。違憲審査制が組織化された国家機関による憲法保障制度であるのに対して、抵抗権は国家機関に依存することができない組織化されない憲法保障制度であると考えられがちである。その思想史的淵源は、中世ヨーロッパの暴君放伐論（国王といえども法を犯すことは許されず、もし国王が法を犯すならば、臣下は国王を暴君として放逐、殺害することがができるという考え方）に求められる。これが自然法思想や社会契約説（ロック『市民政府論』、ルソー『社会契約論』）に結びつき、現実の力に転化するのがアメリカ独立戦争、フランス革命においてである。1776年アメリカ独立宣言には「いかなる政治の形体といえども、もしこれらの目的［天賦の権利の確保］を毀損するものとなった場合には、人民はそれ

を改廃し，かれらの安全と幸福とをもたらすべしとみとめられる主義を基礎とし，また権限の機構をもつ，新たな政府を組織する権利を有することを信ずる」(『人権宣言集』斎藤真訳，岩波文庫，114頁。) とある。また，1789年人権宣言2条は「人の時効によって消滅しない自然の権利」の1つとして「圧政に対する抵抗」を保障するのである。

その後の近・現代憲法において抵抗権を明示したものは第二次世界大戦後の西ドイツの若干の州と1968年改正後のドイツ基本法，1789年宣言の効力を再確認するフランス第4共和制憲法，第5共和制憲法しかない。現代憲法の多くに抵抗権が明示されていないのは，広い意味の憲法保障制度が整備されていることと抵抗権が本来実定化になじまないことによるといわれる。

(2) **日本国憲法と抵抗権**　日本国憲法にも抵抗権の明文規定はない。そこで，学説には，抵抗権が立憲主義を支える基本理念であるとか，実定法（制度）上の救済手続が尽きたとき最後に援用される論理であり，その意味で自然法上の権利であるとみる見解がある。これに対して，違憲ないし違法な立法・行政活動がある場合に救済方法が実定法上尽きたところでなされた抵抗が裁判所によって抵抗権の行使と認められて免責されうるとし，抵抗権を実定法上の権利とみる見解がある。

抵抗権をめぐる従来の日本の議論は，憲法に抵抗権を意味する文言がないことから，ただちに抵抗権が自然権か実定法上の権利かと問題設定してきた。しかし，自然権であることと実定法上の権利であることとは必ずしも矛盾しない。憲法の人権規定には自然権を実定化したものが少なくない。したがって，この問題は，たとえば知る権利やプライバシー権のように明文規定がないとされる権利の場合と同様に，まず日本国憲法は抵抗権を保障するのかと設定すべきであろう。そのうえで抵抗権の内容，性格を問題にするべきであろう。問題の捉え方からみて，次の下級審判決は注目に値する。

> 日本国憲法は自然法思想による基本的人権をその本質的構造部分としているのであるから抵抗権を内在せしめているといつてよい。然しながら（……）危険性を内在する抵抗権の行使には厳格なる制限が付されなければならない。即ち先ず憲法の各条規の単なる違反ではなく民主主義の基本秩序に対する重大なる侵害が行われ憲法

第1節　憲法保障

の存在自体が否認されようとする場合であり，又不法であることが客観的に明白でなければならない。各人の主観的立場のみにより判断されると各人はそれぞれ異なる世界観をもっているから結局無政府状態に堕すこと丶なる。客観的にして，国民の集団的英知により初めて抵抗権の行使は合法的たり得る。更に又憲法法律等により定められた一切の法的救済手段がもはや有効に目的を達する見込がなく，法秩序の再建のための最後の手段として抵抗のみが残されていることが必要であると云わねばならぬ。(札幌地判1962（昭37）・1・18)。

　憲法には抵抗権を意味する文言そのものがないことはたしかである。しかしながら，抵抗権を示唆する文言は散見される。97条にいう「多年にわたる自由獲得の努力」「過去幾多の試練」は，過去の圧政への抵抗の事実を意味し，そのような過去の歴史を踏まえて基本的人権を同条と11条にいう「侵すことのできない永久の権利」とする文言は，将来起こるかもしれない圧政を想定するものと解することができる。そうであるならば，明文がない抵抗権は，13条によって保障されていると解することができる。
　そこで次に問題となるのが抵抗権の内容と性格である。抵抗権が議論される契機となった公安事件は，抵抗権が想定する圧政＝国家による憲法の破壊や憲法上根拠のない憲法停止という事態とは違う。その種の事件では，事件に関連する個別の人権が問題となるにとどまるはずである。抵抗権は，立憲的な憲法が機能するかぎり，基底的な権利として機能するにとどまる。その意味で平和的生存権に類似するといってよいであろう（なお，平和的生存権には，基底的な権利にとどまらない性格が考えられる）。抵抗権が想定する圧政とは，たとえば1940～1944年の間ナチスドイツに国土の北半分を占領されたフランスの南部のいわゆるヴィシー体制（対独協力体制）下の状態である。解放後に制定された第4共和制憲法が抵抗権を明文化している1789年人権宣言を再確認したのもまさにそのような歴史的経験による。しかしながら，憲法が破壊された文字どおり自然状態に等しい状況では抵抗権を実定法上の権利といっても無意味である。ヴィシー政府はレジスタンスを容赦なく弾圧し，若い労働力をドイツに送った。そうすると，結局，日本国憲法の抵抗権は，国家による万が一の憲法破壊や憲法上根拠のない憲法停止に対する抵抗宣言の憲法上の根拠をあらかじめ与えておくものという意味をもつにとどまるであろう。

2　国家緊急権

(1)　**国家緊急権の意味**　国家緊急権の意味は必ずしも明確ではない点もあるが、一般的には、戦争・内乱・恐慌・大規模自然災害などの平時の統治機構をもってしては対処できない緊急事態に対処するために国家の存立を維持することを目的として、憲法の効力を全部または一部停止する効力さえ有する国家の例外的な権限のことをいう。

独裁体制は集権的で、平時と緊急時の区別がない。したがって、そこにおいて、このような緊急事態のための特別な権力があらためて必要になることはない。国家緊急権は、歴史的に近代以降の憲法（近代立憲主義型の憲法のみならず外見的立憲主義型の憲法も含む）のもとにあらわれて問題となる。

そのような憲法のもとで、国家緊急権制度の目的は、緊急事態を克服して、平時の憲法体制に復帰すること以外にありえない。したがって、国家緊急権は、しばしば抵抗権とともに憲法保障のシステムの１つとされるのであるが、そもそも有効な物理的強制力を所有しない人民が正常な憲法体制の回復を目的として圧政に抵抗することを内容とする抵抗権と違って、国家緊急権は、正当な暴力行使を独占する国家の切り札的な権限であるから、憲法保障にとって抵抗権とは比較にならない重大な危険を伴うことが否定できない。

(2)　**国家緊急権の諸類型**　国家緊急権の法的な形式には、緊急時に備える制度をあらかじめ実定憲法上定めておくヨーロッパ大陸型と、実定憲法上特段の定めを置かず、法律や議会の議決によって緊急事態に臨機応変に対処する英米型とがある。

国家緊急権制度の内容に着目すると、統治機構の変容から３種類に区別できる。第１は、緊急時に行政権（とくに警察や軍）を強化するいわば行政型で、英米においてマーシャル＝ローと呼ばれる制度、ヨーロッパ大陸やラテンアメリカ諸国に多くみられる戒厳または合囲状態と呼ばれる制度がこれに属する。第２は、緊急時に議会から行政府に立法権（法律を制定・改廃する効力をもつ命令制定権）を授権し、危機立法を迅速に行わしめる立法型というべきもので、緊急命令、授権法などと呼ばれる制度がこれに属することになる。第３は、行政型緊急権制度と立法型緊急権制度とのいわば混合型で、ワイマール憲法上の大統領独裁権（48条２項「ドイツ国内において、公共の安全および秩序に著しい障害が生

じ、またはその虞れがあるときは、ライヒ大統領は、公共の安全および秩序を回復させるために必要な措置をとることができ、必要な場合には、武装兵力を用いて介入することができる。この目的のために、ライヒ大統領は、一時的に114条（＝人身の自由）、115条（＝住居の不可侵）、117条（＝信書・郵便・電信電話の秘密）、118条（＝意見表明等の自由）、123条（＝集会の権利）、124条（＝結社の権利）、および158条（＝所有権の保障）に定められている基本権の全部または一部を停止することができる」高田敏・初宿正典編訳『ドイツ憲法集』信山社、1994年、121頁（初宿正典訳））、フランス第5共和制憲法上の大統領非常権限（16条1項「共和国の制度または国家の独立または領土の保全または共和国の結んだ国家間の合意の執行が重大かつ直接に脅かされ、かつ憲法上の公権力の正常な機能が中断される場合、共和国大統領は、首相および両院議長および憲法院に公式に諮問した後、状況が必要とする措置を執る」）がこれに属する。

緊急権制度には通常一定の統制手続が組み込まれているが、それには議会による事前承認や事後的な承諾手続と司法審査手続とがある。

緊急権制度にはさまざまなヴァリエーションがありえるが、多くの場合に共通する最も重要な標識として、緊急権が権力分立や人権の効力を部分的ないし場合によっては全面的に停止する効力を有することが挙げられる。

(3) **国家緊急権の本質**　国家緊急権が国家のその他の憲法上の権限と最も異なる点は、いうまでもなく憲法の効力を停止するところにある。停止の範囲や程度には具体的な制度ごとに異なるにせよ、三権分立を何らかの意味で停止して行政機関の権限を拡張し、平時には許されない国民の権利制限を可能にする効果をもっている。その目的は平時の立憲的な憲法秩序の回復とされているが、このような効果をもつ国家緊急権がはたして目的にふさわしく機能するのか、疑わしいといえる。

国家緊急権は、立憲的秩序の回復のために何よりもまず国家の存立維持を目的とする。ではこの場合の国家とは何か？国家緊急権を肯定する見解にしばしば垣間みられるのが、一種の国家フェティシズムである。すなわち、社会の産物である国家をあたかも自立し独自に運動するものとみる倒錯した国家観である。

この点を、20世紀を代表する憲法学者・国際法学者・法哲学者のハンス＝ケルゼン（1881～1973年）は、「国家は『生存』しなければならないという殊勝な

断言の背後には，多くは次のような無遠慮な意志だけが隠れている。それは，国家は，『国家緊急権』というものを是認させてこれを利用する人々が正しいと思うように，生存しなければならないという意志である」（『一般国家学』清宮四郎訳，岩波書店，1971年，262～263頁）と鋭く批判している。国家機関のなかでもとりわけ行政権にフリーハンドないし大きな裁量的権限を与えることには，ケルゼンが指摘するような危険が常に伴う。国家を国民と同一視して国家の存立を国民生活に直結させたり，それと置き換えたりする言説もよくみられるが，これにも同様の注意が必要である。

　ケルゼンのいうように，国家緊急権によって守られるものが特殊な利害や意思にすぎないとすれば，あるいはそうなりかねないとすれば，国家の危機と国民の危機とは必ずしも同一ではないことになる。とくに政治制度が社会の多数の意思を反映しない仕組みになっていたり，またそうなるように運用される場合には，この不一致が必然的に生じるといっても過言ではない。そのような制度ないし制度運用のもとにおいては，民意を正確に反映しない歪んだ代表制度によって形成された政治的多数派によって緊急事態が認定されたり逆に認定されなかったりし，さらに対応策が講じられたりすることになる。政治的多数派が，平時にできなかったことを危機に便乗して強行するおそれも高まる。

　以上から，「緊急事態」に際して「国家」の存立維持のために憲法の効力を停止する国家緊急権の有効性・必要性について慎重な検討が必要になる。緊急事態とされる戦争や内乱，経済恐慌，自然災害それぞれの事態を区別して考えてみなければならない。

　第1に，戦争や内乱は，内外の政治的対立の暴力による解決方法であるから，文字どおり不意に勃発することはありえない。政治的対立は，戦争や内乱を回避しつつ政治のプロセスを通じて解決することが何より必要であり可能であるはずである。外交や内政の失敗として軍事的緊張が高まったときに，民主政のプロセスを停止して失政の責任者の手に国家緊急権を委ねることは，むしろ危険をいっそう招き寄せ，最悪の場合，危険な軍事的冒険主義に国民が引きずり込まれることを意味する。

　第2に，経済恐慌ないし危機は，今日，国家の経済政策に関係することが否定できない。したがって，経済危機の際に，国家緊急権を発動することもま

た，失政の責任者に事態の収束を委ねることになる。

　第3に，自然災害は，今日の科学の水準では，正確に予測することはできないにしても，対応すべき事態をシミュレートすることはできる。シミュレーションに基づいて対応マニュアルを作成し，マニュアルを実行するための体制と態勢を整備することが大規模災害への備えとなる。国や地方公共団体がいざというときに組織的に合目的的に迅速に活動するためには，詳細な法令が必要である。自然災害の際に憲法の効力を停止していわば泥縄式に対応する国家緊急権は何の役にも立たないばかりか，国民本位・住民本位の救援，復旧・復興を妨げることになる危険が大きすぎる。

　第4に，近年，テロ対策として国家緊急権に注目する動向もある。フランスで2015年11月13日のパリ同時多発テロ事件に際して緊急状態法が発動された例がある。しかし，これは有効でなかったことがフランス大統領自身によっても認められた。テロとは政治的な目的をもった殺人・傷害・破壊行為等である。したがって，テロを抑止・防止するためには単に犯罪捜査や治安対策を強化しても効果がない。テロの政治目的を正当化する原因となる社会的な問題を政治的に解決しなければならないからである。国家緊急権を発動して，重大な人権侵害を伴う，平時には許されない社会全体に対する監視や捜査，調査，取締りを行っても，潜伏しているテロリストやテロリスト予備軍を探し出すことはきわめて困難である一方，強権の発動が，かえってテロへの支持につながりかねない社会的不満を創出することになる。緊急事態は立憲的秩序に速やかに復帰することを前提としているが，強権的な犯罪捜査・治安対策を内容とするテロ対策は効果が薄く，必然的に長期化し，緊急事態の恒常化という矛盾に陥らざるをえないのである。

　どのような危機もそこからの活路は1つではない。国家緊急権制度は，国家の存立維持という名の下に，国民本位・住民本位とは正反対の活路を強権的に開く危険性の強い法制度であるといえる。

　(4) 制憲過程における国家緊急権論議　　憲法制定当時，国家緊急権の必要性についてどのように考えられていたのか。

　1946年7月2日，「何故緊急勅令や財政上の緊急処分と云うような規定を持たないか」という北浦圭太郎（自由党）の質問に対して，吉田内閣の憲法担当

国務大臣を務めていた金森徳次郎は，次のように答弁している。

> 緊急勅令その他に付きましては，緊急勅令及び財政上の緊急処分は，行政当局に取りましては実に調法なものであります。併しながら調法と云う裏面に於きましては，国民の意思を或る期間有力に無視しうる制度であると云うことが言えるのであります。だから便利を尊ぶか或は民主政治の根本の原則を尊重するか，斯う云う分かれ目になるのであります」，「けれども我々過去何十年の日本のこの立憲政治の経験に徴しまして，間髪を待てないと云う程の急務はないのでありまして，そういう場合には何等か臨機応変の措置をとることが出来ます。」清水伸編著『逐条日本国憲法審議録　第三巻』（有斐閣，1962年，411〜412頁）

ここでは，国家緊急権が，政権担当者にとって都合のよい，逆に国民にとってはきわめて危険な道具であることが指摘されている。金森徳治郎のいう「過去何十年」の出来事といえば，15年戦争（1931〜1945年），世界恐慌（1929年），金融恐慌（1927年），関東大震災（1923年）が挙がる。大規模自然災害も含めて国家緊急権が一般に想定する緊急事態を念頭に置いたうえで，あくまで「民主政治の本義」に徹して国家緊急権をしりぞけ，国会中心主義的・立憲的に対応することが国民本位の事態の解決を可能にすると考えられている。日本国憲法に国家緊急権条項がないことは，このような考えによって裏づけられている。けっして，それは「書き忘れ」ではなく，また「わざわざ書くまでもなく当然の権限」という意味でもないのである。

　(5)　**押しつけ憲法論**　制憲議会における(4)の議論に関して，占領下に行われた議論であるとして，その意義を否定する見解がある。しかし，そもそもそのような押しつけ憲法論そのものが成り立たない（→第2章第4節1）。さらに緊急事態条項が憲法に存在しないことについては，それを押しつけによると非難することが明白に事実に反する。

　さまざまな緊急事態を想定していた金森徳治郎のいう「臨機応変の措置」とは，臨時会の召集（憲53条）や参議院の緊急集会（同54条2項但書・3項），委任命令（同73条6号但書）のことである。この参議院の緊急集会と委任命令は，内閣のエマージェンシー・パワーによって処理すればよいという考えを示したGHQに対して，日本側から提案され，容れられたものである。このことは，

第1節　憲法保障

半世紀以上前の政府の憲法調査会においてすでに明らかにされていることである。1959年10月8日に開かれた憲法調査会憲法制定の経過に関する小委員会第28回において，憲法制定に法制局第1部長としてかかわった佐藤達夫が次のような証言をしている。例外規定の必要性をめぐる議論のなかでGHQが「エマージェンシー・パワーで処理すればよいだろうということを言い出した」，「そこでこれに対しては，憲法を作るときから，憲法外の権力の発動を想定して書くなんて，これは明治憲法以上じゃないかというようなことを言った，ことを覚えています。すべての場合，憲法の枠の中で処置するような形を整えておかないと，将来おそろしいことになる。というようなことをだいぶこっちもやったんです」（1959年10月8日憲法制定の経過に関する小委員会第28回会議録19頁〔佐藤達夫参考人発言〕）。

このように，日本国憲法に緊急事態条項がないのは，けっしてGHQの押しつけではない。

(6) **学　説**　一般的にはそもそも条文の存否自体が解釈によって左右されることもありえるが，日本国憲法と帝国憲法とを比較すれば，日本国憲法に緊急事態条項がないことには争う余地がない。このように日本国憲法が国家緊急権に関して沈黙していることをめぐる解釈学説には，欠缺説・容認説・否定説がある。

a　欠缺説

これは，国家緊急権に関する憲法の沈黙を本来あるべきものがない状態すなわち欠缺と解する。超憲法的な英米型のマーシャル＝ローを認められないものとし，憲法改正の必要を主張するものである。もっとも，この説のなかでも，あるべき国家緊急権をめぐっては見解が分かれている。国家緊急権が，①緊急権の条件および効果が憲法または法律で定められていること，②緊急権の発動の決定権が議会に留保されていること，③緊急権の終期が発動の際に明定されること，④緊急権の効力が必要最小限の範囲内であること，⑤緊急権の行使についての責任を追及する制度が設けられていること，という条件を満たさなければならないとする見解がある一方で，フランス第5共和制憲法16条の大統領非常権限のような包括的授権型の国家緊急権をモデルと考える見解もある。

b 容認説

　この説は，国家緊急権に関する憲法の沈黙が不文の国家緊急権の否定を意味するものではないと解し，明文がない以上，憲法のために不文の法理として国家緊急権を肯定せざるをえないと解釈する。

c 否定説

　この説は，憲法に先立つ国家それ自体に内在する権限は存在しないとするのが立憲主義の意味であると解し，さらに日本国憲法が最も中心的かつ典型的な緊急事態である戦争を放棄し，その手段である戦力の保持を否認していることから，国家緊急権に関する憲法の沈黙を否定と解釈する。ただし，否定説のなかには，国民の憲法意識が成熟すれば憲法改正による国家緊急権の制度化も考えうるとする見解もある。この点は，憲法改正の限界の問題となる。

d 検 討

　以上のうち容認説は，不文の法理というつかみ所のない根拠に基づいて，憲法を改正するまでもなく国家緊急権は行使できるという。しかし，国家緊急権について定める条文が憲法にない以上，たとえ明文の禁止はないにしても，そのような権限は行使できないと解釈しなければならない。そう解釈しなければ，授権規範としての憲法の存在理由がなくなる。容認説は，およそ立憲的意味の憲法の立憲主義的解釈とはいえない。

　欠缺説は，憲法を改正して憲法によるコントロールが可能な国家緊急権を創設する必要性を主張する。しかし，すでに指摘した国家緊急権の本質的な危険性を帳消しにできるような立憲的なコントロールの可能性には重大な疑問が残る。国家緊急権制度が満たすべき条件は，それさえ満たせば緊急権行使が可能になる外見上の立憲主義を装う無花果の葉になりかねない。

　国家緊急権は，平時の憲法秩序に復帰することを窮極の目的としつつ当面国家の存立維持を目的として発動されるきわめて危険な権限である。有効性にも重大な疑問がある。この問題を考えるときに，忘れてはならないのは，日本国憲法が開かれた民主主義を採用していることである。憲法の敵にも政権に就くチャンスが認められていることを念頭に置いて，国家緊急権の危険性と有効性，その立憲的なコントロールの可能性を考えるならば，否定説の一部論者がいうように国民の憲法意識が成熟したとしても，国家緊急権を導入する改正は

許されないといえる。

第2節　憲法改正

1　憲法改正手続

　憲法96条は，憲法改正手続を定める。すなわち，各議院の総議員数の3分の2の賛成によって国会が国民に対して憲法改正を発議し，国民投票において過半数の賛成がある場合に改正が成立するとされている。同条の解釈上問題となる主な点は，憲法改正原案発案権の主体，「総議員」の意味，「過半数の賛成」の意味である。

　(1)　**憲法改正原案発案権の主体**　憲法96条1項前段によれば，改憲案を国民に発議するのは国会である。発議には各議院の賛成が必要とされているが，立法手続（59条）や予算議決の手続（60条）と違って，衆議院の優越は認められていない。

　問題となるのは，その国会に改憲案の案（原案）を提出するのはそもそも誰かということである。

　まず国会議員に憲法改正原案発案権があると解することには異論がない。国会法第68条の2は，「議員が日本国憲法の改正案（以下「憲法改正案」という。）の原案（以下「憲法改正原案」という。）を発議するには，……衆議院においては議員100人以上，参議院においては議員50人以上の賛成を要する」と定めている。また，各議院に設置される憲法審査会（国会102条の6）も「憲法改正原案及び日本国憲法に係る改正の発議又は国民投票に関する法律案を提出することができる」（同102条の7）とされる。もっとも，「日本国憲法及び日本国憲法に密接に関連する基本法制について広範かつ総合的に調査を行い，憲法改正原案，日本国憲法に係る改正の発議又は国民投票に関する法律案等を審査する」（同102条の6）ことを目的とする審査会を常設することの意義には疑問がありうるであろう。

　問題は，内閣にもこの発案権があるのかということである。1956年に制定された憲法調査会法（1965年廃止）によって内閣に憲法調査会が設置された際に問題となったこの点は，96条に明示されていない。そこで，解釈は，肯定説と

否定説とに分かれる。

　肯定説が根拠に挙げるのは，第1に，日本国憲法が議院内閣制を採用し立法府と行政府が協働の関係にあること，第2に，内閣の発案は国会の審議・議決を妨げるものではないこと，第3に，憲法72条の「議案」には改憲原案も含まれること，第4に，内閣総理大臣や国務大臣は議員として発案しうるから否定説には実益がないこと，などである。

　しかし，肯定説の挙げる以上のような根拠には，内閣の法案提出権を肯定する説と同様の問題点が指摘できる。

　第1に，議院内閣制のゆえに，憲法が明示していない重大な権限を内閣に認めることはできない。議院内閣制はそれ自体多義的な概念である。日本国憲法の議院内閣制は，いうまでもなく同憲法の条文によって形成される。その立法府と行政府の関係を単純に協働関係と捉えることはできないし，憲法の条文よりもそのような概括的な性格づけを根拠に明文のない権限を認めることは立憲的な解釈とはいいがたい。第2に，たしかに論理的には内閣が改憲原案を国会に提出することじたいが国会の自由な審議を阻害するわけではない。しかし，だからといって内閣に当該権限が認められるということにはならない。第3に，憲法72条は，内閣の権限じたいを定める規定ではない。第4に，実益がないという議論も疑問である。なぜなら，国務大臣は必ずしも国会議員であるとは限らないからである。

　肯定説の根拠は，いずれも積極的な根拠とはなっていない。権限について明文の根拠がないときは，消極的に解釈すべきである。そのように解することは，憲法が憲法改正に厳しい要件を課していることにも適合する。以上のように考えると，否定説が妥当となろう。

　(2)　「総議員」の意味　　憲法96条1項前段の「総議員」の意味も問題となる。これが出席議員の意味ではないことについては異論がない。55条ないし59条が「出席議員」という文言を使用している以上，「総議員」はそれと異なる概念を表すと解されるからである。学説は，これが法定議員数を意味するのか，それとも在職議員数を意味するのかをめぐって対立する。

　法定議員数説によれば，総議員の数が一定になり，数をめぐる争いが避けられる。これに対して，在職議員数説によれば，現に会議に出席できる状態にあ

る議員の数を基準にすべきであり，欠員（死亡や辞職による）をカウントしないことになる。法定議員数説によれば，欠員は反対票と同じ扱いになるのに対して，在職議員数説は，欠員を賛否どちらともみなさないことになり，欠員の意味づけが異なる。

　欠員が生じている場合にその分だけ改正発議が容易になる在職議員数説よりも，憲法改正の要件を厳格に維持する法定議員数説の方が硬性憲法の存在理由によりいっそう忠実であり，妥当である。

　　(3)　「過半数の賛成」の意味　　憲法96条1項後段にいう「特別の国民投票」または「国会の定める選挙の際行はれる投票」における「過半数の賛成」の意味についても問題が生じる。これに関して，有権者総数の過半数という意味か，無効投票を含めた投票総数の過半数か，それとも有効投票総数の過半数か，という3通りの解釈がある。

　有権者総数説によれば，棄権票と無効票が改憲反対とみなされ，投票総数説によれば，無効票が反対票と同視されることになる。投票総数説や有効投票総数説では，棄権票や無効票が多数発生した場合に，有権者総数の過半数に満たない相対多数の有権者の賛成によって憲法改正が成立することがありえ，憲法改正の民主的正当性を傷つけることになることからすれば，妥当ではない。このような事態を回避するためには国民投票の成立要件としてとくに最低投票率の設定が必要にななるはずであるが，憲法にはそれが示されていない。そうすると，国民投票の成立要件を必要とせず，硬性憲法の存在理由に最も忠実に憲法改正の要件を最も厳しくすることになる有権者総数説が妥当ということになろう。

　日本国憲法の改正手続に関する法律（憲法改正手続法）98条2項には，「中央選挙管理会は，……憲法改正案に対する賛成の投票の数及び反対の投票の数，投票総数（憲法改正案に対する賛成の投票の数及び反対の投票の数を合計した数をいう。）並びに憲法改正案に対する賛成の投票の数が当該投票総数の2分の1を超える旨又は超えない旨を官報で告示するとともに，総務大臣を通じ内閣総理大臣に通知しなければならない」とあるので，同法は，有効投票総数説の立場をとっている。なお，同法は国民投票の成立要件を定めていない。

　棄権票や無効票に何らかの意味づけを行うこと自体が不当だという見解もあ

ろう。しかし，一般論としてはともかく，憲法改正国民投票の場合には，慎重を期すべき事柄の性質上，明確な賛成票以外は反対票と解することにも十分な理由があるといえる。

　なお，国民投票に関して，憲法改正手続法は国民投票無効訴訟手続を設けている。すなわち，国民投票に異議のある投票人は，中央選挙管理委員会を被告として，国民投票結果の告示の日から30日以内に東京高裁に国民投票無効の訴訟を提起できることとされている（憲法改正手続127条）。訴訟の提起があっても憲法改正案にかかる国民投票の効力は停止しないが（同130条），憲法改正が無効とされることにより生ずる重大な支障を避けるため緊急の必要があるときは，裁判所は，申立てにより，憲法改正の効果の発生の全部又は一部の停止を決定することができる（同133条1項）。その場合，判決確定までの間，憲法改正の効果の発生は停止する（同133条2項）。

2　憲法改正の限界

　憲法改正には限界があるのか，あるとすればそれはどのようなものか。これは，憲法改正をめぐる諸問題中最も重大かつ困難な問題である。問題の捉え方によっては，憲法改正に限界があるのかと問うこと自体が無意味になるであろう。ここでの問題は，憲法改正に法的な限界があるのかということである。多数派のいわゆる数の暴力によって憲法が変えられ，それが「改正」と称されることがけっして起きないとはいえないとすれば，そのような憲法変更は憲法改正といえるのか。これが法的な意味での憲法改正の限界という問題である。

　(1)　**憲法改正の手続上の限界**　　まず憲法改正の手続上の限界の有無が問題となる。日本国憲法96条が定めている手続によらない憲法の変更は，日本国憲法の「改正」と評価することができない。この点はいうまでもなく，とくに争いはない。

　(2)　**憲法改正の実体上の限界**　　日本国憲法は，たとえばフランス第5共和制憲法89条5項（「共和政体は改正の対象とならない」）のような改正禁止条項をもたない。そこで，憲法改正の実体上の限界をめぐっては，一方で改正手続さえ遵守するならどのような変更もできると解する改正無限界論と，他方で許される変更と許されない変更があると解する改正限界論とが対立している。

改正限界論によれば，憲法を本質的に改変する行為は，新憲法を制定する行為にほかならないから，憲法制定権力によらなければできないはずで，憲法改正権によってはできない。日本国憲法の場合，いわゆる基本原理とされている事項の同一性を根本的に損なう本質的な改変が許されないということになる。

　国民主権主義について，憲法が「人類普遍の原理」（前文1項3段）とし，これに反する「一切の憲法」を排除すると規定しているのは（同項4段），改正手続によるこの原理の本質的な変更を許さない趣旨であると解される。いっさいの憲法というのは，単に歴史的に存在した憲法すなわち帝国憲法に限らず，将来の憲法をも含むと解されるのである。ただし，このように解しても関連条文を一言一句変えてはならないというわけではないから，本質的変更の意味には解釈の余地がなお残ることは否定できないであろう。

　また基本的人権について，憲法がこれを「現在及び将来の国民に対し，侵すことのできない永久の権利として信託されたもの」（97条）としているのも，基本的人権尊重主義が，改正手続による本質的な変更を許さない趣旨であると解される。ただし，これもまた関連条文を一言一句変えてはならないという趣旨ではないから，本質的変更の意味をめぐって解釈の余地が残ることになる。

　平和主義については，平和主義そのものと憲法9条2項の非武装規定とを区別し，非武装規定は改正できると解する有力説もあるが，9条2項こそ日本国憲法の平和主義の本質的特徴をなすとみられるから，武装を可能にするような同規定の変更は，改正手続によっても許されないと解すべきとなる。

　憲法改正手続自体の変更も問題となる。改正手続を廃止することは，硬性憲法を軟性憲法に変更させ憲法の本質的同一性を否定することになるから許されないことになる。国民投票を廃止することは国民主権主義に反し許されない。憲法改正の発議要件を緩和することは，国会に対する憲法の縛りを緩めることになり，憲法の立憲的性格を損なうから許されないであろう。

　(3)　**憲法改正権と憲法制定権力**　　憲法改正限界論と無限界論の背後には，憲法制定権力と憲法改正権力の捉え方と憲法規範の捉え方の違いがある。

　憲法改正限界論は，憲法制定権力と改正権を区別する。それによれば，憲法を創設する能力である憲法制定権力はいかなる規範にも拘束されないから，それには限界はない。しかし，憲法制定権力によって制定された憲法上の権限で

ある憲法改正権は，憲法制定権力に従属する法的な能力であるから，制定された憲法の本質的な同一性を損なうような行為をなしえないということになる。また，別の改正限界論は，憲法改正権を憲法改正権力から派生した権限とみて，両者を本質的に区別しないが，そもそも憲法制定権力が自然法によって拘束されていると解する。自然法思想は，19世紀以降前近代的な思想としてときには保守的・反動的な役割さえ果たすものとして退けられることもあったが，第二次世界大戦後，ナチズムの体験を踏まえ，あらためて復権している。憲法制定権力を全能の力とみなすことの危険性を認識し，人権尊重主義や国民主権主義は憲法制定権力さえも拘束する原理であるとみるのである。このような立場をとると，憲法制定権と憲法改正権とを区別しないとしても，憲法改正に実体的な限界はあるということになる。

　一方，憲法改正無限界論のなかには，憲法改正権が，制定された憲法のなかに入って形を変えた憲法制定権力であり，制定憲法上の手続による拘束は免れないが，その点を別にして始原性は温存されているので改正に実体的な限界はない，と考える見解がある。また，この説は，法を制定権者の自由意思の所産とみなし，それを拘束する自然法は存在しないとする法実証主義の立場（「悪法も法なり」とする立場に通じうる）を前提としていることが多く，その見地からも，改正の実体的な限界はないという結論が正当化される。この立場によれば，仮に憲法典中に明文の改正禁止条項があっても，その種の条文そのものを改正して禁止を解除することもできるということになる。こうして憲法改正無限界論が導き出される。

　憲法制定権力は憲法に先んじているという意味では始原的な能力であるといえるが，それは単に憲法を制定する力なのではなく，人が自然状態において有している権利を保護することを目的として憲法を制定する力として観念される。その意味で，憲法制定権力は万能の権力ではなく，自然法に従属するといえる。また憲法規範の実証主義的な把握は，憲法科学上ないし理論憲法学上の認識としてはともかく，憲法解釈上は，ほかならぬ憲法が基本的人権の永久不可侵性を謳っている以上（11条・97条）妥当とはいえないことになろう。

3 憲法改正の民主的正当性

憲法改正に関しては，その民主的正当性を担保するために考慮すべき制度ないし制度運用上の問題がある。

(1) **プレビシットの危険の回避の必要性**　憲法96条1項によれば，憲法改正国民投票を「国会の定める選挙」の際に行う場合もある。国民投票が全有権者によるものである以上，ここにいう選挙とは，衆議院議員総選挙，参議院議員通常選挙である。憲法改正手続法は，「特別の国民投票」を前提にしたもので，全国規模の国政選挙と同時に行う国民投票に関する手続法ではない。

問題は，憲法改正国民投票の実施方法として憲法上与えられている2つの選択肢のうちどちらが望ましいかということである。ここで考慮すべきことは，選挙と憲法改正国民投票との違いである。いうまでもなく，前者は人ないし政党を選択し，後者は憲法改正問題に関して賛否の意思を表示することである。

ナポレオン1世の時代から国民投票の歴史のあるフランスでは，人民が政治的問題について賛成か反対かを表明する投票をレフェランドム（référendum）という。これに対して，人民が，提起された質問に対して賛否を表明するよりはむしろ，レフェランドムを行うことを決定した統治者に対する支持・不支持の意思表明をするように仕向けられることになるレフェランドムの堕落形態のことをプレビシット（plébiscite）という。

あらゆるレフェランドムにはプレビシット化のリスクが大なり小なりあり，多くの場合，制度上両者を区別するのは難しい。憲法改正国民投票もそのリスクは避けられないであろう。憲法改正案の賛否を問うことは，発議に賛成した国会の3分の2の勢力への支持・不支持を問うことと重なる。国政選挙と同時に行えば，国民投票がプレビシット化するリスクは高まるであろう。憲法改正の民主的正当性を確保する観点からは，有権者が憲法改正案の是非の判断に専念しやすい「特別の国民投票」を行う方が望ましいといえるであろう。

(2) **熟慮の確保の必要性**　憲法改正の民主的正当性を担保するためには，有権者の熟慮を確保しなければならない。すなわち有権者が，憲法改正案について必要な情報を入手し，さまざまな意見に接し，議論に参加するなどを通じて，熟慮のうえ賛否の判断を行えなければならない。表現の自由や知る権利を保障する憲法が，このような熟慮の確保に欠かせない開かれた公共空間の保障

を妨げるものでないことはいうまでもない。

　国会法は，憲法改正の発議があったときに，国民への情報提供を行うための国民投票広報協議会を設置するものとし（102条の11第1項），憲法改正手続法12条2項は，これを憲法改正発議時点の衆議院議員・参議委員議員各10人からなるものとしている。同協議会の事務は「日本国憲法の改正案（以下「憲法改正案」という。）及びその要旨並びに憲法改正案に係る新旧対照表その他参考となるべき事項に関する分かりやすい説明並びに憲法改正案を発議するに当たって出された賛成意見及び反対意見を掲載した国民投票公報の原稿の作成」（憲法改正手続14条2項）である。同協議会は，新聞に憲法改正案の広報のための広告をする（同107条1項）。この広報は客観的かつ中立的に行うものとされている（同107条3項）。しかし，発議を行った国会議員による情報提供が客観的・中立的なものたりうるか疑問が残る。

　自由で開かれた議論の場としての公共空間の保障に関して，憲法改正手続法は，発議の日から投票日まで，「憲法改正案に対し賛成又は反対の投票をし又はしないよう勧誘する行為」と定義される「国民投票運動」および「憲法改正に関する意見の表明」をすることができるとする（憲法改正手続100条の2）。国民投票運動は，公務員もできることになっているが，政治的行為禁止規定により禁止されている他の政治的行為を伴う場合は，この限りでない（同110条の2）。しかし，国民投票運動と他の政治的行為との区別は困難であるので，国民投票運動を行うことは公務員にとってなお困難である。類似の問題が，公務員等および教育者の地位利用による国民運動の禁止にもある（同103条）。また，いわゆる特定公務員は国民投票運動が禁止されていることも問題なしとしないであろう（同102条）。

　国民投票に関する報道に関して，憲法改正手続法は，公平原則などの番組編集上の原則を定める放送法4条1項の趣旨に留意することを放送事業者に対して促しているほか（憲法改正手続104条），国民投票運動のための有料広告放送を投票日前2週間禁止している（同105条）。

第3節　改正手続によらない憲法の「変更」

　一般に法は社会的な利害の対立を解決するために制定された妥協の産物である。それゆえ，その内容は必ずしも完全ではなく，曖昧な点やときには矛盾が含まれていることもある。そのため法には必ずといってよいほど解釈の余地がある。また，たとえ曖昧さや矛盾がないとしても，立法後に想定外の事実が生じる場合に法の解釈を要するときもある。このように法の適用による紛争解決の際に不可避的に要請されるといってよい法解釈に無理が生じるとき，法を改廃しなければならない。

　以上のことは憲法についても同様に妥当する。憲法にも解釈の余地が少なからずある。憲法改正手続は，解釈による憲法の運用が無理な場合に備えるものである。この場合の無理とは，憲法改正に実体的限界があることを前提にすれば，憲法の基本原理を維持ないしいっそう実現するうえでの無理または基本原理とはとくにかかわりのない技術的細目的事項にかかわる無理のことである。あらゆる憲法違反を回避するために憲法改正手続があるわけではない。

　憲法改正無限界論をとらないかぎり，憲法の変更によって合憲にすることが許されない違憲の行為があるはずである。その点はさておくとしても，学説には，解釈による正当化が無理で正当化には少なくとも憲法改正手続をとる必要のあることが，改正によらず憲法上正当化される場合を認める見解がある。そのような見解がしばしば用いる概念として憲法変遷がある。これに類似する憲法慣習，憲法習律という概念もある。

1　憲法変遷

　19～20世紀初頭のドイツの憲法学者ゲオルク＝イェリネク（Georg Jellinek 1851～1911年）によれば，憲法改正が，変更する意図をもった行為によって制定憲法の正文を改めることであるのに対して，憲法変遷（Verfassungswandlung）とは，憲法の正文は形式的には変えないでおいて事実によって憲法を変更させることである。憲法変遷概念は，帝国憲法下，美濃部達吉（1873～1948年）によって紹介されたが，今日ではより厳密に用いられている。

憲法の文言は変わっていないのに，国家権力の運用によって憲法改正によらなければできないような憲法の意味の変更が行われ，それが通用せしめられることは実際にある。そのような現実を客観的に記述する概念として社会学的意味の憲法変遷という概念が用いられることがある。政府や議会の解釈によって憲法に適合しない実態がつくられることを意味する解釈改憲も社会学的意味の憲法変遷に該当する。

憲法変遷をめぐって学説上，肯定説と否定説が対立しているが，この対立は社会学的意味の憲法変遷をめぐるものではない。それ自体は，否定しようのない事実であるからである。学説の対立は，解釈学的意味の憲法変遷をめぐるものである。

憲法変遷肯定説は，憲法のテキストに反する事実が継続ないし反覆して起こり（客観的要件），かつそれに国民が同意している場合（主観的要件）には，違憲の事実が法的性格を帯び，憲法テキストを改廃する効力をもつと解する。これに対して，憲法変遷否定説は，違憲の事実は，あくまでも事実にすぎず，法的性格をもつことはないと解する。

2　憲法慣習

ドイツの憲法変遷という概念に類似するフランスの概念が憲法慣習（coutume constitutionnelle）である。憲法慣習概念がフランスで現れるのは第3共和制期（1875～1940年）である。この時期，フランス憲法は3つの憲法的法律（制憲議会によって制定された憲法としての価値を有する法律）からなる硬性の不文憲法であった。これを補完するものと考えられたのが憲法慣習である。たとえば，憲法的法律上の大統領の代議院（下院）解散権が行使されなくなったことをもってその権限が憲法慣習によって廃止されたとされたり，憲法的法律上明文で認められていなかった委任立法が第一次世界大戦を契機に多用されたことをもってそれが憲法慣習によって認められたとされたりした。

憲法慣習が法源として成立する要件は，憲法変遷と同様に反覆（客観的要件）とそれに対する義務意識（主観的要件）とである。

3 憲法習律

　憲法習律（convention of the constitution）はイギリス憲法学の概念で，憲法学者アルバート＝ヴェン＝ダイシー（Albert Ven Dicey 1835～1922年）によって生み出された。イギリス憲法は軟性の不文憲法である。それは，1215年のマグナカルタや1689年の権利章典，1911年と1949年の国会法，1998年の貴族院法などのテキストのほか，一般に慣習的とされているがその多くがダイシーのいう憲法習律にほかならない規範からなる。

　憲法習律とは，国家の諸制度の機能を規制するが裁判によるサンクションを受けられない慣習的な政治の規範である。憲法習律は，不文憲法の構成要素をなす諸テキストに欠缺があり，当該習律を尊重する人が裁判によるサンクションがないにもかかわらず習律に従う義務を意識する場合に重要な役割を果す。たとえば，庶民院（下院）選挙で勝った党のリーダーを首相に任命する国王の義務や首相の請求によって庶民院を解散する国王の義務，庶民院の信任を失った首相が辞職するか国王に庶民院の解散を請求するかを選択する義務などが，憲法習律上の義務である。

　憲法習律は，欠缺のあるテキストを構成要素とする軟性の不文憲法のもとで生まれた概念である。この点で憲法変遷と異なる。また，憲法習律は，政治規範にとどまり，法源ではない。この点で，憲法変遷（解釈学的意味）や憲法慣習と異なる。

4　事実と憲法

　日本国憲法下で憲法変遷・憲法慣習・憲法習律の概念に関心が集まる契機となったのは，自衛隊の合憲性の問題である。

　しかし，憲法習律は，軟性の不文憲法下の政治規範にすぎないし，そもそも成文憲法の文言の意味を変更する効力をもたない。

　フランスの憲法慣習は法源性を有するとはいえ，これも第3共和制期の不文憲法を補完するものにすぎなかった。フランスでは，統一的な成文憲法である第5共和制憲法11条に定める法律案の国民投票手続を89条の憲法改正手続の代わりに2度使われたことをもって，11条を憲法改正手続規定とする憲法慣習が成立したとみる見解もあるが，このような見解も同憲法の硬性の成文憲法たる

ことを無視する点において批判されている。

　成文憲法の文言の意味を変更する効力をもたない憲法習律や憲法慣習は，憲法変動現象を記述する概念としてはともかく，日本国憲法解釈上の概念としては使うことができない。それゆえ，自衛隊の存在によって憲法9条の意味が変わったと解することを憲法慣習や憲法習律の成立によって正当化することはできない。

　学説上，憲法変遷肯定説を前提に憲法9条変遷説が主張されたことがある。それによれば，国際情勢や国民の規範意識の変化によって9条の意味が変化し，自衛隊は合憲になったということになる。9条変遷説については，国際情勢の変化や国民の規範意識の変化に関する同説の認識が問題になる。そもそも変遷が成立するための客観的要件と主観的要件との判断基準と考慮要素とが不明確である。反覆・継続がどの程度要求されるのかは不明である。国民の同意がどの程度要求されるのかも不明である。世論調査を根拠にする議論もあるが，世論調査に国民投票と同じ意味を認めることはできない。したがって，9条変遷説の認識は成り立たない。

　従来の議論は，憲法変遷という言葉が示唆するように，「憲法の意味が変わる」ことをどのように評価すべきかという問題設定から出発していた。しかし，憲法の意味が自然発生的に「変わる」ということは起こりえない。現実に起きているのは，立法府や行政府による「変える」行為である。また，憲法変遷の評価の主体には，国民ももちろん含まれるはずであるが，違憲審査権をもつ裁判所を念頭に置くことが必要であろう。そうすると，「憲法違反の立法や行政作用の継続・反覆とそれに対する国民の同意とによって，憲法法源が変わるのか？」と問題を捉え直すことができよう。通常，継続性・反覆性と国民の同意とによって法源となる規範を慣習といい，法源化した慣習を慣習法という。そうすると問題は，結局，憲法違反の慣習を憲法慣習法すなわち憲法法源と認めるべきかという問題になる。この問題を裁判所が判断するとき，裁判官の職権行使に関する憲法76条3項がある以上，何よりも憲法自身がこの点について，どのように定めているかが問題となるはずである。そうすると，民法92条や商法1条2項に相当する規定が憲法にないのであるから，どんなに継続・反覆しようと，また国民の同意があろうとも，慣習が憲法慣習法＝憲法法源に

343

なる余地はないといわなければならない。

　なぜ違憲の事実を憲法の条文のなかに読み込まなければならないのか。当該事実に圧倒的多数の国民が同意を与えているのであれば，憲法改正手続に従って条文を改めればよい。憲法変遷肯定説は，憲法改正手続の存在理由を否定する見解である。それは，改正のために用意されている手続を無視する反立憲主義的な議論である。

判例索引

大審院

大判1929（昭4）・5・31刑集8巻317頁 …………………………………………… 29

最高裁判所

最大判1948（昭23）・3・12刑集2巻3号191頁 ………………………………… 184
最大判1948（昭23）・5・5刑集2巻5号447頁 …………………………………… 181
最判1948（昭23）・6・1民集2巻7号125頁 ……………………………………… 208
最大判1948（昭23）・6・30刑集2巻7号777頁 ………………………………… 184
最大判1948（昭23）・7・29刑集2巻9号1012頁 ………………………………… 183
最大判1948（昭23）・9・29刑集2巻10号1235頁：食料管理法事件 …………… 187
最大判1950（昭25）・2・1刑集4巻2号73頁 …………………………………… 282
最大判1950（昭25）・9・27刑集4巻9号1799頁 ………………………………… 151
最大判1950（昭25）・11・15刑集4巻1号2257頁：山田鋼業事件 ……………… 197
最大判1952（昭27）・2・20民集6巻2号122頁 …………………………………… 268
最判1952（昭27）・4・2民集6巻4号387頁：共同通信事件 …………………… 113
最大判1952（昭27）・8・6刑集6巻8号974頁：石井記者事件 ………………… 136
最大判1952（昭27）・10・8民集6巻9号783頁：警察予備隊違憲訴訟 …… 63, 282
最判1953（昭28）・4・15民集7巻4号305頁 ……………………………………… 255
最大判1953（昭28）・12・23民集7巻13号1561頁：皇居前広場事件 …………… 156
最大判1953（昭28）・12・23民集7巻13号1523頁：農地改革事件 ……………… 176
最判1954（昭29）・1・22民集8巻1号225頁 ……………………………………… 175
最大判1954（昭29）・11・24刑集8巻11号1866頁：新潟県公安条例事件 ……… 158
最大判1955（昭30）・1・26刑集9巻1号89頁 …………………………………… 169
最大判1955（昭30）・2・9刑集9巻2号217頁 ………………………… 201, 202, 204
最大判1955（昭30）・12・14民集9巻13号2760頁 ………………………………… 179
最大判1956（昭31）・7・4刑集10巻7号785頁 …………………………………… 114
最大判1957（昭32）・2・20刑集11巻2号802頁 …………………………………… 182
最大判1957（昭32）・3・13刑集11巻3号997頁：「チャタレー夫人の恋人」事件 … 147, 148
最判1958（昭33）・3・28民集12巻4号624頁：パチンコ球遊器事件 …………… 308
最大判1958（昭33）・9・10民集12巻13号1969頁：帆足計事件 ………………… 171
最大判1958（昭33）・10・1刑集12巻14号3313頁 ………………………………… 232
最大判1958（昭33）・12・24民集12巻16号3352頁：国有境内地処分法事件 …… 129
最大判1959（昭34）・12・16刑集13巻13号3225頁：砂川事件 ………… 70, 262, 284
最判1960（昭35）・3・3刑集14巻3号253頁 ……………………………………… 155
最判1960（昭35）・4・18民集14巻6号905頁：中外製薬事件 ………………… 113
最大判1960（昭35）・6・8民集14巻7号1206：苫米地事件 …………………… 256

345

最大決1960（昭35）・7・6民集14巻9号1657頁 ………………………………	*213, 269*
最大判1960（昭35）・7・20刑集14巻9号1243頁：東京都公安条例事件 ………	*159*
最大判1960（昭35）・10・19刑集14巻12号1574頁 ………………………………	*288*
最大判1961（昭36）・2・15刑集15巻2号347頁 …………………………………	*150*
最大判1962（昭37）・5・30刑集16巻5号577頁：大阪市売春取締条例事件 ……	*319*
最大判1962（昭37）・11・28刑集16巻11号1593頁：第三者所有物没収事件 ……	*178, 288*
最大判1963（昭38）・3・27刑集17巻2号171頁 …………………………………	*316*
最大判1963（昭38）・5・15刑集17巻4号302頁：加持祈祷事件 ………………	*118*
最大判1963（昭38）・5・22刑集17巻4号370頁：東大ポポロ事件 ……………	*130, 132*
最大判1963（昭38）・6・26刑集17巻5号521頁：奈良県ため池条例事件 ……	*173, 319*
最大判1964（昭39）・5・27民集18巻4号676頁：待命処分事件 ………………	*107*
最大決1965（昭40）・6・30民集19巻4号1089頁 …………………………………	*213*
最判1966（昭41）・6・23民集20巻5号1118頁 ……………………………………	*145*
最大判1966（昭41）・10・26刑集20巻8号901頁：全逓東京中郵事件 …………	*88, 197, 198, 296*
最大判1967（昭42）・5・24民集21巻5号1043頁：朝日訴訟 ……………………	*187*
最大判1968（昭43）・11・27刑集22巻12号1402頁 ………………………………	*176*
最大判1968（昭43）・11・27刑集22巻12号2808頁 ………………………………	*176*
最大判1968（昭43）・12・4刑集22巻13号1425頁 ………………………………	*209*
最大判1968（昭43）・12・18刑集22巻13号1549頁：大阪市屋外広告物条例事件 ………	*155*
最大判1969（昭44）・4・2刑集23巻5号305頁：東京都教組事件 ……………	*198, 296*
最大判1969（昭44）・4・2刑集23巻5号685頁：全司法仙台事件 ……………	*197, 198, 199*
最大判1969（昭44）・6・25刑集23巻7号975頁：「夕刊和歌山時事」事件 ……	*145*
最大判1969（昭44）・10・15刑集23巻10号1239頁：「悪徳の栄え」事件 ……	*147*
最大決1969（昭44）・11・26刑集23巻11号1490頁：博多駅テレビフィルム提出命令事件 …	*135, 137*
最大判1969（昭44）・12・24刑集23巻12号1625頁：京都府学連事件 …………	*97, 100*
最大判1970（昭45）・6・17刑集24巻6号280頁 …………………………………	*155*
最大判1970（昭45）・6・24民集24巻6号625頁：八幡製鉄所事件 ……………	*86, 219*
最大判1970（昭45）・9・16民集24巻10号1410頁 ………………………………	*92, 99, 103*
最大判1972（昭47）・11・22刑集26巻9号586頁：小売市場距離制限事件 ……	*168*
最大判1972（昭47）・11・22刑集26巻9号554頁：川崎民商事件 ……………	*185*
最大判1972（昭47）・12・20刑集26巻10号631頁：高田事件 …………………	*181, 297*
最大判1973（昭48）・4・4刑集27巻3号265頁：尊属殺重罰規定違憲判決 ……	*107, 107, 108*
最大判1973（昭48）・4・25刑集27巻3号418頁：国労久留米駅事件 …………	*197*
最大判1973（昭48）・4・25刑集27巻4号547頁：全農林警職法事件 …………	*198*
最判1973（昭48）・10・18民集27巻9号1210頁 …………………………………	*176*
最大判1973（昭48）・12・12民集27巻11号1536頁：三菱樹脂事件 ……………	*93, 114*
最判1974（昭49）・7・19民集28巻5号790頁：昭和女子大事件 ………………	*94*
最判1974（昭49）・9・26刑集28巻6号329頁 ……………………………………	*109*
最大判1974（昭49）・11・6刑集28巻9号393頁：猿払事件 ……………………	*90*
最大判1975（昭50）・4・30民集29巻4号572頁：薬局距離制限事件 …………	*166, 169*

最大判1975（昭50）・9・10刑集29巻4号572頁：徳島市公安条例事件	320
最判1975（昭50）・11・28民集29巻10号1698頁：国労広島地本事件	87
最大判1976（昭51）・4・14民集30巻3号223頁	202, 206
最大判1976（昭51）・5・21刑集30巻5号615頁：旭川学力テスト事件	193, 194, 195
最大判1976（昭51）・5・21刑集30巻5号615頁：岩手県教組学力テスト事件	199
最判1977（昭52）・3・15民集31巻2号234頁：富山大学事件	264
最判1977（昭52）・5・4刑集31巻3号182頁：全通名古屋中郵事件	199
最判1977（昭52）・7・13民集31巻4号533頁：津地鎮祭訴訟	122, 123, 125
最決1978（昭53）・5・31刑集32巻3号457頁：沖縄密約電報事件	135
最判1978（昭53）・9・7刑集32巻6号1672頁	179
最大判1978（昭53）・10・4民集32巻7号1223頁：マクリーン事件	83, 85
最判1978（昭53）・12・21民集32巻9号1723頁：高知市普通河川等管理条例事件	321
最判1980（昭55）・11・28刑集34巻6号433頁：「四畳半襖の下張り」事件	147
最判1981（昭56）・3・24民集35巻2号300頁：日産自動車事件	94
最大判1981（昭56）・4・7民集35巻3号443頁：板まんだら訴訟	261
最判1981（昭56）・4・14民集35巻3号620頁：前科照会事件	101
最判1981（昭56）・4・16刑集35巻3号84頁：「月刊ペン」事件	145
最判1981（昭56）・6・15刑集35巻4号205頁	152
最判1981（昭56）・7・21刑集35巻5号568頁	152
最大判1981（昭56）・12・16民集35巻10号1369頁：大阪空港公害訴訟	192
最大判1982（昭57）・7・7民集36巻7号1235頁：堀木訴訟	111, 188
最判1982（昭57）・9・9民集36巻9号1679頁	65
最判1982（昭57）・11・16刑集36巻11号908頁：エンプラ寄港阻止事件判決	155, 159
最大判1983（昭58）・4・27民集37巻3号345頁	207
最大判1983（昭58）・6・22民集37巻5号793頁：「よど号」新聞記事抹消事件	91, 92, 134
最大判1983（昭58）・11・17民集37巻9号1243頁	206
最大判1984（昭59）・12・12民集38巻12号1308頁：札幌税関検査訴訟	135, 139, 141, 269, 289
最判1984（昭59）・12・18刑集38巻12号3026頁：吉祥寺駅構内ビラ配布事件	153
最大判1985（昭60）・7・17民集39巻5号1100頁	206
最判1985（昭60）・11・21民集39巻7号1512頁：在宅投票制度廃止事件	203
最大判1986（昭61）・6・11民集40巻4号872頁：北方ジャーナル事件	93, 99, 140
最判1987（昭62）・3・3刑集41巻2号15頁：大分県屋外広告物条例事件	155
最大判1987（昭62）・4・22民集41巻3号408頁：森林法共有林事件	174
最判1988（昭63）・2・16民集42巻2号27頁：NHK日本語読み事件	99
最大判1988（昭63）・6・1民集42巻5号277頁：殉職自衛官合祀拒否訴訟	120, 126
最判1988（昭63）・7・15判時1287号65頁：麹町中内申書事件	114
最判1988（昭63・12・20判時1307号113頁：共産党袴田事件	264
最判1989（平1）・1・20刑集43巻1号1頁	169
最決1989（平1）・1・30刑集43巻1号19頁：日本テレビ事件	137
最判1989（平1）・3・2判時1363号68頁：塩見訴訟判決	84

最判1989（平1）・3・7判時1308号111頁 ………………………………………… *169*
最大判1989（平1）・3・8民集43巻2号89頁：法廷メモ訴訟（レペタ事件）… *135, 269, 270*
最判1989（平1）・6・20民集43巻6号385頁：百里基地訴訟 ………………… *66, 285*
最判1989（平1）・9・19刑集43巻8号785頁：岐阜県青少年保護育成条例事件 …… *140, 148*
最判1989（平1）・11・20民集43巻10号1160頁 …………………………………… *45*
最大決1989（平1）・12・1民集52巻9号1761頁：寺西判事補戒告事件 ………… *91*
最判1989（平1）・12・14刑集434号13号841頁：どぶろく事件 ………………… *103*
最判1989（平1）・12・14民集43巻12号2051頁：三井倉庫港湾事件 …………… *197*
最判1989（平1）・12・21民集43巻12号2252頁：長崎教師批判ビラ事件 ……… *146*
最判1990（平2）・1・18判時1337号3頁：伝習館事件 …………………………… *195*
最判1990（平2）・2・6訟月36巻12号2242頁：西陣ネクタイ事件 ……………… *170*
最決1990（平2）・7・9刑集44巻5号421頁：TBS事件 …………………………… *137*
最判1990（平2）・9・28刑集44巻6号463頁：破防法煽動罪事件 ………………… *144*
最判1991（平3）・9・3判時1401号56頁：「バイク三ない原則」事件 …………… *103*
最大判1992（平4）・7・1民集46巻5号437頁：成田新法事件 …………………… *157, 185*
最判1992（平4）・11・16判時1441号57頁：森川キャサリーン事件 ……………… *85*
最判1992（平4）・12・15民集46巻9号2829頁：酒類販売免許制事件 …………… *170*
最大判1993（平5）・1・20民集47巻1号67頁 ……………………………………… *206*
最判1993（平5）・2・16民集47巻3号1687頁：箕面忠魂碑・慰霊祭訴訟 ……… *126, 128*
最判1993（平5）・2・25民集47巻2号643頁：厚木基地公害訴訟 ………………… *192*
最判1993（平5）・3・16民集47巻5号3483頁：第1次家永教科書検定訴訟 …… *140, 195*
最判1993（平5）・6・25判時1475号59頁 …………………………………………… *170*
最判1994（平6）・2・8民集48巻2号149頁：「逆転」事件 ………………………… *101, 146*
最判1994（平6）・10・27判時1513号91頁 ………………………………………… *93*
最大判1995（平7）・2・22刑集49巻2号1頁 ………………………………………… *250*
最判1995（平7）・2・28民集49巻2号639頁 ………………………………………… *83*
最判1995（平7）・3・7民集49巻3号687頁：泉佐野市民会館事件 ……………… *156, 297*
最判1995（平7）・5・25民集49巻5号1279頁：日本新党繰り上げ補充事件 …… *222*
最大決1995（平7）・7・5民集49巻7号1789頁：婚外子法定相続分差別事件 …… *107, 109*
最判1995（平7）・12・15刑集49巻10号842頁：外国人指紋押捺拒否事件 ……… *100*
最決1996（平8）・1・30民集50巻1号199頁：オウム真理教解散命令事件 …… *120*
最判1996（平8）・2・22判時1560号72頁：丸刈り訴訟 ………………………… *103*
最判1996（平8）・3・8民集50巻3号469頁：「エホバの証人」剣道実技拒否事件 …… *119, 128*
最判1996（平8）・3・15民集50巻3号549頁：上尾市福祉会館事件 …………… *157*
最判1996（平8）・3・19民集50巻3号615頁：南九州税理士会事件 …………… *86, 162*
最判1996（平8）・7・18判時1580号92頁 …………………………………………… *209*
最大判1996（平8）・9・11民集50巻8号2283頁 …………………………………… *207*
最大判1997（平9）・4・2民集51巻4号1673頁：愛媛玉串料訴訟 ……………… *126, 128, 294*
最判1997（平9）・9・9民集51巻8号3804頁 ……………………………………… *146*
最判1997（平9）・9・9民集51巻8号3850頁 ……………………………………… *237*

最大決1998（平10）・12・1民集52巻9号1761頁：寺西判事補事件	275
最判1999（平11）・2・26判時1682号12頁	93
最大判1999（平11）・11・10民集53巻8号1441頁	206
最大判1999（平11）・11・10民集53巻8号1704頁	225
最判1999（平11）・12・16刑集53巻9号1327頁	165
最判2000（平12）・2・8刑集54巻2号1頁：司法書士法違反事件	170
最判2000（平12）・2・29民集54巻2号582頁：「エホバの証人」輸血拒否事件	102
最判2000（平12）・3・17判時1710号168頁	199
最判2001（平13）・11・22判時1771号83頁	176
最大判2002（平14）・2・13民集56巻2号331頁：証券取引法インサイダー取引事件	174
最判2002（平14）・4・25判時1785号31頁：群馬県司法書士会事件	87, 163
最判2002（平14）・6・11民集56巻5号958頁	176
最判2002（平14）・7・11民集56巻6号1204頁：大嘗祭訴訟	126
最大判2002（平14）・9・11民集56巻7号1439頁：郵便法違憲判決	212, 299
最判2002（平14）・9・24判時1802号60頁：「石に泳ぐ魚」事件	141
最判2003（平15）・4・18民集57巻4号366頁	174
最判2003（平15）・9・12民集57巻8号973頁：早稲田大学江沢民講演会事件	102
最判2003（平15）・12・11刑集57巻11号1147頁	99
最大判2005（平17）・1・26民集59巻1号128頁：東京都管理職選考事件	39, 84, 107
最判2005（平17）・4・14刑集59巻3号259頁	181
最判2005（平17）・7・14民集59巻6号1569頁：図書館蔵書破棄事件	161
最大判2005（平17）・9・14民集59巻7号2087頁：在外日本人選挙権判決	202, 203, 287
最大判2006（平18）・3・1民集60巻2号587頁：旭川市国民健康保険条例事件	306
最判2006（平18）・6・23判時1940号122頁	121, 127
最判2006（平18）・7・13判時1946号41頁	204
最決2006（平18）・10・3民集60巻8号2647頁：NHK記者取材源開示拒否事件	136
最判2007（平19）・2・27民集61巻1号291頁：「君が代」ピアノ伴奏拒否事件	116
最判2007（平19）・9・18刑集61巻6号601頁：広島市暴走族追放条例事件	142, 289, 297
最判2007（平19）・9・28民集61巻6号2345頁：学生無年金訴訟	111, 189
最判2008（平20）・3・6民集62巻3号665頁：住基ネット訴訟	101
最判2008（平20）・4・11刑集62巻5号1217頁：立川テント村事件	154
最大判2008（平20）・6・4民集62巻6号1367頁：国籍法違憲判決	107, 108, 110, 298, 300
最判2009（平21）・11・30刑集63巻9号1765頁：葛飾事件	154
最大判2010（平22）・1・20民集64巻1号128頁：富平神社訴訟判決	129
最大判2010（平22）・1・20民集64巻1号1頁：空知太神社訴訟	128, 294
最判2010（平22）・7・22判時2087号26頁：白山比咩神社訴訟	126
最大判2011（平23）・3・23民集65巻2号755頁	206
最判2011（平23）・5・30民集65巻4号1780頁：「君が代」起立拒否事件	115
最判2011（平23）・6・6民集65巻4号1855頁：「君が代」起立拒否事件	115
最判2011（平23）・6・14民集65巻4号2148頁：「君が代」起立拒否事件	115

最大判2011（平23）・11・16刑集65巻8号1285頁 ·················· *39, 182, 273*
最判2012（平24）・2・16民集66巻2号673頁 ························· *130*
最判2012（平24）・2・28民集66巻3号1240頁：老齢加算廃止訴訟 ········ *189*
最大判2012（平24）・10・17民集66巻10号3357頁 ······················· *207*
最判2012（平24）・12・7刑集66巻12号1337頁・1722頁：堀越事件・世田谷事件 ········· *91*
最判2013（平25）・3・21民集67巻3号438頁：神奈川県臨時企業特例企業事件 ········ *319*
最大決2013（平25）・9・4民集67巻6号1320頁：婚外子法定相続分差別規定違憲訴訟 ··· *109, 304*
最判2014（平26）・7・18訟月61巻2号356頁 ····························· *84*
最大判2014（平26）・11・26民集68巻9号1363頁 ······················ *207*
最大判2015（平27）・12・16民集69巻8号2427頁：再婚禁止期間違憲判決 ··· *103, 107, 110, 300*
最大判2015（平27）・12・16民集69巻8号2586頁：夫婦同姓違憲訴訟 ······· *99*
最決2017（平29）・1・31民集71巻1号63頁：グーグル検索削除申立事件 ····· *101*
最大判2017（平29）・3・15刑集71巻3号13頁：GPS捜査事件 ············· *101*
最判2017（平29）・3・21集民255号55頁：遺族補償年金事件 ············· *111*
最大判2017（平29）・9・27民集71巻7号1139頁 ······················· *207*

高等裁判所

東京高判1954（昭29）・9・22民集14巻7号1265頁：苫米地事件 ········ *49, 255*
東京高判1966（昭41）・2・28高刑集19巻1号64頁：有楽町駅前事件 ······· *153*
名古屋高判1971（昭和46）・5・14行集22巻5号680頁：津地鎮祭訴訟 ······ *117*
大阪高判1975（昭50）・11・10行集26巻10＝11号1268頁：堀木訴訟 ······ *188*
大阪高判1975（昭50）・11・27判時797号36頁：大阪空港公害訴訟 ········ *191*
札幌高判1978（昭53）・5・24高民集31巻2号231頁：在宅投票制度廃止違憲訴訟 ···· *286*
広島高判1982（昭57）・6・1判時1046号3頁：殉職自衛官合祀拒否訴訟 ····· *121*
名古屋高判1985（昭60）・4・12判時1150号30頁：名古屋新幹線訴訟 ······· *192*
福岡高那覇支判1995（平7）・10・26判時1555号140頁 ··················· *160*
名古屋高金沢支判2000（平12）・2・16判時1726号111頁：天皇コラージュ事件 ···· *160*
東京高判2001（平13）・2・15判時1741号68頁：「石に泳ぐ魚」事件 ········ *140*
名古屋高判2008（平20）・4・17判例集未登載 ··························· *63, 66*
広島高岡山支判2013（平25）・3・26判例集未登載 ······················· *305*
大阪高判2013（平25）・9・27判時2234号29頁 ························· *205*
大阪高判2014（平26）・7・8判時2232号34頁 ·························· *149*
大阪高判2017（平29）・7・14判例集未登載：松原市中央公園事件 ·········· *161*

地方裁判所

東京地判1953（昭28）・10・19民集14巻7号1251頁 ···················· *49, 255*
東京地判1954（昭29）・3・6判時22号3頁 ······························· *236*
東京地判1959（昭34）・3・30刑集13巻13号3305頁：砂川事件 ············ *69*
札幌地判1962（昭37）・1・18下刑集4巻1・2号69頁 ···················· *324*
東京地判1964（昭39）・9・28下民集15巻9号2317頁：「宴のあと」事件 ····· *100, 146*

札幌地判1967（昭42）・3・29下刑集9巻3号359頁：恵庭事件 ………………………………… 64, 295
東京地判1967（昭42）・5・10下刑集9巻5号638頁：寺尾判決 ………………………………… 302
旭川地判1968（昭43）・3・25下刑集10巻3号293頁：猿払事件 ………………………………… 301
東京地判1970（昭45）・7・17行集21巻7号別冊1頁：第2次家永訴訟 ………………………… 302
東京地判1971（昭46）・11・1判時646号26頁：全逓プラカード事件 …………………………… 301
札幌地判1973（昭48）・9・7判時712号24頁：長沼ナイキ基地訴訟 ………………… 57, 62, 65, 295
大阪地判1974（昭49）・2・27判時729号3頁：大阪空港公害訴訟 ……………………………… 191
山口地判1979（昭54）・3・22判時921号44頁：殉職自衛官合祀拒否訴訟 ………………………… 121
東京地判1986（昭61）・3・20行集37巻3号347頁：日曜授業参観事件 ……………………… 119, 128
神戸地判1996（平8）・8・7判時1600号82頁 …………………………………………………… 209
札幌地判1997（平9）・3・27判時1598号33頁：二風谷事件 …………………………………… 96
山口地下関支判1998（平10）・4・27判時1642号24頁：関釜慰安婦訴訟 ………………………… 286
神戸地判2000（平12）・1・31判時1726号20頁：尼崎公害訴訟 ………………………………… 192
名古屋地判2000（平12）・11・27判時1746号3頁：名古屋南部公害訴訟 ……………………… 192
熊本地判2001（平13）・5・11判時1748号30頁：らい予防法違憲判決 ………………………… 287
東京地判2004（平16）・3・24判時1852号3頁：学生無年金障害者事件 ……………………… 287
東京地八王子支判2004（平16）・12・16判時1892号150頁：立川テント村事件 ………………… 154
東京地判2006（平18）・8・28刑集63巻9号1846頁：葛飾事件 ………………………………… 154
京都地判2010（平22）・5・27判時2093号72頁（確定）：外貌醜状障害労災補償事件 ………… 111
東京地判2013（平25）・3・14判時2178号3頁 …………………………………………………… 205
京都地判2013（平25）・10・7判時2208号74頁 …………………………………………………… 149
大阪地判2013（平25）・11・25判時2216号122頁 ………………………………………………… 111

簡易裁判所

神戸簡裁1975（昭50）・2・20判時768号3頁：牧会活動事件 ………………………………… 118

事項索引

あ行

明らかな差し迫った危険……………157
旭川市国民健康保険条例事件………306
芦田修正………………………………60
安全保障法制……………………71, 77
安保再定義……………………………72
イェリネク，ゲオルク（George Jellinek）
　……………………………………340
家永訴訟（第二次）第一審判決……302
違憲確認判決………………………298
違憲警告判決………………………298
違憲状態判決………………………298
違憲審査基準………………………290
違憲審査制………………11, 19, 105, 276
　　憲法裁判所型——………………279
　　司法（通常）裁判所型——……279
　　付随的——………………………282
違憲（立法）審査権……42, 218, 259, 276
萎縮効果…………………………134, 141
板まんだら訴訟……………………261
一般的自由説…………………………98
委任命令……………………………231
違法収集証拠排除法則……………178
意味上の一部違憲…………………299
イラク特措法…………………………74
浦和事件……………………………242
上乗せ条例…………………………320
運用違憲……………………………302
営業の自由…………………………167
営利的表現…………………………150
閲読の自由……………………………92
恵庭事件……………………………295
えん罪…………………………180, 184, 270
エンドースメント・テスト…………124
大阪市売春取締条例事件…………319
大津事件……………………………273

か行

公の施設……………………………156
公の支配……………………………311
押しつけ憲法論…………………31, 329
オンブズマン………………………248

学習権…………………………193, 194
学習指導要領………………………194
環境権………………………………189
間接的制約…………………………115
間接的・付随的制約………90, 152, 160
完全補償説…………………………176
関釜慰安婦訴訟……………………286
議院証言法…………………………242
議員定数の不均衡…………………206
議院内閣制………227, 232, 245, 251, 333
　　——均衡本質説…………243, 251, 253
　　——責任本質説…………………253
　　一元責任型——…………………252
　　二元責任型——…………………252
議院の自律権…………………241, 263
議員立法……………………………232
議会統治制…………………………251
規制目的二分論…………………169, 174
基礎的地方公共団体………………316
基盤的防衛力構想……………………71
喫煙の自由………………92, 98, 103
基本権保護義務……………………294

海外旅行の自由……………………170
会　期………………………………237
会期不継続の原則…………………237
会議制………………………………251
外見的立憲主義………………………4
解散権の限界………………………256
解釈改憲……………………………341
海賊対処法……………………………75
核兵器禁止条約………………………55

「君が代」起立拒否事件	115
客観訴訟	260, 288
旧皇室典範	46
旧日米安保条約	58
教育権	
国民の――説	193
国家の――説	193
教科書検定	140, 194
狭義の憲法判断回避	295
教授の自由	131
強制加入団体	86, 162
行政国家	11
行政裁判所	19, 42
行政裁量論	265
行政手続	185
京大事件	130
供託金	209, 224
「協働行為」説	239
共同通信事件	113
協約憲法	3
極東委員会	28
緊急事態	18, 27, 42
緊急集会	238
緊急逮捕	179
緊急命令	18
近代憲法	4, 12
近代立憲主義	4, 113, 216
欽定憲法	3
具体的規範統制	281
具体的な争訟	258, 261
区長公選制	316
君主主権	6, 8
君主制	4
警察予備隊	57
警察予備隊違憲訴訟	63, 282
形式的意味における立法（法律）	228
形式的平等	11, 104
刑事施設収容者の人権	91
刑事免責	196
結果の平等	104

ケルゼン	326
――の憲法裁判論	277
権　威	36, 37
検　閲	139
厳格な合理性の基準	106, 174
厳格な審査基準	106, 133, 203
元　号	47
現実の悪意の法理	145
現代立憲主義	4
憲法院（フランスの）	280
憲法改正	332
――権	6, 38, 336
――限界論	33, 54, 331, 335
――手続法	334, 335, 339
――無限界論	335
憲法慣習	340, 341
憲法研究会	23
憲法習律	340, 342
憲法制定権力	5, 336
憲法訴願（憲法異議）	280
憲法25条1項・2項分離論	188
憲法判断回避	64, 294
狭義の――	295
憲法判断の枠組み	290
憲法変遷	340
憲法保障	276, 322
権利章典	216
権利性質説	83
権　力	37
権力分立	4, 7, 10, 16, 217, 227, 248, 260
垂直的――	312
公安条例	158, 321
公開裁判	181
公権力行使等地方公務員	84
公共の福祉	87
合憲拡張解釈	297
合憲限定解釈	141, 295, 296, 301
合憲性判断基準	290
皇室財産	52
皇室典範	46

麹町中内申書事件	114
控除説	245
硬性憲法	3
交戦権	61, 65
公的行為（天皇の）	51
公　布	232
幸福追求権	96, 99, 190, 208, 210
公平原則	138
公務員の人権	89, 197
公務就任権	80, 84, 209
合理性の基準	133
合理的関連性のテスト	106
合理的期間	206
合理的区別	105
合理的是正期間	299
国際連合憲章	15, 54
国際連盟	14
国事行為（天皇の）	48, 241, 257
国政調査権	
——の補助権能説	243
国　籍	82, 108, 109, 172, 313
国籍法違憲判決	110
国選弁護人	182
国　体	29, 43
告知・聴聞	178
国民主権	6, 8, 32, 33, 36, 37, 43, 83, 200, 216, 227, 241, 247, 336
国民審査の制度	268
国民投票	39
国民内閣制	226
個人の尊重	62, 97
国連平和維持活動（PKO）	55, 72
国家安全保障会議	75
国会単独立法の原則	231
国会中心立法の原則	230
国家緊急権	325
国家神道	117, 122
国家の教育権説	193
国家法人説	36
国家無答責	18

個別的効力説（違憲判決の）	303
個別的自衛権	15, 69, 76, 229
戸別訪問の禁止	151
固有の意味の憲法	1
婚外子法定相続分差別規定違憲訴訟	109, 304

さ　行

在外日本人選挙権判決	203, 205, 287
罪刑法定主義	178
最高規範	1
形式的意味の――	2
実質的意味の――	2
再婚禁止期間違憲判決	110
財政議会主義	306
在宅投票制度	202
在宅投票制度廃止違憲訴訟	286
裁判員制度	39, 181, 260, 270
裁判官会議	269
裁判官政治	277
裁判官の政治的行為	91
裁判官の独立	273
差別的表現	149
差別の疑わしい範疇	106
猿払事件第一審判決	301
三権分立	7
参審制	270
参政権	80, 83
三段階審査論	88, 291
サンフランシスコ平和条約	58
自衛権	14, 58, 61
自衛権論	59, 61
自衛隊	58
GHQ草案	25
死　刑	184
事件性の要件	258, 288
自己決定権	102
自己実現の価値	133
自己情報コントロール権	100, 102
自己統治の価値	133

自主条例	318	住民自治	312
事情判決	206	重要影響事態	78
私人間効力	93	受刑者の選挙権	204
無効力説	94	授権規範	1, 7, 216, 331
直接適用説	94	主　権	6, 36
間接適用説	94	主権国家固有の自衛権	58
私生活上の自由	101	主権在民	6, 36
事前規制	139	取材源の秘匿	136
自然法思想	12	取材の自由	135
思想の自由市場	133	首長の多選制限	209
執行命令	231	消極国家	10, 246
実質的意味の憲法	216	消極目的規制	168
実質的意味の条約	239	少数代表制	223
実質的意味の立法（法律）	228	小選挙区制	223
実質的平等	13, 104	小選挙区比例代表並列制	225
執政説	246	象徴的表現	134, 160
自動執行性	96	象徴天皇制度	44
自　白	182	情報公開法	138
シビリアンコントロール	249	情報収集の自由	134
司法行政	269	情報受領の自由	134
司法裁判所	266	条約の違憲審査	284
司法消極主義	282	条約の修正	240
司法積極主義	282	将来効判決（違憲判決の）	305
司法府の独立	273	自律解散（衆議院の）	253, 257
氏名権	99	私立学校への助成	311
社会権	13	知る権利	80, 135, 137
社会的身分	106	人格権	191
謝罪広告の強制	114	人格的利益説	98
衆議院の解散	49, 253	審議権の留保	236
自由委任	221, 222	人事訴訟法	269
宗　教	117	人種差別撤廃条約	149
宗教的人格権	120	神道指令	117
自由権の側面（社会権の）	80, 186	人民主権	8
私有財産制度	173	臣民の権利	18
自由選挙	207	吹田黙祷事件	274
集団的安全保障	55	ステート・アクション	94
集団的自衛権	15, 55, 59, 62, 68, 71, 74, 75, 76, 78	ストーカー規制法	99
		砂川事件	262
自由の指令	21	請　願	210
周辺事態	73	政教分離原則	122

制限規範	1, 7, 216
政治的美称説	226
成典憲法	3
政党	86, 219
政党国家	219, 221, 227
政党助成法	220
正当性	5, 30, 36, 338
正当な補償	176
制度後退禁止	188
制度的保障	81, 122
政府言論	116
政府情報開示請求権	137
成文憲法	2
世襲	46, 82
積極国家	11
積極説（行政権の概念の）	246
積極的差別是正措置	105
積極目的規制	168
摂政	50
絶対的平等	105
絶対的保障	112, 118
選挙運動の自由	151
選挙運動ルール論	152
選挙権	200
選挙の公正	202, 203, 204, 206, 208
戦争違法化	53
扇動罪	144
全体の奉仕者	90
全逓プラカード事件第一審判決	301
戦力	60
先例としての事実上の拘束性	304
相対的平等	105, 106
相当性の理論	145
相当の蓋然性	92
訴訟の非訟化	213
租税法律主義	306
措置法律	229
存立影響事態	78,

た 行

大学の自治	131
対抗言論	150
第三者所有物没収事件	288
第三者の憲法上の権利の援用	288
ダイシー，アルバート＝ヴェン（Albert Ven Dicey）	342
代償措置論	199
大西洋憲章	40
大選挙区制	223
大統領制	251
代用監獄	180
多数代表制	223
戦う民主主義	220
ため池条例事件	319
弾劾裁判所	241
団体自治	313
治安維持法	21, 29
中央集権型道州制	317
中外製薬事件	113
抽象的権利	187
中選挙区制	225
超然内閣	245
町村総会	313
重複立候補制	225
直接請求権	312
直接選挙	207
直接民主制	9, 38, 226
沈黙の自由	112, 113
通信の秘密	164
通信傍受	165
通達による課税	307
定義的衡量	143
抵抗権	322
定住外国人	83, 200
敵意ある聴衆の法理	157
適用違憲	160, 172, 300
寺尾判決	302
寺西判事補事件	275

テロ対策特措法	74
伝聞証拠	182
天皇機関説事件	130
天皇主権	16
天皇大権	17, 43
統括機関説	243
党議拘束	221
統合機動防衛力	76
道州制	316
統帥権	17
統制権（組合の）	87
当然の法理	84
動的防衛力	75
統治行為論	50, 255, 262
変則的――	70, 284
投票の価値的平等	206
徳島市公安条例事件	320
特定秘密保護法	136
特別権力関係	89
特別裁判所	266
特別の犠牲	175
独立行政委員会	247
独立命令	18, 42
苫米地事件	254
囚われの聴衆	116

な行

内閣の法律案提出権	232
内在的制約	113
内心の自由	112
ナシオン	9, 37
――主権論	9, 222, 235
軟性憲法	3
二院制	233
2回投票制	224
二元説（選挙権の）	201
二重の危険の禁止	183
二重の基準論	88, 133, 168, 290
二重のしぼり論	198
二大政党制	225

二段階審査	293
日米安保条約	58, 67, 284
日米安保共同宣言	73
日米ガイドライン	71, 73, 77
日米地位協定	68
日米同盟	76
日本新党繰り上げ補充事件	222
入国の自由	84
人間の尊厳	79

は行

ハーグ陸戦条約	31
陪審制	270
破壊活動防止法	163
漠然不明確ゆえに無効	141, 289
パターナリズム	82
8月革命説	33
半代表	222
パチンコ球遊器事件	307
パブリック・フォーラム論	153, 156
伝統的――	153
指定的――	153
非――	153
半大統領制	252
範疇化アプローチ	143
比較衡量	88, 137, 146, 198
非軍事平和主義	54
非訟事件	213, 269
非成典憲法	3
被選挙権	208
一人別枠方式	206
秘密投票	208
百条委員会	244
百里基地訴訟	285
表現活動への国家の援助	160
表現内容には中立的な規制	143, 151
表現の自由の優越的地位の理論	133
表現の内容に基づく規制	143, 151
平賀書簡事件	274
比例原則	97, 98, 292

比例性（狭義の）………………… 293
比例代表制 ……………… 208, 223
プープル …………………… 9, 37
　　──主権論 ……… 221, 222, 270, 312
福祉国家 ………………… 5, 11, 246
不成典憲法 ……………………… 3
不戦条約 ………………… 14, 40, 53
不逮捕特権 ……………………… 235
「二つの法体系」論 …………… 68, 78
普通選挙 ………………… 17, 205, 224
不当な政治的逮捕の防止 ………… 236
部分規制論 ……………………… 138
不文憲法 ………………………… 2
部分社会の法理 ………………… 263
プライバシー ……………… 100, 140, 146
ブラック企業 …………………… 196
ブランデンバーグ判決の基準 …… 144
武力行使との一体化 ………… 67, 72
「武力なき自衛権」論 ……………… 61
プレビシット（prébiscite）……… 338
分限裁判 ………………………… 274
文面上無効 ……………………… 142
ヘイトスピーチ ………………… 149
　　ヘイトスピーチ規制法 ……… 150
平和維持軍（PKF）……………… 55, 72
平和主義 ………………… 8, 13, 39
平和的生存権 …… 40, 54, 56, 62, 324
別件逮捕 ………………………… 179
弁護人依頼権 …………………… 180
変則的統治行為論 ……………… 70
保安隊 …………………………… 57
防衛計画の大綱 ……………… 71, 75
法　規 …………………………… 228
暴君放伐論 ……………………… 322
法実証主義 …………………… 12, 337
法曹一元 ………………………… 267
放送の自由 ……………………… 138
法段階説 ………………………… 247
法治主義 ………………………… 42
法定メモ訴訟 …………………… 135

報道の自由 ……………………… 135
法律執行説 ……………………… 246
法律上の争訟 …………………… 261
法律先占論 ……………………… 318
法律の留保 ……… 18, 42, 87, 117, 229, 293
法令違憲 ………………… 283, 289, 297, 298
保護義務論 ……………………… 94
補助権能説 ……………………… 243
ポツダム宣言 …………………… 19

ま　行

マッカサー3原則 ………………… 43
マッカーサー＝ノート ………… 25
松本4原則 ……………………… 22
未成年者の人権 ………………… 81
三菱樹脂事件 …………………… 114
美濃部達吉 ……………………… 340
民事免責 ………………………… 196
民衆訴訟 ………………………… 260
民定憲法 ………………………… 3
無差別戦争 ……………………… 13
明確性 ……………………… 141, 230
「明白かつ現在の危険」のテスト …… 143
明白の原則 ……………………… 174
命令委任 …………………… 38, 221
名　誉 ……………………… 99, 140, 144
免責特権 …………………… 38, 236
目的効果基準 ……………… 123, 127, 128
黙秘権 …………………………… 182
モンテスキュー ………………… 217

や　行

夜警国家 ………………………… 10
靖国神社公式参拝 ……………… 127
やむにやまれざる政府利益 …… 143
有害図書 …………………… 140, 148
郵便法違憲判決 ………………… 299
ユニオン・ショップ …………… 197
横出し条例 ……………………… 320
横浜事件 ………………………… 21

予算＝法律説 …………………… 309
予算の修正 …………………………309
予算と法律の不一致 ………………310
予算法規範説 …………………… 308
「よど号」新聞記事抹消事件 ………… 134
予備費 …………………………… 308
より制限的でない他の選びうる手段
　（LRA） …………………90, 142, 143

ら　行

らい予防法違憲判決 …………………287
利益衡量論 ……………………158, 290
リコール ……………………… 38, 200
立憲主義 …………………………3, 246
立憲的意味の憲法 …………………4
立候補の自由 ………………………209
立法国家 ………………………7, 10, 11
立法裁量 ………………………84, 188

立法裁量論 …………………………265
立法の不作為 …………… 202, 204, 285
両院協議会 ………………………… 235
良心的兵役拒否 ……………………115
旅券法 ………………………………171
ルソー ……………………………… 37
令状主義 …………………………… 179
レッドパージ ………………………113
レフェランドム（référendum） ……… 338
レモン・テスト ……………………124
連座制 ……………………………… 209

わ　行

わいせつ表現 ………………………147
　絶対的わいせつ概念 ………………147
　相対的わいせつ概念 ………………147
ワイマール憲法 ………………12, 186

●執筆者紹介（執筆順）

村田　尚紀（むらた　ひさのり）関西大学法学部教授
　　担当：第1章，第2章，第7章

倉持　孝司（くらもち　たかし）南山大学大学院法務研究科教授
　　担当：第3章，第4章

倉田　原志（くらた　もとゆき）立命館大学法学部教授
　　担当：第5章第1節，第4節〜第8節

長岡　　徹（ながおか　とおる）関西学院大学法学部教授
　　担当：第5章第2節，第3節

永田　秀樹（ながた　ひでき）関西学院大学大学院司法研究科教授
　　担当：第6章

Horitsu Bunka Sha

講義・憲法学

2018年4月20日　初版第1刷発行

著　者　永田秀樹・倉持孝司
　　　　長岡　徹・村田尚紀
　　　　倉田原志

発行者　田靡純子

発行所　株式会社 法律文化社

〒603-8053
京都市北区上賀茂岩ヶ垣内町71
電話 075(791)7131　FAX 075(721)8400
http://www.hou-bun.com/

＊乱丁など不良本がありましたら，ご連絡ください。
　送料小社負担にてお取り替えいたします。

印刷：中村印刷㈱／製本：㈱藤沢製本
装幀：奥野　章
ISBN978-4-589-03925-5

Ⓒ2018 H. Nagata, T. Kuramochi, T. Nagaoka,
H. Murata, M. Kurata, Printed in Japan

JCOPY 〈(社)出版者著作権管理機構 委託出版物〉

本書の無断複写は著作権法上での例外を除き禁じられています。複写される
場合は，そのつど事前に，(社)出版者著作権管理機構（電話 03-3513-6969,
FAX 03-3513-6979, e-mail: info@jcopy.or.jp）の許諾を得てください。

小泉洋一・倉持孝司・尾形 健・
福岡久美子・櫻井智章著
憲 法 の 基 本〔第3版〕
A 5 判・330頁・2600円

重要判例を多数取りあげ，憲法の全体像をつかめるよう工夫した概説書。「各章で学ぶこと」を導入部に，復習・応用問題を章末に設けて，学習しやすいように配慮した好評書。最近の政治・社会動向の変化に対応した。

市川正人・倉田原志編
憲 法 入 門
――憲法原理とその実現――
A 5 判・222頁・2300円

各章を〈事例・講義・展開〉に分け，「事例」ではアクチュアルな事件や裁判を設例として挙げ，憲法上の論点について「講義」で解説する。「展開」では学説・判例等への問題提起に踏み込むなど，憲法原理の実現への課題を探求する。

現代憲法教育研究会編
憲法とそれぞれの人権〔第3版〕
A 5 判・228頁・2600円

当事者のおかれた現実を憲法の視点から検証しつつ，現実に抵抗する際の憲法の力に着目。自民改憲案や首相インタビューが立憲主義に与える深刻な影響を直視し，「再婚禁止期間」「共謀罪」「国家による情報管理」を中心に昨今の人権をめぐる動向を全面改訂。

倉持孝司編
歴史から読み解く日本国憲法〔第2版〕
A 5 判・256頁・2600円

歴史からの切断を行った2014年7月閣議決定と2015年9月安保法強行採決。戦後憲法の原点と現在をより深く読み解くために沖縄と家族の章を新設したほか，時代状況に即して本文の内容を大幅に更新，コラムを差替え。

松井幸夫・永田秀樹編
憲 法 教 室
四六判・326頁・2500円

憲法に対する理解を深め，体系的な知識や理論を身につけるための入門書。全30講3部構成（総論／基本的人権／統治の原理・機構・作用）とし，最新動向をふまえ平易・簡潔に解説。定番教科書を全面改訂した最新版。

永田秀樹・松井幸夫著
基礎から学ぶ憲法訴訟〔第2版〕
A 5 判・324頁・3100円

好評を博した憲法指南書の改訂版。問題集を全問差し替えるとともに，「憲法判断の方法」などの新項目も追加してさらに充実化を図る。憲法訴訟という実践の場を想定し，そこでの問題解決策を考える形で憲法を論じる。

――法律文化社――

表示価格は本体（税別）価格です